2020 年 01 月 25 日 —— 2022 年 07 月 04 日

「中國之路」與平行世界

COVID-19 疫情時代的中國視角觀察

兔主席＿著

自序

2020 年武漢封城，似乎是並不久遠的事情；2022 年上海封城，似乎又是挺久遠的事情了……不知不覺中，新冠疫情從最初爆發開始，迄今已近三年。疫情改變了我們生活的方方面面，也註定將是人類歷史上的一個分水嶺事件。它到底會為人類社會留下什麼樣的影響？在今天這個時點，一切均未可知，只能交由歷史給出答案。

在近三年的時間裏，筆者一直在圍繞新冠疫情這個話題進行寫作，嘗試跟蹤、記載、分析疫情及公共衛生政策的演變，以求記錄這個極不平凡、無比特殊的時代。香港三聯書店出版的這本書，收錄了筆者從疫情最初開始的一系列較為重要的文章，有分析事件的，有分析政策的，有分析制度的，也有分析文化、模式的，還有一些體例不同的小品。

筆者希望這本關於疫情的書，能夠發揮這樣的一點作用（哪怕只是微小的）：

一是提供一些不同的社科及其他領域分析視角，以豐富我們對疫情及公共衛生政策的理解。圍繞疫情這個話題，一般來說，人們更容易讀到偏醫學、偏技術、偏公共衛生的文章，而圍繞政治、社會、文化、制度模式、價值觀的文章則相對較少。筆者並無醫學背景，只是與普通人一起經歷這場疫情，更多的是結合自己的知識結構與背景，從政治經濟和社會面去理解分析問題，希望對圍繞新冠疫情的話語做一個補充。

二是嘗試「抽離」、超越眼前，用一些更加長遠、更加宏觀的視角去看待疫情及防控政策。我始終相信，雖然生活在當下，但我們不能缺乏大歷史視角、大歷史維度及大歷史觀。

三是嘗試介紹、說明中國疫情防控模式的獨特性。站在 2022 年秋天這個時

點，從朋友聚會，到坊間輿論，無處不在討論中國的疫情防控政策。「『清零』還是『共存』？」「究竟何時能夠放開？」這些都是人們恒久關心、激烈辯論的話題。現實是，這樣的討論和對話今天只可能在中國內地發生，因為中國走了一條與全球各地都不同的、幾乎是「平行」的道路，而迄今，中國在疫情防控政策上還可以做出選擇（雖然是艱難的選擇）。還能做出選擇，還有選擇的餘地，已經是中國制度能力的體現。現實也是，在中國內地以外，所有國家和地區都已經喪失了政策選擇：他們只能嘗試評估疫情帶來的客觀影響，並盡可能消減、緩解疫情的負面影響。

四是嘗試解釋、詮釋中國獨特的防疫模式之所以然。站在今天，可以清楚地看出，中國內地獨特的防疫模式，正是「中國模式」的一部份，是「中國式現代化道路」的一個註腳，也是「中國例外論」（Chinese exceptionalism）的一種呈現。中國防疫模式能夠在異地被複製嗎？大概是不可能的。這就需要理解中國模式背後的政治、經濟、社會、文化、倫理的基礎，它所依賴的核心軟硬件能力、基礎設施及其他要素。筆者的系列文章，也是在嘗試解釋中國模式的基礎。這些東西，不僅需要對外國人解釋，也需要對國人解釋。

五是嘗試找尋中國疫情防控相關的政治、政策、事件背後的邏輯。疫情防控政策是我們日常生活的一部份了，我們為疫情防控讓渡了許多權利，放棄了許多收益，許多人為此付出了巨大的努力、奉獻，甚至犧牲。所有政策背後的價值和邏輯是什麼呢？當代中國政府體制有個特點，擅長決策與執行，決策者每天考慮的問題往往是：「我今天應該做什麼？」而並非總是擅長面向公眾，對社會進行宣傳與解釋。這與西方體制下的選舉政治家有極大的不同：西方政客更關心並擅長的是：「我今天要說什麼？」儘管決策和執行乏力，但能夠讓公眾瞭解政策的邏輯。本書所收錄的文章，許多也是嘗試解釋、詮釋中國防疫相關的制度、模式、政治、政策背後的底層邏輯。筆者相信，如果一個人能夠加深對政治政策底層邏輯的認知，那麼一定能夠增加理解、認同、共情，甚至可以獲得一些正能量。筆者寫作的目的，也是希望縮小政策與公共認知之間的隔閡。

世界正在經歷百年未有之大變局。2020年以降的新冠疫情大大增加了變局的複雜性，並且還在加速變局的發展。而病毒本身又是不斷演變進化的，迫使我們調整應對。在制定疫情防控政策時，中國的公共政策決策者每時每刻都要做出

非常艱難的選擇——因為「全國一盤棋」，「開弓沒有回頭箭」，政策的制定與調整必須非常謹慎。這時，首先要提出正確的問題：究竟什麼樣的政策，真正對我國中長期有利？真正能夠滿足大多數人的利益？真正能夠最好地平衡防疫與經濟社會代價之間的關係？真正能夠擴大而非縮小我們的選擇？真正能夠經受歷史的考驗？

這些都是艱難的問題，也沒有容易的答案。

但可以肯定的是，決策者所希望探索的，是一條能夠結合中國國情、社會基礎、政府能力及核心價值的道路。它最終的目標是，利用數年時間，幫助中國以最小的公共衛生及社會經濟代價，穿越新冠疫情的週期，到達安全的「對岸」。

我們還在路上。但筆者堅信：中國一定會成功地完成這個歷史穿越。

我也希望這本書能夠經歷時間的考驗，並且越是經歷，越能發現它的價值。

最後，也希望藉此感謝幫助此書出版的朋友們，包括香港三聯的編輯林冕，還有編輯「兔小編」以及協助校對的網友傅李侃、JT、JOJO、黃璜、Hsingjen Ting。當然，也要感謝我的家人和朋友。

2022 年 9 月
北京

目錄

01 2020 年的新冠肺炎大恐慌
——疫情展開時我們的基本盤

2020/01/25

今天是 2020 年大年初一。昨夜，年三十，各地醫療支援力量奔赴武漢，應對新肺炎疫情（2019-nCOV），引發網絡上無數致敬。事態發展十分迅速，朋友圈滿眼可見關於本次疫情的消息，到處瀰漫著恐慌的情緒。中央政府強力出手，啟動了「封城」模式。人們基於對 SARS 的記憶及對傳染病的有限知識，以及互聯網社交媒體上傳播的各種各樣的信息，使得氣氛空前緊張。

武漢／湖北以外許多人的看法是，雖並不認為目前 2019-nCoV 一定比 SARS 嚴重，但有各種理由感到恐懼：

1. 據說這個病毒的傳染性比 SARS 更強，這是讓經歷過 SARS 的人也擔心的；

2. 人們對這個病毒所引發疾病的嚴重性尚不了解，但結合種種跡象，傾向於認為可能比我們想像的還要嚴重得多（特別是認為官方可能掌握一些民眾不掌握的情況）；

3. 認為病毒是會變化的，可能繼續變異發展，成為更為嚴重的病毒；

4. 有大量湖北人／武漢人（可能在數百萬之眾）在封城之前就離開了疫區，成為潛在的傳播者，其影響尚未可知；

5. 擔心春節假期結束後，疫情可能集中爆發。對龜縮在家暫時安全的人來說，假期後的復學復工，才是他們的焦慮點；

6. 中央政府出手干預，說明湖北地方問題可能已經非常嚴重，採取封城這種連 2003 年 SARS 時期都沒有採取過的極端手段，更側面說明事態的嚴重；

7. 很多人會對未來的經濟和生計產生擔憂。

在這個情況下，各種真真假假的消息集中爆發。全國大量的人口春節期間都龜縮在家，主要的消遣變成了在朋友圈和群組中閱讀和傳播消息。

儘管現在還為時很早，譬如說，2019-nCoV 遠遠沒有被控制住，還在發酵；頗有可能發生在春運之後的疫病爆發期尚未到來；病毒的變異發展、最終染病人數及死亡人數等等都還是未知數。但截至目前，事態的發展已經呈現一些特徵。只有到數月後疫情消退了，人們才有可能重新回顧看待這一發生在 2020 年的中國公共衛生事件。

筆者願意在這個尚算比較早的時點，提供一些不同的分析與視角，與大家分享。

首先我們看看，面對 2019-nCoV 疫情，2020 年的中國社會是怎麼樣的。筆者認為存在以下幾個特徵。需要聲明，筆者並非來自醫療行業，也不是研究公共衛生的，只作為一個有些基礎醫療常識的普通公民，發表個人的看法。有些涉及專業領域的表達可能不夠專業，此處先表歉意。

一、中國普羅大眾總體醫學知識水平是比較差的

1·對呼吸道傳染病總體而言是比較無知的

假設把廣義上的呼吸道類傳染病按從輕到嚴重（傳播性、嚴重性等），依次放到一個 1 到 10 的區間或光譜，那麼中國大部民眾的認識處於兩級，就是 1，或 10。「1」，就是普通感冒（common cold）；「10」，就是 SARS（「非典」/嚴重急性呼吸綜合症）。

一些多發於嬰幼兒的急性呼吸道傳染病，如麻疹、水痘、風疹等已有普遍疫苗接種，不在本文討論範圍內。

對於成年人、中老年人來說，最常見且嚴重的呼吸道傳染是「流行性感冒」（簡稱「流感」，influenza）—— 一種傳播性、傷害性非常強的病毒感冒，也是在歷史上造成最大人口傷害的流行病之一。例如：

1918 年的「西班牙流感」（Spanish Flu，H1N1 病毒，「甲流」的一種），導致全球 2,000 至 1 億人死亡（致死率 2%）；

1957-1958 年的「亞洲流感」（Asian Flu，H2N2 病毒，「甲流」的一種）最

早爆發於貴州，導致全球 100~150 萬人死亡（致死率 0.13%），其中美國死亡 69,800 人；

1968-1969 年的「香港流感」（Hong Kong Flu，H3N2 病毒，「甲流」的一種）導致全球約 100 萬人死亡（致死率 0.1%），其中美國死亡 33,800 人；

2009-2019 年流感（2009 Flu Pandemic,H1N1，「甲流」的一種），導致全球約 151,000 至 579,000 人死亡，其中美國死亡 12,000 人。

流感季節性發生，多發於高危人群（6~59 個月的兒童、老人及慢性病群體），往往和一些既有疾病相互作用，併發症致死。美國每年有約 3~4 萬人因流感死亡。美國國家疾控中心（CDC）非常重視流感，常年普及流感知識並推廣流感疫苗。根據美國 CDC 的數據，美國 6 個月到 17 歲未成年人流感疫苗接種率為 50.4%，18~49 歲人群為 34.2%，50~64 歲人群為 46.8%，65 歲以上人群為 68.77%。[1]

中國目前全民流感疫苗接種率僅為 2% 左右，不及美國的二十分之一。[2] 一線城市方面，據廣州衛健委公眾號 2017 年的消息，該市學生人群流感疫苗接種率不足 1%。

學者認為，中國每年實際上大概有 8.8 萬人死於流感（其中 80% 以上為老人），由於統計口徑及技術等方面的原因，官方數據與實際情況有較大差異。其結果就是，人們對流感的認知是極度不足的。

《中國公共衛生》2013 年發表的《流感大流行期居民流感疫苗接種及影響因素》調查顯示，在未接種普通季節性流感疫苗的人中，62.22% 認為沒必要接種疫苗。[3]

1　美國各年齡群流感疫苗接種率最新數據可參見：https://www.cdc.gov/nchs/fastats/flu.htm

2　參見《中國流感疫苗接種率不及美國二十分之一 最有效預防手段為何難普及？》，財新網，2018 年 1 月 10 日。http://china.caixin.com/2018-01-10/101195957.html

3　《流感大流行期居民流感疫苗接種及影響因素》，〈中國公共衛生〉，第 29 卷第 3 期，2013 年。http://www.cnki.com.cn/Article/CJFDTotal-ZGGW201307010.htm

2018 年 2 月，一篇網絡文章《流感下的北京中年》曾經短暫地引發了人們對流感的關注。但文章很快就被忘卻：流感更像一個特定時點下的公共事件，好像不是一個持久存在、需要人們長期應對的公共健康問題。

筆者以為，人們之所以認為流感不可怕，可能有幾個原因。

其一，社會上極度缺乏對流感作為嚴重呼吸道傳染病的知識普及；

其二，「流行性感冒」這個中文稱謂具有極大的迷惑性和誤導性，使人們認為它就是「普通感冒」中的一種，可能只是稍微厲害一點，而不是在傳染性及嚴重性上存在維度的提升。相比之下，如果將其稱為某某呼吸道病毒（例如「HxNx」）或瘟疫，才會有震懾效果。

而人們對流感缺乏意識，可能會導致其他一些結果。

首先，對除了普通感冒以外的呼吸道傳染病不了解，認為更嚴重的呼吸道傳染病距離我們很遠。公共衛生體系一定也做了一些措施，但恐怕是不夠的，畢竟大多人對這類傳染病的認識和準備仍非常不足。

其次，人們對呼吸道傳染病的預防和治療普遍缺乏意識。呼吸道傳染病主要通過飛沫傳播。除疫苗外，最重要的防護辦法就是勤洗手（也要洗臉）、回家換衣服、注重個人衛生等。這些預防呼吸道傳染病的生活習慣應該完全「內化」，成為人們日常生活的一部份，而不是只在疫情時才「啟用」。

第三，公共政策決策者沒有將流感防控提升到一定的高度，那麼有可能整體體系在心理上、認知上對疫情防控也處於缺乏準備的狀態。這並非指個別的衛生部門官員，而是指整個公共衛生體系；

相比而言，中國從上到下，無論是高級官員，還是普羅大眾，更加熟悉的可能只是屬於最嚴重的、最烈性的呼吸道傳染病 —— 位於光譜上「10」的位置的 SARS。這是中國社會唯一有深刻的集體記憶、集體體驗與意識的烈性呼吸道傳染病。

也許人們只有認為爆發了 SARS 疫情，才有可能在心理、動力和機制上「啟動」防護狀態。而對於疑似比較嚴重的呼吸道傳染病，為了能及時有效地應對，且保守起見、「心懷敬畏」，可能也是先啟動「SARS 模式」予以應對。

目前，從各種跡象看來，2019-nCoV 是一個嚴重的呼吸道病毒，但從傷害性、死亡率來看，應該是弱於 SARS 的，更弱於 MERS，但它又強於 flu。它按

理說可以在上述 1 至 10 的光譜裏找到某個「合適」的位置。這裏，筆者並非在淡化 2019-nCoV 的嚴重性，而是說，如果這個光譜在我們的認知裏存在，公眾能夠形成「分級」的認識，則可能讓我們更加客觀理性地看待這個傳染病，既不對之掉以輕心，但又不致過度恐慌。

但由於民眾可能只知道普通感冒和 SARS 這兩級，政府為了有效應對，只能先啟動「SARS 模式」。這樣，防護肯定是有力的，但毫無疑問也會造成恐慌，會付出一些額外代價。

2. 對呼吸道傳染病的病原體及其治療方法認知有限

大部份普通人對常見呼吸道傳染病的病原體（即病毒、細菌、支原體、衣原體等的差別）的認知是非常有限的。我自己也是在孩子生了病後，為了學習兒科知識，才了解到這些醫學常識。同樣，我自己也是為了防止小朋友被傳染，才去打了流感疫苗，此前也是一樣無知的。而且，2011 年以來，我還先後感染過兩次流感。

所以，大部份普通人並不了解一些基本常識：如病毒性感冒和細菌性感冒是存在區別的；抗生素只有對細菌（和衣原體等）才有效；針對病毒性感冒只能用藥物輔助緩解症狀（例如退燒），但並不能「治本」，最終還得靠自愈。因而對採取隔離形式下「自愈」的方式就更難理解和接受了。

筆者雖非醫生，但也可以大致理解實際診治過程的複雜性和醫生所要面臨的大量不確定性，以及醫生對處於巨大恐慌之下的患者及家屬解釋病理和治療方式的巨大難度。

醫生要在各種選擇和矛盾中找到一個平衡點。現在本來就是流感多發季，很多人可能是普通感冒和流感患者，懷疑自己感染的是 2019-nCoV，要紮堆求診，那怎麼辦？如何在最短時間內判定、確診其所患是否為 2019-nCoV？如何避免最直接的風險 —— 不同類型呼吸道傳染病患者發生交叉傳染，本來得了普通感冒，到醫院看病，結果反而被傳染新型肺炎怎麼辦？更為頭疼的不僅僅是如何分配有限、緊缺的醫療資源，而是如何對醫療認知水平不高且進入恐慌狀態的民眾提供醫療支持，幫助他們理解病理及治療方式，期待他們能夠理解並接受。醫患關係本就非常緊張，再加上醫療資源在集中擠壓下變得更為稀缺，病人情緒

又極為緊張，對一切都可能充滿不信任和懷疑，這時的醫護人員已在一線緊繃作戰，要面臨自身（及家人）被感染的威脅，如何能夠調整心態？這種集體作用有可能會導致某種集體精神崩潰。

3. 在未知疾病的威脅和恐慌下，進一步紮堆大醫院

民眾本來自身醫療知識就有限，關鍵時刻不太願意相信小醫院、社區醫院。面臨這樣一種未知的新型病毒，更會恐慌，必然會集結前往知名大醫院，認為只有在那裏才能得到有效的治療。這就使得所有有感冒發燒症狀的人都紮堆湧向大醫院，不但加劇醫療資源緊缺、增大醫護壓力、增加醫患衝突的風險，還會增加交叉感染的概率。

二、中國社會生活在 SARS 的集體記憶和陰影下

人們在理解新事物時，往往會援引過去的某些經歷。

如前所述，中國對呼吸道傳染病的認知是比較少的，可參考的往例就是 SARS。無論是中央和地方決策者、媒體及輿論、一般民眾，都不可避免地會結合 SARS 來理解這次事件。

2019 年下半筆者年一直在評論香港事件，其中提到的一個觀點是，香港因為教育、自我灌輸和強化，使得他們對中國內地的認知被定格在 1980 年代末，始終按照 1980 年代的事件發展軌跡去理解香港運動，認為運動很有可能會遭到北京直接干預，但實際上他們錯了。回過頭看，是歷史限定了他們的認知。

武漢發生的新冠肺炎疫情也一樣。各方各面的人，儘管以不同的身份、職務、角色參與這次事件，但他們也都是普通人，都會潛意識地按照 SARS 來理解這個事件。而歷史上，SARS 疫情的發展是有一個大的故事邏輯的：

第一階段：地方政府出於各種主觀客觀原因瞞報；媒體也被限制進一步報導，因此社會無法客觀了解疫情；

第二階段：地方問題擴散到全國，但在初期，中央政府（如衛生部等相關部門及官員）因為各種主觀客觀原因也參與了瞞報，系統性對外低估了問題的嚴重性；媒體仍然無法全面客觀報導；

第三階段：問題升級至無法掩蓋，更高領導人不得不介入，對事件重新定性定調，撥亂反正，改換不同的方式應對。但這個時候，問題已經非常嚴重，社會已經付出代價；

第四階段：在正確的路線下，疫情終於得到控制（但實際上，SARS 似乎是神秘「熱死」的）。

另外，這四個階段還有時間性：它是通過半年多完成的。疫情在第一階段擴散，這時是 2003 年春節（2 月 1 日），到轉捩點的第三階段，已經是 4 月下旬。以下我們套用上述的四階段論，從不同角度來分析這次的事件。

中央政府的角度：其一是絕對不能讓 SARS 重演，其二是一定要跳出這個階段發展邏輯。決策者肯定相信：疫情不僅僅關乎全國人民的健康福祉，還涉及中國體制與治國模式，會載入歷史，是要能經受歷史檢驗的。必須從一開始就確定正確的、堅定的路線，以最小的代價、最短的時間直接進入第四階段。

地方政府的角度：從地方角度而言，SARS 經驗也非常重要。SARS 事件第一第二階段執行不力的官員（例如北京市市長孟學農、衛生部部長張文康等）的結局民眾都非常清楚，在體制內一路晉級上來的官員們怎麼可能不知道呢？而且，今天是 2020 年，十九屆中央委員已開了四次全會，中國政府已經明確了新時代的治國理念，這和 2003 年的環境是不同的。地方政府大員對歷史和現狀應該是有清醒意識的，知道中央政府也希望「直奔」第四階段。筆者認為，目前，首先還是應該關注疫情防控本身，幾個月後，待這個事件過去了，可以再去客觀地還原武漢及湖北政府的決策、應對是否存在著某些問題，是否有人應對此承擔責任並付出代價。

媒體的角度：媒體認為只有跳到第四階段，自己有了充分的報導自由，才能幫助疫情防控。如前所述，經歷了 SARS 的中央政府其實也相信這一點。這次事件裏，中央領導人很早就定調，從官方到非官方到自媒體，各路神仙火力全開進行報導。並且這次事件屬於公共衛生領域，對各方媒體來說，都是比較熟悉、「舒適」、「安全」的領域，面對的也是一個相對「稀缺」的熱點事件，都希望通過競爭性報導獲取關注度及流量，同時也希望通過自己的力量影響事件的發展。媒體的問題是：處於本能的懷疑和不信任，總認為現在有可能並不處在第四階段，而可能仍然處於第一、二階段。後續，如果採訪報導和信息發佈遇到任何的

限制，他們也都會按照這個方向去理解。

內地民眾角度：SARS 對民眾是有創傷記憶的。他們是最相信上述的故事發展邏輯的——「腐敗的地方政府一手遮天；英明公正的最高領導人被蒙蔽真相，直到社會付出了代價後，才出手干預，挽救情勢。」這套敘事非常符合中國民眾對公共治理和政策問題的看法，他們習慣於用這個敘事理解大部份公共問題的發展邏輯。從這幾天的發展看來，網上有大量對地方政府的批評，這也折射了人們對地方政府治理長期積累的高度不信任。因此，筆者以為，民眾可能懷疑目前還處於第一第二階段（尤其是結合 2003 年 SARS 的時間點因素，即疫情爆發在春節之後），只是尚不能準確判斷。而現在中央表態、封城等舉措，還不足以讓所有人相信中央已經直接進入第四階段了，而只是第三階段，說明問題現在非常嚴重，因此，反而會加大恐慌。

港臺民眾角度：香港和臺灣有巨大的反中恐中基本盤，也非常害怕疫情流入，尤其是曾被 SARS 肆虐的香港。他們被定格在當年，百分百相信這個敘事。他們會認為目前的發展必定還處於第一或第二階段，但不排除已經進入第三階段，如果已經進入第三階段，則疫情一定已經極為嚴重。他們自己確實擔心病毒，生活在恐懼中，但他們與內地民眾的區別在於，反中者會從政治上去渲染這個事情，以達到反中、脫中的政治目的。實際上，香港反中群體從去年（2019年）末就開始炒作新冠肺炎，新冠肺炎一度是連登的熱點問題。

從各方各面看來，人們對 2019-nCov 引發的武漢市的新肺炎的認知，一定會被 SARS 事件所深深限定。

三、在某些治理和技術領域，民眾對地方政府的不信任仍然存在

這些天以來，網上有大量針對武漢地方政府的批評，這折射的是人們長期以來對地方政府治理積累的不信任。

2019 年 10 月國慶，朋友圈是滿滿的正能量。短短幾個月，一個新冠肺炎，我們就被負能量包圍，看到朋友圈充斥對政府的批評和不信任。筆者以為，這背後也說明了一些問題：民眾是非常愛國的，接受目前體制代表中華民族與中國，這沒有任何問題；民眾從宏觀、抽象的層面講是接受中國制度模式的；但並不代

表民眾從微觀、具體方面對中國制度和模式感到理解及信服，也不代表民眾對政府治理（特別是關乎老百姓生活的地方治理）都感到滿意；實際上民眾是隱藏著很多不信任和不滿的。一旦出現公共危機，這種不滿就會集中呈現。

十九屆四中全會研究的是中國特色社會主義制度，推進國家治理體系、治理能力現代化。這些表述距離大眾非常遠，一般人很難理解這些表述背後是什麼意思。他們只有通過具體的公共政策和事件來切身體會和感知，來判斷這到底是2020年的新時代中國，還是仍然停留在2003年。但目前愛國、擁護中央的基本盤十分強大，民眾表達對地方政府的不滿，主要也還是在公共衛生、公共政策等治理和技術領域，是非政治的。

而港臺及海外的反中勢力就不一樣了。他們會竭盡全力把這個疫情事件政治化，妖魔化中國制度及內地人。在對疫病恐懼之下，他們希望的是關閉關口，暫停大陸人流入，然後抱著最大的惡意，希望看到盡可能多的病死，大陸經濟衰退甚至崩潰，直至政府垮臺。雖然這種反中情緒不會輸入到內地（但要排除「公知」和「燈塔」族），但新冠肺炎疫情的應對依然會是2020年中國要面臨的一個大考。

02 2020 年的新冠肺炎大恐慌
——強力防控面臨的悖論與兩難

2020/01/26

接著上篇文章，讓我們進一步分析，新冠肺炎疫情爆發後，中國的決策者所要面臨的挑戰。

武漢新肺炎疫情防控首先是一個政策問題、技術問題 —— 即對呼吸道傳染病的公共衛生應對及危機處理。這裏，關鍵要在以下兩點找到平衡：

其一是要保證廣大人民的健康福祉。

其二是要考慮公共衛生政策的潛在社會經濟代價。

最後，達到收益（健康）與代價（社會總體代價）大致匹配。

而在實操裏，這個平衡點可能是非常難找尋和把握的，只能通過一次次的案例、經驗來逐漸地學習及完善。

前面提及的中國社會在進入武漢新肺炎疫情前夜的客觀環境，使得可能出現這樣一種情況，即政府為了保證廣大人民健康福祉而嚴陣以待、積極干預，其做法本身會對社會產生一些意料不到的作用，例如加大恐慌，甚至造成醫療資源擠兌而進一步加重疫情，從而付出更大的社會經濟代價。這是決策者面臨的一個典型悖論（paradox）和兩難（dilemma）。

一、中央政府的表態和介入

最高領導人在 1 月 20 日對疫情防控作出重要批示，提出了防控思路。但在那些啟動了「SARS 模式」去理解這次疫情，且對中國新時代政治變化並不太了解的一般人看來，中央政府的表態可能只是「表面」的，事件可能還處在上篇

文章所述的「第一階段」或「第二階段」。另一種看法則認為，現在只是剛剛進入「第三階段」—— 中央開始重新定性、定調。而根據「SARS 模式」的經驗，如果進入第三階段，則說明問題已經到了無從掩蓋、極為嚴重的狀態。但無論如何，人們由於對政治不熟悉、不了解，也缺乏信任，因此無法判斷目前所處的階段。他們更可能傾向於認為，目前處在一個 SARS 第三階段及之前的某個階段、某種狀態。人們看到的可能只是「冰山一角」，實際情況可能已經非常嚴重，儘管每日在播報確診案例，但人們無法確信現在是否存在系統性的瞞報。想一下打消民間的這種懷疑情緒是很難的，只有經歷時間。

另外，很多人認為，如果現在確已經進入第三階段，中央政府出面定性、定調，那麼結合 SARS 經驗，他們會認為武漢的新冠疫情已經發展到了極度嚴重的地步，地方政府已經鑄成大錯，嚴峻到中央政府必須出面的地步。並且，進一步結合 SARS 的經驗，他們會認為武漢新冠疫情可能比 SARS 還要嚴重，使得中央政府不得不在更早的時候（春節之前），就「提前」進入第三階段。

許多人的思維認知定格在 2003 年，他們不認為 2020 年政府的理念和行為會發生變化，很難看到、不會關注也不相信政府會進步。他們會認為，現在就是醫療軟硬件升級了，但至少地方政府的應對模式是沒有變化的。這些天，對武漢／湖北政府的集中懷疑與密集批評都是這種心理的體現。他們認為，地方政府一定責任巨大，相關官員必須為此付出巨大代價。

中央選擇在更早的時候介入，定調，擺正方向，提供資源支持及獎懲，都是為了避免當年 SARS 發生的事情重演；但意想不到的結果是，既有的成見與懷疑，反而增大了民眾對事件嚴峻性的評估，加大了人們對 2019-nCoV 的恐慌。

二、採用封城等超強力干預措施

封城是前所未見的、頗為極端的手段。該如何理解呢？其實如果我們問一個疫病防控專家：春運將至，該如何避免 2019-nCov 的大規模傳播？想必這個專家的答覆是：「春運是全國大規模人口流動的高峰，這種人口流動一定會極大增加 2019-nCoV 擴散的風險！2003 年非典事件的經驗教訓已經充分說明這一點。因此，為了防止疫病擴散，正確的做法，就是最大程度阻止人口流動，例如採取

強行阻隔人口流動的措施，把源頭堵住。如果你問我怎麼辦，那我的建議是封城！這是我作為疫情防控專家的專業意見。」

從疫病防控專家的角度來說，這個提議是正確的。且從 2019-nCoV 病毒本身的嚴重性及進一步擴散的風險來講，這個提議也是正確的防控措施，是精準的技術干預。但疫病防控專家是醫學領域的專家，此階段他們不用考慮筆者之前提出的若干問題，即民眾的醫療知識水平、思維的限定（SARS 思維）、對政府治理的懷疑和不信任等等。但「封城」是一個影響巨大的史無前例的手段，世衛組織官員都說這是一項「創新」行為。對於缺乏醫療及公共衛生知識、生活在 SARS 記憶與陰影下、對地方治理存在懷疑的普通民眾而言，這個舉措是很難理解的。他們只能通過歷史經驗來理解，這經驗就是 SARS。2003 年 SARS 如此嚴重，北京尚未封城。而 2020 年新型肺炎只是在武漢出現疫情，一下就對湖北主要城市都進行封城，那只能說明疫病極度嚴重，程度已經超過了 SARS。如果有人覺得 2019-nCoV 的嚴重性還不如 SARS 的話，那唯一的推理是：民眾不掌握全部真相，而政府掌握真相。封城的舉措正說明政府掌握著比我們多得多的信息。其結果，自然會加大恐慌。

大家可以發現這裏存在典型的悖論：舉措越嚴厲，民眾越恐慌。並且封城還會給當地人一種印象，就是這裏的人被原地放棄了，他們被困在「疫城」裏封閉循環，因此交叉感染的概率也會上升。這時，稍有病症就會擔心自己已經染病。為了逃避疫病，他們會有逃往外地的衝動，各種患呼吸道傳染病的人可能也希望到外地求醫。

這就是公共衛生決策者面臨的兩難。政府需要充分說明採取封城舉措在本次疫情防控中的必要性、科學性，要盡最大力量幫助百姓客觀、理性、科學地理解，才不致產生更大的恐慌。

不能僅請部委及地方的官員來說明，還要請專業領域專家（譬如已通過 SARS 建立廣泛公信力的老專家鍾南山），甚至國際權威機構 / 組織的專家進行講解，幫助人們理解封城是政府為了控制疫情的正確舉動，不必因此恐慌。

三、輿論場

2003 年 SARS 給中國社會的一個經驗就是，「陽光」是對抗疫情的最好工具。筆者認為，從決策者、民眾到媒體，各個部門都是認同這個經驗的，這是一個不需言說的默契與共識。該共識也被認為是 2020 年應對新冠肺炎的法寶。

不過，2003 年的輿論環境比現在要簡單得多。2003 年時只有電視、報紙、廣播，移動互聯網 / 智能手機還沒有興起，網絡生態很小，除門戶網站外，只有 BBS/ 論壇及 QQ/MSN 等一對一的傳播工具，尚不存在大規模的社交媒體。博客也方興未艾，覆蓋人群有限，微信、微博等都不存在。

而 2020 年的輿論生態就比較複雜了，這是一個移動互聯網及社交媒體的時代，官方及非官方媒體均依賴新的形式，在新的平臺和渠道運作，除此之外，還有大量專事信息發佈及評論的自媒體，以及無數充斥人們生活的微型社交生態圈（如微信 /QQ 群）。大部人獲取信息的來源並非正規媒體，而是各種非正規、半真半假、難以驗證的消息與段子，這些信息搶佔了人們大量的時間與心思。

本來，放開輿論與信息交互可以帶來正面效果。公權力對疫情報導進行限制，在當下語境裏，甚至可能會成為某種新的不正確。但在信息及輿論生態極度複雜的 2020 年，信息放開可能就是「雙刃劍」了。各式各樣的媒體（包括正規的、准正規的和非正規）都希望從這次事件中獲取流量，影響事件，其提供的信息品質可能是參差不齊的。不同的傳播者也有不同的立場和角度，會相信並散佈不同的信息，這使得我們所處的信息生態圈十分混亂。

而信息發佈者和傳播者可能因為各種因素（例如希望獲取流量、關注、商業化驅動、本身的立場態度等）去渲染特定主題新聞和信息。他們會認為自己直指事實，傳播真相，但實際上可能又會系統性地誇大、渲染負面信息，因為這些事件才會吸引眼球，且它們符合民眾對「SARS 模式」的思維定勢：只有敏感的、負面的、爆炸性的、官方沒有披露的才是「真相」。結果就是進入到另一個極端，魚龍混雜、未經鑒定的信息可能會進一步加大民眾的恐慌情緒。這兩天因為各種不靠譜的消息太多，所以騰訊也建立了「新型冠狀病毒肺炎事實闢謠」的網

頁 [1]，頗值得肯定。

筆者以為輿論放開是非常必要的。政府要做的不是去限制和關閉輿論，而是要積極搶佔輿論陣地，持續、大量地向社會提供信息。例如每日舉辦新聞發佈會，及時對一些社會上流傳的假信息進行正面闢謠。通過官方及非官方媒體傳播「fact check」（承擔騰訊的「較真」功能）。同時，要邀請各種非政府的第三方和專業人士參與輿論宣傳及闢謠。這種宣講要每日不斷地高頻進行，通過各種主流媒體渠道與平臺持續地、不厭其煩地發佈。

四、其他一些可能放大恐慌的具體舉措

1. 對疫情的恐慌使得衛生資源無從應對，不得不從外地增援人力及物資等

疫區民眾陷入恐慌的結果，就是人們紥堆求醫，擠兌資源。所有呼吸道傳染病患者（包括普通感冒、流感 —— 尤其現在還是流感季）都會紥堆到醫院求診，並可能集中湧向大醫院。這就使得有限的醫療資源無法應對，然後，醫院極度緊張，病人數量多得無法全部收治，醫護人員身心瀕臨崩潰。這種狀況會通過口傳口、互聯網、媒體報導等對外傳播（例如這幾天看到來自武漢醫院的一些短視頻，甚至都上了 CNN 頭條「武漢醫院瀕臨崩潰」）。這就進一步讓人們覺得疫情極度嚴峻。然後，政府調度外地，對武漢 / 湖北增援人力物資，本來是支持當地的好事，但同時也會給人造成當地已經崩潰的印象，進一步加大恐慌，使其進入螺旋上升的通道。

2. 公佈疫情數字

官方現在每天實時公佈疫情最新動態，是公開、透明披露疫情的重要舉措，讓人們得以第一時間了解全國各地的情況發展。這個階段確診數字的急劇上升，一般人很難理解，往往導致陷入新一輪恐慌。為什麼一下多出來這麼多病例？是疫情傳播加速？是疑似轉為確診？是檢測試劑的影響？是之前瞞報晚報的

---

1 https://vp.fact.qq.com/home

案例現在被公佈了？該如何理解呢？且現在看到的是治癒人數少，病死的比治好的多，不知道治癒、死亡這些數字之間是什麼關係，是否能夠對應治癒率和死亡率。總之，結合民眾缺乏呼吸道傳染病相關的醫療知識，生活在 SARS 的記憶和陰影下，只能用 SARS 的經驗去理解這次疫情，看到數字激增自然會陷入恐慌。

3. 各地採取的一些強力防控舉措

各大城市都在採取各種措施，啟動公共衛生事件一級響應機制，暫停各種導致人員聚集的場館及活動。例如北京將廟會取消，將主要景點及活動場所（如故宮、國博、國圖、鳥巢、中國美術館、雍和宮及各種京郊景點等）都關閉。上海也將各種景點場館關閉（上博、大世界、環球金融中心觀景台、迪士尼等）。全國很多主要城市都在推行相關政策。其中，北京是經歷了 SARS 的，這種關閉公共景點的舉措在 SARS 時都未曾實行。其他很多城市目前疫情尚不嚴重，更沒有大規模經歷過 SARS 的體驗，全國範圍大規模關閉景點場館的舉措史無前例。目前人們不知道這種關停是僅針對人口聚集流動較多的春節時期，還是會在整個疫情爆發期延續。而伴隨確診病例進一步快速提升，預計春節後的復工復學都會受到影響。

另外，國外普通民眾也可能會認為中國成為疫區。他們對中國政府運行的理解就更有限了，會詮釋為中國遇到嚴重的疫情問題。

目前從各地反應看來，疫病防控是絕對的第一位，是最主要的「KPI」，早已超過其他考慮因素（例如經濟因素）。這種舉措從疫病防控的技術角度看是必要的，但也會進一步增加人們對形勢嚴峻性的估計。結合歷史經驗，人們會認為疫病及疫情嚴重程度都已經超過了 SARS，否則無法解釋比 SARS 還要強的防控舉措。

五、恐慌是無法遏止的

趨於恐慌就好比是潘朵拉的盒子。只有看到疫情真實被控制——包括確診人數的增幅減少並趨於穩定，治癒率提升，死亡率維持在不高的水平後，才可能減少恐慌。此時所有防控舉措都會讓人們更加恐慌，陷入兩難。而由於存在信息

不對稱，以及缺乏完全的信任，政府出來呼籲理性，人們則反而可能認為政府是在對疫情進行輿論引導，有意降低疫情的嚴重性，使得克服兩難的舉措本身也成為兩難的一部份。

當下環境裏，這個悖論很難解決，只能用時間解決問題。我們能做的，就是對疫情要嚴陣以待，但也要理性、科學對待，做好自己和家人的防護工作，對自己和社會負責，同時盡可能減少非理性情緒，避免過度恐慌。

六、恐慌可能導致疫情螺旋上升

恐慌的結果是，一方面防控意識加強，另一方面又草木皆兵，一有症狀就覺得自己患病。

在武漢／湖北，一旦有症狀，人們可能就覺得自己患病，然後紮堆到大醫院求醫。患者很快會直面當地醫療資源極度稀缺的現狀，進一步增加緊張感。醫護人員長時間高壓工作，還要面臨感染風險，心理瀕臨崩潰。醫患關係本來就緊張，也不能避免會有醫患衝突。在這種場景下，完全有可能增加交叉感染：本來只是普通感冒，到了醫院變成新型肺炎。疫病在醫院體系內擴散。口傳口、基於移動互聯網的社交媒體、媒體報導都可能將這種情緒向外傳遞。醫療資源捉襟見肘，繼續從外地增援，進一步加重人們的恐慌情緒，進而發展為草木皆兵、紮堆求診、資源不足、患者交叉感染的狀況。

如果按照這個邏輯去發展，則可能產生兩個結果，一是有可能使湖北本地疫情加重；二是在全國範圍帶來恐慌，並導致較大的經濟代價。

本文並未展開講經濟代價。春節期間，旅遊、零售、消費的影響就不消說了。但結合 SARS 的發展案例看，有理由認為：春節後經過人口再流動、再組合，已經結束了潛伏期，疫情會進一步爆發，除非繼續強力限制人口流動。和 SARS 及流感病毒一樣，2019-nCoV 有可能需要經過這個春天才能消退。這就是說還有兩到三個月的時間。如果兩三個月內人們的情緒都被疫病防控所主導，陷在恐慌裏，那就意味著兩到三個月經濟活動的凍結／暫緩。這對經濟的影響將是巨大的。我們可以回憶北京在非典時期停工停課對當地社會的影響。

七、悖論與兩難

綜上，筆者以為，政府把人民健康福祉放在第一位，中央正面表態、積極引導與干預、開放媒體、陽光面對疫情、及時採取歷史上所沒有採取過的創新防控手段，先發制人式地第一時間防控疫情，主觀意願很好，但也不宜脫離目前民眾缺乏醫療知識，認識和記憶受 SARS 局限，以及對政府的治理缺乏信任的基本盤。這種客觀環境使得政府釋放的政策信號及行為並不一定能夠被民眾完全理解，甚至還可能會曲解，並因此引發一些意想不到的副作用，從而加大疫病本身的代價及更廣泛的社會經濟代價。這個風險不能不正視。而這些問題實際上是超出了疫病防控甚至公共衛生政策的範疇的，屬於更廣義的治理與政治，是疫病及衛生政策領域專家們所不能回答的，因為這並不在他們的知識儲備及經驗積累範疇之內。

因此，政府處理問題還不能僅局限在疫病防控和公共衛生領域，需一攬子考慮中國社會的客觀環境。

政府要強力防控，又不致引發不必要的恐慌，造成不必要的副作用，還需要這樣的社會基礎：

1. 對民眾有常年的公共衛生、醫療常識教育及健康習慣培養，作為知識鋪墊和準備；

2. 民眾有更多的疫病防控歷史經驗（武漢新肺炎將是 SARS 的一個重要補充）；

3. 政府公信力的持續提升；

4. 抗疫時期，要進行充分的公共溝通及輿論引導。

其中，1、2、3 是長期作用的結果。4 是可以在短期內做到的，那就是更加充分、及時、細緻的公共溝通。具體包括：就一些重大干預舉措（例如封城、全國性封閉公眾場所等）的必要性進行充分講解；對武漢新肺炎與 SARS 的區別進行講解；對疫情數字進行具體的解釋與說明；對社會上傳播的不實新聞第一時間闢謠等等。

要持續動員國內外的專家學者出來講解，安撫民情，特別是已經在 SARS 中建立廣泛公信力的專家。要達到這樣的效果，既要重視這場疫病，又要保持理性

和科學。

八、展望未來：疫情結束時，及下一次疫情

這是新時代的中國第一次面對嚴重疫病，新的環境下有新的挑戰。筆者以為，正是需要經歷這樣的公共事件，中國社會才能更加成熟 —— 從政府到媒體到民眾，都能通過這樣的事件成長，對疫病防控中的各種兩難問題形成更深刻的認識。這樣，到下一次病毒來襲，就有可能在各方各面找到更好的平衡點，拿出更加全面完善的對策。

總體而言，筆者屬於比較樂觀的，當前人們被困在家中，仍然被抑鬱、恐慌、恐懼的情緒主導，並擔心春節假期後事態的發展，年都沒有心情過。但我認為 2019-nCoV 的影響應該不會比 SARS 更糟糕。幾個月後病毒就會消失。但這次重拳出擊，經濟代價絕對不能低估。大半年後，人們就會恢復平靜，用更加抽離、理性的心態評估這次疫情對抗。

而待下一次疫病出現（我們衷心希望它不會出現），中國社會一定能更上層樓，比今天做得更好。

03 2020年大抗疫
——從「航空安全」、風險認知及管理到社會的長期理性

2020/02/07

由抗疫展開的 2020 年，勢必會在中國歷史上留下非常重要的一頁。

從 1 月 22 日夜間 /1 月 23 日凌晨宣佈對武漢「封城」，到全國重點城市進行一級公共衛生響應、延長春節假期、限制人群聚集及人口流動，以及全面鋪開社區網格化防控，表明了國家對這次疫病的基本判斷：新冠肺炎是一種非常危險的傳染性疾病，它是人類社會所不能容忍與之「共存」的 —— 儘管在天氣轉暖後它可能會像 SARS 和流感（中國國民誤以為「流感」就是嚴重感冒；為了避免在這個嚴重錯誤認知上添磚加瓦，本文筆者將流感統稱為 flu）一樣自然消退。但公共治理者認為，社會是不能承擔這種嚴重傳染疾病對公共健康產生的巨大衝擊的，政府也亟需通過這樣的公共事件，表達對人民福祉安康的最大關注，並建立長期公信力。在這樣的背景下，政府選擇了暫時「凍結」中國社會，運用舉國體制，上下齊心協力，把消滅疫情作為社會在這段時期內最主要、最根本、最大、最優先的目標。這種舉國抗疫已經不能僅僅用「軍事化」和「打仗」來形容了：它不是僅僅派一支部隊打一個局部戰爭 —— 而是全民參與的「全面戰爭」（total war）。湖北和武漢是這次抗疫的「先頭部隊」，將為抗疫做出最大的奉獻與犧牲。

既然抗疫是第一目標，那麼，為了實現這個目標，肯定要做出權衡取捨，付出一定的犧牲和代價 —— 其中包括經濟代價和社會代價；同時，這種代價對於不同人口群體的影響也不一樣。全國要眾志成城地對抗疫病一到兩個月，在疫

情得到令人信服的控制後，才能恢復正常生活。因此，在這次抗疫上，政府對新冠肺炎的處理是類比 SARS 的，而不是 flu，而且還運用了比 2003 年 SARS 時期更高等級的應對手段。

客觀來看，SARS 是一種烈性呼吸道傳染病，具有非常高的致死率，但 2003 年爆發時死亡人數有限；而 flu 是季節性發作，傳播性非常廣，每年都會帶來大量人口的死亡。兩種疫病得到的關注與待遇完全不同。

幾週以來，許多人都嘗試將新冠肺炎與 flu（包括傳統的甲、乙型 flu 以及美國 2009-2010 年的 H1N1 豬流感）做比較。Flu 對公共健康的影響驚人的大。這方面，美國的科學研究及統計在全球處於領先地位。每年，美國感染 flu 的人口多達數千萬，致死的人口數量大概是 3~4 萬。僅 2019 年 10 月至今，flu 在美國的感染人群就達到 1,900 萬，死亡人數超過 1 萬。2009-2010 年著名的 H1N1 疫病（甲型 flu 的新型分支），感染了數千萬人口（大口徑估計為美國人口的 20%，即約 6,000 萬），死亡過萬人。那麼為什麼 flu 沒有得到同等待遇呢？這個公共衛生選擇讓許多人困惑。

筆者也注意到，無論是右派的 Fox 還是左派的 CNN，在剔除掉攻擊中國政府這些表層的、政治化的東西後，他們對疫病的理解是比較一致的。美國人會主動將新冠肺炎感染案例、死亡人數與 flu/H1N1 進行比較，顯示出新冠肺炎死亡人數還只是美國 flu 的一個零頭（雖然前者的致死率可能顯著要高，但可靠的數字比較尚未確立）。這個比較目的不是為了抨擊美國政府，也不是為了淡化新冠肺炎的嚴重性，而是嘗試把新冠肺炎置於具體語境之下，在各種呼吸道傳染病的體系內評估它的相對嚴重性，並找出合適的應對心態與應對機制。

美國人對 flu 是非常了解的。美國對 flu 的公共衛生政策是積極預防，但可以容忍其存在，是個「長期共處」的概念。美國政府及社會通過提高疫苗率、普及公共健康知識等手段，盡可能降低每年因 flu 死亡的人數，但也會「容忍」flu 每年奪走 3~4 萬人生命的事實。美國的 flu 疫苗普及率大概是五至六成，而中國的疫苗普及率可能僅及 1%，同時，中國人口又是美國的四倍以上。顯然，如果看總量，相比 SARS 而言（目前拿新冠肺炎做比較還為時太早），flu 才是對公共健康更大的威脅。

那如何理解社會對新冠肺炎及 flu 採取截然不同的態度呢？為什麼各個國

家都可以對 flu 有更多的容忍，與其「共存」，但卻不能容忍 SARS 和新冠肺炎呢？

這是一個對風險的主觀認知的問題。最經典的案例是機動車安全和航空安全的比較。先以美國為例，筆者在網絡上搜集了一些數據：

2000-2009 年間，美國每年死於各種交通意外的人數為 43,239 人，其中超過 3 萬人（佔比約 70%）死於小汽車與輕型卡車事故。相比之下，商業航空運輸（排除了比較危險的各式私人小飛機）乘客年均死亡 95 人；

2009 年以後，美國每年死於機動車的人數（口徑比上面略大）在 30,000~35,000 之間。可不要小看這 3 萬多人，在 3 億多人口的國家裏，這就是萬分之一的人口死亡率；

2008 年，機動車事故為 500 萬起，飛行事故為 20 起。比較每 1 億英里旅程的死亡人數，機動車為 1.27 人死、80 人傷；飛機則 0 死，幾乎沒有受傷；

根據美國的 National Safety Council 在 2008 年的統計，一個人一生中死於機動車的概率為 1/98；一生中死於航空交通的概率（包括私人飛機）為 1/7,178。

再來看看中國的數據。中國每年車禍死亡人數大概是 6 萬到 20 萬甚至更多。這裏 6 萬是官方數字（有統計口徑的問題），而民間估計為 10~20 萬甚至更多。

在民用航空數據中，最近的空難是 2010 年伊春空難，44 人遇難。在此之前中國民航安全運行 2,102 天，之後到現在十年應該都沒有發生過致死事故。

儘管機動車每年死這麼多人，但人們只會高度關注航空安全。一個飛機墜毀絕對會上全球媒體頭條。一個 737 MAX 空難可以造成全民恐慌，一部大巴墜崖死幾十人的新聞熱度則不超過三天。大型惡性公路交通事故根本很難留存在人的記憶裏。

人們對航空安全給予非常高的標準：天氣稍有不妥，飛機就不能起飛，但公路交通照常進行。每年因為氣候原因（例如霧、雪、雨）而造成的交通意外不計其數。

如果我們計算「死亡概率」，則航空器顯然低於機動車，但人們卻非常擔心和恐懼航空器的安全。對航空安全和對機動車安全完全是「雙重標準」。為什

麼呢？

1. 飛機的事故率更低，但一旦出現事故，致死的概率更高。而且若出現嚴重事故，乘客基本沒有逃生可能，很可能會出現大量死亡。汽車的事故率雖然高，但事故的致死率低；

2. 對乘客來說，機動車的可控性更強：可能自己就是司機，或與司機相熟，或是司機的親友，通常也坐得離司機較近，會覺得對交通工具有一定把握。飛機則不然（特別是商業民用航空），乘客與飛行員沒有關係連接，並且感覺將命運完全交給了飛行員，沒有可控性可言；

3. 如果有恐怖襲擊，則飛機較機動車更容易受到影響；

4. 一旦出現事故，對航空公司、客機生產商甚至航空業都會有重大打擊。

這就使社會對航空事故採取「零容忍」的態度：一個社會可以容忍每年數萬起交通死亡（或萬分之一的人口死亡率），與這種常在的交通風險「共存」；但容忍不了一個商用民航墜機事故，要求將這種風險減少到零。社會對航空安全極度苛刻的超高要求，也是航空安全得以維持在超高水平的原因。社會對機動車雖也有一系列的安全標準，但其能夠獲得的公眾關注和飛機不在一個層級和維度。

社會在多大程度上能夠容忍相關的風險，基本是基於人們的主觀感受。

回到呼吸道傳染病。簡單假設：A 傳染病，傳播性較高，人口傳染率為10%，但危害不算大，致死率為 1%；B 傳染病，傳播性低，人口傳染率為 1%，但非常致命，致死率為 10%。對於個體而言，兩個傳染病帶來的死亡概率是一樣的，都是 0.1%。但人們會更擔心哪個疫病呢？當然是 B 傳染病。

A 傳染病由於致死率低，即便染病大概率也是輕症，因此更容易被認為屬於個人問題，責任主體在個人，傾向於在個人層面進行防控（例如由個人決定是否每年打疫苗）。社會成本方面（住院天數、請假天數、財務損失及醫療資源投入等）難以獲得社會關注，由個人和社會各個部門在不知不覺中承擔與吸收。

B 傳染病由於致死率高，則會引起恐慌，成為一個公共衛生問題：人們認為政府需要出手應對，成本也被算到政府的賬上（政府應對所有病人提供免費治療）。

因此，即使預期風險從概率上看完全一樣，人們的主觀感受會全然不同，因此社會也會採取不同的應對方式。

不同社會政治價值觀與形態的差異也會進一步影響人們的行為。在大政府、家長制政府的社會裏（比如中國內地），人們對政府責任的預期，會顯著大於美國這種大公民社會小政府的國家。

不過，在現實世界裏，不同傳染病的概率和傷害性是不同的。SARS 這樣的烈性呼吸道傳染病屬於偶然的、「一次性」事件，多年一遇，其一旦出現，毫無疑問將是「航空安全」、「B 傳染病」級別的事件，需要強力應對。這樣的疫病，死亡人數可能遠遠低於如 flu 這類殺傷力更大的「經常性」疫病。實際上，兩種疫病死亡人數往往完全不在一個量級，沒有可比性。例如，SARS 疫情，中國內地死亡 349 人，全球 782 人，而季節性 flu 僅在美國每年就致死 3 萬多人，在其他發展中國家不可計數，是好幾十倍乃至上百倍的差距。

人類社會對不同災難事件的心態及反應機制不同，這是否是一種不理性？放到長期維度看，可能是理性的，這是人類社會長期進化的自然選擇。進化生物學家可能可以給出許多解釋和猜想，這種對風險的應對，反映的是人類作為一個物種的生存本能。傳播率高、致死率較低、具有經常性的疫病或災難風險，可能會起到淘汰最弱者（老弱病殘）的作用，最後可以「優化」整個社會的人口結構及基因結構，有進化學的意義；傳播率有限但致死率高的烈性疫病以及其他一次性災難，打擊範圍更廣，且可能無差別影響到社會的基本生產、運作及維繫，對社會的根本存在構成挑戰（existential threat）。所以，社會需要集中力量對抗這種偶發的災難性事件。

從大歷史、宏觀的角度看，人類社會應對不同的疫病及災難性事件所採用的不同心態、機制、方式，動用不同的資源，背後一定有其邏輯，反映的是人類社會對風險的偏好／態度。

現在再看看歷史上幾個呼吸道傳染病事件。

首先，是 2003 年的 SARS。這是一個致死率很高的烈性呼吸道傳染病，立即被定義為「航空安全」級別的事件，全社會上下統籌應對。事情之後，世衛組織系統完善了全球應對機制，中國也建立起一整套公共衛生事件應急體系。可以這樣通俗地理解：通過這次災難性事件，建立了一整套類似航空安全的體系。

2012 年發端於沙特的 MERS「中東呼吸綜合症冠狀病毒」致死率超過30%，比 SARS 的約 10% 還高，出現國際傳播後即受到重視，於 2014 年被世衛

組織定義為突發公共衛生事件（PHEIC）。但 MERS 的傳染能力比較弱（R0 小於 1），顯著低於 SARS 及一般呼吸道傳染病，所以疫病沒有廣泛傳播。MERS 也屬於前述的 B 型傳染病，要求獲得「航空安全」級別的關注。

其他幾個 PHEIC 級別事件，還有 2014 年南亞和非洲的脊髓灰質炎疫情、2014 年西非的埃博拉疫情、2016 年巴西等國的寨卡疫情，及 2018 年起在剛果爆發的埃博拉疫情等。

值得一提的是 2009-2010 年在美國爆發的 H1N1（豬流感）疫情。H1N1 是甲型 flu 的新型變種。這個疫病獲得美國 CDC 及世衛組織的高度重視，也被世衛組織宣佈為 PHEIC，但防控卻遇到極大爭議。原因是，人們最後發現其死亡率和一般的 flu 差不多。最後在美國是數千萬人感染（口徑之間差異較大），死亡一萬多人。哈佛教授 Marc Lipsitch 對 MERS 死亡率的估計是 0.007%~0.045%，低於 0.1%（千分之一）的水平，因此和一般的積極性 flu 差不多。

這個傳染病在美國造成了 1 萬人死亡，但由於致死率低，美國民眾認為 CDC 及世衛組織是「過度反應」，散佈恐慌情緒，使美國承擔了不必要的經濟代價（那時經濟還在從 2008 年金融危機中艱難恢復）。另外，陰謀論者認為這是 CDC 和世衛組織與製藥公司合謀，試圖製造恐慌，販賣疫苗以營利。

對於一個造成上萬人死亡的呼吸道傳染病進行強力防控，公眾非但不買帳，還反過來批評。原因是政府及有關機構的應對模式並不符合美國社會的「風險偏好」：在公眾看來，H1N1 屬於「機動車安全」級別的「A 型傳染病」，是要共存的，必須考慮強力防控是否會產生額外成本。

現實世界是非常複雜的，並不是「A 傳染病」vs「B 傳染病」的問題，理論上需要把不同疫病進行分級，對不同的疫病要採取不同的應對。在交通安全上很容易找到類似例子：高鐵、鐵路的安全體系是介乎於飛機與機動車交通之間的 —— 只需要比較飛機與高鐵安檢之間的差別就知道了。由於鐵路在地面上行進，因此被認為在災難事件出現時的死亡率低於飛機。但高鐵速度快，如果出事則致死率肯定高於普通火車及軌道交通，但又肯定低於飛機。每一套安全體系都是落在某個平衡點上的。

再回到本次新冠肺炎疫情。

這是一個傾向於感染下呼吸道、產生肺炎的冠狀病毒。目前對它的傳染性和致死率尚不清楚，對它的發展變化趨勢也不清楚。它對公共健康構成了一種威脅，但這種威脅的影響尚不完全可知。

而監管機構需要在對流行病研究尚比較初步的早期就做出應對決策，此時對疫病傳染性、危害性（輕症率、重症率、危重率、死亡率）等都還沒有完整、可靠的數據。是一級響應，還是按普通疫病對待？即，這到底是一個航空安全事件，還是一個機動車安全事件？決策者認為，這是一個航空安全事件，或至少說，不能排除是一個航空安全事件。

筆者在本次疫情發生很早時即寫到，中國社會從上到下（由治理者、媒體到民眾）的風險認知只分佈在兩極，即普通感冒和 SARS。從前文比喻可看出，對普通感冒，人們司空見慣，甚至都達不到「A 傳染病」或機動車安全的標準，是徹底被忽略的。

Flu 被認為是「嚴重感冒」，除了在幾年一遇的《流感下的北京中年》這樣能夠搶佔輿論幾天的網絡文章中偶被關注，基本存在於中國民眾的認知之外；大規模調動流感防控都很困難。中國社會可以與 flu 共存，只把它當作「重感冒」來對待。

然後就是 SARS，一個「航空安全級別」的烈性傳染病。一旦啟動「SARS 模式」，從上到下認知就完全不同了。只有當新型冠狀病毒的危害性無限接近於 SARS，啟動「航空安全級別」的響應，才可能引起中國各界的注意。

基於此，筆者其實也不相信把病毒定位為「人傳人」本身就能喚起公眾的注意 —— 正如 flu 同樣人傳人，但不會被人關注一樣。大眾只能根據自己的經驗來理解，根據這個病與 SARS 的距離來判斷自己的應對。人們只有經歷了封城、停工停學、限制人口流動和聚集的政策，看到即時更新的確診和死亡數字，感受到了疫病的恐怖，並在互聯網上看到各種悲慘的故事和說法，才可能系統性地改變自己的行為。昨天晚上不幸因新冠肺炎身故的李文亮醫生，也被認為是最早幫助公眾從既有經驗體系去理解和認知這個疾病潛在風險的人（華南水果海鮮市場確診了 7 例 SARS）。

將疫病定義為類似 SARS，啟動最高級別的響應機制，以「全面戰爭」的方式舉國對抗，一方面當然能夠有效地控制疫情，但也會承擔額外代價。這個代

價，就是中國社會被短暫「凍結」。具體而言，中國主要省份城市的人口流動被限制，經濟社會秩序受到影響，產業鏈正常運行受到干擾，涉及需要人群聚集的線下行業受到嚴重衝擊，大中小學生不能上課（造成額外的照看負擔），居民生活十分不便。如果人群不能聚集，人際互動受到影響，對經濟行為的影響將是巨大的。毫無疑問，這種應對方式是有經濟與社會成本的，這種成本也將在未來幾週、幾個月被感知。

包括筆者較早的文章中述及的各種原因造成的社會恐慌，如此多種多樣的因素，是 2020 年 1 月中下旬的決策者們所無法預料和推演的，尤其是疫病防控專家並不具備推演社會影響的能力 —— 從民眾心理、經濟影響、社會秩序、輿情掌控到國際影響 —— 都遠遠超出了疫情防控本身。這些早就不是醫學專家的課題，而屬於更廣義的公共政策與治理。疫情防控專家只能去假設某個疾病的風險，並基於有限的流行病學資源與數據，做悲觀、保守的假設，為決策者提出純科學角度的建議。

相比之下，美國季節性 flu 擁有每年數千萬病例的大數據。對這個疫病越了解，人們就越不懼怕，社會就越可以與它「共存」。但對新型冠狀病毒則不然，決策者只能在比較有限的信息下，結合自己的政治優先考慮，做出應對選擇。這個選擇不僅僅是公共衛生選擇，更是一個政治抉擇。在這個歷史時點上，中國政府把民眾的公共健康和安全放在最高的優先地位，置於其他考慮之上。在面臨顯著的不確定性時，中國政府選擇採用最高標準應對以最小化風險。中國的經驗是，絕對不要重蹈 SARS 的覆轍。我們的選擇來自我們有限的歷史體驗。

「封城」是最強力的防控措施。它發生在武漢／湖北，可能造成當地的醫療資源擠兌及不堪重負，並且帶來恐慌和交叉感染；但此舉又在最大程度上做到了防止疫情外擴。湖北人民和其他中國民眾並無不同，他們對這場突然的疫病當然是不知所措和恐慌的。他們為中國乃至世界承擔了這次疫病防控，是「全面戰爭」的「一線部隊」。

綜合而言，世衛組織對中國政府的應對是高度評價的，他們更擔心的是疫情傳播到防控體系及醫療基礎更弱的其他國家。同時他們也還多一層考慮，即不希望重蹈 H1N1 的覆轍。

因此，在抉擇之後也要承認，人們對這個傳染病的了解還是遠遠不夠的。

到底有多少人感染？有多少是輕症？多少是重症？多少是危重症？多少人會死亡？對不同年齡段的人的傷害程度到底如何？有多少要歸因於醫療基礎設施的不足而非傳染病本身的危害性？假設一個新型 flu 同時在武漢、北京或上海爆發，相信死亡率也一定不同，因為後兩個大城市醫療資源更多，這種因素應當要考慮進來。還有強力防控下帶來的一些意想不到的其他因素也需考慮，例如恐慌下導致的交叉感染。

湖北的數據關乎我們「一線部隊」的安全與健康，但同時也需要關注其他省份的數據 —— 它們是我們研究這個流行病的寶貴信息來源。這些省份還沒有遭遇醫療資源瓶頸，屬於應對狀態，病例也少，可以更好地跟蹤與分析。截至本文寫作時（2020 年 2 月 7 日午間），廣東和浙江兩個大省確診案例分別超過 1,000，但只有廣東出現 1 例死亡。湖北以外，累積確診 4,247 人，死亡 19 人。不過，新冠肺炎的病程看來不短，大部份病人還在治癒的過程中，結果有待觀察；數字上，輕症可能未被納入確診案例，有些死者可能未被確診為新冠肺炎。總而言之，這個流行病的危害性和效果仍然處於呈現的過程中，結果尚不可知。只有在幾個月後，疫情結束了，相關專家結合各地的案例做統合的分析，才能對其實際的危害性做出客觀評估。現在下任何結論，都言之過早。

世衛組織在將 H1N1 宣佈為 PHEIC 疫病時是「犯過錯誤的」。雖然對新冠病毒的危害性尚不清楚，但從中國政府的一級響應來看，目前其他國家的反應也是判斷風險概率可能較高。因此他們先對經中國進入的訪客採取「封關」的方式暫時將疫病堵在國外。因為一旦疫病進入，且被證明是烈性呼吸道傳染病，一般國家是不具備中國這種舉國「全面戰爭」的防控能力的。

一些地方，例如澳門對賭場的「閉市」也是非常手段，這對澳門的經濟有巨大影響。澳門不能承擔賭場作為傳播疫情的途徑與平臺這樣的污名，正如航空公司不能承擔墜機事故一般，必須採用最高級別的「航空安全」模式，按最嚴峻情況來防控疫病。

但在幾個月或更長時間後進行資料匯總，一定可以將 2020 年的新冠病毒的流行病數據補全，將它放在季節性 flu、H1N1、SARS、MERS 的語境之下，在呼吸道傳染病的光譜下找到某個點位。問題只在於 —— 它到底是更接近 SARS，還是更接近 flu。

而到那個時候，中國社會才能對新冠病毒的嚴重性及這次防控進行客觀的、全面的復盤評估：

我們是否阻止了一次危害顯著大於 flu 的惡性呼吸道傳染病？

是否應當提高民眾對 flu 的公共衛生意識，讓民眾更加了解呼吸道傳染病，並建立好的習慣？

對不同疫病是否要建立不同的、分級的應對方式，而不是在普通感冒和 SARS 之間非此即彼？

「風險零容忍」、隨時對可疑病例啟動「非常態化」防控的應對方式（這似乎是當下洶湧輿情所指向的），其隱含的巨大經濟及社會秩序代價是不是一個社會所能長期容忍、承受並樂於見到的？

瞞報和低估疫病的傳染性會造成巨大風險，另一個角度的誤判即高估和過度反應也會帶來代價。現實世界非常複雜，不是非黑即白的。治理者如何應對一些經典的悖論與兩難？例如，嚴格防控同時又避免民眾的恐慌意識，信息透明開放但又防止媒體過度放大某些民情？這些都是人們最終要思考的問題。但要立論，第一步是先基於客觀事實與數據，從流行病學上客觀了解新冠病毒。

到那時候，我們也可以更好地評估這次應對，客觀地還原政府在 2020 年 1 月中下旬做出重大決策時所面臨的艱難挑戰，以及在這種艱難挑戰下做出的艱難選擇。

而經歷了一次傳染病「集體教育」的中國社會，到下次傳染病出現時，從治理者到民眾可能會有更加成熟的心理。這是一個社會公共衛生意識及體系成熟化的過程。筆者樂觀地相信，人類社會是有學習能力的。長期來看，一定存在某種整體的理性，一定能夠在疫病風險及社會正常運行之間找到一個相對最優的平衡點。在權衡取捨之下尋找平衡點，也伴隨著人類數十萬年的進化與發展。

04 奔跑大象的新挑戰
——中國對新冠肺炎的「再平衡」

2020/02/11

　　傳染病是人類在幾十萬年的進化發展進程中所一直需要面對的問題。

　　在古代，醫學知識匱乏，公共衛生體系尚不存在，人類無法對抗大瘟疫，只有誰死掉、誰活下來的概念。14 世紀的黑死病使歐洲 2,500 萬人喪命（佔人口三分之一）。這不是一般的人口優勝劣汰，而是社會的震盪、瓦解、重構，需要幾十年甚至更長時間才能恢復到過去的水平。晚至 20 世紀初，1914 年西班牙流感在全球感染了五億人，導致 5,000 萬 ~1 億人死亡，佔當時全球人口的 3%~5%。

　　現代社會，伴隨醫學水平的快速提高，公共衛生體系的建設健全，源自不同病原體（細菌、病毒、真菌和寄生蟲）的傳染病都得到有效防控及應對。發展到當代，人類與傳染病的關係已不再是一個生存問題，而是管理和管控的問題，是風險控制的問題，是管控的收益與成本問題。人們可以針對不同傳染病的不同嚴重性，合理調動社會資源，進行防控與應對。而對於一些尚無法根除且仍廣泛流行的疫病 —— 包括民眾熟知的流感、愛滋病、乙肝等傳染病 —— 則需進行長期的應對管理。傳染病在今天的人類社會已經變成了一個典型的公共管理問題、公共衛生問題、治理問題，承擔這一角色的究極主體是政府。在一兩個世紀前，這可能都是不可想像的。政府成為公共健康的維護者，也使得它承擔了歷史上前所未有的責任。

　　與「所有生命同等重要」的治病救人倫理不同，公共管理的視角比較宏觀。它需要考慮任何公共政策的「收益」與「成本」，考慮社會資源之間的平衡與取捨。在微觀個體來看，任何生命都要獲得最高尊重（救人一命勝造七級浮屠）；

從宏觀角度，生命難免變成有些抽象的公共衛生成本。以西方政治哲學為例，有很多本體論的東西（強調個體的絕對價值），強調程序正義，拒絕用結果衡量手段。但在實操層面，結果主義（consequentialism）、功利主義（utilitarianism）才是主導絕大多數公共政策的原則。

回到流行疫病防控，社會必須在維護經濟社會秩序與流行病防控之間找到一個平衡點。找到這個平衡點需要一個根本假設 —— 某具體傳染疫病的危害性（結合傳播性及傷害／致死率）。不同疫病危害與風險不同，需要不同的應對方法。如果低估了某流行疫病的風險，就會使得它廣泛傳播，嚴重傷害公共健康，並最終破壞經濟社會秩序。如果高估了某流行疫病的風險，雖然可以最大程度抑制它的廣泛傳播，保護公共健康，但也會破壞經濟社會秩序。同時，由於人類社會的主觀「風險偏好」問題，即使兩類疫病最後落到個人身上的風險是一樣的，反應也不同。高危害性疫病會造成更大的恐慌，影響社會運轉。

因此，公共治理者需要不斷摸索、把握流行疫病防控與維護經濟社會運作之間的平衡點，但如果面對之前沒有發生過的新型傳染疫病，那麼危害性就變成了未知數、不確定性、概率風險，治理者只能結合自己的歷史經驗及價值觀，基於有限的信息判斷，並需要不斷通過完善信息與數據，增強對疫病的流行病學認識，動態地調整應對方式。如果發現高估了風險，就要適度「放寬」應對手段。如果發現低估了風險，就要適度「加強」應對手段。治理者是在不確定性中決策的。而在一個對治理者期望很高的社會，治理者的高估或低估、決策快或慢，都會產生成本，也都會成為民眾批評的理由。

再回到近年來的呼吸道傳染病案例，看政府應對：

1. SARS 在中國：這是一個危害性非常高的流行疫病（致死率 10%），一旦廣泛傳播將使社會面臨極大的公共衛生危害。採用嚴厲的防控應對措施。當時北京停工停學數月。最後中國內地死亡 349 人，香港死亡 299 人；

2. 流感（influenza）在美國：傳播性廣但死亡率低（0.1%），每年在美國致死 3~4 萬人。2019/20 年度流感季致死 1 萬人。美國採取「常態化管理」，不會因為防控流感而影響社會正常的經濟社會運作。換個角度看，每年 3~4 萬的死者就成為維護社會正常運轉的公共衛生「成本」；

3. H1N1（豬流感）在 2009 年的美國：獲美國 CDC 高度重視，被世衛組織

宣佈為「國際公共衛生緊急事件（PHEIC）」。雖然還遠遠達不到中國對 SARS 的重視度，更遠遠達不到現在對新冠病毒的重視度，對美國社會正常運行影響有限，但仍然對經濟有一定影響，並被社會廣泛詬病為「過度反應」。該疫病造成美國過萬人死亡，死亡率接近普通流感。預計未來再出現類似的新型流感傳染病，也不會獲得同等關注，將被納入「常態化」管理；

4. 2020 年新冠肺炎：

1）中國內地：在對這項疫病流行病學了解尚有限的情況下，中國政府保守起見，採取了類同 SARS 而非流感的應對方式，推出的手段比 SARS 時期更為嚴厲，旨在最短時間內遏止疫情；

2）中國香港：也經歷過 SARS，並目睹了中國內地的超出 SARS 時期的防控措施。作為響應，香港也採用了超出 SARS 時期的防控手段（包括封關、限制人口經內地進入等）。但香港社會目前總體正常運行，開工開市，大多公共場所開放，人群正常聚集，和 SARS 時期差不多；

3）新加坡：到新加坡決策時，已經有了更多的流行病學信息，基於現有信息，判斷新冠病毒較流感嚴重，但遠遠不及 SARS。在 SARS 和流感二者之間，新冠病毒更接近流感，故採取比照流感的「常態化」應對方式，並表示會動態調整。

顯然，不同地方找到的平衡點是不同的。他們不光歷史體驗、治理模式不同，而且在決策時所依賴的流行病學信息也不同。

而我們對新冠病毒的了解是在動態發展的。截至 2020 年 2 月 10 日，我們還在討論鍾南山關於新冠病毒特性的最新論文。在 2 月 10 日晚間，香港青衣爆發了疑似本地糞口傳播案例。我們對這個傳染病的認識還在不斷增加。以下是筆者作為普通民眾的一些基礎認識：

1. 潛伏期非常長，鍾南山說最長可至 24 天；

2. 無症狀時即具傳染能力；

3. 從各種全家感染案例這個結果看，新冠病毒的傳染性非常強，顯著強於 SARS，甚至可能強於流感；

4. 除湖北外，死亡率不高（各種報導和口徑看，介乎於 0.2%~1.4% 之間），遠達不到 SARS（10%）的水平，但最終很有可能高於流感（0.1%）；

5. 有年輕重症病患及死者，但主要是危害中老年及基礎病患者。

以上認識還處於發現的過程中。鍾南山團隊依賴了上千案例，但現在全球已有 4 萬多確診案例，對更多案例進行分析才能補全我們對新冠肺炎的認識。

以下是筆者針對目前新冠肺炎防控的一些認識：

1. 從危害性看，由於它不是流感，就不能用流感的常態化手段應對；但由於它也不是 SARS，也不能用 SARS 的手段應對。流感和 SARS 都不是合適的「平衡點」；

2. 新冠病毒患者無症狀即具傳染能力、潛伏期超過 14 天等特徵，使得各地採取的 14 天隔離期的手段不能真正有效隔離。最近幾日，香港、臺灣、日本專家都表達了新冠病毒難以或無法隔離的問題；

3. 新冠病毒是無法在短期內通過強力抗疫手段「消除」。比如說，2 月份內基本消滅和控制新冠病毒的預期不現實；

4. 民間觀察新冠疫情呈現「被控制住」的「拐點」主要的依據是湖北及外地「確診」和「疑似」案例的增加趨勢。每天都有很多人對趨勢進行量化分析，但要看到，這個增加趨勢就是強力防控本身的結果。如果全國社會經濟活動都凍結了，疫情還在加重，那還了得？疫情增長被控制住是通過較大的社會經濟代價實現的；

5. 新冠病毒無症狀感染者的傳染能力、潛伏期超過 14 天等等，使得這個傳染病可能長期在人口中存在。最不好的一種情況是，宣佈疫情「被控制」，然後防控措施放鬆，人們預期發生改變，行為發生系統性調整，例如大規模人群聚集、聚餐、互動增加，甚至不戴口罩，隨地吐痰等，則疫情可能出現「二次爆發」；

6. 強力防控的經濟代價是很大的。可以看到，這已經不是保多少經濟增長的問題，而是如何防止經濟衰退和維護社會穩定的問題；

7. 讓全民意識到新冠病毒的嚴重性和危害性，提高公共衛生意識，有兩面性作用。一是肯定有助於防疫。二是造成一定的恐慌和非理性行為，甚至有抵制工作的心情。筆者註意到，目前有很多人按照 SARS 框架來理解新冠肺炎。「宅」在家裏是「生」，出去工作是「死」。如果「宅」在家裏沒有工作是死，那就只好冒著生命危險去工作。這是「生」和「死」的選擇。對於稍有經濟能力的人而

言，他們會盡可能選擇推遲進入工作狀態。可以看到，這不是一個常態化的社會。社會經濟秩序很難恢復到正常狀態。

8. 筆者以為，大多數行業還是可以陸續復工、恢復生產的，但對於實體服務業而言，只有在疫情明確結束，人口行為回到常態（例如敢於出來聚餐、看電影、按摩、唱歌），才會得到緩解。這些行業涉及大量的就業人口與 GDP。

9. 越是發現新冠病毒難以在短期消除，抗疫越呈現出「持久化」的特徵，則社會就越需要在抗疫與生產之間找到合理平衡點。筆者曾援引過戰爭的案例。「全面戰爭」（total war，例如抗日戰爭）和有限的「局部戰爭」（例如對越戰爭）是不同的。全面戰爭是舉國投入資源打仗，將其作為眼下關乎生死存亡的第一目標。局部戰爭則是常態化的，可以與社會的正常生產秩序並存（我們發現美國社會一直處在常態化戰爭的狀態，從每年的季節性流感，到中東及全球各地進行的代理戰爭）。

伴隨對新冠肺炎流行病學認識的發展，中國社會肯定需要不斷調整，找尋一個更加「平衡」的應對方法。中國體制猶如大象，在進行「全面戰爭」、動用舉國力量全民抗疫上，肯定是有優勢的，任何其他國家都難以比擬。但如果需要不斷根據更新的信息，對政策進行動態調整，而且要有許多微觀的、細化的安排，就不容易了，這就猶如讓一頭大象做出許多優美的、精細的動作。

這些天，中央政府釋放的信號非常明顯，就是在保證疫病防控的前提下，對重點行業陸續復工，抓生產，保秩序，維穩定。這是一個典型的「既要，又要」（可能還有「還要」、「更要」，畢竟今年是全面決勝建設小康社會之年，對經濟增長是有期望的）。

「既要、又要、還要、更要」是一個多重目標，且目標之間可能發生矛盾和衝突，例如，要宣講防疫，改變行為，就會使大家恐慌，產生厭工。要防止疫病擴散，就要阻止人群聚集，這就會影響經濟。諸如此類。而在提出「既要、又要、還要、更要」時，對於如何同時實現這些目標，處理其中的矛盾關係，往往又沒有更多的說明，需要官僚體系由上至下各層官員去詮釋、領會、形成政策，再交由一線具體執行。

實際操作中，多重目標意味著 KPI 的含糊。一線官員的傾向是啟動某種「底線思維」，即根據經驗，在多重目標中找尋最重要的單一目標 —— 這將是一個

最大程度影響自身業績及仕途的目標，這個目標如果不能實現，其他哪怕做好了都沒有用。所以，就圍繞這個最重要的目標來制定政策，再兼顧其他目標。

國家發改委今天上午召開新聞發佈會，有一部份內容值得注意：

「我們也注意到，在防控期間，很多地方都出臺了很嚴格的限制人員進出措施。比如，有的地方還對企業的復工復產採取了報備制度，有的設置了前置審批條件，甚至還有個別地方出現了拘留提前復工企業負責人的情況。這些做法是不符合加強疫情科學防控、有序做好企業復工復產的中央精神的。此風不可長。在這裏明確和大家說，我們將嚴格制止以審批等簡單粗暴方式限制企業復工復產的做法。」

這是一種比較典型的做法。為復工復產規定審批程序，就是「既要又要」的典型。通過設置審核程序，控制復工的節奏。這個結果是地方政府可以在他們之前理解的底線（即防疫）下獲得免責 —— 既支持復工，又保證了防疫。但這個措施的客觀結果是使得大部份企業難以復工。這就偏離了中央政府的意圖。這樣中央政府只能進一步地、更加明確地表明自己的取態、預期、「精神」，要求有序復工。基層政府這時才能撥開「既要又要」的迷霧，獲得更深的領會，並根據新的精神調整政策。例如，復工的審批此時可以改為備案。程序和控制的措施還可以保留，但不能系統性地影響復工。

「大象」使出全身氣力，奔跑衝撞，趕走來犯者可以，但是奔跑且擺出優雅精細的姿態，就很不容易。

對 2020 年的新冠病毒，筆者相信它既不是 SARS，也不是流感，並且危害性相比 SARS 而言更加接近於流感。它因為特有的流行病學特徵，可能不能在短期內消除，而作為一個更加長期的存在，伴隨我們度過 2020 年的前兩個季度（另外如果不找到中間宿主，甚至可能在 2021 年復發，成為季節性事件）。政府為了避免 SARS 再次出現，在一開始以最謹慎的方式採取防控。但伴隨對新冠病毒認識的加深，可能將不得不考慮在全國範圍內以更加常態化的方式應對這次疫情，將目標逐步轉移到經濟發展及社會穩定上。

在疫情的恐慌之下，人們的心態很難一下子改變，對行為模式、組織方式和實體服務業的影響可能在短時間內難以消除。基於此，2020 年新冠病毒有可能成為發展基於互聯網及其他新技術的新形態經濟的歷史契機。

05 如何結合中國看待各國政府對新冠病毒（COVID-19）的應對？

2020/02/26

最近，疫情在韓國、日本、伊朗、意大利都有爆發之勢，引起了全球輿論關注。如何看待不同國家的應對？如何進行評價？

筆者不打算進行簡單比較，而是希望強調不同國家的制度、社會、經濟、文化環境存在不同，不同社會應對疫病的能力、方式和效果一定是不同的。一個社會應對疫病的能力、方式、制度，背後也有無數的原因。以下筆者分若干方面來分析不同地區的差別。

一、人口生理基礎

不同的人口對病毒的適應性、免疫能力是不一樣的。歐洲人把疫病帶到新大陸，殺死大量印第安人，就是因為二者對病毒的免疫系統不同。同樣，21世紀的地球，不同地區的人種對病毒的反應可能是不同的。存在這種可能性，即中國人有可能對以野生動物為宿主的病毒（包括各種流感、冠狀病毒等）抵禦能力更強。因為中國人在大歷史上接觸、使用野生動物更多，有某種獲得性免疫。近年的各種傳染病題材的電影都把源頭設定在中國（且往往是廣東／香港），不能僅看成是種族主義或政治偏見，而可能是有一定的生物學、醫學依據的。迄今還有很多人認為肆虐全球的1918年大流感源頭就在中國，因為中國的流感致死率非常低，這包括將中國港口城市與東北亞及印度港口城市作橫向比較。1918年大流感，伊朗死亡人數在90萬到240萬之間（人口佔比8%~22%）。

總之，不考慮變異因素的情況下，COVID-19對不同人口群體的打擊都有可

能是不一樣的。這個結果有待我們在後來觀察。

二、人口居住及聚集方式

城市化程度越高，越容易傳播疫病，但也要具體分析人口的居住方式，例如中國有大量人口集中的大城市，美國則人口密度較低，大量人口居住在城市核心區外的郊區。即便是超級大都市，人口的絕對數量也顯著低於中國（如紐約市為 850 萬，北京為 2100 萬）。這種人口居住及分佈方式會以意想不到的方式影響疫病傳播。比如美國人居住分散，家庭面積較大，可以囤積貨品。香港則是另一個極端，人口高度集中，人均居住面積非常小，家裏無法囤積貨品，需要不時採購，這就增加了傳播風險。在這方面，中國是屬於劣勢地位的，中國大城市的人口聚集方式及密度並不利於疫情防控。

當然，中國也有一些意想不到的優勢，比如近年來曾被詬病的住宅小區。批評者說，國外小區大多是街區的一部份，不會彼此區隔和封閉；中國的住宅區則大多是封閉或准封閉住宅區。曾有政策建議說要消除小區封閉與區隔。這種提議前兩年曾引發巨大的社會爭議。但在疫情之下，中國的這種封閉式小區就變成好事了，極其有利於社區網格化管理。設想一下，外國開放式住宅街區如何進行防疫管理？

三、衛生習慣

有的國家與社會民眾衛生習慣較好，有的地方較差。中國大眾衛生習慣平均水平不能算太好，而一些陋俗如隨地吐痰等，也會加大疫病傳播風險。另外一條就是廁所與排污基礎設施，因為 COVID-19 可以糞口傳播，這方面的基礎設施落後也會極大增加傳播風險。

四、醫學知識及與傳染病相關的公共衛生意識

社會（不僅包括普羅大眾，也包括政府、企業及其他社會組織）是否有應對

傳染病的知識與經驗，也往往和人口教育水平及近代是否經歷過大規模傳染疫病有關。有的國家極少經歷疫病（例如韓國、伊朗等），或者說對疫病缺乏認識。有的國家對疫病有比較充分的認識（例如美國，主要針對於流感）。中國的經驗則主要來自 SARS 和肝炎。

五、疫病防控公共衛生機制

是否建立了比較完善的應對機制。通常而言，沒有疫病經歷的國家也就缺乏響應機制。中國乃至 WHO 的應對體系都是在 SARS 之後建立起來的。如果缺乏這方面的經驗，應對機制肯定落後。

六、醫療資源及基礎設施

這就是人均擁有多少醫療資源的問題。醫護人員數目、床位數目、醫療設備及藥品等等。這與 GDP 發展水平有比較大的關係。人口密集、衛生意識落後且醫療資源落後的地方一定更容易成為疫病傳播的重災區。

七、經濟基礎及經濟組織方式

其他條件相等的情況下，勞動密集型的行業越多，疫病傳播風險越大。資本與技術密集型行業越多，疫病傳播風險越小。需要大規模勞動力集中的製造業是典型的重災區。如果能夠依賴機器人／自動化生產，情況當然不同。所以同屬製造業，德國汽車工廠和富士康車間是不同的。這個很顯見，就不展開了。

但對許多具體的發達經濟體而言，大部份人口所屬產業可能都是服務業。而不同服務業受到疫情的衝擊是不同的，例如，旅遊、餐飲與金融服務是不同的。前者依賴人與人面對接觸，後者可以利用遠程辦公和技術手段解決。還有的經濟體，服務業非常依賴外來訪客（例如香港的旅遊、餐飲、零售等基層經濟），這都需要進一步的分析。總之，各個國家因為經濟基礎與特徵不同，對疫病防控能力不同，從經濟上抵禦疫病的能力也不同。

八、社會觀念及傳統組織方式

傳統生活方式可能會與疫病防控的公共衛生目標相悖。在其他條件相等的情況下：

宗族／家庭觀念傳統的社會更有可能出現家族型傳染爆發。因為他們更有可能組織大型的宗族／家庭聚會，甚至聚居生活。

有組織／大眾宗教觀念較發達的社會更有可能出現社區爆發。韓國的新天地教會就是例子，通過教會組織傳播爆發。且這個新宗教一直受到壓抑和排擠，宗教成員一直忿忿不平，因疫情對他們進行干預，還會引發反彈，甚至把問題政治化。這次伊朗疫情主要在什葉派聖地 Qom 發生也是危險的，這裏接待來自中東各國什葉派朝聖者，疫病可能通過宗教朝聖路線傳播。韓國遊客赴以色列被遣返也是同樣的例子，很多訪客可能是把終點設為耶路撒冷的朝聖基督徒。

九、新經濟及其他建立在新經濟上的基礎設施

這是中國要展現優勢的地方。2020 年的中國，有許多本來意想不到的抗疫「稟賦」、「基礎設施」。這是其他國家所不具備的。例如：

1. 手機支付

手機支付的普及絕對可以極大幫助對 COVID-19 的防控。在絕大多數國家（甚至包括德國、英國、美國這樣的發達國家），仍然需要使用紙質或硬幣來完成絕大多數交易，信用卡支付也存在人傳人物理接觸風險。

而中國社會已經全面普及手機支付。我相信中國人現在最多可能只會有點心理病態，就是覺得連手機被別人掃一掃二維碼都會有疫病傳播風險。

2. 餐飲外賣

可不要小看餓了吧／美團。外賣的普及是一項重大的防疫基礎設施。它一方面可以最大化地減少人際互動及其帶來的疫病傳播風險（全聚焦到外賣小哥身上），同時還能最大程度地保持餐飲企業與消費者之間的經濟互動。這在一般的

國家和社會是絕對不可想像的。

3. 電商

電子商務的發達是我們抵禦疫情的又一利器。許多購物可以在網上發生。商戶可以繼續銷售，消費者可以繼續採購。人與人的接觸點減少並聚焦在物流上。這在最小化人群聚集及最大化維持零售經濟運行之間找到了最好的配合點。在一般國家和社會，這也是不可想像的。

4. 線上娛樂

移動互聯網生態發達（從基於互聯網的遊戲、視頻盒子，到各式的社交媒體）。中國是一個（移動）互聯網大國，在全球引領創造最新的互聯網生活方式。疫情之下，這些方式都可以幫助我們「宅」起來，以更好的心態、心情從容應對疫情。從這個角度看，我相信我們比意大利北部城鎮及伊朗的 Qom 條件要更好。

5. 線上教育

疫情之下一個非常明顯的問題就是停課停學對青少年兒童 / 學生群體的影響。其他條件相等的情況下，線上教育能力越強，抵禦風險的能力就越強。中國是一個線上教育大國，基礎設施本來已經非常成熟，包括公立機構在內的大多數機構都可能在短時間轉向線上教育。2020 年的疫情只是對全民的又一輪線上教育普及熱潮。更多的教育機構及家庭全面體驗了線上教育，更加擁抱線上教育。無數的線上教育機構也會通過這次疫情的磨煉，修正和改善自己的運營。這在大多數國家和社會恐怕都是不具備的。

6. 應用科技手段對患者旅行及互動軌跡的檢測

如何很好地確定一個感染者的接觸史？

當然要依賴對他的訪談及回憶。但除此之外，還可以利用各種基於移動互聯網的手機應用。支付紀錄、旅行紀錄，這些紀錄最低限度也可以幫助患者本人

回憶。有關部門如果從公共衛生角度出發，獲得更詳盡的紀錄（包括公共場所監控鏡頭的視像，並應用人臉識別），也可以幫助發現和確定流行病學接觸史。在缺乏這方面科技基礎設施的國家或社會，這都是不可能的。

互聯網和大數據科技是人類發明出來的工具。在疫情之下，它當然就是防疫的手段。如果公共衛生受到重大威脅，任何社會都會為了社會最大利益，迫不及待地希望擁有及使用這樣的數據與技術。

十、醫療規模效應

疫病防控領域的醫療研發是不得不考慮經濟效益的。中國擁有極大的人口基數，研發出一種疫苗，一種治療方式，就是造福 14 億人甚至更多。這就是規模效應。

因此，只有中國醫藥機構（包括公立機構與私營企業）有十足的動力去投入資源應對疫病。這種優勢被資本市場看得非常清楚，因此相關概念企業在 A 股受到追捧。這種規模效應是伊朗、韓國、意大利乃至日本都不具備的。

十一、製造業的資源稟賦

近期，因為口罩供應稀缺，香港政府在全球都沒有辦法採購口罩 —— 包括高價採購都難以成行。越來越多的國家將口罩作為戰略必需品，限制出口。因此，香港不得不考慮在本地生產口罩。在這個時候，製造業大國的優勢就體現出來了。

二戰時，軸心國的納粹德國對抗蘇聯、日本對抗美國，最終都落敗。為什麼？因為蘇聯和美國是當時全球最大的工業生產基地。只要生產基地一開動起來，軍事物資就能源源不斷供給。德國在二戰初期是以百萬人為單位消滅蘇聯紅軍的，但最後被幾乎無上限的蘇聯人口及生產機器所消滅。德國佔領了歐洲，但仍然不足以抗拒蘇聯，同時德國還在不惜以自我犧牲為代價地消滅猶太人這支經濟生產力量。

日本也一樣，表面上他們佔據了亞洲許多地方，但實際上在對抗美國強大

的生產機器時沒有任何辦法。即便在偷襲珍珠港取得更加完美的成功，也不能改變他們失敗的必然。他們從來就沒有機會（they never had a chance）。

防疫其實就是打仗，只是這時生產從大炮坦克軍艦變為口罩、防護服、護目鏡等。中國是世界的製造工廠，在這個領域有絕對的優勢。中國不但能夠生產自己所需的防護用品，還能為世界而生產。

十二、金融能力

此時，一個社會的金融能力，指的是金融在對抗疫情時能起到的支持作用，是否能夠有利於維持經濟正常運行，提供必要的紓困，定點扶持戰略性產業／行業（包括與抗疫或國計民生相關的行業）。金融能力涵蓋整個資本市場的基礎設施建設，包括宏觀市場、一級及二級市場。核心所解決的問題是，短期遇到困難的企業是否能夠獲得足夠的金融支持。

資本市場的積累和深度固然非常重要，但關鍵時刻國家的政策扶持也非常重要，包括一攬子的貨幣政策和財政政策。金融監管機構是否能夠及時提出金融支持政策，幫助受到疫情衝擊較大的企業（例如零售餐飲、中小微等），或在抗疫戰疫方面有重要戰略價值的行業企業（例如醫藥、基礎設施、物流、電商、線上教育等）獲得金融資源。此時，需要適當通過「看得見的手」進行金融資源的分配，而不能光依賴社會慈善。這方面，中國的金融體制應該算是個優勢。

十三、地理換空間的可能性

一個國家的地方越遼闊，且人口相對分散，擁有地理區隔，就越能應對疫病。對於擁有 5,000 萬人口的韓國來說，COVID-19 是一個全國性事件。對於擁有 6,000 萬人口的湖北及 14 億人的中國來說，COVID-19 更多的是一個局部事件。

誠然，中國會擔心 COVID-19 擴散為波及 14 億人口的全國性事件。但畢竟地域廣大的，只要相對及時地進行人流控制，就可以將疫病控制在一個省的範圍內。這個時候，全國所有地方都成為這個省的後援團。同時，也一定會有一些受

影響較大的省份（例如廣東、浙江、河南），但也一定會有一些影響波及不大的省份。整個中華大地都是抗疫的戰線。如果說湖北是一線，廣東浙江是二線，那麼其他地方就是三線和四線。

當納粹德國進攻蘇聯時，蘇聯將製造業基地東移，直至西伯利亞。1941 年冬，納粹進襲莫斯科城下時，斯大林從西伯利亞調來 18 個師、1700 輛坦克、1500 架飛機。這支遠東來的奇軍穿著雪地迷彩服擊潰了強弩之末的納粹。

2020 年，中國將湖北「封省」，並將幾十個省份的醫療隊調入湖北支援時，做的是同樣的事情。對於大多數國家和社會來說，這都是不可想像的。

十四、「另類醫療」（alternative medicine）的系統 / 顯著存在

在西醫體系裏，中醫就是「另類醫療」。我並不是中醫的粉絲。但我相信，在關鍵時刻，特別是在醫療資源緊張缺乏時，中醫能夠發揮重要作用。中醫就是整個大的醫療體系包括分級分診治療體系的一部份，它可以為輕中症狀者提供必要的援助：它既可能緩解症狀，也可以起到必要的安慰劑作用，對於緩解整個醫療體系（最重要的資源將導向重症、危重症群體）所面臨的集中壓力有不可替代的作用。同時它還有幾個好處，一是成本更低，二是因為它特定的理論及認知體系，以及主要導向輕中症者或西醫完全放棄治療者，更不容易形成醫患矛盾。

這時，從公共衛生的角度看，不要在單個病例上去考慮中醫的實證成效，而是試想如果完全不存在除西醫以外的醫療手段的話，醫療體系會面臨多大的壓力。它其實是需要人口群體具有非常高的醫療知識水平及心理能力的。大多數社會的人口都沒有這樣的能力。

十五、政治 / 政府體制

舉國體制在集中資源應對疫病方面會有明顯優勢。中國是典型的「大政府」，政府擁有巨大的權力，但同時也對民生負有巨大的責任與義務，權力和義務基本對等。當我們把幅員遼闊、製造業資源稟賦豐富、規模效應顯著等因素考慮進來後，就會發現「大政府」（或「無限責任政府」）可以集中力量辦大事，

疫情之下，具有其他社會所不可想像的突出的防控能力。這與只掌握有限資源的「有限責任政府」（如意大利、日本、韓國等）完全不同。

其他國家政府所要思考的是如何協調中央／國家與地方政府之間的關係，如何調配有限的財政資源，如何組織、動員及約束國內公營私營機構及公民的行為，以及執政黨如何在複雜多變、不確定的環境裏找到對自己短期最有利的位置。

中國政府考慮的則是偏長期及宏觀層面：長期在於，要考慮政策對執政黨及領導者長期的、歷史性的影響；宏觀在於，考慮的是「大象」奔跑的方向問題，要在嚴控疫情及維護經濟生產及社會秩序之間找到平衡。「既要又要」，既要防控，又要抓經濟。要避免官僚體系帶來的官僚主義和形式主義。大象要避免魯莽地奔跑而撞牆，必須學會優雅起舞。中國和外國考慮的完全是不同的東西。

中國和外國的差別其實可以通過企業或機構的組織方式來理解。中國作為一個整體，更像一個高度軍事化、集中組織與管理的企業，依賴自上而下、龐大的官僚層級體系進行管理。而外國可能更像分權的、分散、鬆散的合夥人或加盟體系。兩種體制在遇到重大問題時反應機制當然不一樣。

筆者以為，當疫病嚴重性（傳染性及致死率）達到一定程度時，需要軍事化的、非常態的組織應對，中國體制的優勢會很明顯。其他國家甚至根本無法效仿。但如果疫病並不是格外嚴重，甚至處在某種社會可以容忍、默許的範疇之內（「溫水煮青蛙」裏的「溫水」），則龐大、強力的中國舉國體制就會顯得不那麼得心應手，總難免有點用力過猛、殺雞用牛刀的感覺。

目前，關於 COVID-19 我們還所知太少，一切處在不確定性之中。每個國家和政府都在按照自己的制度、資源稟賦、社會文化特性及歷史來理解和應對 COVID-19。每個國家的能力特性和優勢都是不同的。在應對不同性質和嚴重程度的傳染病時，這些能力特性和優勢的作用也不同。同時，從歷史角度來看，人們一定會結合具體疫病的嚴重性（核心是致死率）來評價某個具體國家或社會應對的效果。無論是應對不足，還是過度反應，都難免會被詬病。

2020 年 COVID-19 的歷史還在展開的過程之中，此時做任何的判斷都還為時過早，還是讓我們一起去見證歷史吧。

06 認識「平行世界」——中國的 SARS 化與美國的流感化

2020/02/28

一、2020 年的 COVID-19 相比 2003 年的 SARS，是一個更加全球化的事件

2020 年的 COVID-19 疫情，如果說在 1 月份還是一個中國事件，到 2 月下旬已經迅速發展成一個全球化事件，演變速度非常快。

SARS 發生在 2003 年春節 2 月 1 日（比 2020 年春節晚一週左右）。中國大地在無防備狀態下經歷了春運大潮，然後 SARS 開始逐步傳播。北京出現第一例輸入性案例已經是 3 月 6 日，真正的全面爆發是在 4 月份，到 4 月下旬，中央才調整策略，全面防控，包括北京緊急建設小湯山醫院、學校停課等。在全面應對後不久拐點就出現，5 月下旬北京新增個案由個位下降到零。

SARS 在中國主要影響了北京、廣州、香港幾個城市。它也發生過全球傳播，但除了中國內地及港澳臺外，主要影響的是加拿大、新加坡、越南等與中國 / 華人聯繫比較緊密的國家，並沒有進一步發展為影響全球的疫情。

2020 年的 COVID-19 就完全不同了，儘管有中國的嚴防管控，同時許多國家地區也對中國公民或有中國旅行紀錄者限制入境 —— 但疫情傳播的速度更快。到 2 月末，疫情不但出現在中國內地各個省份，而且已經在韓國、日本、意大利等國爆發。今天，包括瑞士、奧地利、克羅地亞、阿爾及利亞、希臘、巴西在內的多個國家出現首例確診案例。美國也出現了首單本地傳播案例。

因此，2020 年的 COVID-19 是一個傳播速度遠遠超過 2003 年 SARS 的疫病。其中當然有 COVID-19 傳染性強、隱蔽性高、防疫挑戰大的問題，但還有一個原因就是 2020 年的世界比 2003 年全球化程度更高，地區聯繫更緊密，人口

移動、互動的廣度與深度都顯著提升。一方面，全球化使得疫病傳播的風險加大，給全人類帶來挑戰。另一方面，使得中國人突然有機會可以做全球比較：對待同樣的疫病，國外是如何應對的，和中國有什麼差異。通過這一點，不但能夠增進對國外的認識，也能加深對自己的認識。

二、「中國 SARS 化，美國流感化」之「中國 SARS 化」

筆者自 1 月下旬起就提出，中國對 COVID-19 的應對方式很大程度受到 SARS 的影響。從上到下，中國都是按照 SARS 去理解這個呼吸道傳染病事件的。目前看，當時的想法是站得住的，能夠經受時間的經驗。

中國（包括民眾與政府）對於呼吸道傳染病的認識非常有限，僅限於普通感冒和 SARS 兩極，政府和輿論只有啟動了「SARS 模式」，才可能引發民眾對疫情的重視。政府希望盡一切努力避免 SARS 重演，因此也選擇以最謹慎保守的態度對待新型疫病，把保護人民群眾身體健康作為根本出發點，並且不惜短期代價。這裏體現了中國政府的風險偏好：對公共衛生健康風險是「零容忍」的態度。

然而，民眾（包括媒體）對政府治理仍然存在懷疑和不信任，下意識仍會按照 2003 年 SARS 的發展模式去理解事件。例如認為政府（至少是地方或職能部門層面）會存在系統性隱瞞，結果導致疫情失控；包括官僚主義在內的各種體制缺陷也都是不利於防疫的因素。（「公知」或自由派會將這種論調進一步發展，認為中國體制就是疫病爆發的根本。如果他們看到西方體制也無法有效應對疫病，就會立即微調論調，稱中國體制是導致疫病從一開始產生的源頭。總之，錯都在中國。）

中國體制就有如大象，一旦朝一個速度高速行進，就很難做出精細動作。實際上，疫病越嚴重，越能呈現中國舉國體制的優越性。疫病不輕不重，需要非常精細的管控，反而是中國的短板。所以中國面臨的問題是在疫病防控和復工復產之間找到平衡。

截至目前，我認為中國對待 COVID-19 是非常謹慎、保守的。如果用標籤化來描述，就是「SARS 化」：認為要按照等同於 SARS 的高標準來應對這個病毒。當然我們可以找到許多的理由證明這種高標準：譬如它屬於新型病毒；它具有更

強的傳播性；它具有更強的隱蔽性（無症狀感染）；等等。

　　但最後，不能回避的問題是，COVID-19的重症率、死亡率、危害性到底是多少？如何在MERS、SARS和新型流感（如H1N1）、季節性流感、普通感冒的「光譜」中定位COVID-19？從宏觀的角度看，為應對COVID-19所付出的社會經濟代價應當與COVID-19本身的危害性相符。

　　中國政府在2020年1月下旬做出重大決策時，對COVID-19的流行病學認知是非常有限的。那時的決定，與其說是一個科學的決定，不妨說是一個政治的決定 —— 我們的風險偏好是對公共衛生事件零容忍，只要它有可能發展成為有嚴重致死性的病毒，我們就要盡最大努力及代價去應對之。SARS的歷史經驗極大影響了我們政府的選擇。然後，中國社會對這種選擇做出反應。

　　我以為，在COVID-19的應對中，中國政府及社會的取態是疫病「SARS化」。「SARS化」有利於製造緊張意識，推動全民抗疫，但弊端是會造成更大的恐慌及經濟社會代價。當社會需要恢復正常軌道、復工復產時，就會發現SARS化的影響。從心理和情緒上，社會很難在短時間內恢復到常態。

　　而政府面臨的兩難／悖論是，不能出來淡化疫病的嚴重性。因為如果淡化，一方面立即會讓民眾放鬆意識（從SARS模式回到普通感冒模式），導致防疫工作「潰堤」；另一方面也會引發公眾對政府「過度反應」的不滿 ——「亡羊補牢」陣營會很快轉投「矯枉過正」陣營。

　　我認為，2020年的中國，全民（包括政府）集體將問題SARS化可能是中國社會有效應對COVID-19的唯一辦法。

　　歷史不存在假設，存在即是合理。我們要做的，是還原、理解、contextualize中國做出這個歷史選擇背後的複雜原因。

三、「中國SARS化，美國流感化」之「美國流感化」

　　在COVID-19問題上，美國與中國的反應截然不同。中國人理解COVID-19的座標是SARS，而美國人是流感（influenza），角度完全不同。

　　這個情況我在過去一個月反覆提及。舉凡提到coronavirus（英語世界對新冠病毒/covid-19的稱呼），美國媒體無論左右（從FOX到CNN到NPR）

都會將話題引到流感。認為流感才是美國最大的敵人，每年致死數萬人，Coronavirus 並不算什麼！2 月 27 日（週三）白宮的記者招待會上，Trump 針對 COVID-19 的言論極有代表性地表達了美國人的這種傾向。

Trump 稱 COVID-19 在美國仍然不嚴重；它有可能在美國大爆發，也有可能不會大爆發，都有可能，但無論如何，美國都能應對。而且，Trump 認為美國疫病爆發「不是不可避免」（not inevitable）的，和美國 CDC 的判斷不同。最關鍵的是，Trump 在記者招待會引出了流感：

「我要告訴你們的是真正讓我吃驚的一件事……我和 Fauci 醫生討論到的，我非常吃驚，我想許多人在聽到這一點後都會感到吃驚。在美國，流感每年會殺死 25,000~69,000 人。這對我來說實在是震驚……」

「而現在，你看看（新冠病毒）感染的 15 個（本地）病例，病人都在恢復，有一個人病得挺厲害。希望他能康復。但其他人的情況都不錯。」

「上週有一個人來見我。好久沒見他了。我問他：『最近如何？』他說：『還好，還好。』他擁抱了我。我說：『你還好吧？』他說：『不。』」（Trump 笑了笑接著說）「他說：『我發燒了，有最嚴重的流感。』他擁抱和親吻我。我說：『不好意思啊。』然後開始洗手……你必須得洗手。我相信你們都會把這個像對待流感一樣對待，對吧？You know, it's going to be OK.」

自由派 / 民主黨 / 反對派媒體立即開始攻擊 Trump，說他脫離科學常識，低估了 COVID-19 的嚴重性，在這個情況下美國的疫病防控工作存在巨大的風險。

CNN 評論員和嘉賓說：「看看日本！把所有公立學校都關閉了！這說明這個病毒在東亞人看來是多麼嚴重！在美國這是不可想像的。」

筆者看到過去 CNN 大部份對 COVID-19 的報導都會提到流感。流感，就是美國人理解新冠病毒的座標，無論左還是右都無法倖免。只是當 COVID-19 傳到了美國本土，主流 / 左翼媒體就變得政治化，會率先起來攻擊 Trump 政府。但他們對疫病的理解實際上和共和黨沒有不同。

美國是全球最為了解季節性流感及其防控的地方。每年 CDC 都有關於季節性流感的詳盡統計，並在多年形成非常詳實的超級大數據。美國人口疫苗注射比率高達六成（中國僅為 1%）。此時一個意外是：季節性流感已經成為一種普遍的、「平庸的」、「脫敏的」存在，是人類與病毒共存的組成部份。生命是殘酷

的。不注意防護者及老弱者將被病毒消滅，這是自然選擇的一部份。

他們用季節性流感去理解 H1N1（豬流感／新型流感），當發現 H1N1 的致死率比季節性流感高不了太多（也只是在 2009/2010 年死了一萬多人，致死率在千分之幾的水平），所以可以被視同為一個更強的流感，吸收消化到大的流感死亡類別中，就認為 CDC 和 WHO 將 H1N1 認定為嚴重公共安全威脅（「國際公共衛生緊急事件」，PHEIC）是不合理的，是製藥企業銷售疫苗的盈利陰謀。

這裏還要結合美國民眾對政府（及大企業）深刻的不信任來理解。在美國這片神奇的土地上，至少面對一般的疫病（流感或強流感），老百姓更加警惕、提防的不是政府的瞞報或防控不力，而是政府通過渲染疫病嚴重性以獲得更大的「權力」並損害公民的「自由」。公民更加警惕的是公權力和私營企業合謀營造恐慌，生產推銷疫苗以營利。

顯然，美國與中國完全是從相反的方向來理解傳染疫病的。Trump 的表態也真實反映了一般美國人對 COVID-19 的反應。對美國人來說，政府似乎才是更大的隱患和病毒。

四、平行的世界

還有一些只有在美國才可能存在、中國人無法理解的邏輯。例如 Trump 委任副總統 Pence 負責新冠防控，被左翼媒體瘋狂攻擊。角度是 Pence 是一個極度狂熱的基督教徒，不但不懂科學，而且反科學（援引他在印第安那州應對愛滋病毒爆發時的消極取態）。這種人如何能夠領導防疫呢？

中美的對比極為有趣。

中國因為自身的歷史、經驗、認知問題，習慣性地將疫病「SARS 化」，因此存在系統性高估呼吸道疫病風險的問題。如果遇到一個嚴重性顯著低於 SARS 的疾病，就會付出額外代價。美國因為自身的歷史、經驗、認知問題，習慣性地將疫病「流感化」，因此存在系統性低估呼吸道疫病風險的問題。如果遇到一個嚴重性顯著高於流感的疾病，就會付出額外代價。

在中國，批判體制的人認為，政府／體制才是隱患和威脅，因為政府／體制無法防禦強大有威脅的病毒，甚至導致病毒爆發，從而損害公共衛生及公民健

康。在美國，人們也懷疑政府，也認為政府是隱患和威脅，但角度是認為政府會誇大病毒的強大與威脅，從反方向剝奪公民權利與自由，損害公共利益。

在中國，政府是中央集權的，掌握巨大的權力，因此也背負更多的義務，貼近「無限責任」，政府管少了、管得不好是會被罵的。因此，政府的邏輯是希望把一切問題都管起來、都管好，當遇到責任歸屬不明確的新問題時，民眾會默認這是政府該管的。這就是政府面臨的情境。遇到疫病防控這樣的公共衛生問題，當然要全盤接管，在每一個細小環節做到最好。如果遇到任何瑕疵，民眾就會將不滿全部指向政府。在美國社會，各級政府不但分權，且是平行的存在。政府權力小，責任義務也小。同時，公眾也期待「有限責任」的小政府。各級政府的動力是去選擇約束、限定權力，不要什麼都管，而且會下意識地迴避或淡化重大公共問題。當遇到責任歸屬不明確的新問題時，民眾默認其可能歸屬公民社會。像疫情防控這樣的問題，任何一級政府的權力和能量都很有限，然後很容易出現地方／州／聯邦政府協調困難甚至「三不管」的困境。但好處是，民眾不會把矛盾指向政府。即便民眾有很大的不滿，日後也可以通過無數的聯邦／州／地方選舉將矛盾分解掉。

中國和美國，好比分處不同的平行世界。到底誰的應對方式更加「正確」？「實踐是檢驗真理的唯一標準」，一切還是取決於 COVID-19 的嚴重性。到底它更接近 SARS，還是更接近流感？這是一個不能迴避的問題。

人的生命是有最大價值的，且眾生平等，每個人都應當獲得最大的道德尊重。「救人一命，勝造七級浮屠」，「要把人當做目的，而非手段」，從東方到西方，各種哲學都告訴我們，不能把有血有肉的生命化做數字或社會的「成本」。但可惜的是，這並不是人類社會實際運作中所真正遵循的原則。人類社會是按照功利主義（utilitarianism）、結果主義（consequentialism）來運作的。公共政策必須考慮成本和收益。傳染病的應對是一個公共衛生問題，疫病防控的「收益」應當大於「成本」。

因此，COVID-19 最後的危害性（排除醫療資源差異之後的致死率）決定了一切。我們要在很多個月之後利用全球大數據復盤，這個疫病到底有多嚴重。COVID-19 越嚴重，越接近 SARS，則中國歷史及體制下形成的應對機制優勢越明顯；COVID-19 不那麼嚴重，更接近流感，則美國歷史及體制下形成的應對機

制會佔優。

但這裏要考慮的是美國的重大決策落後中國一個多月。到 2 月末，美國已經擁有更多的流行病學事實與數據，對 COVID-19 的傳染性及致死率有了更深入的認識。而這是 1 月下旬的中國決策者所不具備的。1 月下旬的中國決策者要面臨更大的不確定性，做更多的政治選擇。2 月下旬的美國決策者擁有更多的信息數據，可以更多地依賴醫學 / 公共衛生作出選擇。這與 2 月中旬的新加坡決策者是一樣的。

從社會學的角度看，疫病爆發地點的不同甚至可能影響到全球的反應。如果這次疫病一開始在美國爆發，那它更有可能被淡化，被埋藏在流感這個大的呼吸道傳染病品類裏，因為它從一開始就被美國社會流感化；疫病如果在中國爆發，則更有可能被重視，因為它從一開始就被中國社會「SARS 化」。

只有經歷更長的時間，我們才能依賴完整、全面的全球數據，回過頭來看待並評估這場疫病及中國的應對。但已經能夠看到的是，在面臨不確定性的重大選擇面前，中國政府選擇的是風險零容忍，對新型疫病做最壞準備，盡全力對抗，並為自己的歷史決策承擔全部歷史責任。

2020 年的中國已不再是 GDP 至上，而是以人民為中心，把公共衛生及人民健康的福祉作為根本出發點的。在中國這片土地上，人們也更能接受一個因為保守、謹慎而選擇全力防疫 —— 哪怕對疫病的嚴重性有所高估並導致社會付出額外 GDP 代價的政府（即便有錯誤也可以原諒），但不能接受一個唯發展、唯 GDP 論，在不確定性的疫病面前把百姓的健康福祉作為賭注的政府（如果有錯誤則無法原諒）。

無論中國還是美國，其重大的公共選擇之後都有某種歷史必然。COVID-19 的全球應對，可以幫助中國了解世界，也了解自己。

07 從新冠病毒看美國文化內核及中美政治差異

2020/03/03

　　紐約州州長 Andrew Cuomo（民主黨）3 月 2 日早上的新聞發佈會上，背景是紐約出現了第一個 COVID-19 確診案例。患者是一名年紀 39 歲的女性醫護工作者，她與丈夫日前一起自伊朗返回曼哈頓的公寓。這位女性在旅行途中並無症狀，回家後有呼吸道症狀並投醫，在紐約州衛生廳實驗室確診。由於這位女性症狀並不嚴重，所以現在回家隔離了！

　　這兩天，紐約市市長 Bill de Blasio（民主黨）和紐約州州長 Andrew Cuomo 都頻繁在媒體上露面，解釋這個案例。這兩個政客都是民選產生，他們當然要關注公共衛生安全，但作為政客，他們同樣要考慮為自己辯護，要做必要的免責，不能讓自己被 COVID-19 拖下水。

　　本文主要取自關於 Andrew Cuomo 的新聞發佈會內容，其中一兩個點取自他在 CNN 及 CBS 的訪談。以下為 Cuomo 講話的要點，中間穿插筆者的詮釋。

一、這個病不可避免，遲早要來的！

　　這個病，不是會不會傳到紐約的問題，而是什麼時候傳到紐約的問題（it wasn't a question of if, but of when）。全球這麼多國家都在蔓延，紐約怎麼可能沒有這個病呢，這是紐約啊！（This is New York!）

　　【筆者註：紐約作為國際大都市，傳入 COVID-19 是必然的，如果 COVID-19 沒有光臨，好像都有點損害紐約的大都會形象。驕傲、光榮的紐約人民，你們當然早已做好了準備。此外，這也是政客的自我免責：疫病傳入是不可避免的，不

要指望我做什麼，和我毫無關係。】

二、這個病沒有那麼嚴重，而且主要打擊老年人和基礎病患者！

1. CDC 說這個病的全球致死率是 1.4%，而流感是 0.6%。

【筆者註：比流感只是厲害一點嘛！】

2. CDC 說的全球 1.4% 的致死率是基於各國案例產生的，紐約 / 美國的醫療水平比其他國家高多了！

【筆者註：在最發達的國際大都會紐約，致死率肯定低於 1.4% 呀，怕什麼怕！】

3. 80% 的患者可以自愈（80% of people infected with the coronavirus self-resolve）。大多人都會沒事（Mostpeople are able to treat themselves）。只有 20% 的人會生病（get ill）並需要就醫（require medical attention）。

【筆者註：州長的這個說法基本就是把新冠病毒當成流感了，在家待著等自愈就可以，甚至不需要求醫！】

4. 遭遇嚴重情況的患者往往是老人（senior citizens）、虛弱者（debilitated persons）或有基礎疾病者（underlying conditions/illness）。

【筆者註：換言之，你被打擊那是因為你身體不好，或者是行將入土之人。不好意思了，生活是很殘酷的，祝你們好運咯。然後，致其他人：你們不要緊張，和你們沒什麼關係。】

5. 相比一般流感而言，COVID-19 對兒童的影響較小，兒童不是易感 / 脆弱人群（Children seem to be less vulnerable to coronavirus than normal flu）；看來這個疫病不是針對我們的孩子的，而事實上，與此相反（It does not seem to be a disease that focuses on our kids, in fact,the opposite）。

【筆者註：與中國尊長者的價值觀不同，西方世界更加關心兒童。所以，在他們看來，針對 COVID-19 的應對必須重點考慮對兒童的影響。政客也需要特別對此回應，表明自己價值觀和品行正確。結果是，COVID-19 目前看對兒童的影響不大，且還小於流感，所以就更加不用重視了。對父母來說，應該更加關注的還是普通流感。】

6. 這個從伊朗回來被確診的女性，她現在在家待著呢！她甚至沒有住院！（She's at home! She's not even at a hospital！）

【筆者註：這位患者現在紐約自家公寓裏隔離。與中國盡收盡治，同時做好最大程度隔離的原則不同，紐約把這個確診患者留在家中等待自愈！紐約確實是在冒社區傳播風險，但這就是他們在 3 月初基於對 COVID-19 的認定做出的選擇。設想如果換作中國內地 / 香港的社區 / 小區 / 樓宇 / 鄰居 / 居民聽到這個消息後會崩潰到什麼地步？這說明紐約 / 美國人對 COVID-19 的看法與中國完全不同。這也呼應筆者一再提出的「中國 SARS 化、美國流感化」的基本判斷。疫病防控看來不僅是科學，還有社會建構的成分。】

三、重點引導民眾不要恐慌

1. 多次強調紐約。

【筆者註：好像紐約市作為國際都市就是個戰鬥的城市，有戰鬥的市民一樣。抗疫是一種驕傲！】

2. 我們什麼都經歷過，從 SARS、MERS、Ebola 到豬流感。這不是我們的第一次挑戰（This isn't our first rodeo）。

【筆者註：特意使用了 rodeo 這個詞，rodeo 指牛仔競技活動。這個比喻就是為了喚起美國人的雄性（masculine）和好鬥情結。】

3. 強調這個被確診的女性現在在家中隔離，甚至都不在醫院！

【筆者註：這個病有什麼可怕的，你們這幫 pussies（娘娘腔）！】

4. 我們應該放鬆（We should relax），這是事實所決定的（This is dictated by facts/reality）。

5. 我擔心的不是健康問題，而是如何看待這個病的問題（perception issue），是恐懼問題（fear issue）。你不能讓恐懼超越現實（You cannot allow the fear to outpace reality）。

【筆者註：我前兩天提到，FOX 節目上一個嘉賓援引了羅斯福所說：「我們唯一需要恐懼的，是恐懼本身！」（The only Thing we have to Fear, is Fear itself！】

所以，以上才是美國人的心態。我們常說俄羅斯是「戰鬥的民族」，其實也可以用來形容美國（但請注意，我使用這個詞的時候完全是中性的）。美國是一個自然選擇、適者生存、依靠個人的國度。回想幾百年前，這就是一塊殖民開荒的野蠻之地，能夠征服這裏的自然荒蠻及原住民的人就會獲得一切。這就是美國人的「初心」和「使命」。不要指望政府，不要指望任何其他人。對抗疫病最好的武器是槍械，而不是口罩和藥丸。這裏就順便呼應前兩天網上傳播的一個帖子：「美國人開始囤積槍械彈藥了」。

　　如果寫到這裏收筆，那就不能反映美國精神的實質了。筆者特別要指出的是，如果你在中國內地長大，完全受內地教育薰陶，但今天在美國工作生活，那麼在看待 COVID-19 的問題上你極有可能入鄉隨俗，採取和「土生土長」的美國人一樣的狼性看法。和當地人一樣，不去依賴政府，而是要依靠自己的努力，依靠自己的身體，依靠自己的意志對抗疫病。同時，所有的人都可能是你的敵人 —— 從政府到你的鄰居。只相信你自己！很多中國人不理解，但其實這才是美國文化的實質：自給自足的頑強、樸素的個人主義（rugged individualism）。所以，美國老百姓並不會像許多中國民眾那樣，把「what if」和「事後諸葛亮」發揮到極致，努力追尋、還原 2020 年 1 月初的武漢市，希望找到一件可以決定性扭轉整個疫情發展的事件或人，並將一切問題歸咎於體制、公權力和政府。

　　對樸素的美國大眾來說，從來就不能去指望政府；政府才是最大的病毒 —— 而且越指望政府，越可能擴大這個「病毒」。政府是有可能在 COVID-19 幫助我，但它可能在 100 個其他事件上傷害我。所以，小政府才是正道。最可信賴的是自己，不用花時間去抱怨政府。囤積足夠的物資，備足槍械彈藥，用雙手保護你的家庭和子女。這才是美國的精神和文化。

　　美國政客之所以能夠這樣去描述和應對 COVID-19，當然就是美國文化和歷史、制度所決定的。他們的表態已經足夠滿足民眾的預期。當然，不可否認的是，3 月初的美國和 1 月中下旬的中國是完全不一樣的。1 月中下旬的中國面臨的是一個有可能嚴重性與 SARS 相仿的未知的新型冠狀病毒；而 3 月初的美國已掌握了數萬確診案例及死亡案例數據，遠比 1 月中下旬的中國領導人掌握的信息要多，可以做出一個更加全面（well-informed）的決策。而沒有中國人民的付出，美國政府也不可能取得這些信息並借此做出公共衛生決策。但筆者堅信，假

使還原到 1 月初，同樣的信息，中國政府和美國政府也一定會選擇不同的決策。

臨近文章結尾，筆者最後想再次說明的是，不同國家和社會，因為歷史和文化的不同，會形成不同的制度。有句俗話說「什麼樣的人民，就有什麼樣的政府」。筆者認可這個表述。什麼樣的文化，就會形成什麼樣的政治建制。簡單比較不同國家／社會的政治制度是沒有意義的。

中國人因為歷史文化傳統，相比西方而言，很可能希冀一個更強大的、能夠照看一切的「大政府」。政府應當承擔更多的責任（responsibility）和義務（obligation）。為了讓政府履行這些任何義務，人們也就要相應地賦予政府權力。

中國傳統政治哲學缺少系統性的權利意識。權利是什麼？就是主張（claim、claim-rights），更多的是強調義務、責任。自上到下，從天子到士農工商，每個個體都要為社會的運轉承擔義務和責任。義務和責任先行，再根據義務和責任匯出與其匹配的權力和資源。

人們既然期望政府承擔巨大的責任與義務，自然就會賦予政府更大的權力。而不是反過來 —— 因為政府有更大的權力，所以人們就要求政府有更大的責任與義務。這有可能是把因果倒置了。

有一個很流行的、來自西方的說法 ——「絕對的權力導致絕對的腐敗」。筆者想在這個基礎上補充和完善 ——「絕對的期望、絕對的義務、絕對的責任，導致絕對的權力」。

我們也許可以通過各種反腐制度建設解決「絕對的權力導致絕對的腐敗」這一命題，但只要有絕對的權力，就要承擔絕對的責任和義務。如果有了絕對的權力，但不能完滿地履行責任和義務，就會受到批評。並且執政者始終要面臨的是，批評者永遠不可能理解施政的困難和複雜性 —— 也就是，即便政府被給足了權力，也很可能不足以完滿地履行所有義務和責任，讓民眾完全滿意。而民眾只要不滿意，就會對政府提出批評。

寫到這裏，讀者應該明白筆者想表達的中西體制（或者說中美體制）的差異了。美國從一開始就限制政府的權力，將公權力進行全面分解（垂直：聯邦／州／地方；平行：立法／行政／司法），並通過無數的選舉使得民眾自認為對每一個環節的公權力具備影響力。其所造成的效果是，沒有任何一個公權力部門需

要負全責。公權力作為個體和整體都只需要對社會承擔有限的責任。當遭遇公共治理危機時，民眾很難把矛頭指向任何一個具體的公權力部門，因為它的權力非常有限。同時，民眾也不會批評整個體制基礎。因為他們相信，把公權力進行無限分解，構建無限的制衡，打造「小政府」，才能符合民眾的利益。

回到 COVID-19，在槍械彈藥和公權力全面干預下的公共衛生之間，一半以上的美國民眾會選擇槍械彈藥。他們眼中的敵人是美國各級政府和其他的公民，而不是病毒。而如果要在上萬名長者因為 COVID-19 致死，以及改變美國小政府體制之間做出選擇，美國人會選擇前者。而關鍵的是，因為 COVID-19 死掉的上萬年長者也不會去抱怨政府。他們大概會認為，如果自己的犧牲能夠幫助捍衛美國體制，那真的就「值」了。

什麼樣的人民，造就什麼樣的政府。人民、政府、體制都是歷史文化的產物。筆者並不是從第一天起就理解這些道理的。但我認為，中國絕大部份的自由派 / 公知並不理解這些道理，中國的愛國者、體制維護者也並不理解這些道理。我堅持寫作，也是希望幫助、引導大家以前所未有的角度去思考這些問題。

08 疫情之下準備「優雅躺倒」的美國政府與社會

2020/03/04

　　從 2020 年春節前到現在，中華大地基本只有一個主題：新冠疫情（COVID-19）。直至現在，人們還沒有從中恢復過來。國內疫情得到控制，但如何從擔憂和恐慌中平復過來，恢復社會經濟秩序，成為更大的挑戰。同時，由於新冠疫情在國外迅速爆發，政府還可能需要考慮把「內防擴散、外防輸入」的主題調整為「防止本土跨省擴散 + 防止來自境外疫區的輸入」，而且匯聚點可能集中在防止境外輸入。

　　這兩天美國疫情有爆發的趨勢。截至目前，美國新增 16 例，合共 105 例，死亡 6 例，並且紐約州出現第二例確診。

　　美國疫情防控及發展趨勢是非常重要的。因為 2 月末 3 月初的美國已經掌握了一切必要的信息與數據，包括對 COVID-19 本身的了解，中國防控的經驗，以及韓國、意大利爆發的教訓。這與 12 月末 1 月初中旬時中國政府的處境是完全不同的。如果疫情在美國爆發甚至失控，則一定需要重新對中國政府的防控進行回顧和客觀評估。

　　在 1 月末 2 月初的一段時間，從社交媒體上可以看出，民間積聚了大量負面情緒和戾氣，出現了大量對地方政府、公共衛生體制的批評。這種情緒在李文亮醫生去世當日達到頂峰。在那個「最壞」的時點，似乎連 2019 年 70 週年國慶積累的正能量都被消耗大半。佔據很多人腦海的是懷疑、抵觸、抑鬱、悲憤。這其中也不乏對體制上綱上線的批評。因為 2019 年下半年香港問題而壓抑已久的「公知」們不但得以「解脫」，甚至接近了某種集體高潮。這個時候，必須去看看「燈塔國」美國的反應。只有通過這種橫向比較，才能了解西方，了解中國

自己，才能客觀評價這個歷史事件。

　　筆者今天再介紹 CNN 出現的幾個節目，再加上前兩天總統 Trump、副總統 Pence、紐約州州長 Cuomo 的講話。到現在我們已經可以說比較清楚地了解了美國朝野對 COVID-19 的態度。

一、節目一：兩個專家嘉賓在 CNN 上的評論

　　兩位嘉賓是：Dr. Amesh Adalja，約翰霍普金斯健康安全中心的高級學者；Dr. Sanjay Gupta，CNN 覆蓋醫療領域的首席記者（Chief Medical Correspondent），背景是神經外科。Gupta 負責醫療領域的報導，工作是廣泛收集各種渠道信息，由於有醫學背景，因此具備專業判斷能力，有權威性。他頻繁以專家身份參加各個 CNN 主持人的節目。

　　節目的要點如下：

1. 疫情爆發的增長趨勢

　　這個內容非常重要。Sanjay Gupta 這些天在多個節目上談及這組比較數字。他利用 WHO 及美國 CDC 的估計數字，將 2009 年的 H1N1（豬流感）、2012 年的 MERS、2014 年的 Ebola 及 2020 年的新冠病毒進行了比較。具體分為以下三個階段。

　　第一階段：第一週

　　在疫情爆發的第一週，H1N1 的感染者（疫情基本發生在美國）就達到數百，是 Covid-19 的數倍（疫情發生在中國）。

　　第二階段：前九週

　　到第九週，也就是 COVID-19 疫情發展到的當下，COVID-19 確診人數達到 9 萬（其中中國為 8 萬）。而當時 H1N1 病例約為六萬（基本在美國）。按前九週的趨勢，COVID-19 確診人數超過了 H1N1。

　　第三階段：疫情爆發後一年

　　這一部份才是 Sanjay Gupta 要講的重點。他說，疫情爆發後一年，美國最終有 6000 萬人感染！即人口的約 20%，與其他疫情已經完全不在一個數量級。

這時 MERS、Ebola 以及 SARS（如果我們把 SARS 包括進來）已經完全不見蹤影。9 萬病例的 COVID-19 病例就是 H1N1 確診人數的一個零頭（還不足千分之二）。

Sanjay Gupta 說：「這就是疫病發展的規律。所以，做好準備吧。這個病（在美國）會感染數百萬人。」

2. 這個病並不嚴重

「大家不要怕，因為大部份人都會沒事，染病後只會有輕微症狀」。主持人說：「是啊，80% 的人只有輕微症狀，並且會自愈。」最後各位的一致結論是：「Most people will be fine」。有麻煩的只是身體較弱及有基礎疾病的人。

【筆者註：這是現有數據支持的。目前中國的數據是湖北 / 武漢以外致死率 0.8%；全國口徑看，40~50 歲人口群組致死率 0.4%，40 歲以下為 0.2%。美國人會認為這是和普通季節性流感及 H1N1 相近的致死率。另外美國人實際看到的是全球死亡率 1.4%，但同樣認為這是可以接受的死亡率。】

3. 一些問答

問：美國未來幾天的增長趨勢如何？

答：現在檢測試劑推廣了，可以檢測上百萬人。檢測試劑推廣後確診病例一定會大大增加，而且肯定會看到社區傳播。

【筆者註：美國朝野表達的概念就是社區傳播、疫情爆發是不可避免的 —— 除了 Trump 曾經違和地提過疫情爆發「不是不可能避免」—— 被媒體和反對派一頓諷刺。】

問：如果被確診為陽性的話怎麼辦？

答：如果沒有特別症狀的話，建議在家自我隔離。

【筆者註：這就是美國目前的口徑，確診，但是沒有大的症狀就回家待著，務必避免都跑到醫院去擠兌醫療資源。】

問：紐約市會不會比其他地方更危險，有更多的傳播？

答：當然會，這裏是人群密集、互動十分頻密的大城市，風險當然更高，和普通流感季節經歷的一樣。

另外，Sanjay Gupta 在今天早些時候回答另一個主任提問時說，其實佩戴口罩也沒什麼作用，主要是讓人感覺心理上的安全。要真正起到隔離作用，對佩戴方法要求非常高。最主要的防護方法是洗手。

二、節目二：地方長官接受 CNN 訪談

華盛頓州疫情爆發，其中一個養老院已經死了四個人。疫情爆發地的華盛頓州 King County 的地方長官 Cow Constantine 接受了 CNN 訪談。Cow Constantine 是民選官員。要點如下：

1. 疫情爆發因為那裏（養老院）有很多老人，都是易感人群。

2. 疫情爆發、社區傳播、數字上升都是不可避免的。

3. 這個病主要針對和影響弱者和有基礎病者，一般人只會有輕症。

4. 主持人問：有衛生專家說本地的檢測速度非常慢，根本達不到要求。如何看待？

答：檢測速度慢是因為之前國家 CDC 提供的檢測准入條件比較高，另外最早一批試劑有問題。現在已經下放權力，我們可以在本地實驗室檢測。我們在擴大檢測能力。

5. 主持人問：那現在能不能每個人都檢測？

答：現在還不能每個人都檢測，雖然我們在持續擴大能力。我們要強調的是個人責任，個人做好防護工作，不要把易感／脆弱人群帶到疫情容易爆發的地方。

三、討論和總結

CNN 是一個批評共和黨政府的媒體。所以，如果 CNN 都認為這個病並不厲害，疫情沒有太大的「政治價值」，那美國人是真的不關心、不害怕 COVID-19 的。

當中國的居民們為小區裏出現一個確診案例就驚恐失措時，美國人卻可以讓確診案例回家隔離（紐約第一例確診者就正在家自我隔離；第二例患者 50 多

歲,有呼吸道基礎病,情況嚴重一些,就住院了)。

對於可能真正是「戰鬥的民族」的美國人來說,COVID-19 根本就不算什麼。美國 CDC 統計,2019-2020 年美國的流感季(從去年秋天開始),到上週已經有 2,900 萬人患病,28 萬人住院,造成了 1.6 萬人死亡。這些死亡就是一個數字而已。大概在美國人看來,弱者自然會被淘汰。美國人提煉的重點是,大部份人(包括兒童)都是沒事的,所以不要大驚小怪。因此:

1. 美國人當然認為疫情被控制是好事,但認為疫情爆發也是必然的,不可避免的,採取坦然的態度。所有的輿論也指向這一點。這和千方百計希望通過事後諸葛亮思辨扭轉 1 月份武漢的歷史、追究政府責任的中國人完全不同。而且這還要考慮到 3 月份的美國人什麼都已經知道了(可以抄作業而拒抄)。

2. 美國人做好了上百萬人甚至上千萬人感染,數萬乃至更多人死亡的準備。

3. 美國人不打算因為 COVID-19 而使社會停擺,付出巨大的社會經濟代價。

4. 當 COVID-19 發展到一定的數量上,美國甚至不一定會即時播報數字。就和 H1N1 時期一樣:只定期播報一下,到最後通知一下全社會,有好幾千萬人感染。

5. 在美國,COVID-19 不是不可以政治化,但變成真正的政治化議題的門檻非常高(比中國高出無數倍)。對左、右兩邊的政黨來說,如果 COVID-19 只是按強一點的流感去發展,那就沒有太多的政治價值。除非大選前就有數萬甚至更多人口死亡,人們陷於恐慌,經濟崩潰…… 只有這樣,COVID-19 才會變成一個主要的政治議題。

6. 美國民眾不會因為 COVID-19 疫情爆發而極力抨擊政府官員,更不會為 COVID-19 疫情爆發死亡上萬人而埋怨美國體制。

7. 美國人絕對不會為了防疫而向政府讓渡自己的自由、隱私、權利。舉個例子,如果讓美國民眾去選擇:為了抗疫,你能否允許公共部門利用手機定位去跟蹤你的行跡,確定你是否屬於需要隔離的危險人群,或者授權政府去發現可疑人群?(這其實是中國抗疫工作中已採用的做法)。答案是,除非是遭遇有嚴重致死率的超級大瘟疫(例如導致上百萬人死亡),使得美國人認為真的要進入戰時狀態,否則美國人絕對不會同意。他們認為這會讓政府借機竊取公民的隱私,擴大政府的權力,對社會造成比疫病還要大的長久威脅。因此,美國人寧願承擔

疫病風險，也絕對不會對政府讓渡自己的權利。

8. 如果美國是 1 月初的武漢 / 湖北，結果是一樣的，在同等的信息條件下，美國也會用與現在同樣的方式對待 COVID-19。而且即便造成比中國現在 8 萬病例更嚴重的疫情，美國社會也會照常運轉，而且在下次疫情到來時，仍然會採用同樣的標準。這個標準，基本就是流感標準。

9. 中國對 COVID-19 的嚴防態度極大影響了其他國家的反應，大家實際上都在跟隨中國，但美國有非常強的自我邏輯與思維方式，不會像其他國家一樣跟隨中國，而是會建立美國自己的防疫模式。

10. 美國對 COVID-19 的放鬆姿態，最終會反過來影響世界的其他國家，同時影響到疫情原發地中國。看到美國放之任之，大家也就都不那麼緊張了。中國目前在復工復產、恢復社會秩序上遇到較大挑戰，這和嚴防疫情對人口造成的恐慌有很大關係。美國如果「放羊」，一個意想不到的結果是中國也可以更加放鬆，從最嚴格的防控中下幾個臺階。

11. 美國對 COVID-19 的放鬆姿態及潛在的疫情爆發風險，會不知不覺幫助中國民眾緩解針對政府抗疫不力積聚的負面情緒（釋懷、和解）。

12. 不過，不太好預測那些嚮往燈塔國的中國「公知」們的態度 —— 因為，實際上他們對美國防疫的事實本身可能並不了解，對美國制度、政府、人民更加不了解。他們甚至無從知道和理解美國的「防疫不力」，因此也不會改變他們固執僵化的看法。

09 「中國以外全部疫區」及 全球化下的疫情

2020/03/07

    2006 年日本有一部荒誕題材電影 ——《日本以外全部沉沒》，講 2011 年全球發生末日災難，美洲、中國大陸、亞非拉大陸相繼沉沒。在危急關頭，只有日本列島依舊立於海平面之上。結果全球各地的難民全部湧入日本，伴隨而來的是人口激增、食物不足、物價飛漲、失業率飆升、犯罪率增長等諸多問題。

    這個電影呼應的是一個恆久的日本主題：「日本沉沒」。因為日本處在環太平洋地震帶上，經常發生地震和火山，因此「日本沉沒」是一個經久不衰的災難題材，成了一個「梗」，而且還有日本以外的人士拿這個開玩笑。結果就拍了這個電影。日本沒沉沒，日本以外全部沉沒……

    當然，這是個荒誕劇，不僅僅是黑色幽默，品位不高且還有惡趣味。但筆者看到目前疫情在全球爆發時，腦海裏總是很難不想到這個電影的主題。

    新冠病毒大概率始於中國湖北 / 武漢，疫情最初在中國爆發，最後蔓延到全球。中國控制住了疫情，但全球卻沒有控制住。除了中國之外，全球都成為疫區…… 這不是在諷刺，不

是打算在疫病這樣嚴肅重大的事情面前開不合適的玩笑，而是在思考一個越來越有可能成為現實的情景。這個情景對中國不是什麼好事。除了「人類命運共同體」這樣的宏觀願景外，中國以外出現全球疫情爆發使得與全球經濟密切綁定的中國也很難獨善其身。

在中國國內限制省份之間的人口流動容易，限制外國人口進入中國就是更大的挑戰了。因為這涉及外國公民、涉及外交，反而可能是中國政府比較不熟悉，不擅長應對的。如果從外交大政出發，對外國入境者寬鬆處理，甚至給予外籍人士某種超國民的寬鬆待遇，則不僅會造成國民不滿，還會冒著輸入疫病的重大風險，使得前期局限在本國之內的「內防擴散外防輸入」舉措功虧一簣（今天北京和上海分別新增 4 例和 3 例確診，均為境外輸入）。

中國努力復工復產，恢復社會秩序與生產建設，把「失去的 GDP」補回來，既需要依賴自身的努力，也要依賴全球外部經濟環境。當全球都因為疫情經濟受到重創，發生衰退，中國經濟也無法獨善其身。這兩天美股接連大跌，不是因為美國人自己有多擔心 COVID-19，而是因為華爾街擔心全球其他國家對 COVID-19 的恐慌及其對全球經濟的影響。

據此，筆者觀察全球化對本次 COVID-19 全球疫情帶來的幾個影響。

一、人口互動的全球化

2020 年 COVID-19 是人類近代史上極少見的能夠在非常短時間（1~2 個月內）在全球範圍快速傳播、在各地發生社區性爆發的傳染疫病。這當然與 COVID-19 本身的傳播性有關，但也與空前的全球化程度緊密相關。全球不同地方真正的距離就是一班飛機、一列火車、一趟遊輪，病毒可以通過各種 21 世紀 20 年代的人類互動網絡傳播 —— 中國經濟圈、全球華人圈、韓國新宗教圈、意大利經濟及旅遊圈、東北亞經濟及旅遊圈、伊朗宗教與社會圈⋯⋯ COVID-19 可以沿著人類網絡順藤摸瓜，迅速感染最大範圍的人口。

在 COVID-19 強大的感染能力及全球化網絡的雙重作用下，疫情得以在短時間內實現全球傳播及爆發。這個國際傳播不但是 SARS、MERS、Ebola 未曾實現的，也是感染力更強的 2009 年 H1N1（豬流感）未曾實現的。

二、信息互動的全球化

2020 年 COVID-19 的全球傳播是首個被放在全球傳統媒體與社交媒體聚光燈下，被全球億萬人同時關注的疫情。

2003 年的 SARS 沒有發生真正廣泛的全球傳播。即便發生了，那時也還是一個 Facebook、Twitter、微博、微信等社交媒體尚不存在、移動互聯網普及之前的世界。

2009 年的 H1N1 也是，疫病沒有發生特大規模的全球傳播，移動互聯網及社交媒體的發展也不能與今天相比。2020 年，佔全球更大比例的人口可以依賴移動互聯網 / 社交媒體去即時觀測快速發展的疫情，第一時間、同步掌握疫情信息。這是一個真正「活在」全球化信息時代下的全球瘟疫。

三、抗疫模式的全球化

筆者以為，2020 年 COVID-19 的一個重大特點是中國最初的疫情及防控工作得到比較充分的報導及傳播。原因包括：

1. 中國政府主動提供的及時、全面甚至高調的信息披露；

2. 中國傳統媒體及自媒體在國內及國際的報導；

3. 世衛組織（WHO）做的工作；

4. 境外媒體的全程關注。這些報導當然包括各種動機的，包括反華媒體，希望在疫情中找到批判中國的素材。

總體而言，中國經歷過 SARS 的經驗教訓。中國體制也是受到全球聚光燈關注的（尤其是美國及中國體制批判者），不容犯錯，因此採取最高標準的舉國抗疫。中國的抗疫模式與故事對全球都有影響。

其結果是，全球都在跟隨中國 COVID-19 為現行的判定，跟隨中國的抗疫模式——「既然中國政府都如此重視，採用了這樣的模式，那我們國家也必須採取類似的模式。」中國對 COVID-19 的認知及應對正在影響、塑造、指導甚至限定全球其他國家的應對。

但不是所有國家都樂意跟隨中國。而對跟隨中國模式最頭疼、最「不舒服」

的大國（筆者界定為人口 5 千萬以上、中等收入以上的發達國家）其實只有一個，就是美國。因為美國對 COVID-19 是「流感化」的取態，不希望大規模抗疫。但因為全球各國和 WHO 都在跟隨中國的抗疫模式，就使得美國無法按照既有模式輕鬆應對，而必須採取某些姿態和措施，否則就會遭到其他國家質疑。

如果說現在全球各國政府與社會在理解、認知、應對 COVID-19 上存在什麼內在衝突或緊張的話，筆者以為，就是中國模式（「SARS 化」「航空安全問題化」「舉國化」）和美國模式（「流感化」「高速公路安全問題化」「民間化」）之間的「博弈」。其實並沒有哪個模式是絕對「正確」的，不同國家因為社會、文化、制度、對傳染病的歷史體驗及醫學認知的差異，會導致對傳染病有不同的應對模式。中國和美國都是全球超級大國。任何一個國家的防疫模式都會影響、約束其他國家的防疫模式。在 2020 年信息全球化的世界，中國的抗疫模式被完整地向全世界公佈。如同一個班裏的學生，中國交出了一份高分考卷，成為榜樣，那麼其他學生多少都必須跟隨中國。最難受的當然是另一個「優等生」美國了。

四、經濟的全球化

這一條相信大多人都理解。2020 年全球化程度更高，各國經濟綁定程度更高。一旦疫情出現跨國爆發，在波及國家的數量及人口上越過一定的門檻，就將對全球經濟產生影響。任何一個國家即便做好了自己的防疫工作（例如中國），可能也無法改變疫病對全球經濟的負面影響，因此無法獨善其身。

筆者以為，中國對 COVID-19 的認知（心理、社會、政治、醫學上的認知）以及基於這種認知形成的強力防疫模式造成了兩方面的效應：一方面，確實有效控制住了 COVID-19 在中國跨省傳播及進一步爆發；另一方面，也在中國社會增加了民眾的非理性恐慌，加大了社會經濟代價。但對於後者，中國也可以運用舉國體制來動員、解決，所以總體問題不大。

我理解，中國政府現在遇到的真正的問題其實是中國以外的全球疫情爆發，這並不好處理。如果沒有全球爆發，則中國可以更快地回歸正軌。

中國政府大體掌握主動，能夠控制自己所能控制的本國因素，但對那些跟隨中國抗疫模式的國家來說就比較困難了，他們不可能複製中國模式。如果民眾

陷入對 COVID-19 的恐慌、出現過激反應，則政府是沒有能力應對的。那些國家根本就不存在什麼舉國體制，結果只能是目睹社會陷入混亂甚至崩潰（所以，所有國外關於傳染病題材的電影劇情都會陷入大規模的市民械鬥、搶劫、內戰，但從中國的角度來看，這種場景是很難想像的）。

同時，外國政府也很難在後續讓恐慌的民眾恢復正常情緒、復工復產。中國政府所有的公共治理手段與工具都是他們所不掌握的。這就給這些國家的政府與社會出了難題。

而班上有一個同學 —— 美國，交出了一份另類的解答方案（對 COVID-19 咱們忽略就可以了呀！），其他同學沒有一個敢回應。

如何化解這個難題？

中國主動輸出抗疫經驗，提供資源，幫助其他國家控制 COVID-19？筆者覺得不可能。其他國家缺的不是口罩和 84 消毒水，而是深入到社會每一個毛細血孔端部的黨／政府組織，不但對上層負責，還對中央負責。

中國放棄自己對 COVID-19 的疫病認知及抗疫模式，跟隨美國「放之任之」的模式，從自己開始鬆綁，然後和其他國家一起放羊？筆者認為也不可能，因為這就等於否定中國對疫病的整個判斷與抗疫模式。與美國極力淡化 COVID-19 的危險性相反，中國一定會強調 COVID-19 的未知性和危險性。

筆者以為，這個問題短期內不會有答案。儘管我們對 COVID-19 已經有了基於數萬病例的相對較大的數據，但認知還是有限的，同時 COVID-19 還可能變化發展。全球專家和公眾都還在跟蹤、關注、學習這傳染病。眼下做任何結論尚為時過早，待到流行病學信息更加充分，各國自然會對什麼樣的應對方式更為合理形成更加一致的看法。但在未來一到兩個月內，「中國以外全部淪為疫區」是完全可能的，並會從一個我們之前完全意想不到的方式和角度影響中國經濟的復甦。

10 從新冠病毒的「病死率」說到中美文化差異

2020/03/09

一、「病死率」問題

前兩天，當全球案例超過 10 萬宗，病死 3,400 人時，COVID-19 的全球病死率提高到了 3.4%。這個病死率距離流感就較遠了（美國政客們援引各種信息，給出的流感病死率從 0.2%~0.6% 不等），對美國「COVID-19 流感化」的敘事構成了威脅。

據此，Trump 特別對媒體說，3.4% 的病死率是高估的，他自己感覺（hunch）是：實際病死率遠低於 1%。Trump 顯然希望以此穩定民心，淡化 COVID-19 的影響，維護美國對 COVID-19「流感化」的敘事。這就既可使社會照常運動，也可使政府免責。

有必要先來看看截至北京時間 2020 年 3 月 8 日晚間的全球病死率數據。

（註：以下所有病死率的計算都簡單按照各國的死亡人數除以累計確診人數得出。這個數據並不準確，因為分子分母並不對應。累計確診是動態增長的，累計確診者中有些人可能最終病故、最終被加入到逝者的「分子中」，但在統計的當下仍然存活。此外，累計確診者的數量也會極大受到檢測範圍、檢測的絕對數量影響，不能反映真實完整的分母。相對來說，全球只有中國的「大數據」是更加準確的。）

截至 2020 年 3 月 8 日晚間，各地區病死率（死亡數 / 累計確診數）如下：

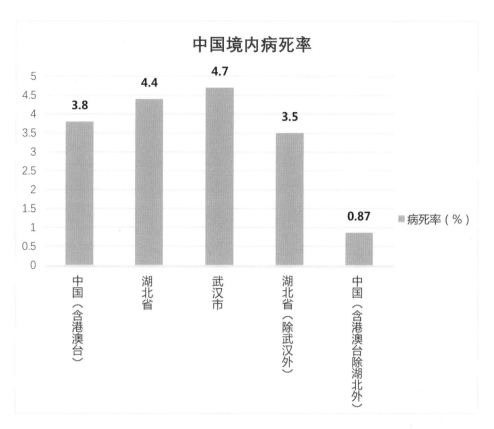

中國（含港澳臺）：3101 / 80868 = 3.8%

湖北：2,986 / 67,707 = 4.4%

武漢：2,370 / 49,912 = 4.7%

武漢以外湖北：616 / 17,695 = 3.5%

湖北以外中國（含港澳臺）：115 / 13,161 = 0.87%

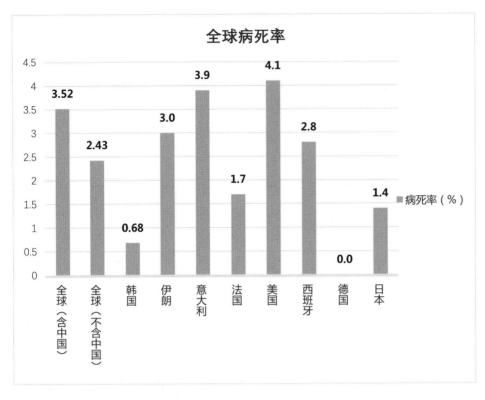

全球病死率

全球（含中國）：3,661 / 103,959 = 3.52%（比 Trump 前天發言時提高了 0.1%）

中國以外全球其他地方：560 / 23091 = 2.43%

韓國：50 / 7,313 = 0.68%

伊朗：194 / 6,566 = 3.0%

意大利：233 / 6,012= 3.9%

法國：16 / 949 = 1.7%

美國：19 / 455 = 4.1%

西班牙：17 / 613 = 2.8%

德國：0 / 847 = 0.0%

日本：7 / 494 = 1.4%

武漢的病死率為 4.7%，顯著高於武漢以外湖北的 3.5% 及全國其他地方的 0.87%，也高於全球其他地方的 2.4%。為什麼武漢的病亡率特別高？且作為華中地方資源重鎮，病死率高於湖北其他地方，這不合理。這背後一定是有原因可

以解釋的。

根據《中華流行病學雜誌》刊登的論文《新型冠狀病毒肺炎流行病學特徵分析》，統計截至 2 月 1 日中國內地 4 萬多 COVID-19 確診病例，COVID-19 主要是打擊老年人，在 70~80 歲段的病死率為 8%，80 歲以上段為 14.8%。所以，問題很簡單，老年患者越多，呈現的病死率也就越高。

筆者認為武漢／湖北的病死率比全國其他地方更高的原因可能有如下若干：

1. 武漢患者的人口年齡群體更年長，老年人更多。其原因可能是因為本地社區傳播更嚴重和廣泛，對老人的影響比湖北其他地方及其他省份更大；

2. 武漢發生醫療資源擠兌、醫療系統不堪重負，即在其他相等條件的情況下，武漢的醫療資源在瓶頸下運作，可能導致病死率更高。

3. 其他因素：例如老年人往往症狀更加明顯，在醫療資源稀缺的情況，更容易被醫療體系收治並統計。一些沒有症狀的中青年患者可能從未投醫，且自然自愈，沒有落在統計範疇之內。這樣就構成了 COVID-19 全球較高的死亡率（3.5%），而主要就是武漢因素（4.7%）。而武漢因素可能就是本地傳播導致老人及基礎病患者大面積受感染。

現在可以觀察到，兩個疫情爆發大國 —— 伊朗病死率是 3.0%，意大利則高達 3.9%，高過武漢以外湖北其他地方。兩國都幫助推高了全球病死率。

兩國病死率較高的原因是什麼，是檢測數量還不夠？還是本地／老年社區疫情爆發？現在尚無從判斷。媒體報導有意大利醫療專家認為意大利的感染人數可能已達 10 萬，但這種計算往往是假定了一定的病死率及傳染係數倒推出來的。而我們知道，影響病死率的一個重要因素就是年齡。老人得病越多，病死率越高。

目前，中國在湖北以外其他省份／地方的病死率為 0.87%，這與韓國的 0.68% 相對是比較接近的。差別僅在於：1. 韓國的數字還在高速、動態地增長，中國數字基本穩定，分子分母具備對應性；2. 韓國患者的病程發展相對更短，伴隨病程發展，病死者可能增加，影響病死率。但無論如何，筆者以為，中國根據 4 萬多病例統計出來的老年人面臨 COVID-19 較高的病死率是理解這次疫情最重要的信息之一。

當看到全球病死率達到 3.4% 時，Trump 確實是緊張的，他希望維護美國對

COVID-19「流感化」的敘事。但美國政客的角度是有很大局限性的。當一個傳染病能夠廣泛傳播、感染，但只會重點打擊少數特定的感染群體時，這個疾病就有更加突出的公共衛生風險，因為對於不同人來說，防疫的「成本」和「收益」是不匹配的。對於中青年人來說，因為 COVID-19 而限制自己工作、出行、生活的「成本」會很大，但對個人的「收益」卻很小 —— 因為個人即便染病也不會有太大關係，很可能可以自癒，所以他們更有動力繼續維持原有的生活；而他們維持原有的生活，就可能感染病毒，並將病毒傳染給弱勢群體（老年人 / 基礎病患者）；而病毒對於這些弱勢群體的影響又是極危險甚至致命的。

從經濟學角度看，對於中青年來說，他們維持既有生活的行為是有「外部性」（externalities）的 —— 他們活動的收益由自己承擔（繼續該幹嘛幹嘛），成本則由社會的弱勢群體（即老弱病者）來承擔（一旦患病可能面臨巨大健康風險）。這是一種典型的「市場失靈」。這就引到下一個主題，個人衛生與公共衛生。

二、美國的「個人衛生」角度 vs 中國的「公共衛生」角度

對 COVID-19 的評價絕對不能僅僅局限於病死率這一項。在美國的公共媒體上，評估 COVID-19 時側重於強調對大多數人口來說影響不大，只是輕症，同時該疫病的死亡率不高，接近流感。

筆者的理解是 —— 美國政府、媒體及公共討論一直在側重強調 COVID-19 對個人健康的影響，把它局限在「個人衛生」的範疇。這其間，病死率就成了很重要的因素，病死率越高（例如 3.4%），越使得 COVID-19「疑似」公共衛生事件；病死率越低（例如在千分之幾的水平），就越能夠被歸類於個人衛生事件。

美國敘事和中國敘事的不同在於，中國對 COVID-19 的敘事是整體化、公共化、更加深入的，例如中國會關注 COVID-19 對個人、家庭、社區的總體威脅、長期威脅；關注患者在康復後「復陽」及對社區的威脅問題；關注 COVID-19 可能長期存在於患者體內的問題；關注 COVID-19 的無症狀感染 —— 這使得這個疫病格外危險 —— 它可能在不知不覺中廣泛傳播，並最終打擊弱勢群體（即老人及有基礎疾病者）。中國的宣傳裏沒有強調 COVID-19「對大多數人影響不

大」，因為很顯然，這種論調會放鬆人們的警惕，從而加大疫病的傳播風險，也加大弱勢群體面臨的風險。

因此，中國敘事更加符合公共衛生的定義（public health）。「公共衛生」探討的不是一個具體的疾病對個體的影響 —— 因為這屬於醫學（medicine / medical science）的範疇。公共衛生探討的是公共問題，即一個疾病或健康隱患對整個社會的總體影響。傳染病可以波及社會大量人口，傳染病的防控當然是公共衛生的重要課題。誠然，80% 的 COVID-19 患者可以自愈，但更關鍵的是，COVID-19 對老齡及基礎病患者等脆弱人群有重大威脅。他們「不成比例」地承擔著 COVID-19 對社會帶來的健康影響。無論社會、政府還是家庭與個人，都有責任去保護這個弱勢群體。

基於此，我們提倡每個人都要佩戴口罩，目的不僅僅是為了個人防護，也是為了他人，為了全社會，為了保護社會的弱勢群體。當大家都佩戴口罩，勤洗手，建立良好的衛生習慣時，病毒就無從傳播。防疫是一個社會行為，需要社會集合全體力量眾志成城地進行。這樣的角度才是「負社會責任的」（socially responsible），也只有這樣的角度才符合維護「公共衛生」的定義。

相比之下，美國大致停留在個人衛生角度。呼籲個人對己負責，做好個人防護工作，獨善其身。在整個防疫敘事裏，缺乏一種普遍的社會責任意識。筆者聽了很多美國專家和政客的講話，他們最多就是呼籲老人和健康弱勢群體務必避免前往疫情高發地區（潛臺詞是，如果你還堅持跑去那種地方，染病就活該怨你自己了）。

中國的防疫是「人人為我，我為人人」。即便個人沒有這個道德責任意識，政府和社會也會通過各種手段途徑要求個人履行。在美國（以及更廣泛的西方），這種意識是不存在的，只有各自保全自己。

筆者想表達的是，中國全民防疫不僅僅是政治、制度的體現，也是歷史、社會、文化、價值觀的體現。中國更像社群主義、集體主義，每個個體都要服務於社會，都要履行自己的社會責任，都要承擔社會義務。而代表西方理想的美國是由簡單樸素的個人主義（rugged individualism）主導的。在這裏，個人不能依靠政府，甚至不能指望社會，根本上是依靠自己。防疫就是一件極為個人的事情，每個人對自己負責。這與市場經濟一般，在這樣的社會裏，人們認為，只要

每個人都為自己著想，每個人都希望在疫病之下保全自己個人的性命安全，那麼「看不見的手」就會發揮該發揮的作用，讓大家自覺行動起來抗疫。集體的抗疫自然就會帶來社會的安全。

但如本文前面描述的「外部性」問題 —— 疫病對不同人群的影響是完全不同的 —— 這就會造成「市場失靈」，使得社會集體防疫不可能發生。在這種情形下，政府就必須站出來，履行維護公共衛生安全的責任，對「失靈的市場」進行必要的干預。在中歐、北歐及「轉型」國家，政府有這樣的意識，民眾有這樣的期望，因此可能還好。但在個人主義主導、野蠻生長的美國，則人們不會依賴政府，根本上只會依靠個人（以及有限的社會團體）來防疫。

生活在中國社會裏的人們容易把一切都認為理所當然，還對中國制度產生懷疑。其實中國制度來自中國文化，具有特別強的集體性、社會性、權威性、服從性。在防疫抗疫這樣的問題上可能是個優勢，因為社會更有可能一致行動，維護公共衛生安全，維護老弱病者。「公共衛生安全」是一種集體意識、社會責任和利他主義 —— 戴口罩的目的不僅是保護你個人的健康，也是保護長者、弱者的安全。由於我們自己就身處這樣的社會，有可能當局者迷，讓我們反而看不到這種西方所看不到的集體精神的價值。

2020 年 COVID-19 全球疫情是一個人類文明史上前所未有的公共事件。傳染病本身就有巨大的社會學、政治學、經濟學、歷史學研究價值，而在全球化之下，疫情在各國的快速傳播及爆發，使得我們可以透過不同國家的應對進一步了解各國的制度、文化、歷史差異，同時還可以幫助我們進一步了解中國自身，絕對是一個非常難得的歷史機遇。

疫情之下，筆者用多篇文章比較中西（特別是中美）之間的制度、文化差異，一些文章看似觀點相似，但切入點略有不同 —— 它們分別從不同的角度闡述筆者的觀點，即中國的抗疫就是中國特色的呈現。我們不用去辯說中國抗疫模式的優劣，但可以承認，中國特色的抗疫來源於中國歷史形成的社會、制度、文化與價值。

11 「國門戴口罩」與「國民戴口罩」的二選一

2020/03/12

截至 3 月 11 日白天，中國疫情已經大致控制住。這本應當是宣佈戰疫首階段勝利、開始把重心全面轉向復工復產、恢復經濟的時候，但意料之外的是全球疫情爆發。具體看看歐洲的疫情，已經達到中國 2 月中的峰值。

人口自由流動的歐盟國家（人口 5 億）應當被視為一個整體。歐盟各國相互限制人口流動（雙向 / 多向封關）的政治與社會阻力遠遠大於中國的「封省」。疫病極有可能在歐盟全面爆發，並讓經濟與人口流動緊密但政治離散的歐洲一下子無從應對。

很可惜，給了歐盟兩個月的時間去「抄作業」，贈送他們一萬個「吹喇叭人」（假設「喇叭」比「哨子」的聲音還大），歐盟也沒有能力複製中國的防疫抗疫「業績」。

這不是嘲諷，而是在承認局限性。了解歷史、公共治理、人類社會決策面臨的不確定性、複雜性、局限性的人知道，歸根結底，這樣的歷史事件都不是一件事或一兩個人可以改變的，不是「發哨」、「吹哨」的問題。艾芬和李文亮可以被人們浪漫化地去記憶和歌頌，但這樣的個體，這樣的個別事件，並不會從根本上改變疫情的發展。歷史不存在也不接受「假如」（what if），複雜的公共事件不會因為一個人或一個因素而改變。

我相信，即使我們把 COVID-19 在所有疫情爆發國家歸位到 0，重新自由演進 1 萬次，都會得到類似的結果。我們不是在為某個政府開脫，不是在批判體制的優劣 —— 因為無論體制與社會，所有的政府和社會都難以應對這樣的災難。而這才是人類的歷史與現實。這種歷史與現實的存在是超越政治體制與社會的。

筆者無意去冒犯、諷刺那些通過歌頌、紀念「發哨者」及「吹哨者」以表達情緒的大眾們，只是在指出一個並不合宜的事實（inconvenient truth）。情緒宣洩可以理解，但不解決問題，激昂之餘，不妨也後退一步，看看人類社會在大自然面前的弱小與局限。

回歸主題。全球疫情之下，中國能不能「獨善其身」，正常復工復產，恢復原有的經濟社會秩序？筆者認為這很困難。中國面臨的是空前的挑戰。之前的內防擴散（湖北省內）、外防輸入（其他省市要防止來自湖北的輸入）的「敘事」和「模式」需要發生很大的調整 —— 由內部防控變成防止境外輸入（作為註腳，防疫重地北京今天的 6 例確診病例全部為境外輸入）。中國耗費了巨大代價才控制住了疫情，正打算復產復工，復位生活，而放眼一望全球居然在經受更嚴重的疫情大爆發。這給中國的復甦帶來全新的、意想不到的挑戰。

外部輸入的風險是非常高的。英國政府嘲笑道，歐洲第一個對中國「封關」的國家是意大利，但這無法阻止 COVID-19 侵入意大利。在突破意大利的「馬奇諾防線」後，病毒開始在人口自由流動的歐盟、廣大西方世界乃至意大利護照可以自由通行的全球各國開始傳播並肆虐各地社區與人口。

美國早在 2 月初就對過去 14 天有過中國旅行史的人士進行入境限制，並要求過去 14 天訪問過中國的美國公民進行 14 天自我隔離。這個行動一直被 Trump 宣傳為聯邦政府抗擊疫情輸入的有力舉措。但很可惜，在全球化的今天，在複雜多變的 COVID-19 面前，這種舉措完全不足以防止病毒輸入。一旦病毒發生本地傳播，絕大多數國家將會束手無策，進入某種聽天由命、坐以待斃的狀態。

筆者認為，即便中國對個別境外疫區進行封關，由於無法完全隔絕境外國家之間的人口流動，也很難杜絕外部輸入 —— 正如美國不能通過限制訪中人士入境而杜絕病毒侵入一樣。

一個境外輸入 / 超級傳播者，就可能引發社區傳播，引發疫情的全面爆發，這和其他國家目前經歷的一樣。如果一個境外輸入就可能隨時瓦解中國辛苦構建的防疫「長城」，中國過去兩個月付出巨大代價的防控事業成就就可能功虧一簣。

中國社會已經被凍結、壓抑達兩個月，國家亟需復工復產、社會亟需恢復正常的經濟秩序。這就需要放鬆社交隔離、恢復圍繞人均互動的第三產業（如餐

飲、線下娛樂及服務）、恢復人際互動的社會活動與組織形式（差旅、走訪、開會、聚集等）。如果保持防疫戒備狀態，人人保持距離，佩戴口罩，則這些經濟行動、組織方式及社會活動都不可能恢復。要恢復經濟，就需要恢復社會與經濟互動。

而在全球疫情爆發之下，中國面臨兩個具體選擇：

選擇一：「國門戴口罩」——全面「封關」

國門戴口罩就是「封關」，限制一切外國入境人口，或者對入境人口採取極為嚴格的隔離措施，藉此最大程度減少人口跨境流動。

目前，國內各省市在按不同標準限制人口流入及事後管控，但由各省市把握、制定入境隔離政策是不夠的。原因如下：

1. 僅採用「入境隔離」的手段是不夠的。因為中國對外國人士往往會不自覺地採用「超國民」寬鬆待遇，外籍人士的隔離效果很值得懷疑。

2. 僅對來自「疫情嚴重地區」的人進行限制與隔離是不夠的。到訪者可能借道第三國來到中國，「非疫情嚴重地區」可能已經出現疫情爆發，只是疫情沒有充分暴露。自中國內地疫情爆發以來，許多國家與地區都採用「一刀切」的辦法，禁止中國護照持有者入境（而不考慮真實的旅行史），但即便這樣，也無法阻止疫情輸入。

3. 各省市是相通的。這就和歐洲一樣，只要一個歐盟／申根國家採取了更低的標準，使得感染者得以入境，則該感染者就可能在整個歐盟／申根區域內流動，影響到大量人口，使疫病在歐盟內部廣泛傳播。全國一盤棋，疫病防控的有效性不能看實施最嚴格的地方（例如北京），而要看最薄弱的一環。例如，一個感染但無症狀的沙特人經過埃及進入山西，規避了隔離政策，在當地發生人傳人，COVID-19 病毒就實現了再輸入，並可能在山西爆發社區傳播，進而出現跨省傳播，甚至進入北京。因此，外防輸入必須由中央自上而下推動，採取全國統一的嚴格標準。

中國現在的注意力應該轉移到如何防止境外輸入上面，並充分汲取其他國家防止輸入的成功或失敗經驗。而由於中國對外籍人士的一貫友好態度及「外交

無小事」的心態，「外防輸入」的執行可能比「內防擴散」要困難不少。

要有效防止輸入，中國就需要執行絕對的、全面的「封關」── 不分國家／區域、不加選擇地全面限制境外人士進入中國，對所有必須進入者（例如中國公民及外交人士）都採取最嚴格的隔離政策。相當於把窗子完全關上，確保一隻蒼蠅也飛不進來。

如果實現了完美的「封關」和「隔絕」── 即讓中國國門「帶上口罩」，則國內可以適度鬆綁，恢復原來的經濟社會秩序。其中最主要的指標就是復學、恢復線下餐飲及其他人力密集型的服務業。但這種無差別的、絕對的、全面的「封關」，從政治／外交／社會／經濟／實操上看似乎都不太可能。

選擇二：國民戴口罩

國家不去實現全面「封關」，人口仍可從境外流入，對入境人士只有有限的隔離管理，有「外防輸入」的政策，但效果有限。相當於把窗口半掩上，但蒼蠅蚊蟲終歸是可以找到路徑飛進來的。

如果不能全面封關，而這時中國國民因為疫情結束而鬆懈，不戴口罩了，恢復常態了，人群廣泛互動了，那麼一個境外輸入案例理論上就可以導致COVID-19在中華大地局部或大范圍再次爆發，前兩個月的抗疫努力灰飛煙滅。

只要「封關」不是絕對的，境外輸入就是可能的，後果是嚴重的。這時，只能保證「內防擴散」，讓國民維持現狀，繼續佩戴口罩，繼續暫緩、凍結涉及人群互動的社會經濟活動，拖後經濟的復甦。只有這樣，才能最小化疫情輸入，防止病毒發生社區擴散，保住前期防疫來之不易的戰果。

這就是中國現在面臨的二選一。筆者認為選擇一不具備操作性 ── 全面徹底地對外「封關」是不可能的。而全球化的今天，在其他國家完成抗疫之前，中國也很難「獨善其身」。而中國付出這麼大的代價完成第一階段的防疫，也絕對不能接受疫情從外部輸入並再次爆發。這個時候，中國只剩下了選擇二 ── 在全球疫情平復之前，繼續維持目前的防疫狀態與生活。中國政府和民眾還得熬一段時日。這就好比考試。全班第一名的學生第一個完成答卷（且應該能夠取得最佳成績），但老師不讓離場 ── 必須要等到全班同學都答完卷之後才能離場。

這位第一名的學生慷慨地拿出了自己的答卷讓其他同學傳抄，但可惜其他同學能力相差實在太遠，連抄也抄不好、抄不完。第一名的學生這時別無選擇，只能安靜地等待。時不時地，第一名的學生還可以幫助、指點一下那些天資稟賦更差的同學 —— 幫助他們更好地抄作業（中國向日韓捐贈口罩防護服；中國向意大利提供口罩等醫療資源，派遣專家團隊前往意大利支援）。畢竟，只有同學們都答完卷後，自己才能離場啊。

中國基本成功完成了首階段抗疫，但全球化之下，疫情已經實現全球傳播，除非真正做到全面的、絕對的封關，COVID-19 還可能以各種各樣的方式和渠道再次輸入中國，引發第二波、第三波疫情。因此，中國很難按照自己的節奏馬上恢復原有的社會經濟秩序。

這個時候，渴望脫下口罩、全面復學復工、朋友相會、美食聚餐、線下娛樂、旅遊出行、恢復經濟生產的中國可能要再等一等了，要等到全球其他國家成功渡過中國已經經歷的疫情週期。

全球化之下，中國的命運實際上已經不完全掌握在自己手裏，現在必須要有耐心。除了做好自己，為了加速全球復甦，我們需要對外國伸出援手，幫助他們盡快渡過難關。任何一個沒有渡過疫情的國家，都可能對全球造成新的威脅。

2020 年，中國乃至全球社會將切身體驗所謂的「人類命運共同體」—— 國家與政治邊界其實是人類的虛擬想像，疫病當前，才可能看到這種虛擬想像的局限。它不能真正做到把人分割，甚至會阻隔人類的互助與協作。人類的命運必定是相互聯繫與綁定的，沒有誰能獨善其身。

12 中國內地：風險主要在一線城市；
香港：缺乏反中動能的防疫新挑戰

2020/03/15

一、中國內地風險最高的地區是各一線城市，需要根據境外輸入風險高低建立防控體系

從新增案例看，湖北 / 武漢的疫情已經基本控制住。而疫情正在全球全面爆發。

另外要指出的是，我們對 COVID-19 疫情全球爆發的情況並不了解。歐盟、英美等國疫情看上去比較嚴重，有可能因為他們都是經濟發達國家，有條件進行大規模檢測，同時整個公共衛生體系及配套資源比較健全。我們也必須看到另外一種可能：疫情已經在其他中等發達國家 / 發展中國家爆發，只是因為醫療水平落後，檢測跟不上，使得疫情並沒有被全面反映出來。可想而知，如果美國、日本都能因為檢測標準和資源問題存在系統性的少檢少報問題，那經濟落後國家的問題難道不會更嚴重？因此只能說，歐美等發達國家的數據相對可靠，更貼近實際情況。從中國防疫的角度來看，不能盯著這些數字了，必須做最壞打算。

防止境外輸入應該是中國目前防疫工作的最大重心。而境外輸入風險最大的當然就是與海外聯繫最緊密、人口流動最多的「門戶」城市，首推北上廣深等大城市，然後就是各經濟發達城市、省會城市、有國際機場的城市。

與 1 月份的形勢不同，疫情不是由一個內陸局部地方（武漢）及省份（湖北）「向外」擴散，而是由核心一線城市「向下」擴散。如果門戶城市守不住，甚至出現社區爆發以及異地傳播，那麼中國前期付出的防疫努力就會功虧一簣。

COVID-19 借助全球化的人口流動大潮，跨越國界肆虐全人類。病毒面前，根本不存在國界，它們要侵佔的是人類生物體。2020 年中國的 COVID-19 疫情防控已經完全進入新階段。

如果不可能大規模對外封關，那國民就必須繼續「戴口罩」，維持目前的生活方式與秩序，保持最高戒備，防止境外輸入傳播。很多民眾希望恢復經濟生活秩序。目前看來，對疫情的風險評估可能要根據境外輸入風險建立新的體系。國際門戶城市最嚴格，內陸城市、小城市、農村則可以適度放鬆。所以，北上廣深等大城市要延續甚至加強防控體系，而一個湖南三線城市或某山西縣城就可以放鬆。

二、香港的風險非常之高

大家可以留意一下，香港現在經常會成為全國單日新增確診案例最多的地方，甚至超過湖北全省。

香港是全球最早集中報導新冠肺炎的地方。早在去年 12 月份，國內還鮮有人關注的時候，香港主流媒體就在黃金時間報導武漢不明病毒，「新冠肺炎」、「中國肺炎」早成為連登等反對派社交平臺的最熱門話題，很快就和香港的反中、恐中運動結合到一起。防疫被完全政治化，成為一齣「反中護港」的大戲。這齣大戲以一群年輕黃營護工義憤填膺、聲淚俱下要求全面對內地封關保護香港「生死存亡」和「未來」（如果還有未來的話）的「醫護罷工」達到了最高潮。這時還只是 2 月初。

之後，疫情發生了意想不到的變化：從鑽石公主號開始，到韓國大爆發，繼而蔓延至意大利、伊朗乃至歐盟全境及美國。

中國內地經驗表明，COVID-19 防疫一個最重要的手段就是增加社交疏離（social distancing）——包括強制與自主隔離，最大程度暫停公眾聚集及社會活動等一系列手段。這些手段也被統稱為「非藥物干預」（non pharmaceutical intervention，NPI）。韓國通過較為強有力的 NPI，算是控制住了疫情。歐美國家現在也不得不想辦法複製中國式的 NPI。

而再看看現在香港的狀態。這裏大概是全球主要發達經濟體裏人群 social

distancing 做得最差的地方。街頭人頭湧動，人們照常聚會聚餐。而實際上香港是全球呼吸道傳染病爆發風險最高的地方，因為這裏是國際中轉站及大都會，有大量來自世界各地的人口，且人口密度極高，公共及辦公場所大量採用中央空調系統，傳播風險高於一般城市。另外還有一些可能被人們忽略的原因，如住宅極度狹小（難以囤積貨品，難以宅在家中維持正常生活，經常需要外出）；外賣／電商／配售基礎設施落後（相對中國內地而言）；極度依賴公共交通等等。

另外從這幾個月可以看出香港人特有的一些表現，例如一旦政府指定某處為防疫隔離區或指定醫院，就會出現抗議，並且打上反中黑旗。排除掉政治化因素，這種抗議本身就是非常典型的「鄰避主義」（NIMBY，not-in-my-backyard，即「別在我家後院」）。這些防疫隔離區、指定醫院本身都是服務香港人的，尤其是最易受到 COVID-19 傷害的老弱群體，但舉凡政府指定醫院，就會有大量人群進行抗議。這種行為表現當然是自私、冷漠，極度缺乏市民精神，缺乏對自己城市／社區及弱勢群體的責任、關懷、基本同理心的，是香港人價值觀的寫照。這樣自私冷漠的城市只希望把所有患有「中國肺炎」的患者都扔到內地，不要讓「中國病毒」「毒害香港」。

筆者認為，1 月份香港防疫的高度緊張情緒確實有擔心呼吸道傳染病的因素，但同時很大程度上也是由反中心理支撐的，體現在對內地政府提供的信息及公共治理的極度不信任，對內地龐大人流的抵觸及恐懼（認為內地人缺乏素質，缺乏良好衛生習慣，對香港構成巨大健康風險）。反中、恐中是動員防疫力量的重要心理因素。

2 月末內地疫情得到控制，香港人放鬆心態，反對派在「太子站」月度紀念日舉行了大規模集會抗議活動。但現在「高等華人」們遇到了前所未見的新形勢：疫情輸入地居然不再是中國內地，而是歐美國家！義憤填膺的反對派、聲淚俱下鬧罷工的醫護們這時當然都不見了蹤影。

筆者以為，如果 COVID-19 一開始就起源自美國或英國，美國或英國選擇直接「躺倒」，把 COVID-19 流感化、常態化，則香港會很容易順應、跟隨這個模式，相信 COVID-19 就是比流感重一點。他們認為這個判斷是人類高等文明、最先進模式、最優越制度作保的，嚴重的傳染病不可能變成疫情爆發；能夠廣泛傳染的疾病就一定不嚴重。

而如果美國或英國一開始就採取更正確的措施，更加嚴肅地對待COVID-19，香港人即便看到很大的疫病威脅也仍然不會瘋狂要求封關，更不可想像醫護群體會聲淚俱下以罷工要挾全社會。

筆者認為，如果香港放鬆內地的入境管制，而疫情通過西方國家重新輸入到內地並對香港再度構成威脅，則反對派又會以此大做文章。

所以，哪怕對病毒也是有雙重標準的。反中者心中有的絕不僅僅是對COVID-19的恐懼，更是對中國內地的廣泛恐懼、厭惡、歧視。因此，整個香港1月份嚴陣以待地防疫有很大程度是反中政治驅動的，而3月份的鬆懈也是因為內地疫情得到控制。

正因為對西方文明的盲目信仰及極度卑微的心態，COVID-19在歐美爆發反而給香港帶來更大的威脅。日前，香港將入境管制擴大到了歐盟26國，要求從這些國家抵港人士進行強制居家隔離。這個版圖暫未包括疫情正在爆發的英國和美國。

在香港的價值序列裏，英國和美國才是處於最高層級的，那些不說英語的歐洲大陸國家看上去總是沒有英美那樣高等。英美還被認為是政治上「拯救香港」的救世主。遊行抗議活動中米字旗和星條旗不是隨便舉的。香港人要取悅英美。要求對英美人士進行入境限制甚至封關是不可想像的，等於在關鍵時刻歧視甚至背叛主子。

這種對西方的嚴重崇尚甚至有可能在一定程度上打破自私、冷漠的港人的「鄰避主義」：如果COVID-19一開始就來自美國、英國，那為美國病毒、英國病毒建立隔離站和指定醫院是很高尚的行為。高等華人們腦海裏這時湧現的是對人類先進文明命運共同體的無盡共鳴、同情和關愛。

給香港社會帶來更大問題的不是病毒本身，而是把病毒問題政治化。

13 中美政治文化差異（一）：疫情爆發該怪誰？

2020/03/22

一、幾組民調看美國人的思維

1. COVID-19 疫情爆發該怪誰

先看一個由民調機構 morning consult 前幾天對美國人做的民意調查：美國 COVID-19 的疫情爆發應該怪誰？

73% 的人認為是中國的錯；

65% 的人認為是疫情期間仍然隨意外出到處逛蕩的人的錯；

45% 的人認為是 CDC 的錯；

43% 的人認為是特朗普（Trump）的錯；

42% 的人認為是州政府與地方政府的錯；

34% 的人認為是副總統彭斯（Pence）的錯（Pence 名義上是 COVID-19 的防控負責人）。

此外還有反映民主黨、共和黨、中間／獨立派三種不同選民對此調查的具體數據。

不同政黨選民的不同之處：

1）62% 的民主黨人認為 Trump 有責任，但只有 28% 的共和黨人認為 Trump 有責任。

這個選擇是高度政治化的。民主黨人當然都非常不喜歡 Trump。實際上，就 Trump 的任何一項政策和行動徵求他們的意見，都可能得出這樣的結論。而 62% 這個不滿意比例對民主黨人來說非常之低。

U.S. Adults Mostly Place Blame on China for COVID-19 Spread

Share of U.S. adults who believe each of the following is 'very' or 'somewhat' responsible for the spread of the coronavirus:

- China
- Individuals who are not staying inside their homes during this time
- The Centers for Disease Control and Prevention (CDC)
- President Trump
- State and local government
- Vice President Pence

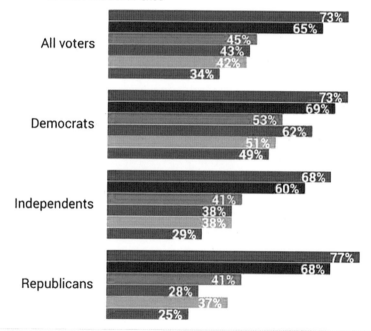

All voters
- 73%
- 65%
- 45%
- 43%
- 42%
- 34%

Democrats
- 73%
- 69%
- 53%
- 62%
- 51%
- 49%

Independents
- 68%
- 60%
- 41%
- 38%
- 38%
- 29%

Republicans
- 77%
- 68%
- 41%
- 28%
- 37%
- 25%

M MORNING CONSULT

Poll conducted March 17-20, 2020, among 2,006
U.S. adults with a margin of error of +/-2%.

2）有更多的民主黨選民認為 CDC（國家疾控中心）及州／地方政府對疫情爆發負有責任，而共和黨只有少數人持這種看法。這個區別在於民主黨更希冀「大政府」，認為政府要承擔更大的公共責任；共和黨傳統上則追求小政府，所以遇到問題，民主黨更容易抱怨政府做得少。

不同政黨選民的相似之處：

1）有七成美國人認為中國對美國疫情爆發負有很大責任，這個我們在本篇文末再討論。

2）有六到七成的美國人認為責任在不好好待家裏還到處亂逛的人。這一條非常有意思，充分反映美國人的文化內核：疫情期間不好好待在家裏到處亂逛的人，既有可能被傳染，也可能進一步傳染他人。崇尚小政府的美國人認為，每個個體都應當承擔更多的責任，只要大家都把自己的事情處理好，社會就會太平。這種把社會正常運轉的終極責任放在個體的觀念是美國核心的價值觀。

在進一步引申到中美比較之前，我們先看美國人對 Trump 處理 COVID-19 的滿意度及其對 2020 年美國大選的意義。

2. 對 Trump 的滿意度

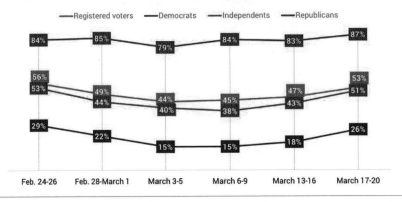

Tracking Voter Approval of Trump's Handling of Coronavirus Response

Share of voters who approve

—Registered voters —Democrats —Independents —Republicans

Feb. 24-26　Feb. 28-March 1　March 3-5　March 6-9　March 13-16　March 17-20

MORNING CONSULT

Polls conducted in 2020, among roughly 2,000 registered voters, each with margins of error of +/-2%.

首先看 morning consult 的民意調查。全美註冊選民中，有 53% 的人覺得 Trump 處理得還行，而且這個比例在過去兩週中是上升的。

如前所述，在絕大多數議題裏，80%~90% 的民主黨人批判 Trump 是很正常的。而針對 COVID-19，只有 62% 的人認為 Trump 對 COVID-19 的疫情爆發負有很大責任。

為了做進一步的印證，我們再看看 RCP 針對 Trump 工作滿意度的綜合民調：

Polls

President Trump Job Approval

Job Approval on Coronavirus | Job Approval on Economy | Job Approval on Foreign Policy | Direction of the Country

Poll	Date	Sample	Approve	Disapprove	Spread
Polling Data					
RCP Average	3/2 - 3/19	--	44.3	52.0	-7.7
Emerson	3/18 - 3/19	1100 RV	46	45	+1
Rasmussen Reports	3/17 - 3/19	1500 LV	46	52	-6
Reuters/Ipsos	3/16 - 3/17	978 RV	43	54	-11
Economist/YouGov	3/15 - 3/17	1129 RV	44	54	-10
Politico/Morning Consult	3/13 - 3/16	1986 RV	43	54	-11
NPR/PBS/Marist	3/13 - 3/14	784 RV	43	50	-7
NBC News/Wall St. Jrnl	3/11 - 3/13	900 RV	46	51	-5
The Hill/HarrisX	3/8 - 3/9	1001 RV	46	54	-8
Gallup	3/2 - 3/13	1019 A	44	52	-8
Quinnipiac	3/5 - 3/8	1261 RV	41	54	-13
CNN	3/4 - 3/7	1084 RV	45	52	-7

All President Trump Job Approval Polling Data

Public Approval of President Trump's Handling of the Coronavirus

Poll	Date	Sample	Approve	Disapprove	Spread
Polling Data					
RCP Average	3/4 - 3/19	--	47.6	46.6	+1.0
Emerson	3/18 - 3/19	1100 RV	49	41	+8
ABC News/Ipsos	3/18 - 3/19	512 A	55	43	+12
Axios-Harris	3/17 - 3/18	2019 A	56	44	+12
Economist/YouGov	3/15 - 3/17	1129 RV	46	48	-2
NPR/PBS/Marist	3/13 - 3/14	784 RV	45	49	-4
NBC News/Wall St. Jrnl	3/11 - 3/13	900 RV	45	51	-6
Quinnipiac	3/5 - 3/8	1261 RV	43	49	-6
CNN	3/4 - 3/7	1084 RV	42	48	-6

All Public Approval of President Trump's Handling of the Coronavirus Polling Data

上面第一張圖是對 Trump 的工作滿意度。RCP 平均值 44.3。這類投票的選擇都是非常黨派化的，大部份民主黨都會選對 Trump 不滿意，而大部份共和黨會選滿意。第二張圖是對 Trump 處理 COVID-19 的滿意度。大概可以看出來，人們對 Trump 處理 COVID-19 的滿意度是略高於對他總體工作的評價的（相差數個百分點）。因此，至少目前看來，如果把政治化因素都排除掉，美國老百姓對 Trump 的 COVID-19 應對算是相對滿意的。

而美國的政治體制是分權，老百姓會把不滿分散到各級政府（都是民選的），而州 / 地方政府又是應對疫情的一線。所以至少在當下這個時點，筆者並不認為 COVID-19 會使 Trump 在大選中被動，甚至相反，他可以借 COVID-19 的問題更進一步。

二、如果問中國民眾「誰對中國疫情爆發負有最大責任」，會有什麼結果

民調的結果一定符合國民價值觀與性格。可以試分析如下：

1. 把病毒帶來的人的責任

1）抱怨食用和處理野生動物的人。在疫情初期，人們對湖北地方吃各種奇怪野味（包括蝙蝠）的人非常憤怒，認為是這種陋習導致病毒傳播到人類身上。

2）在疫情發展中段，有更多奇怪的本地起源陰謀論，包括武漢病毒研究所研究病毒時不慎洩露等說法，一度非常有市場。

3）2 月末、3 月以來，輿論開始轉至「美國起源論」。這種說法背後並非理性與邏輯，而主要是反美情緒（和美國人將問題推到中國身上一樣），可以理解為一種中國人對美國的情緒反抗。但這種情緒反抗能進入理性範疇嗎？大多數普通中國人真的會把 COVID-19 疫情爆發都推到美國身上？筆者認為這是不可能的（恐怕也是不重要的）。到今天，大部份人也會支持藉此事件對野味市場進行強力監管，永久性地防止因為野味市場引發任何疫情。

2. 不遵守紀律與規則的個體

中國人很不喜歡不遵守紀律與規則的個體。但這種情形在國內比較少見，因為在我們的體制裏，人們整齊劃一行動，都比較守規矩。自 1 月下旬大規模管控開始後，除了極個別人，大多數人都很服從紀律。「不聽話」的人也就是在最近集中體現在各種歸國同胞身上。但這個時候，國內疫情已經完全被控制，民眾不會也沒有理由把最初的疫情爆發怪罪到被認為是受害者的普通人身上。

3. 政府 / 公權力

這是中國人抱怨的核心。民眾認為，疫情爆發本質還是政府的責任 —— 包括湖北 / 武漢衛健委、武漢當地公安（約談吹哨人的人）、湖北 / 武漢政府領導及相關部門負責人、國家疾控中心…… 能想到的公權力主體都是責任人。儘管反感野味市場，也帶著情緒反美國，但中國民眾會把絕大部份真正的責任推到中國政府身上。在中國源遠流長的體制文化裏，政府是擁有巨大權力，需要承擔一切終極責任的終極主體。

因此可以預見，如果在中國做民調，可能有八到九成的人會把大部份責任推給各級政府及職能部門。

以上也可以看出中國和美國的區別。

（本篇未完）

14 中美政治文化差異（二）： 中國和美國版本的抗疫故事

2020/03/22

三、COVID-19 疫情防控：從中國到世界的實際情況

1. 中國的抗疫故事

以下是筆者的觀點，這個觀點從 1 月下旬到現在沒有變化過。

1）中國經歷過 SARS，因為最初的遲報、瞞報付出了巨大代價。從上到下，從政府到社會，從領導到普通公民，人人都不希望 SARS 重演。

2）SARS 是一個病死率達 9.6% 的嚴重呼吸道傳染病。由於對流感缺乏認識，SARS 是中國民眾理解呼吸道傳染病的主要參照物。

3）由於病死率高達 9.6%，政府對 SARS 需要採取最高級別的、「零容忍」的防控政策（「航空安全」級別）。

4）由於對 SARS 的巨大恐懼，官方在 12 月時對突發未知病毒是否應當被理解為 SARS 十分警惕：如果真的是類 SARS 病毒，則可以避免災難；但如果不是類 SARS 病毒，那就會被誇大，並造成不必要的社會恐慌及其他代價。這是面對突發未知病毒時的艱難選擇。

5）中國在 1 月上中旬糾結了一段時間，但由於 SARS 的特殊經歷，最終選擇了最保守的路徑，做最壞打算。假設其嚴重性可比 SARS，在對病毒的流行病學特徵尚不充分了解的情況下，在疫情爆發尚較早，僅僅出現個別異地案例時（1 月 20 — 22 日）就採取了一系列強力行動，包括最高領導人的強力指示，啟動公共衛生事件一級響應，武漢／湖北封城封省，推行人類歷史上最大規模、最嚴格的非醫療干預（NPI）手段等。一切都以舉國體制及各種新技術手段為輔助。

6）在這之後，中國才逐步建立了對 COVID-19 的認識，包括無症狀傳播的能力、傳播途徑、長潛伏期、針對不同人群的影響及病死率等。

7）通過全面防疫管控，中國用了一個多月時間（從 1 月中下旬到 2 月末）就基本管控住 COVID-19，儘管也付出了相當的社會經濟代價。但在政府看來，這一切都是必要的。

8）整個戰疫過程中，政府以最大誠意保障了輿論信息的最大程度公開，因此媒體能夠充分報導。防疫中出現的事件，凡是引發輿情爭議的，都有快速回應，且對有責任的政府人員進行處理，緩解民情不滿。筆者以為這在歷史上恐怕是絕無僅有的。

9）歷時兩個月左右的防疫，是對中國政府、社會、人民的大考。眾志成城，齊心抗疫，這場戰鬥打得艱難，贏得漂亮。按 10 分制的話，筆者給中國政府打 9~9.5 分。這不是一個事後評估 —— 筆者 1 月下旬已經這麼認為，各國的應對只是印證了我當時的看法。

10）之後，從韓國開始，各個國家都紛紛按各自疫情程度和自身國情沿襲中國模式。中國模式複製得越深入、越系統、越持久，則效果越好。不參考中國模式的，則一定會遭遇疫情大爆發。

11）實際情況是，絕大多數國家完全浪費掉了中國通過強力防控換來的數週寶貴時間及中國流行病學研究和科技數據積累帶來的寶貴經驗。如此多的國家幾乎無一例外地一一陷入困境。

2. 美國人眼中的中國防疫故事

筆者這些天又看了一些美國媒體上關於防疫的敘事。美國人（主流是白人，不分政黨）心中的中國防疫故事是這樣的：

1）中國政府的「主要精力」都放在「信息管制和社會控制」上，公共治理及公共衛生十分落後，政府缺乏對老百姓的呼吸道傳染病公共衛生教育，對野味市場則完全缺乏管理，導致病毒滋生，成為隨時可能爆發的定時炸彈。

2）在 12 月底至次年 1 月初，出現病毒的早期，中國政府存在系統性的瞞報、不報，對外界不披露。美國人認為中國掌握病毒的很多信息（而不是在面臨突發的、未知的、屬性及效果不明的新型病毒，並需要在極短時間內做出重大決

策），並且有意識地限制信息傳播，「打壓及迫害傳播信息的醫生」，包括動用警察力量去壓制對外傳播信息者。

3）因為中國政府體制的弊病，耽誤了非常關鍵的兩到三週時間，使得疫情失控。中國政府沒有檢測即從武漢放出了五百萬人，導致病毒在武漢及全球蔓延。武漢在疫情早期就進行了封城，以全社會感染率（每百萬人確診病例）口徑比較，德國、法國、意大利、荷蘭、比利時、瑞典、西班牙、丹麥等國在感染率超過武漢時均沒有採取任何封城行動。其實在正常社會裏，不封城才是正常的選擇，封城才是不正常的選擇。但在美國敘事中，咬死「武漢封城封晚了，導致五百萬人離開武漢傳播病毒」。

4）中國政府（美國敘事一般都會強調「共產黨」）採用各種集權體制，廣泛且強迫性的社會動員，利用剝奪個人隱私的高新技術手段、採用限制個人自由的社會控制手段，對疫情進行亡羊補牢式的控制。

5）認為中國政府不是為人民福祉著想的，只是被動地進行危機處理。過程中還會進一步減少個人權利（SARS 模式重演）。

6）畫風一轉，開始鼓吹民主體制的成功模式 —— 韓國、香港、臺灣、新加坡 —— 這些國家或地區都是「民主體制」，信息最大程度地公開透明，政府對人民負責，疫情得到有效控制。隻字不提或不能理解的是：a. 韓國其實是沿襲中國的大規模 NPI 模式；b. 香港和臺灣都是右翼政治主導，把防疫與反中結合，反中才是防疫的動能（與歐洲極右翼借助疫病抨擊歐洲一體化及全球化是一樣的）；c. 中國大陸防疫的成功不代表其他國家或地區防疫的成功，這幾天這些地方的疫情都在快速增長，遠遠超過中國大陸；d. 忽略了香港、新加坡這類擁有獨立邊境管理許可權的城邦的不可比性，他們根本就不是美國或歐盟這種超級政治體的參考對象；e. 這些東亞國家及地區的防疫都有西方沒有的東亞文化元素，例如公民服從、集體主義、對大政府的期待等（當然香港是個例外）。

7）總之，美國要維持的基本敘事是 —— 民主國家防疫能力強，集權國家製造疫病，即便能夠亡羊補牢地防疫，也要付出巨大政治經濟社會代價，並影響到其他國家。（由極端國家生產，然後在極端國家內用極端手段控制，最後「禍害」其他非極端國家。）

8）因此，所有其他「天真無邪美麗單純善良的」民主國家，都被中國政府

耽誤了，沒有能夠及時獲得信息，被打個措手不及，正在付出慘重代價。他們唯一能做的就是參考中國的東亞近鄰 —— 例如韓國 —— 學習成功的防疫經驗。

9）中國開始對其他國家（包括歐盟國家）積極援助，幫助他們防疫。這是中國希望借助疫情構建全球兩極化世界（中國 vs 美國）甚至實現全球政治霸主的野心表現 —— 將中國外援的動機完全政治化甚至妖魔化，閉口不提人道主義動機。

這是美國對中國防疫的基本敘事。這個故事能夠幫助證明美國防疫模式 OK、美國體制 OK、美國價值觀 OK、美國未來 OK。這是美國人最基本的三觀。

而這其中不會考慮的因素是：

1）不會考慮 WHO 和公共衛生及醫學領域專家的意見，所有表揚中國的說法都會被自動屏蔽。其一媒體不會報導；其二報導了也會被瞬間忘記；其三就算記住了也會認為 WHO 及專家三觀不正，有政治意圖。

2）不會考慮中國防疫模式及機制的好處、值得學習之處。就算要學習，燈塔國高傲的人民學習的也是韓國模式。

3）會選擇性忽略美國及其他國家相對中國有 4~6 週的緩衝時間、可以為疫病防控做充足的準備。美國人的故事是：「中國的瞞報使得美國無法及時應對 COVID-19」。總之，責任全在中國。美國政府即便有責任，也是小部份責任。

此外值得關注的是：

1）美國媒體避免或羞於正面報導中國採取的有力措施。

2）疫情期間，中國輿論生態圈有很大自由度，無論機構媒體還是自媒體。實際上，存在著大量批評政府的負面新聞及負面評論。美國媒體對中國的這種輿論多樣性一個字也不提，而是繼續刻畫中國全面信息管制的刻板印象。

3）凡是中國國內出現的負面報導，包括對大政府的苛刻要求，都會被美國媒體利用，拿到海外放大 100 倍，作為妖魔中國化的素材。從李文亮（劇情被西方媒體擴大無數倍）、到武漢放走五百萬人，到一切我們能想到的。國內輿論場上出現的好事外國是不會報的；國內輿論場上出現的負面事件則會被無限放大，成為反華輿論的組成部份。

4）美國媒體會回避 COVID-19 在多大程度上是「可防可控」的事實：西方憑藉其先進的制度及對民眾福祉的最大關注與保護，到底有沒有能力在早期就控

制 COVID-19 的輸入?美國人的取態是,這樣的疾病是一項「不可防不可控」的天災,由極端政府生產。

這個國際輿論生態恐怕是國人意識不到的。我們對政府嚴加要求,提出質疑和批評,這些批評都會被美國政客及媒體放大一百倍、一萬倍,作為攻擊中國、蠱惑全球反對中國的素材與工具。

四、通過矮化、醜化、妖魔化中國以維持美國的自信

3 月初,美國還是疫情的「旁觀者」,那時可能覺得此事與己無關,還會稍微客觀一點。現在美國疫情爆發,作為親歷者就不一樣了 —— 就不能客觀了。美國人很難承認中國政府比美國政府更加關注人民福祉,更能保護老百姓利益(儘管美國人相信萬事須靠自己)。

回到本篇一開始的民調。無論黨派,約七成的美國人認為中國應該對美國疫情爆發負責。

美國固然有民主黨和共和黨左右兩黨之爭。如果說兩黨政客有什麼大的共識,那就是打壓中國、遏制中國、妖魔化中國。這是今時今日在華盛頓能夠找到的為數不多的兩黨都能同意的政治正確。

放到美國人身上也是一樣的。(註:筆者在討論「美國人」時,使用的都不是廣義上持有美國護照的美國人,而是「狹義」的、傳統的、文化上的、共和黨心目中的「原型」美國人 —— 那些代表美國傳統價值的白人)美國人認為,相對於兩黨之爭、美國政府政治的種種不足而言,中國才是美國更大的威脅。妖魔化和貶低中國體制與政府是維護美國政治文化「三觀不倒」的根本。如果從中國進口了一個「問題」,同時美國政府不能通過公共治理手段很好地解決這個問題,那麼問題歸根結底就要抱怨中國。因此,美國白人吸毒(及致死)不是美國吸毒文化的問題、不是政府治理的問題,而是中國出口芬太尼的問題;美國製造業衰敗不是美國企業 / 勞資模式不夠與時俱進、適應全球化競爭的原因,而是因為來自中國的不公平競爭和異端企業文化(《美國製造》)。總之,所有問題都可以找到一個方便的出口 —— 抱怨中國。

「抱怨中國」是超越政黨及政治光譜的。它可以讓美國人更加團結,消化內

部的問題，共同對待外部問題。這種集體意識非常之強，好比灌輸到每個美國人的腦海裏，流淌在美國人的血管之中。這是美國人的制度自信、道路自信、文化自信，每個人都會出來捍衛，不容挑戰和抹殺。這是真正的滲透貫穿全社會的軟力量。正是這樣一種制度，即便被 COVID-19 征服，遭遇數萬人死亡，美國人仍然會感到自己的政府和制度是全人類最優秀的。

美國的強大不在於軍艦飛機火炮，不在於跨國企業，而在於其強大的、自信的價值觀。中國街頭隨處可見：「人民有信仰，民族有希望，國家有力量」，這是我們追求的社會理想狀態。但如果說地球上有哪個國家已經基本實現了這一狀態，那就是美國。筆者認為美國的 COVID-19 疫情將超過歐洲，成為全球第一。但這絲毫不會影響美國人對其體制的自信與熱愛。

21 世紀，中美大國博弈不可避免。而中國要成為美國這樣的強國，就必須構建最強大、最有向心力、最有吸引力的政治文明。「四個自信」不再是一個願景與追求，而是一個能夠深入人心、被每個人信仰及貫徹的文化內核。要實現這一點，還有許多工作要做。

15 美國能像中國一樣封城和全面貫徹社交隔離麼？ —— 美國例外論

2020/04/01

一、中國抗疫模式：政府主導、全社會參與的舉國體制下的社會隔離

中國 COVID-19 抗疫，從 1 月 20 日中央明確定調到 2 月末就基本控制住，用了短短一個多月時間。中國之所以能夠取得如此成績，在於全面、廣泛、系統、深入、持久、嚴格地進行非藥物干預暨「社交隔離」（social distancing）措施，最大程度減少面對面人際互動，防止病毒人傳人。

這些措施堪稱人類史上最嚴格。典型的社交隔離措施包括：

旅行限制：包括對熱點疫區進行封閉（封城／封省），對所有跨區域人口流動都進行嚴格管控、限制等。

隔離政策：根據疫區及非疫區、不同的人群採取不同程度、不同模式的隔離政策。

暫緩各種社會化活動：全社會大範圍停工、停學、停市，關閉公共經營活動場所，暫停一切人群聚集活動等。

中國體制、社會結構、技術基礎設施及文化確保了這些措施得以執行：

全國一盤棋：中央政府統一部署，各部委、職能部門及地方政府貫徹執行。全國一盤棋的核心是全國各省市統一步調統籌進行，作為一個抗疫整體，地區間的博弈和衝突最小化。

全社會參與：政府主導制定總體政策，將社會各部門（從企事業單位、學校，到街道／社區）變為網格化管理的抓手，滲透到社會每個毛細血孔，落實疫情跟蹤、人口流動管控、貫徹社交隔離措施等。全社會無盲點。

及時性及嚴苛性：1月22日武漢累積確診病例444宗，新增69宗，在這個疫情規模下，中央政府當晚決定對武漢封城。考慮到我們當時對COVID-19了解有限，因此封城決定之早，力度之大，放在今天的各國來看都是不可思議的。

深入持久性：這些措施在非疫區也能嚴格執行，在疫情得到初步控制後也能夠嚴格執行，截至目前許多地方仍然一定程度執行，甚至強度仍高於國外疫區。

廣泛利用新技術手段：一方面確保監控及隔離政策有效執行，典型的如通過手機獲得個人旅行史信息；一方面也能通過互聯網生活服務平臺保證市民生活。

硬軟手段結合實施執行：1）黨政體系管理體制內人士（政府、國企、事業單位及其他公共機構）；2）僱主單位監督管理員工；3）學校監管學生和家長；4）社區／居委會監督約束管理居民；5）執法及輔助機構（警察和民間保安）提供支持；6）新技術手段。一是個人無法再隱藏旅行史信息。二是通過線上生活服務平臺減少社交隔離的成本。

社會隔離措施是需要限制個體自由，需要個人和社會做出不小的犧牲。但事實證明，它們是防控COVID-19最有效的措施。

從控制傳染、減少生命死亡角度看，哪個國家能夠最大程度複製這種模式，哪個國家就能夠控制住COVID-19。現在，COVID-19疫情在全球廣泛傳播。我們發現，大多數國家是無法效仿中國模式的，只能結合本國國情，部份採用上述措施，並有效地執行。中國之所以能夠全面執行這些措施，與中國國情、制度、社會結構及文化是分不開的。但恐怕沒有哪個國家會像美國一樣，發現中國模式在美國是如此的水土不服。

二、美國的情況：從 Trump 要求隔離三個州的說法說起

和中國一樣，美國防疫抗疫政策措施也充分反映了自身政治體制與文化的特徵。

體制上，主要是聯邦主義（Federalism，聯邦政府與地方政府的分權）及權力分立（separation of powers，立法、行政、司法分離，相互制衡）。這種制度設計的目的在於限制政府權力，保護個人，遇到戰爭和自然災害還好，但遇到防疫這種公共衛生問題，這樣的制度就很難做出快速反應了。美國的體制極為

複雜，非但習慣大一統、中央集權的中國人搞不明白，連美國人自己大多也搞不明白。

文化上，美國人奉行簡單／樸素的個人主義（rugged individualism），崇尚小政府（libertarianism/minarchism），不希望國家／政府干預個人事務，把個人權利和自由放在第一位。

對個體美國人來說，當下的美國防疫政策只能用「混亂」來形容。聯邦、各州、各地方都在同時推出自己的政策，且不同地方從措辭、標準、具體措施到執行方式都很不一樣，彼此之間也缺乏統籌協調，一切都使人們非常困惑。總統 Trump 作為國家代表，本來應該統一全國思想，但伴隨疫情發展卻在不斷改變立場，提出前後矛盾的建議，更進一步增加人們的困惑。下面從一個案例看美國體制的特有「困境」。

3 月 29 日，Trump 發了一個推特：

「我在考慮隔離（quarantine）三個熱點疫區 —— 紐約、新澤西、康涅狄格。很快就會做出決定。在幾種方式中選出一個。」

他對記者說：「我們在考慮一些做法。有的人希望將紐約隔離，因為這是熱點疫區。我們不一定這麼做，但今天晚些時候我們有可能宣佈一個短期的隔離政策，針對紐約，很可能還有新澤西，以及康涅狄格的一些地方。」英文「quarantine」這個詞，狹義指將可能感染、疑似或確診的傳染病感染群體與其他人口強行區隔開來，是最基本的傳染病防控手段。這次疫情裏，也普遍使用廣義含義，即對人群進行大規模的社交隔離。封城（lockdown）、居家隔離（shelter-at-home、stay-at-home）都屬於 quarantine。

這三個州位置相連，以紐約州為首，是美國本次疫情的重災區。Trump 看來希望效仿中國及其他國家的經驗，對三個州進行旅行限制及社交隔離，藉此減緩 COVID-19 的傳播速度。這是來自衛生專家及一些地方政客的建議。例如佛羅里達州州長 DeSantis，他非常希望能夠阻止人們從疫區州流入。

Trump 的這番言論引發了紐約州州長 Cuomo 的巨大不滿。他在 CNN 上怒氣沖沖地指責 Trump。以下為採訪節選：

主持人：有許多州的人都擔心從紐約來的人。據說羅德島州州長要求所有紐約車牌的車在進入州界時都被截停。

Cuomo：我認為這是一個應激措施。我也不希望別的州的人帶著傳染病來到紐約，但我認為這是不合法的。羅德島州，如果他們不停止這個政策，我就會起訴他們，因為他們的做法顯然是違憲的（unconstitutional）。我理解他們想要達到的目標，我也可以在紐約設立邊境，要求所有來的人都要做檢測，證明了沒有病毒才能進來。但我認為到了一定的程度這樣的做法就是荒誕的。羅德島州的做法就是荒誕的，而且這甚至不合法。我認為一切都需要平衡，我理解人們這時都非常驚慌失措，但我們必須專注，我們必須確保政策是積極的，而不是應激的，情緒化的。

主持人：如果你認為是不合法的，你會這麼做？你會起訴羅德島州？起訴聯邦政府？

Cuomo：我過去幾年多次起訴過聯邦政府……我和總統談過了，（隔離）相當於聯邦政府對州開戰（federal declaration of war on states）。不僅僅是紐約、新澤西、康涅狄格，下週就是路易士安納、新奧爾良，再下週就是底特律和密歇根。我不相信總統希望現在和各州開戰。

……

Cuomo：Lockdown（封城），那是武漢的做法、中國的做法。我們不在中國，不在武漢。我不認為這是合法的，我認為這是不合法的。跟人說，你不能離開紐約，不能離開新澤西。如果你開始這麼做，那麼就可以對全國都這麼做。今天是紐約、新澤西、康涅狄格，明天是新奧爾良、底特律、德州、佛羅里達、加利福尼亞。這個時候我們還說什麼恢復經濟。我不記得歷史上什麼時候有過這樣的事情。州和州之間的邊境限制需要追溯到美國內戰時期！這會癱瘓經濟，癱瘓市場。我們從來沒有見過這樣的事。我是州長，必須保證卡車能夠開進來，食物和信件能夠送進來……我不能把我的人民的健康福祉置於危險境地。

這也不是 Trump 應該做的。他很努力地工作，和州長一道工作，和紐約州一道工作。我們有很好的合作關係。這個隔離的說法與他之前做的所有事都完全相反、完全矛盾。

主持人：（隔離）如何操作呢？難道 Trump 會派軍隊進來守住橋樑要道？進駐紐約？

Cuomo：這是你在電視上看到的中國武漢的情形。我根本無法想像，我根

本不知道在這裏怎麼可能做這樣的事情。

主持人：股市會怎麼反應？

Cuomo：股市會和自由落體一樣。股市不一定被關閉，但形同關閉。你說人們不能到紐約來，做生意的人不能離開紐約到芝加哥開會。這會帶來混亂（chaos）和恐慌（mayhem）。這會讓經濟崩潰幾個月，甚至更長時間。這和他之前宣傳的完全相反。我認為這是不合理的。我甚至不認為這是合法的。這會帶來徹底的恐慌。我找不到其他詞語來形容。

……

Cuomo：阻斷全國所有區域的流動是完全荒誕（totally bizarre），反作用的（counterproductive），反美的（anti-American），反社會的（anti-social）。

他把反美這樣的大帽子都給 Trump 戴上了。康涅狄格州州長 Ned Lamont 也對 Trump 進行了批評，認為 Trump 的言論「製造了一定的困惑」，「困惑可以造成恐慌」，「由於交通網線密集交錯，隔離根本無法執行」，希望白宮明確自己到底想幹什麼。

不久後 Trump 就「退讓」了：

3 月 29 日，Trump 的推特說：「在白宮冠狀病毒工作小組的建議下，同時參考了紐約、新澤西、康涅狄格州州長的建議，我請 CDC（美國國家疾控中心）發佈一條強烈的旅行建議，由州長具體負責，聯邦政府將提供顧問諮詢。隔離是不必要的。」

CDC 的建議是，「呼籲」三個州的居民在未來 14 天內避免進行非必要的旅行。但這個旅行建議沒有任何真正的執行力，它只能希望各州能出臺一

些政策，同時雙手合十，祈禱民眾遵從 CDC 的建議，自覺避免出行。

這就是美國的現狀。不要說大規模地禁止跨區域人口流動，就連對一個地方封區都非常難以執行。筆者大段引用 Cuomo 話，乃在於他的發言非常能夠代表美國的聯邦主義體制及文化。

最近美國有許許多多的做法，聯邦政府多次宣佈進入緊急狀態，國會出臺抗疫動議，聯邦政府出臺入境旅行限制措施，多州宣佈進入緊急狀態，並推出了不同程度的社會隔離政策（但即便在最嚴格的州，也沒有很好執行）。總統 Trump 則一會兒建議社交隔離，一會兒建議復工，一會兒談對三個州隔離，一會兒又談全國復工，不斷反覆，前後矛盾，不要說國外，連美國人也是一頭霧水，不知道到底該預期什麼。

這各種各樣政策背後是美國的聯邦主義和權力分立。以下先講講美國的聯邦主義。

三、聯邦主義（federalism）：聯邦政府與地方政府的分權

聯邦主義的核心是在州／地方政府與聯邦政府之間進行權力劃分。根據美國憲法精神，除了明確劃歸給聯邦政府的權力外，其他權力都落在州政府手中。基於此，美國公共衛生應對所涉及的公權力也非常分散。

COVID-19 抗疫之最核心的工具是隔離。「隔離」泛指一切需要限制人口流動及社會活動的隔離手段。隔離權就是指誰有權對個體採取隔離措施，限制其旅行自由。隔離勢必涉及限制人身自由與日常生活，在西方看來，人身自由不受干擾與限制是個體最根本的權力，是「天賦的」「不可分割的」、根本的「自然權利」，在權利序列裏處於極高地位（遠遠高於社會經濟教育文化等權利）。隔離權自然被看得非常之重，這個極重要的權利是在聯邦政府、州政府及數千個地方政府衛生部門之間劃分的。

1. 州政府／地方政府

根據美國的法律傳統，州才是掌握隔離權的最主要主體。隔離權的法理基礎是州的「治安權」（police power）。「治安權」又來自於英國普通法，在美國

殖民社會時即已牢牢確立。其根本原則是：社區可以為了保護公共利益限制個人權利。在各州採納美國憲法後，各州仍然保有這一根本權力，除非行使這權力時與憲法及其修正案發生抵觸。

迄今有半數以上的州將治安權作為保護公共健康安全的重要手段。州政府可以利用廣義的治安權在疫情期間對個人權利進行適當限制，以及徵用民間資產。我們看到美國各種停工、停學、停止聚會、關閉參觀、建議民眾居家隔離、要求從其他疫區州前來的人士強制隔離、徵用酒店及設施等一系列社交隔離措施都是州政府提出的。美國多年的法庭判例也一再將州確立為在本地施行隔離權的（唯一）公權力主體。州政府不僅僅是防疫抗疫的一線戰場，也是最主要的責任人。

實踐中，州政府和地方政府之間也存在一定的分權，例如在 27% 的州，隔離權完全掌握在州政府手中；18% 的州將部份權力下放給地方政府；有 55% 的州是在州與地方政府之間進行不同程度的權力共享。聯邦政府沒有在各州進行強制隔離的權力。聯邦政府可以鼓勵、建議州政府這麼做，但不能強迫。

2. 聯邦政府

1）聯邦政府在抗疫中的作用 —— 只擁有非常有限的隔離權

聯邦政府也有一定的隔離權。首先，針對公共衛生問題，美國憲法並沒有給予聯邦政府特別的權力及義務。如前所述，這些權力被默認保留在州內。

但聯邦政府有一個職能是管理美利堅合眾國的外交 / 國際事務，以及協調處理州與州之間的「商業關係」。基於這個邏輯，美國的《公共健康服務法》（*Public Health Service Act*）界定了聯邦政府在兩個領域針對相關人群的隔離權 —— 外來入境者，以及跨州旅行者。聯邦政府有權確定具體哪種疾病適用隔離權。

這就是美國衛生及公共服務部（HHS）及 CDC 進行旅行限制及隔離的主要法律依據。聯邦政府在進行邊境管理（例如美國 2 月 2 日對到訪中國的外國人限制入境，3 月 13 日限制到過申根區的外國人入境）時及隔離入境人士（例如隔離鑽石公主號上的歸國美國人）都屬於這一範疇。但在州際關係上，聯邦政府到底能有多少權力，能夠對什麼樣的跨州人群流動實施禁行及隔離，在法律上就不

清楚了，這屬於法學專家集體燒腦的未知領域。歷史上也沒有美國總統在疫情期間這麼操作過。

如果聯邦政府想使用行政命令（executive order）對一整個州的人口集體隔離（封城），問題就更複雜了，不但會被認定是聯邦政府越權，而且極大可能會被認定為武斷、缺乏足夠的科學及倫理理據甚至帶有歧視性的措施，基本上會被法庭駁回（這一點在後面權力分離方面再介紹）。

2）聯邦政府在抗疫中的作用 —— 真正的功能

美國抗疫一線在州與地方政府。除了進行跨境旅行管制外，聯邦政府（包含白宮、國會等）在抗疫中的真實功能是統籌協調，提供資源支持（特別是派錢）以及提供符號性的引領作用。

a. 統籌全國醫療標準的建立

聯邦政府的職責主要是研究病原體、研發和審批檢測試劑、研究確立防疫及治療方法並建立全國指導標準，研發疫苗、審批藥物、收集全國性數據（讓各地都知道全國疫情發展情況）、開展國際合作等。這些都是典型的聯邦政府職責。聯邦政府只提供指導工作，並不干預地方事務。

在疫情發展初期（即 1 月中下旬 COVID-19 最初傳到美國的時候），聯邦政府的職能非常重要，其中主要聚焦在三個部門，HHS、FDA 及 CDC。這兩天《紐約時報》出了一篇深度報導文章 [1]，介紹三個部門負責人前期工作的失敗，CDC 沒能及時推出檢測試劑（並拒不採用 WHO 推廣的檢測試劑）、擴大檢測能力、制定過於嚴格的檢測門檻；FDA 極度官僚化，審批流程非常冗長，使得私營機構檢測方法在 3 月下旬才獲審批通過。HHS 在前期協調推進各部門工作不力。這三個聯邦政府部門使得美國錯失了防疫初期 1 個多月的時間。2 月下旬已經出現社區傳播，3 月中下旬疫情爆發已經不可收拾。

因此，白宮／聯邦政府一開始反應速度非常慢，在及時進行檢測問題上嚴重不力，使得美國錯過了防控的最佳窗口，現在只能進入第二階段 —— 通過大規模的社會隔離減緩 COVID-19 的傳播，嘗試減少損失。但由於隔離權在美國是高

1　參見 https://www.nytimes.com/2020/03/28/us/testing-coronavirus-pandemic.html

度分散的，極難在美國社會統籌執行，所以當 COVID-19 出現本地爆發之後，美國政府已經回天無力。

b. 提供資源，主要是派錢

白宮可以統籌各個聯邦政府部門，對各州提供醫療資源（例如呼吸機、床位、醫療設備、醫療船、國民衛隊等）。另外前兩天 Trump 動用了《國防生產法》，要求通用公司生產呼吸機。這個措施有多大執行力度尚不清楚。

但影響最大的還是派錢。國會、美聯儲都是推動機構。例如 3 月 6 日國會推出的 83 億美元抗疫預算。3 月 18 日國會推出的刺激方案，向美國老百姓派錢（每人 2,000 美元）。3 月 22 日開始，不斷加碼直至 2 萬億美元的刺激計劃。其他還有美聯儲降息至 0~0.25%、購買 1 萬億美元企業商業票據、提供無上限的量化寬鬆政策都屬於這類措施。

派錢等物質補償措施本身都不能夠減少傳染病帶來的健康傷害，只能幫助社會更好地應對傳染病帶來的經濟傷害。說得直白一點，失業的可以領錢渡過幾個月的難關，家裏死人的可以領錢買棺材，政府能做的僅限於此。在發錢力度上美國政府恐怕是全球第一，對應的是在其他問題上（例如推出社會隔離政策）的根本乏力。

c. 精神領袖及全國防疫抗疫的統籌協調推動者

美國總統畢竟是國家的代表，在美國是有很大影響力的。但這些影響力往往也是表面的，符號性的，沒有實際的約束力。譬如總統出來說說話，通報一下全國的情況，發表一下邱吉爾式的講話，提振一下老百姓的信心和士氣。然後呼籲全國人民萬眾團結抗疫，做好自己的工作，諸如此類。總統可以發表講話，動員社會民眾積極配合社交隔離政策。但美國總統能做的也就是說說而已，他講話不具備約束力。

由於美國涉及公共衛生的公權力極度分散，每個州都可以有自己的政策，這就需要總統四處遊說，說服所有地方顧全大局，盡可能採取一致的措施與政策。這對總統就提出了極高的要求，要有超強的領導力、口才、遊說能力、跨黨派協調能力、領導魅力，否則不可能讓全美國步調一致。Trump 是個製造分化的人，被至少一半的美國人無比憎恨，對 COVID-19 也不屑一顧。他不可能承擔這個角色。

d.「國家緊急狀態」—— 不會為聯邦政府提供隔離權,因此不會增加社交隔離

1月末到現在,聯邦政府也宣佈了許多國家「緊急狀態」。許多人認為一宣佈緊急狀態,聯邦政府就獲得了很大的權力,可以像中國政府一樣辦大事了。這個看法是完全錯誤的,是對美國分權制的不理解。所有「國家緊急狀態」都只能解決聯邦政府層級的問題,即解決白宮及聯邦政府行政部門與國會之間的關係。它們一不改變美國憲法授予個人的權利,二不改變聯邦政府與州/地方政府之間的關係。所以,個人自由權利仍然要被保護。隔離權也仍然在州政府。

白宮宣佈了三個緊急狀態。

1月31日,HHS宣佈國家進入公共衛生緊急狀態(基於《公共衛生服務法》)。這個法主要是關於檢測、疫苗研發、治療手段等醫療對策的。宣佈緊急狀態可以「改變」白宮與國會的關係,擴大白宮相當於國會的權力。例如總統可以在很多事務上直接指導HHS,不需要都經過國會批准。

3月13日,宣佈兩項國家緊急狀態,一項基於《國家緊急法(NEA)》。這個允許總統可以直接指揮一些機構採取非常規措施,例如財政部可以調整納稅期限。住房與城市發展部可以暫緩法院拍賣。這些措施在防疫抗疫中都屬於比較間接,很多可以歸為物質補償措施。

3月13日,聯邦政府還宣佈了一個基於《Stafford災難援助與緊急救助法案》的緊急狀態。這個法案一般用來應對自然災害、恐怖主義,偶爾也包括傳染病。其主要目的是加強聯邦應急管理局(FEMA)的能力與資源。法案的核心是確保聯邦政府能夠獲得足夠資源去協助州政府 —— 尤其是當州政府在災難中崩潰和癱瘓之時。紐約州向聯邦政府求助呼吸機等醫療設備及資源都可以屬於這個範疇,FEMA核心工作是協調州與州之間的工作,但只能配合防疫抗疫的牽頭部門HHS進行工作。

四、權力分立:對政府隔離權的限制與約束

前面提到了隔離權(quarantine power),這項權力主要落在州政府手裏。但無論聯邦政府還是州政府,權力都不是無限的。

美國嚴格奉行權力分立的制度。權力相互約束制衡是整個體制精神的內核。在隔離權問題上，一旦政府的隔離政策被認為損害了公民權利，相關人士就可以把政府告上法庭。政府如果不能在法律和倫理上自證行為合理，即有可能被法院裁決為不公、違憲。美國人的邏輯是，越是在防疫抗疫這種重大危機時刻，法律衛道士就越要站出來保護公民權利不受政府侵襲。防病毒重要，但防政府同等重要，甚至可能更重要。政府在推行隔離權時有可能會受到以下幾類質疑。

1. 隔離措施帶有歧視性

1900 年三藩市鬧鼠疫。最初，鼠疫在唐人街的中國苦力中爆發。當時的西方人有強烈的種族主義，對中國極盡歧視，並認為華人都是帶病者（實際上這個疫病是通過老鼠傳播的）。三藩市政府對唐人街地區進行了封閉隔離，在唐人街週邊搭上繩索和鐵絲網，禁止華人離開區域（但白人被允許離開），甚至不允許貨品（包括食物）進出唐人街。隔離困住了區域內兩至三萬華人，對他們的日常生活造成了巨大影響。區域內本來生活條件就比較差，現在更加物資短缺，價格飛漲。工作收入下降，商人生意受損。在外地工作的人被禁止出城。

這項隔離政策有明顯的歧視性，認為華人是不潔、骯髒的，構成對公共健康的威脅，因而阻止他們接觸白人，對他們進行事實上的種族隔離。之後，三藩

市官員還對華人進行強制接種一種有嚴重副作用的疫苗,被大部份華人拒絕。

最後,華人領袖聘請了一家律所,起訴了三藩市衛生局,認為隔離措施侵犯了華人自由旅行及法律面前受同等保護的憲法權利。法官最後裁決三藩市的隔離政策違憲,認為隔離限制不一定以種族為標準,應該適用於所有族群;三藩市衛生局沒有提出足夠的證據證明華人更有可能攜帶病毒。

1900年這個案子對美國往後大規模隔離政策有深遠的影響。隔離是嚴重限制人身自由,一旦隔離的人群界定有問題,不夠公允,被認定帶有歧視,就可能吃官司,被法庭推翻。

2.隔離措施武斷、不合理、缺乏程序正義

2014年伊波拉病毒爆發期,美國護士 Kaci Hickox 結束工作,從塞拉里昂疫區返回新澤西州。當時新澤西非常緊張,要求從疫區來的人接受強制隔離。Kaci Hickox 回來後被機場質問幾個小時,進行了檢測,當晚呈陰性,仍被帶到 Newark 大學醫院的一個帳篷裏要求強制隔離 21 天,不允許她見家人。

Kaci Hickox 最後將新澤西州告上聯邦法庭,稱新澤西州強制管制和限制人身自由的做法主觀武斷,不是基於合理的科學理據,剝奪了她的正當程序權利(due process right)。Kaci Hickox 和她的律師稱這個案子是在促進新的「人權法案」。

最後,新澤西州選擇與 Kaci Hickox 和解。這個案子又建立了一個規範,指導著新澤西等許多州往後的隔離政策:

> 被隔離者有權與律師溝通;
>
> 可以對隔離進行法律挑戰;
>
> 被隔離者有權利發送與接受通訊;
>
> 有權利接受訪客,只要滿足衛生條件;
>
> 有權參加法律聽證會 —— 雙方有提供證據、理據、詢問交叉證人的機會。可以採用電話或電子手段。

目前,大多數州都建立了類似的安排。如果一個地方政府想要因為公共衛

生理由隔離一個人，就需要做好準備上法庭，說明你提出的隔離政策是合理的（reasonable, measured），不是主觀武斷的（not arbitrary），有充分的科學依據（sound scientific base），給被隔離的人提供了充分的正當程序。你需要和醫生和疾病防控專家在法庭上據理力爭，說明對方有什麼樣的感染風險，你的隔離政策為什麼是合理的，為什麼符合公共利益。最後由法庭裁決。想想就知道這個程序有多麻煩。

可以想見，為了防控 COVID-19，如果聯邦政府或州政府對大量人群進行隔離，會吃無數的官司，被各種人狀告。政府將疲於奔命，在各種法庭上試圖證明自己的正確與清白。隔離政策中稍微有點欠考慮，稍微有點激進而不夠謹慎，打擊面稍微有點大，任何問題都可能使你敗訴，推翻隔離政策，搞不好分分鐘要賠償。所以現在州長和地方官員們表態時都非常小心，完全援引健康官員的說法。這樣的體系完全偏向於維護個體的權利，但極度不利於保護公共衛生安全。

中國在 1 月 22 日晚上就對武漢封城。此時對 COVID-19 的了解還很有限，是為了在春節前阻止大規模人口流動的重大決策。這個決策在控制這次疫情中扮演了極為重要的角色。

可以想見，這個決策在美國是不可能由任何一個政府主體做出的，在美國人眼中，這樣的舉措是違法的，甚至已經不是合法或違法的問題，已經無法用法律框架和法理常識去理解。而實際上，即便時間再往後推移，在任何一個時點，大規模的社交隔離在美國都是不可能的。在公共衛生／社區福祉與個人自由之間，美國的體制會選擇個人自由。

五、美國體制不具備貫徹執行社交隔離的能力

美國很多地方都出臺了一些所謂的社交隔離政策。但這些隔離政策即便提出，也很難獲得執行。本文最初介紹中國案例時，提到了中國有許多確保執行的因素。另外，中國社會的集體特性使得單位、社區、家庭都會對個體施加巨大的壓力，使得人人都會遵守社交隔離的規則，否則將遭到白眼。

這在美國都是不存在的。美國的各級政府只能勸導和呼籲。名義上不服從隔離政策可能違法，但很難有效去實施。美國警察雖然很猛，但也會不樂意參與

隔離的執法，因為這不符合美國文化。美國的社交隔離只能依靠個人的自主執行（voluntary compliance）。自主執行的動力是社區責任感，但更多的是恐懼。

美國人缺乏尊老意識和集體價值觀，不會覺得需要特別保護老人。成年人大多不和老人居住，就更不會顧及老人，同時也更有可能為了追求自我、自私，為了自己的自由和生計，打破社交隔離規則。由於年輕人感染 COVID-19 後患重症的風險非常低，這就造成了巨大的「道德風險」和「外部性」—— 年輕人不怕傳染，因此不守規則，幫助傳播 COVID-19，最後倒霉的是社區中的老人。

美國人信奉的是 rugged individualism（簡單的個人主義），更在意的是政府不要干預自己的生活，對於政府強行實施大範圍的社交隔離會十分反感。

在最開始的幾週，哪怕政策嚴一點，激進一點，大部份美國人出於恐懼，也就忍了。這個時候法庭也更有可能同情推行隔離政策的政府及公共衛生專家們。但假以時日，只要疫情稍加控制，就會有越來越多的美國人無法再接受隔離管制。他們對此感到厭倦，希望盡快結束這樣的生活，希望重新出來工作和娛樂。他們認為政府過度緊張，在不當地限制自己的自由。

在中國，疫情被控制住後的相當一段時間裏，全國各地還在執行嚴格的防疫政策。到目前為止，北京還在按照最高標準來防疫。這在美國是不可想像的。一旦疫情有緩和的苗頭，美國人就會傾巢而出。社交隔離政策即便還在，人們的自主執行也不可能繼續維持。這是美國文化的必然結果。

而假設疫情得到初步控制後，美國地方政府為了保存戰果，還希望推行大規模的隔離政策，並想辦法強制執行，真的限制到了人們的人身自由，那他們就會開始吃官司。總會有人認為政府在誇大疫情，醫生和衛生官員在撒謊，政府在干預個人生活，損害個人利益。隔離的標準、範圍、程度、力度都有問題，企業生產經營受到影響，個人的生計受到影響。這時，他們就會把政府告上法庭。

越是在這種時候，法律衛道士們就越要介入，保護個人權利、公民權利、政治權利。越是在這種危機面前，越要保證人們的「憲法權利不會被剝奪」，「人的尊嚴不會被損害」，要對政府和政客問責。要保護個體，保護核心價值觀。法院絕對不會屈服於政府。

美國的制度就是這麼設計的，文化就是如此，所以，由政府推行的大規模且帶有強制性的隔離措施根本不會發生。所以，政府走上法庭的場景根本不會

出現。

以上對州政府隔離權的限制，也同樣適用於聯邦政府。稍微有不慎，Trump 就會被一干人告上法庭。

六、結論

美國的傳染病防控體系也是美國文化的一部份，它只能用來應對標準化的、已知的傳染病，但不能用來防範新型、未知的疾病（尤其像 COVID-19 這種隱蔽性極強的傳染病）。

在聯邦政府（白宮、HSS、FDA、CDC）1 月下旬至 2 月中旬期間錯失了一個月最寶貴的防疫窗口後，美國其實就已經沒有機會抑制疫情了，只能任由傳染病在美國境內肆虐。

美國整個分權的體制、注重個人權利的意識形態都使得它不可能像中國一樣推行大規模的、全國統籌的、各地標準一致的社交隔離措施。而即便依靠政客和專家呼籲，推出了社交隔離措施，也只能在短時間內依靠個人主動執行。只要疫情稍微被控制住，美國人就會鬆綁，嘗試恢復正常生活。這時疫情又會循環出現第二波、第三波、第四波……

社交隔離措施的根本在於全面、系統、廣泛、深入、嚴格、持久地執行。美國體制與文化決定了這幾項要素沒有一項能夠被滿足。

美國人是不是真的就是「戰鬥的民族」，都不怕死呢？我認為不是的。

美國人是不是真的都把自由放在第一位，而不在乎公共衛生健康？我認為也不是的。他們只是自私、自我而已。

美國人會因此批評自己的體制麼？（不是批評個別政客，而是批評美國體制。）我認為不會的，美國人太自信，他們根本就意識不到存在這個問題。但我相信英國人、歐洲人是可以看到美國體制的問題的。美國體制帶來的公共衛生短板，以及美國人堅不可摧的自信，都是美國獨一無二的特性（American exceptionalism）。

最後我想說的是，如果你是一個老人（或者一個尊敬老人的年輕人），那麼在 COVID-19 疫情威脅之下，你應當慶倖自己生活在中國。

16 美國版的「中國防疫故事」及「三位一體」的中國威脅論

2020/04/04

前些天我介紹了美國人是怎麼看待中國防疫的 —— 即「美國版本」的「中國防疫故事」。今天根據最新情況再做一些補充。

一、西方版本的「中國防疫故事」的主線與基本邏輯 —— 不遺餘力地抹黑與妖魔化

特別說明一下，這是「西方版本」的「中國防疫故事」，不是實際情況，讀者不要誤解。

1. 認為中國公共治理及衛生水平落後，政府對野味市場缺乏管理，中國人衛生習慣不好，這次終於又再爆發疫情。

西方一直認為中國是全球公共衛生的重大隱患。從歐洲的黑死病，1900-1904 年加州鼠疫、1914 年西班牙流感（有一些人認為病毒來自中國），到 1956 年亞洲流感、1969 年香港流感、2003 年 SARS 等都被追溯到中國。許多流行病題材的虛構作品都把傳染病起源設定在中國。中國被認為是病毒傳播的定時炸彈。

2. 認為 2019 年 12 月中下旬，中國因主觀或客觀原因未能及時做出響應，同時也有可能掌握了更多信息，但對外不報，導致病毒開始向外傳播。甚至這個病毒可能在 12 月中下旬就已經傳播到意大利等國並出現小範圍爆發。我們看到西方媒體和輿論場上但凡出現關於西方（如意大利）在去年就出現不明肺炎死亡病例的猜測或說法，都會被自動認為是中國瞞報不報的原因 —— 疫病在更早的

時候就傳播到西方。對此，筆者歸納分析如下三點：

1）西方輿論對 COVID-19 中國起源論無爭議。

2）西方輿論認為 COVID-19 病毒在西方出現得越早，越說明中國瞞報，說明中國的責任越大（即便 COVID-19 在去年 10 月就出現了，西方輿論也會認為它是中國起源，而且中國責任更嚴重，除非出現科學實錘，否則中國起源這個假設／或立論是不會被推翻的）。這和國內民眾的看法不同（2 月下旬以來的國內輿情認為，COVID-19 在西方出現得越早，越有可能說明 COVID-19 是異地起源）。

3）如果 12 月中下旬西方就出現了 COVID-19 病例，甚至有小範圍爆發，而這些病例仍然只算「不明肺炎」，那請問西方的醫院和傳染病防控體系是幹什麼的？難道全球都沒有能力，必須等待中國來發現和確定 COVID-19 麼？有意思的是，西方輿論似乎不認為西方無法甄別 COVID-19 有什麼問題，而認定這還是中國的責任。

3. 認為 2019 年末到 1 月初，中國已經掌握了大量信息，存在系統性瞞報，並將注意力都放在信息管制而不是防疫上。這裏面西方主要引用的素材和「證據」有：

1）動用警力禁言「李文亮」，這是西方認為中國系統性瞞報的最主要證據。

這次事件裏，中文世界非常不嚴謹地使用了 whistleblower 這個詞，把李文亮定義為所謂的「吹哨人」。西方的「吹哨人」指的是擁有特殊身份地位，能夠獲得特殊非公開信息，為了公共利益與福祉，有意識地違反保密義務、程序、規則，將信息向全社會公佈，希望人們獲得這種信息並採取行動。2019-2020 年抗疫是可以有吹哨人的，這個人應當是 CDC 及專家組、國家／地方衛健委及衛生部門官員、其他相關政府官員、醫療機構的主管／經辦人員等真正掌握非公開信息、負有保密義務的內幕知情人，明知道違反紀律但為了公共利益向公眾散佈保密信息。李文亮並不符合「吹哨人」的定義，他只是在小範圍內跟朋友分享自己拿到但未經確診的小道消息而已，且他明確囑咐不要外傳。「李文亮」和「吹哨」沒有任何關係。

另外對於西方來說，有兩個細節特別重要。第一是李文亮被警察約談。這完全符合西方對中國「警察國家」、威權主義的構想。第二是李文亮最後的不幸

病故。從敘事角度來說，他們「需要」李文亮的死，需要一個「不畏強權」並最後付出終極代價的「烈士」、「殉道者」、「衛道士」、「犧牲者」。有這麼一個人物，他們「中國防疫故事」的邏輯鏈條就完整了。在更激進的版本裏，李文亮的作用不但被無限放大，甚至乾脆說成是被體制／政府「謀殺的」。

另外請注意，西方這種敘事和港臺反中反華敘事完全是一樣的。

2)「銷毀病毒樣本」，認為中國政府在系統性銷毀病毒的證據。這是除李文亮之外經常被提及的一個說法。這個說法可以追溯至財新網2月下旬的一篇報導：《新冠病毒基因測序溯源：警報是何時拉響的》。[1] 以下引述這篇報導的部份內容：

一位基因測序公司人士透露，2020年1月1日，他接到湖北省衛健委一位官員電話，通知他武漢如有新冠肺炎的病例樣本送檢，不能再檢；已有的病例樣本必須銷毀，不能對外透露樣本信息，不能對外發佈相關論文和相關數據，「如果你們在日後檢測到了，一定要向我們報告」。

1月3日，國家衛健委辦公廳發佈了一份名為《關於在重大突發傳染病防控工作中加強生物樣本資源及相關科研活動管理工作的通知》（國衛辦科教函【2020】3號文）。

近期新冠肺炎病例樣本，……目前暫按照高致病性病原微生物（第二類）進行管理，相關樣本的運輸應當按照原衛生部《可感染人類的高致病性病原微生物菌（毒）種或樣本運輸管理規定》要求進行；病原相關實驗活動應當在具備相應防護級別的生物安全實驗室開展。

3號文進一步規定，各相關機構應按省級以上衛生健康行政部門的要求，向指定病原檢測機構提供生物樣本開展病原學檢測並做好交接手續；未經批准，不得擅自向其他機構和個人提供生物樣本及其相關信息；已從有關醫療衛生機構取得相關病例生物樣本的機構和個人，應立即將樣本就地銷

---

1 《新冠病毒基因測序溯源：警報是何時拉響的》，原載財新網，2020年2月26日，以下鏈接為轉載的節選版：https://user.guancha.cn/main/content?id=250814

毀或送交國家指定的保藏機構保管，並妥善保存有關實驗活動紀錄及實驗結果信息。

……有病毒學家透露，甚至中科院武漢病毒所都一度被要求停止病原檢測，銷毀已有樣本，「因為按現行《傳染病防治法》，開展傳染病實驗室檢測、診斷、病原學鑒定是各級疾病預防控制機構的法定職責，僅有國家和省級的疾控系統機構才有權進行傳染病病原學鑒定，中科院武漢病毒所顯然不在此列，更何況那些未經授權的商業科研機構」。

從財新報導上下文可以看得很清楚，這個銷毀病毒樣本是發生在對病毒樣本進行基因檢測環節的。有現成的法律法規可以遵循，涉及到的都是誰有資格檢測，檢測完了如何處理病毒樣本的具體技術問題。對這樣高傳染性、危害性的病毒，任何一個國家都會制定這樣的指導（guidance）和程序（protocol）。美國 CDC 連檢測試劑都是嚴格控制在自己手裏的，FDA 嚴格限制民間開發檢測試劑。但在西方的「中國防疫敘事」裏，這些又不重要了，按照管理程序銷毀病毒樣本被視為政府在有意識、系統性地毀屍滅跡，目的是掩蓋病毒。

3）其他一切去年 12 月下旬至今年 1 月中旬中國在早期應對未知疾病時出現的不準確判斷、不力決策都被認為不僅僅是技術差錯，還屬於系統性的掩蓋。

從過去幾週全球疫情爆發，可以證明筆者自 1 月份以來的一個基本觀點，就是所有國家和政府在防控傳染病時都會面臨許多重大不確定性，都會犯錯誤。美國、英國政府都犯了大量錯誤。

而經歷過 1 月下旬及往後數週中國輿情的人們應該記得，當時有無數對政府治理的批評。全民每天在找茬批判政府，從國家衛健委、武漢衛健委、武漢市、湖北省、CDC、武漢病毒所到慈善機構，所有公權力都遭到批評。今天看來，這些批評反映的是民眾對政府能力和責任的期望，很多實際上屬於苛評，但中國政府及公共輿論平臺容忍了這些批評。

而自 3 月下旬以來，所有這些國內報導與批評都被海外引用、歪曲，成為抹黑、妖魔化中國的素材和工具。而他們不會用隻言片語指出這些其實都是來自中國的公開信息，他們希望盡一切力量回避中國在 COVID-19 上的輿論公開。

4. 認為由於中國政府的不作為及掩蓋，1 月上中旬兩到三週的寶貴時間被耽

誤，疫情失控，並向全球傳播。

要維持西方版本的「中國防疫故事」，有兩點很重要。

一是西方也希望能在西方世界找到更早的 COVID-19 案例，以此證明中國政府責任巨大，這個前面已經說過。

二是希望淡化、回避中國政府在國際溝通和合作上做出的努力。除了和世衛組織密切合作外，與美國也密切溝通，譬如中國 CDC 高福主任在元旦前後就和美國 CDC 主任通報疫情情況（其間聲淚俱下）；中國政府自 1 月 3 日開始就和美國積極、不間斷地溝通疫情。1 月 17 日 CDC 有一個關於 COVID-19 的信息量很大的媒體通氣會。1 月 25 日，Trump 在推特上讚賞並感謝中國的努力和透明度；同日，美國開始撤回武漢領事館人員；2 月 2 日，美國對中國實行旅行禁令。

實際上，筆者還曾在 1 月 20 日撰文表揚了美國 CDC 的網頁。如果沒有中國的信息披露，美國 CDC 怎麼可能提供這些信息？

回顧歷史可以看出，在 COVID-19 沒有傳到美國，還只是一個中國本地事件時，美國的態度還相對正常，稍微能夠客觀一點，待傳播到美國，爆發了，不可收拾了，造成人命代價、公共衛生危機了，美國就開始翻臉不認人了，想一筆抹消，把所有髒水往中國身上倒。

5. 認為中國政府封城政策不當，且提出了自相矛盾的批評。主要觀點包括：

1）認為武漢封城晚了，稱中國政府未經檢測就從武漢放出了五百萬人，導致病毒在武漢及全球蔓延。

事實上，武漢封城時累積確診病例才 400 多例，當日新增幾十例，中國在非常早的時候就採取了非常激進的措施，而美國、英國、德國、法國、意大利、荷蘭、比利時、瑞典、西班牙、丹麥等國在感染率超過武漢時都沒有採取任何封城行動。實際上美國疫情已經爆發如此嚴重，仍然沒有這樣的旅行限制，怎麼不說美國從紐約向全球傳播病毒呢？其實對絕大多數國家來說，封城都是無法執行的。對於美國來說，則可以被認為是不合規的。

2）認為武漢封城嚴重影響居民的自由。

筆者在此前的文章中曾寫到美國政客諷刺批評中國封城的做法，認為這是威權主義的、限制公民自由權利的做法，「我們在美國，不是在中國，不是在武漢」。所以，一方面認為中國封城封晚了；一方面又認為封城這種措施反人權、

反美國。美國政客不能道破的是深深的種族主義 —— 其潛臺詞是，你們這些中國人，在這樣的政府裏，就應該得到這樣的待遇。就該把你們早點關起來，省得你們跑出來禍害全世界。所以，中國政府無論採取任何政策都會被西方批評。

6. 認為中國政府只是為了信息管制和控制，不是為人民福祉著想的，一切都是被動式的、亡羊補牢的危機處理。

美國政客可以在鏡頭前算經濟賬，說不能讓經濟停擺，甚至說老年人願意犧牲自己的生命來保證經濟轉動，毫不掩飾地把人命代價和經濟賬放在一個天平上比較。因為這個比較確實吃相難看，所以政客也要顧及選民情緒「往回找」。包括極力維護經濟的紐約州州長 Cuomo 也不得不承認，在美國，沒有人真的敢說能夠不顧人命去維持經濟。

7. 認為中國政府為了亡羊補牢，利用集權體制下的國家機器，進行廣泛的、強迫的社會動員及管制，全面利用各種高新手段對個人進行監控和管制，一切都建立在限制個人自由、剝奪個人隱私的基礎上。先是防疫不當，這是第一宗罪；然後動用集權手段損害個人自由，這是第二宗罪。

西方政客一方面要將疫病防控的責任全部推給中國，不遺餘力地抹黑和妖魔化中國防疫事業，轉移本國民眾注意力，極力淡化自己的職責和過失。另一方面還會強調中國特色抗疫模式對西方制度的威脅。這一點在後面會進一步分析。

8. 不願意承認中國有成功模式，至少沒有西方國家可以借鑒的模式。成功模式一定得來自民主國家／地區／體制 —— 韓國、香港、臺灣、新加坡 —— 他們認為，在這裏，信息才是最大程度的公開透明，政府才是真正對人民負責的，疫情才得到了有效的控制。這裏（而不是中國）才有值得西方借鑒的成功模式。

1）西方不能接受中國在防疫抗疫、維護民眾健康福祉上比西方做得更好。認可中國就等於在政治上毀掉西方的「三觀」及削弱西方的政治體制立論基礎。這是絕對不能接受、不能承認的。所以，西方需要極力避免承認中國做得好，極力避免正面報導中國。

2）即便需要報導中國，也會把民眾和政府對立起來，把民眾說成是善良、努力、付出巨大犧牲的受害者，把政府說成是不作為者、加害者。

3）西方需要借鑒成功經驗，就只能在東亞「民主制度」裏尋找成功典範，他們鎖定的目標是韓國、香港、臺灣、新加坡等地。這些國家／地區防疫成功一

定要和民主體制掛鈎（例如公開、透明、民眾利益第一等），借此輔助論證西方體制的成功。

4）絕對不能說這些民主國家／地區在參考、複製中國大陸的模式 —— 例如不能說韓國借鑒、複製了中國模式，而必須把韓國的模式說成是原生的。民主國家怎麼能複製集權國家的模式呢？

5）重點吹捧香港，說這裏距離中國內地近，防疫如何如何成功。實際上香港防疫「最起勁」的時候就是 2 月初，防疫防的就是「中國病毒」，和香港的反中政治完全聯繫在一起，又是罷工又是封關。結果等到 3 月份病毒從西方國家倒灌輸入，香港就防不住了，我已經不記得香港新增病例連續多少日超過中國內地城市了，這兩天更出現小範圍社區爆發。這些西方媒體是不會報導的。他們需要構建東亞民主國家／地區的防疫燈塔以說明西方體制的優越性。

9. 認為中國所謂的防疫成功，中國的確診數字、死亡數字都不可信。中國的疫情一定比現在嚴重得多。中國系統性瞞報就是西方疫情大爆發、無法控制的原因。這種懷疑中國的思維在西方極度有市場，他們認為：

1）中國「就是愛造假」，「中國製造」= 低端偽劣品。最近西方媒體熱衷報導的各種向中國採購醫療物資（口罩、檢測試劑）等遇到品質問題，都是迎合這一公眾想像的。另外，前段時間中國外交官員也參與到「美國起源論」的說法，給西方輿情帶來極為負面的影響，認為中國輸出陰謀論。

2）認為中國體制決定其必然會進行信息管制，公開渠道就不可能有真實、準確、全面的信息。瞞報、不報是必然的，沒有理由相信中國數據。中國提供再多證據，包括正常復工復學都沒有用，西方輿論不會相信。

3）中國 1 — 2 月的所有媒體報導，特別是疫情初期中國在檢測標準、收治標準、確診口徑存在不完善的問題，都被用作指責中國瞞報、不報的證據。實際上從各國疫情發展可以看得很清楚，所有國家都存在類似的問題，例如英國是非重症不鼓勵去醫院檢測，建議居家自愈，因此系統性低估了確診人數，並加大了家庭及社區感染風險；美國在整個 2 月份設定了非常高的檢測門檻（例如必須有流行病史），同時 FDA 不向民間機構及實驗室開放檢測能力，嚴重影響檢測能力等。這些問題在每個國家都存在，但在中國，就被政治化和妖魔化，認為政府存在系統性瞞報。

4）認為西方民主國家的數字才是真實的，中國不可能做得更好。特別是美國 —— 美國世界第一，制度最優越，醫學科技和醫療基礎設施最發達，只有美國的數字才是真實、合理的，才是真相。中國數字比美國好，這個反差可以自動證明中國瞞報。用體育競技來類比，即認為中國運動員如果在某些項目（如田徑、游泳等）上獲得金牌，那一定服用了違禁藥物，不可能是真實、合法的成績。

10. 認為中國對其他國家（包括歐盟國家）提供援助，幫助他們防疫是中國非常有野心的舉動，一是希望借助疫情構建全球兩極化世界（中國 vs 美國），甚至實現全球政治霸主；二是中國希望輸出自己集權模式。總之，將中國外援的動機完全政治化、妖魔化，而完全不承認中國可以從人道主義出發實施外援。

這一條代表西方對中國更大的恐懼，後面再展開。

二、什麼「西方」？誰的觀點？

前面描繪了「西方」的「中國防疫故事」，那麼，這裏「西方」指的是誰？到底誰持有這些觀點？

1.「西方」主要指美國

「西方」陣營非常大，主要就是歐美民主國家。而筆者所說的「西方」，主要指西方的「意見領袖」—— 美國。美國之外，依次是：

1）各種跟在美國之後的英語國家（英國、加拿大、澳大利亞等）；

2）北歐國家（瑞典、丹麥、荷蘭等）；

3）中歐發達國家（德國、法國）；

4）南歐國家（意大利、西班牙、葡萄牙等）；

5）東歐國家 / 中歐國家 / 前蘇聯國家（越往東，距離美國的觀念越遠）。

序號越靠前，受美國影響越大。序號越往後，越能被中國影響。

2. 持這些觀點的主要是政客、媒體和公眾輿論

首先要完整地把科學界、醫學界、公共衛生領域專業人士排除開來。這就

包括世衛組織、各國的 CDC 及衛生官員、各國的相關領域專家及專業人士。他們是真正能夠客觀理解中國防疫故事的人。

筆者最近不時會到相關領域期刊的網站瀏覽，例如 *Nature*（《自然》）、*Science*（《科學》）、*The Lancet*（《柳葉刀》），一登上去就感覺如「一股清流」，專業人士講的中國抗疫故事和我們理解的非常相似。

所以持前述觀點的並不包括專業人士，而主要是政客、主流媒體和公眾。他們持這種觀點的根本原因不是基於了解，而是基於對中國的陌生、抵觸、不信任、恐懼和敵意。對大多數人來說，中國模式是陌生的，是對整個西方政治意識形態及建制的存在挑戰（existential challenge）。冷戰結束已經近 30 年，這是西方第一次遭遇這樣的挑戰。否定、抨擊中國是西方自證、捍衛政治「三觀」的心理需要。認定中國不好不是一種客觀認知，而是感性訴求。

中國現在說要提倡「四個自信」，國民有時候覺得中國不錯，看似驕傲，但本質還是缺乏自信，還處在一點點建立自信的過程之中。

美國則是極度自信，但自信過了頭，就是夜郎自大了。Trump 振臂一呼美國世界第一，那是全場沸騰，美國人都真的相信。這是他們的信仰。美國永遠是審判者，而不可能被審判。這與始終希望被西方世界認可的中國完全不同。

而中國的「公知」「老自由派」「老右派」則對美國不僅有崇拜，還有深深的自卑，沒有能力客觀地、站在比較平等的地位去評判美國，而只能把美國看作最高、最完美的標準，不敢去挑戰。這與更加自信、有更多國際經驗的中國年輕一代有很大不同。

3. 政客、媒體、民眾之間也有細微差異

首先，西方（美國）主流政客、媒體、民眾中的主流在大方面上都相信前述「中國防疫故事」，雖然對具體問題的認知可能有所不同，但大方向是類似的。

其次，政客、媒體、民眾因為政黨立場不同，又有所差別。

以美國為例，Trump 所在的共和黨政客和媒體會把美國防疫不力的髒水全部倒在中國身上，轉移國內注意力。極度愛國的共和黨基本盤也非常樂意接受這種說法。

民主黨視 Trump 為眼中釘肉中刺，他們最希望實現的就是把 Trump 拉下

馬，覺得無法忍受 Trump 再幹四年。民主黨的政客、媒體、民眾雖然也大致相信前述的「中國防疫故事」，但也會把很多炮彈打到 Trump 身上，抨擊白宮抗疫不力。

由於美國國內政治才是第一位的，所以，政客和媒體在抨擊 Trump 的時候，如果迫不得已非得提到中國，甚至不能回避肯定中國，那也沒辦法。但因為他們也是前述「中國防疫故事」的信奉者，所以，只要條件允許，他們都會回避中國，即便要借外國貶低美國，也會盡量尋找「東亞民主制度」的案例，淡化中國。

兩黨、兩派差別僅限於此。

民眾方面，畢竟國際政治距離自己遠一些，一定會抱怨自己的政府。然後，支持在野黨的民眾對政府批評會多一些，支持執政黨的民眾會更多地把問題「外部化」，抱怨中國。但各方面大致都能接受被西方版本黑化的「中國防疫故事」，區別只在於如何評價自己政府對「中國問題」的應對。

三、「三位一體」的中國威脅論

筆者以為，西方通過矮化、妖魔化、歪曲中國防疫的努力，創造出自己的「中國防疫故事」，並最後構建出一個「三位一體」的中國威脅論。

這個三位一體是：中國病毒—中國製造—中國模式

1. 中國威脅之一：生理威脅 ——「中國病毒」

病毒是對人類最根本、最基礎的威脅，西方的恐懼源自對這個擁有 14 億人口的遠東超級大國民眾的生活方式、衛生習慣、飲食習慣的陌生與不信任。西方人可能在過去幾個世紀裏都生活在對中國病毒威脅的恐懼中。

2. 中國威脅之二：物質威脅 ——「中國製造」

中國製造來自中國醫療設備、物資、藥品的輸出。西方人發現，COVID-19 疫情從中國傳播到西方並大爆發後，西方居然沒有能力去生產、供應足夠的口罩、防護服、醫療用具及藥品，仍然需要從中國進口。這對他們來說是一個巨大

的壞消息，一方面他們對本國缺乏這種關鍵的醫療戰略物資感到憂心忡忡，因為國民健康福祉被把握在其他國家手裏。二來他們對中國製造本來就缺乏信心，認為中國製造充斥各種低品質製品，造假和偽劣品層出不窮。如何通過「中國製造」給自己保命？

這兩天鬧得沸沸揚揚的瑞幸事件，涉及公司財務造假，使得國際投資人蒙受損失。這個時點出這個事，毫無疑問會極大損害西方對中國製造、中國概念的信心。

「中國製造」威脅論對 Trump 來說也是有特別意義的。其一可以幫助支持加速中美脫鉤，其二可以幫助推動美國重振製造業 —— 這其實是 Trump 入主白宮所做的最大、最重要的許諾。Trump 在白宮三年多，折騰了半天，包括打貿易戰，發現充其量推動中美脫鉤，但是工廠可能轉移到印尼、越南、馬來西亞、菲律賓、墨西哥去了，未必回到美國。中美脫鉤不等於重振美國製造業。沒有什麼比國際傳染病更能讓人看到美國自主生產能力的重要性，以及過度離岸化、外包化、製造業中空的危險了。Trump 恰好可以在這個時點推動美國恢復醫療戰略產業的製造生產。

3. 中國威脅之三：制度威脅 ——「中國模式」

模式、制度、道路，這些才是對西方最大的威脅。

在美國人看來，病毒來自中國，醫療設備、用品來自中國，在全球化的今天，也是沒有辦法的事，只能接受。但最不能接受的是，居然抗疫模式也得沿用中國。這還得了！「中國輸出了病毒，還輸出了集權／權威主義的抗疫模式。」這在美國人看來是完全沒有辦法接受的。中國政府由上而下主導、依託舉國體制、全社會網格化參與、以高科技手段為輔助的大規模保持社交距離（social distancing）模式是超出了現代西方社會的理解與認知範疇的。就美國而言，完全超出了美國的政治、法律、治理框架。而現實是，這是在最短時間內控制 COVID-19、最小化社會經濟代價、最大程度保障民眾健康安全的唯一行之有效的辦法。

這一點對西方國家的打擊實在太大了。於是，西方媒體和政客不遺餘力地抹黑中國利用科技手段監控人群，把個人自由完全與公共利益對立起來。前兩

天英國警方用無人機監控不顧保持社交距離政策出來散步的英國人,馬上被媒體報導,說英國正在變成「警察國家」。俄羅斯也採用了一些技術手段監控人口流動,馬上被 CNN 頭條報導「俄羅斯採用權威主義手段來防疫」。西方主流媒體在竭盡全力醜化、妖魔化、否定這類措施,因為這些措施與西方主流政治在過去一兩百年構建的以個人主義為基礎的政治價值觀格格不入,在他們看來是邪惡的異端。

西方人既憎恨又恐懼的是,在這場染疫病之前,居然要在「生存」和「自由」之間做出選擇,居然要複製中國的模式才能更好地存活。這讓他們極度不適。如果說病毒的威脅是生理的,中國製造的威脅是物質的,那中國抗疫模式帶來的就是制度的、形而上的威脅了。

4. 為了維護三觀與形而上的存在,美國政客會竭盡全力對抗「中國威脅」

美國政客一定會利用這次疫情,充分挖掘、調動、放大、利用民眾的恐中、反中情緒,把反華反中政治進一步升級。COVID-19 目前看來只會使中美關係變得更加緊張。具體而言,美國將:

一是指控中國在初期防疫不力,存在系統性瞞報,導致疫病傳播到西方及美國大爆發,肆虐純潔美麗無辜無害的民主體制下的民眾們。指責中國,也可以給本國政府和體制免責;

二是加強與中國的脫鈎,恢復本國生產。這對於一般的歐洲國家來說是不可能的,而對於有幾億人口的美國來說,還是有可能的。

三是全面否定、矮化、黑化、妖魔化中國的防疫舉措,從根本上、每一個環節上解構、推翻中國自己的防疫故事,甚至恨不得論證中國的數字都是全面造假。

四是把握住民眾、社會對中國威脅的恐懼,對中國進行反攻倒算,加大對中國的攻擊與圍剿(像華為這樣的中國科技企業都可能被影響)。

5. 中國可能拉攏的國家?

在西方體系內,從國家看,就是筆者前面列出的西方陣營相對周邊的國家,至少可以影響他們的媒體和民眾。重點應當還是從疫情最嚴重的南歐國家開

始。然後，世衛組織、科學家、醫學家、專業人士也是中國的支持力量。現在國人應該非常慶倖中國的疾控專家能夠在疫病初期就及時在國際上發表論文（當時很多人批評他們不治病，只顧著發論文）。這些論文都已經成為中國說明自己防疫故事最寶貴、最強有力的證據之一。

17 解構並還原李文亮

2020/04/11

導語：為什麼要重提李文亮事件？

COVID-19疫情在全球爆發。清明節時分，全國集體對逝者默哀。到現在這個時點，許多中國民眾已經從今年1-2月的負面情緒裏走出來，可以更加客觀地看待中國在抗疫上的努力。

在這個時點上，我們也可以再重新回顧一下李文亮醫生事件。之所以要回顧，是因為李文亮醫生已經成為海外中傷、抹黑、詆毀和否定中國防疫抗疫事業的最主要的炮彈和素材，這一發展肯定超出中國民眾和政府意料的。當時參與信息傳播的除了李文亮之外還有其他醫生和個人，但世界似乎只認得李文亮。原因其實也很明顯 —— 李文亮是唯一感染COVID-19而病故的，大概因為這樣，他也獲得了全然不同的地位。

今天讓我們再重溫一下李文亮事件。

一、李文亮被海外反中勢力捧上聖壇，作為抹黑攻擊中國的最重要素材

2020年2月上旬中國民眾和中國政府絕想不到的是，疫情發展到全球後，各種海外反中反華勢力都把李文亮醫生作為抹黑攻擊中國抗疫行動的重要素材。

1. 香港反中勢力

最早利用李文亮的是2月上旬的香港。在香港，防疫和反中主題完全是整合在一起的，防的就是「Chinese virus」。反中、港獨分子對李文亮大做文章，

將其打造為對抗邪惡政權遭迫害的孤膽英雄。另外反中分子當時的宣傳策略是將李文亮打造為言論自由代言人，希望藉此契機推動中國人民「覺醒」。

國內的悼念活動，再加上香港反中勢力的各種集會和文宣活動，將李文亮推到了國際舞臺。這是第一波。以下是一些文宣素材：

2. 美國反華政客

2020 年 3 月中下旬以來，疫情在包括美、英在內的各西方大國爆發，各國政府均應對不力，COVID-19 變得一發不可收拾。美國兩黨政客開始將髒水潑到中國身上，竭盡全力抹黑中國。其中，李文亮又被設置為極重要的角色。西方本來對中國了解就很少，又充滿成見。李文亮被中文世界定義為「吹哨人」，西方人當然「拿來不謝」，按西方「吹哨」的概念來理解李文亮，並瞬即將李文亮嵌入到他們理想中的「中國防疫故事」中去 ——「你們出動警察，禁言、迫害道出真相的吹哨醫生，最終使疫情失控並傳遍全世界」，李文亮成為一個殉道者和犧牲者，形象深入人心，並成為西方理解和定義「中國防疫故事」中最關鍵、最不可取代的一環。甚至說，如果沒有李文亮，西方打造的中國防疫故事就是不完整的。這裏，也讓我們先看看美國政客的活動。

1）美國參議院通過紀念李文亮的《決議》

2020 年 3 月 3 日，美國參議院通過了紀念李文亮的決議。發起參議員為 Tom Cotton（共和黨，阿肯色州）、Bob Menendez（民主黨，新澤西州）、Ed Markey（民主黨，馬薩諸塞州）、Cory Gardner（共和黨，科羅拉多州）、Elizabeth Warren（民主黨，馬薩諸塞州）、John Barasso（共和黨，懷俄明州）。發起人介紹這項決議：

> 參議院通過了一個紀念李文亮醫生的決議。這位中國醫生在去年末第一個發現了新冠病毒在中國爆發的嚴重性，他嘗試警告政府這個疾病的潛在嚴重性。李醫生在 2020 年 2 月 7 日死於冠狀病毒。這一決議呼籲中國和中國共產黨有更多的透明性和合作性。（Tom Cotton）
>
> 李醫生嘗試向世界警告新冠病毒，但中國共產黨攔在路中間。現在 COVID-19 奪去了李醫生的生命，並且成為全球公共安全緊急事件。我們必須確保這個可傳染的致命病毒被控制住。這意味著我們不能再允許中國共產黨向他的人民和全球掩蓋這個病毒。（Cory Gardner）
>
> 在美國防備 COVID-19 爆發的時候，我們需要停下來紀念追悼李文亮醫生，他是第一位向中國和全球警示病毒嚴重性的醫生。但他智慧的聲音很快被中國政府壓制。今天，我們站在一起，紀念他寶貴勇氣的遺產及他

所信仰並為之付出生命的醫療事業。（Bob Menendez）

2）美國國會議員提出《李文亮國際公共健康問責法》

2020 年 4 月 3 日，一群美國國會議員 —— 參議員 Tom Cotton（共和黨，阿肯色州）、參議員 Josh Hawley（共和黨，密蘇里州）、眾議員 John Curtis（共和黨，猶他州）、眾議員 Mike Gallagher（共和黨，威斯康辛州）、眾議員 Ted Yoho（共和黨，佛羅里達）、眾議員 Jim Banks（共和黨，印第安那州）和眾議員 Liz Cheney（共和黨，懷俄明州）推出 *Li Wenliang Global Public Health Accountability Act of 2020*（《2020 年李文亮全球公共健康問責法》）。這是一個授權總統制裁那些壓制或歪曲關於國際公共健康危機（包括武漢冠狀病毒）的立法。

　　李醫生嘗試去警告他的國家及全世界關於武漢冠狀病毒的事情，但被中國共產黨噤聲。通過隱瞞關於病毒的事實，中國共產黨把一個地方監控問題變成了一個全球災難。為了紀念李醫生，我們尋求懲罰那些對壓制關於國際健康危機（包括武漢病毒）負有責任的外國官員。

　　就冠狀病毒的範圍及危險性，中國共產黨誤導了全世界，並必須為此承擔責任。李文亮醫生勇敢地嘗試向他的國家和全世界警示病毒傳播的範圍和嚴重性。我們希望紀念他的遺產，做出我們自己的一份貢獻，讓中國共產黨為這次疫情負責。正如李文亮醫生說的，「一個健康的社會不應該只有一種聲音」。通過壓制關鍵的公共健康信息，中國、俄羅斯、伊朗、委內瑞拉的官員表明了他們只在乎維持自己的權力，而不在乎自己人民的健康與福祉。《李文亮全球公共健康問責法案》是以英雄的中國醫生吹哨人命名的（named after the heroic Chinese doctor whistleblower）—— 這將確保獨裁者及他們的親信在避免一個本地健康危機擴散、失控發展成為危害全球的大流行病之前要三思。

　　如果中國共產黨聽取，而非壓制了李文亮醫生對冠狀病毒反覆的警示的話，我們是可以阻止這次全球流行病，保住生命的。相反，中國官員有意識地對全球撒謊、誤導，隱瞞了關於病毒的嚴重性，藉此保護他們漠視

一切的政權。現在是時候了，我們必須讓這些官僚機器為他們損害全球利益的行徑付出代價。

閱畢，中國民眾應當知道李文亮在海外被扭曲的程度。在他們的描述裏，李文亮不是在同學群裏提醒自己的同學、朋友注意安全並特意囑咐大家不要外傳的一個普通人，而是一名「屢次對中國共產黨、中國民眾、全世界警示關於武漢病毒傳播廣度和嚴重性的醫生吹哨人」。這是完全不符合實際情況的。李醫生如果在天有靈，知道自己被用作海外反華力量抹黑攻擊中國防疫努力最核心的一環，不知會作何想。現在讓我們後退一步，再追溯一下李文亮醫生傳播信息的背景經過。

二、李文亮傳播信息的背景經過及其與疾病防控主線之間的關係

首先，回顧一下李醫生在疫情期間的經歷，並將其信息傳播與疾病防控的主線聯繫在一起。以下內容參考國家監察委報告、主流媒體報導、百度、維基百科等公開信息。

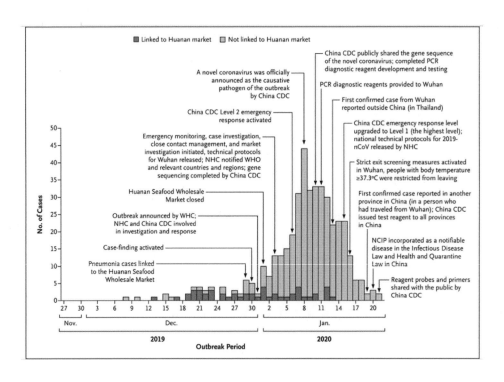

1.「傳染病防控主線」與「李文亮傳播消息支線」

以下將「傳染病防控主線」與「李文亮傳播消息支線」放到一個時間表裏來考察。

【傳染病防控主線】根據《柳葉刀》雜誌後來研究披露，第一例新冠肺炎患者是 2019 年 12 月 1 日出現病症。12 月中旬開始陸續有一些感染者在武漢求醫。這些病患初期都按一般的呼吸道傳染病治療，無人知道他們是新冠病毒感染者。

【傳染病防控主線】2019 年 12 月 24 日，武漢中心醫院呼吸科給一位初期患者（患者 A）做了肺泡纖維支氣管鏡灌洗取樣，並將樣本送到一家第三方檢測機構進行 NGS 檢測。

【傳染病防控主線】2019 年 12 月 26 日，湖北省中西醫結合醫院呼吸與危重症醫學科主任張繼先連續接診數個症狀相似的病人，且均排除了已知常見病原體感染，這使張繼先開始警覺。

【傳染病防控主線】2019 年 12 月 27 日，張繼先向醫院報告了其接診 3 例不明原因肺炎患者情況，醫院將此情況正式上報武漢市江漢區疾控中心（張繼先是第一個正式對疾控中心上報，而非做口頭非正式匯報的醫生）。當天，武漢市疾控中心安排給此 3 例病人做了流行病學調查和檢測。

【傳染病防控主線】2019 年 12 月 27 日，第三方檢測機構給武漢中心醫院呼吸科患者 A 做的 NGS 檢測，結果為「冠狀病毒未分型」（當時口頭通知為冠狀病毒）。當日下午晚些時候，患者 B 轉入武漢中心醫院呼吸科，與患者 A 症狀相似。這名患者也被安排做支氣管鏡灌洗 NGS 檢測。

【傳染病防控主線】2019 年 12 月 29 日，中西醫結合醫院又接診了 4 例，並將前後共 7 個病例向湖北省衛健委疾控處與武漢市衛健委疾控處報告。省、市衛健委疾控處接到報告後快速反應，指示武漢市疾控中心、金銀潭醫院和江漢區疾控中心組織專家團隊到醫院進行調查，並在當天晚上將相關病人轉診至武漢市金銀潭醫院。

【傳染病防控主線】2019 年 12 月 30 日，武漢中心醫院拿到患者 B 的第三方檢測機構送檢結果，化驗單上寫著「SARS 冠狀病毒」字樣。該檢測結果在第一時間被上報到該醫院的公共衛生科和院感控部門。中心醫院急診科主任艾芬醫生

將檢測結果拍照，用紅圈圈出，並連同一段 11 秒的 CT 視頻用微信發給朋友。其他信息的源頭都來自這裏。

【傳染病防控主線】2019 年 12 月 30 日，武漢市衛健委分別於 15 時 10 分、18 時 50 分在系統內下發部門文件《關於報送不明原因肺炎救治情況的緊急通知》《關於做好不明原因肺炎救治工作的緊急通知》，要求做好不明原因肺炎救治工作，全面開展華南海鮮市場相關肺炎病例搜索和回顧性調查。該兩份通知分別於當天 15 時 22 分和 19 時許被人上傳到互聯網上。（筆者按：第一份通知內容較少，上傳時間早於李文亮微信截圖；第二份通知則晚於李文亮微信截圖。）

【李文亮支線】2019 年 12 月 30 日 17 時 30 分左右，李文亮醫生收到同事發給他的信息，應當是「患者 B」的檢測報告。17 時 43 分，李文亮醫生以「李文亮武漢眼科」昵稱在微信群「武漢大學臨床 04 級」中轉發、發佈「華南水果海鮮市場確診了 7 例 SARS」，「在我們醫院後湖院區急診科隔離」等文字信息和 1 張標有「SARS 冠狀病毒檢出〈高置信度〉陽性指標」等字樣的臨床病原體篩查

武漢衛健委 12 月 30 日 15:10 通知（15:22 傳至網上）。

武漢衛健委 12 月 30 日 18:50 通知（19:00 左右傳至網上）。

結果圖片、1段時長11秒的肺部CT視頻。18時42分，李文亮又在該群發佈：「最新消息是，冠狀病毒感染確定了，正在進行病毒分型」，「大家不要外傳，讓家人親人注意防範」。

筆者分析如下：

1）患者A和患者B都在武漢中心醫院，都是未知傳染病，病症相似，一份檢測結果是「冠狀病毒未分型」，另一份是SARS病毒〈高置信度〉陽性指標。肯定有一個不準確。這個全貌，呼吸科應該是掌握的。

2）12月29日，省、市衛健委疾控中心都已現場介入，掌握多家醫院的情況，也是掌握全貌的。

3）當時綜合各方面信息，應該已基本排除SARS。

4）當天下午武漢衛健委發佈的通知已明確說是「不明原因肺炎」，也說明排除了SARS。

5）李文亮轉發的應該就是武漢中心醫院醫生及同行們當天下午四處轉發的（有8個轉發者）。

人們可能還在交換、更新信息。李文亮在17:43發佈信息後，可能又獲得了其他同事朋友提供的一些補充信息，於是在18:42發佈跟進信息，稱「冠狀病毒感染確定，正在進行病毒分型」，相當於從SARS口徑改口。

【李文亮支線】2019年12月31日凌晨1點半，李文亮被醫院領導叫到武漢市衛健委詢問情況，天亮上班後又被醫院監察科約談，此後，應要求寫下了一份《不實消息外傳的反思與自我批評》。據武漢市中心醫院的一名醫生透露，醫院原計劃開除李文亮。最終李文亮未受處理、處分或吊銷醫師職業資格；院眼科主任在李文亮被醫院約談後，還專門跟他說不要有思想包袱。（筆者按：此時，不但地方，國家衛生執行部門都介入，新型傳染病比較複雜，目前尚很難就病原做判定，主管機構肯定掌握更多信息。此時非常需要統一口徑，不能隨便對外傳播不確切的消息，特別是能夠獲得消息的醫療機構人員，醫院領導及衛生體系約談是請他注意遵守紀律，以官方口徑為准，筆者認為這個談話總體是正常的。至於是否界定為「不實消息」，以及開除是否過於嚴厲，可以再商榷。但這類機構肯定有嚴格的保密義務。）

【傳染病防控主線】2019年12月31日上午，國家衛健委專家組抵達武漢，

李文亮微信截圖。

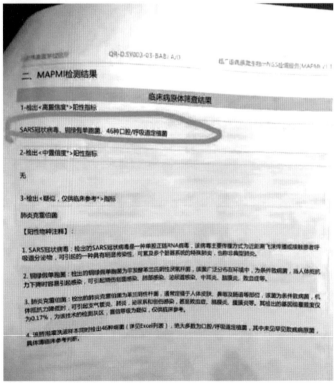

武漢中心醫院急診科主任艾芬拍照並紅圈圈出SARS部份的檢測報告。

展開相關檢測核實工作。（筆者按：國家衛生官員已到現場。此時李文亮正在武漢中心醫院監察科被談話。）

【傳染病防控主線】2019 年 12 月 31 日，中國政府正式向世界衛生組織通報了湖北武漢不明原因肺炎病例的情況。（筆者按：國家衛生行政體系不但參與進來，而且已經正式向 WHO 通報。）

【傳染病防控主線】2019 年 12 月 31 日，武漢市衛健委第一次公開通報，其中指出，武漢市組織同濟醫院、省疾控中心、中科院武漢病毒所、武漢市傳染病醫院及武漢市疾控中心等單位的專家進行會診，專家從病情、治療轉歸、流行病學調查、實驗室初步檢測等方面情況分析認為上述病例系病毒性肺炎。相關病毒分型檢測、隔離治療、終末消毒等工作在進行中。（筆者按：初步判斷病原體是病毒，但所掌握的流行病學信息還很有限，需要進一步收集。）

【傳染病防控主線】2020 年 1 月 1 日，對華南海鮮批發市場採取休市措施，並對武漢市公共場所，特別是農貿市場進一步加強防病指導和環境衛生管理。（筆者按：當時不知道華南市場是病毒起源地還是爆發點。但結合 SARS 經驗，懷疑與野生動物有關，就趕緊採取措施。）

【傳染病防控主線】2020 年元旦左右，國家疾控中心主任高福和美國疾控中心主任 Robert Redfield 通了電話。（筆者按：國家疾控中心、國家衛生行政部門是掌握情況的，並且在按自己的節奏推進工作。）

【傳染病防控主線】2020 年 1 月 1 日，武漢公安公告：有 8 名網民在不經核實的情況下，在網絡上發佈、轉發關於肺炎的不實信息，造成不良社會影響。（筆者按：李文亮是在 1 月 3 日被訓誡的，可能並不在 8 人之列。）

【傳染病防控主線】2020 年 1 月 3 日，武漢衛健委進一步公佈了不明原因病毒性肺炎病例及臨床症狀情況。

【李文亮支線】2020 年 1 月 3 日，李文亮因「在互聯網上發佈不實言論」被武漢公安局武昌區分局中南路街派出所提出約談、警示及訓誡，其後被要求簽署訓誡書，警方對他提出嚴厲警告，訓誡他「如果不從，繼續從事違法活動，將會受到法律制裁」。之後，李繼續在醫院工作。（筆者按：這一步超出了醫院及衛生體系，由派出所介入，因此是最有爭議的。及至 1 月 31 日，李文亮方在微博介紹有關訓誡書及被公安傳喚的經過。據此，李文亮支線結束。）

武汉市卫健委关于当前我市肺炎疫情的情况通报

发布机构：武汉市卫生健康委员会 | 发布时间：2019-12-31 13:38:05 | 点击数：477158 | 字号：大中小

近期部分医疗机构发现接诊的多例肺炎病例与华南海鲜城有关联，市卫健委接到报告后，立即在全市医疗卫生机构开展与华南海鲜城有关联的病例搜索和回顾性调查，目前已发现27例病例，其中7例病情严重，其余病例病情稳定可控，有2例病情好转拟于近期出院。病例临床表现主要为发热，少数病人呼吸困难，胸片呈双肺浸润性病灶。目前，所有病例均已隔离治疗，密切接触者的追踪调查和医学观察正在进行中，对华南海鲜城的卫生学调查和环境卫生处置正在进行中。

武汉市组织同济医院、省疾控中心、中科院武汉病毒所、武汉市传染病医院及武汉市疾控中心等单位的临床医学、流行病学、病毒学专家进行会诊，专家从病情、治疗转归、流行病学调查、实验室初步检测等方面情况分析认为上述病例系病毒性肺炎。到目前为止调查未发现明显人传人现象，未发现医务人员感染。目前对病原的检测及感染原因的调查正在进行中。

病毒性肺炎多见于冬春季，可散发或暴发流行，临床主要表现为发热、浑身酸痛、少部分有呼吸困难，肺部浸润影。病毒性肺炎与病毒的毒力、感染途径以及宿主的年龄、免疫状态有关。引起病毒性肺炎的病毒以流行性感冒病毒为常见，其他为副流感病毒、巨细胞病毒、腺病毒、鼻病毒、冠状病毒等。确诊则有赖于病原学检查，包括病毒分离、血清学检查以及病毒抗原及核酸检测。该病可防可控，预防上保持室内空气流通，避免到封闭、空气不流通的公众场合和人多集中地方，外出可佩戴口罩。临床以对症治疗为主，需卧床休息。如有上述症状，特别是持续发热不退，要及时到医疗机构就诊。

2019年12月31日

【傳染病防控主線】2020 年 1 月 5 日，世衛組織正式通報武漢疫情情況。

【傳染病防控主線】2020 年 1 月 5 日晚，武漢市衛健委通報，初步的流行病學調查顯示，未發現明確的人傳人證據，未發現醫務人員感染。已排除流感、禽流感、腺病毒、傳染性非典型肺炎（SARS）和中東呼吸綜合征（MERS）等呼吸道病原。病原鑒定和病因溯源工作仍在進一步進行中。（筆者按：此時還在進一步確定流行病學信息，包括確定病原體，還不能說清楚到底是個什麼病。）

【傳染病防控主線】2020 年 1 月 7 日，實驗室檢出一種新型冠狀病毒，獲得該病毒的全基因組序列，並從 1 例陽性病人樣本中分離出該病毒，病原檢測結果初步評估專家組認為，不明原因的病毒性病例的病原體初步判定為新型冠狀病毒。（筆者按：到這一天才把病原相對有把握地初步確定下來。）

【傳染病防控主線】2020 年 1 月 9 日，新華社採訪了武漢不明原因肺炎病原檢測結果初步評估專家組組長、中國工程院院士徐建國，他提到本次不明原因的

武汉市公安局 武昌分局 中南路街派出所

训 诫 书

武公（中）字（20200103）

被训诫人 李文亮 　　　性别 男 　出身年月 19861012

身份证号各类及号码 ＿＿＿＿＿＿＿＿＿＿＿＿＿＿＿＿

现住址（户籍所在地）武汉市＿＿＿＿＿＿＿＿＿＿＿＿＿

＿＿＿＿＿＿＿＿＿＿＿＿＿＿＿＿＿＿＿＿＿＿＿＿＿＿＿

工作单位 　　　武汉市中心医院

违法行为（时间、地点、参与人、人数、反映何问题、后果等）

　　　2019 年 12 月 30 日在微信群"武汉大学临床 04 级"发表有关华南水果海鲜市场确诊 7 例 SARS 的不属实的言论。

＿＿＿＿＿＿＿＿＿＿＿＿＿＿＿＿＿＿＿＿＿＿＿＿＿＿＿

　　现在依法对你在互联网上发表不属实的言论的违法问题提出警示和训诫。你的行为严重扰乱了社会秩序。你的行为已超出了法律所允许的范围，违反了《中华人民共和国治安管理处罚法》的有关规定，是一种违法行为！

　　公安机关希望你积极配合工作，听从民警的规劝，至此中止违法行为。你能做到吗？

　　答：能

　　我们希望你冷静下来好好反思，并郑重告诫你：如果你固执己见，不思悔改，继续进行违法活动，你将会受到法律的制裁！你听明白了吗？

　　答：明白

被训诫人：李文亮 　　　2020 年 1 月 3 日

训诫人：胡桂芳 徐铨 　　工作单位：

（武汉市公安局武昌区 中南路街派出所 盖章）

2019 年 　　月 　　日

病毒性肺炎病例的病原體初步判定為新型冠狀病毒。

【傳染病防控主線】2020 年 1 月 11 日，武漢衛健委通報，專業機構已完成病原核酸檢測。該病毒基因組信息已共享到了 virologic.org 網站和 GenBank（登錄號為 MN908947）上。從該日起，武漢衛健委開始每日通報信息。

接下來，就都是我們已經熟悉的歷史了。後面幾天，武漢衛健委沒有及時披露人傳人及醫護感染情況（到 1 月 20 日晚鍾南山才指出），包括李文亮本人在 1 月 8 日給一位無症狀病人看病時被感染，當日出現咳嗽，1 月 12 日住院。1 月 18 — 20 日，出現了武漢以外的一些異地傳播病例，疫情引起全國普遍關注。1 月 20 日傍晚，領導人發話對防疫工作指示、定調（當日，全湖北確診 270 例）。1 月 22 日晚宣佈武漢封城（當日，全湖北確診 444 例）。

2. 主線、支線分析

從以上，筆者得出幾點結論：

1)「傳染病防控主線」在正常地、按照自己的邏輯進行。啟動這個流程最關

鍵的環節是 12 月 27 日中西結合醫院的張繼先醫生向地方疾控中心報告未知肺炎病例。這幾天，也有其他醫院非正式或正式報告過疫病情況。其後幾天內，地方及國家衛生行政部門快速介入，部署工作，僅用了一週多時間就確定病原體為新型冠狀病毒，不到兩週就完成病原核酸檢測及基因組信息上載共享。響應機制推動是很快的。張繼先也不是「吹哨人」，作為資深的呼吸科大夫，她和其他專業醫生一樣，本人就是呼吸道傳染病防控體系的組成部份。

2）12 月中下旬這兩週左右，不能說「傳染病防控主線」的發展有什麼問題。讀者可以理解，呼吸道傳染病患者到醫院求治，一般開個藥就回家了，不會做非常詳細的病原體篩查。只有住院收治，病情加重，成了疑難雜症，才會做各種病原體篩查。如果已知檢測試劑均不能確診，還要送交第三方機構去做 NGS 檢測，出結果還需要數天。冬季的呼吸道感染者病人很多，要從中發現新型病毒說起來容易做起來難。像張繼先這樣有經驗的醫生在看到多宗相似病例後就直覺認為可能是未知病毒，果斷上報疾控中心。總之，這個監控、發現、上報是有過程的。

3）李文亮傳播消息只是主線之外的支線，是主線的衍生品，但不是主線的組成部份。李醫生通過朋友關係、醫生圈獲得信息，屬於主線中出現的「信息洩露」（leakage）行為。由於信息管理和保密工作永遠不可能是完美的，所以有關部門可以合理預計這種幾乎 100% 出現的洩露 —— 應對洩露本身就應該是公共衛生緊急事件的組成部份。

4）李文亮醫生只是傳播者之一，還有許多其他「支線」。當時情況就是急診科艾芬醫生將檢測報告和 CT 視頻用微信傳出，然後信息迅速在醫生圈擴散。參與傳播的除了李文亮之外至少還有 8 人，他們都在元旦被派出所約談。美國政客將李文亮醫生描述為「向中國人民和全世界警示疫情的第一人」是完全不符合實際情況的。

5）李文亮對外傳播消息並不代表主線本身存在問題（例如系統性的瞞報或不作為）。艾芬和李文亮等醫生的消息傳播是典型的「信息洩露」，這在重大公共衛生安全事件裏幾乎肯定 100% 會出現 —— 由於信息非常敏感，涉關公共健康，政府對外公佈要兼顧「及時」和「準確」（缺一不可）。在收集全面信息，確定口徑，正式對社會廣泛通報肯定是要時間的。「及時」和「準確」相互又有

矛盾，不可能完全兼顧，很有可能因為顧全準確性而犧牲及時性。在政府發佈前，小道消息幾乎肯定會流出，不流出就不正常了。小道消息流出本身，並不代表主線存在問題。

6）李文亮傳播消息本身不會對主線的推進有根本影響。其一，它不會加速主線──主線本來就在繁忙工作，對疫病進行流行病學甄別與確定，準備制定相應的防控措施，準備對外發佈口徑。這些是獨立進行的，和李文亮的消息傳播並沒有關係。其二，它也不會提升主線執行的品質，例如這不會平白無故地增加我們對這個新型疫病的流行病學認知，也不會改進我們對現有病人的救治。其三，雖然我們說傳染病信息發佈有嚴格規程，但這種信息發佈不一定會真的干擾主線，充其量就是引發一些社會輿情和不安，需要官方給正式說法，做疫情通報。但這些本來也在官方的安排裏。這一點後面再討論。

7）李文亮傳播消息有可能會幫助醫護人員增加保護意識。李文亮轉發信息的受眾都是醫生同行，他們收到信息後按理說應該會更加注意防護，從這個角度看，李文亮傳播信息是有幫助的，而防控本身也是主線的任務之一。但在未知傳染病威脅下，醫療體系應該有一套正式程序去通報所有醫護人員，並建議他們採取措施。目前看來，這套體系當時似乎不存在。李文亮本人 1 月 8 日看診時也被院方要求不許佩戴口罩。這就增加了醫護感染風險。這一點與李文亮事件的啟示有關，後面再討論。

在當前的國際反華輿論下，由於「李文亮支線」的出現，「吹哨人」標籤的設置，西方世界把注意力全部都放在了李文亮身上，把李文亮變成了主線，完全忽略、抹殺了真正的主線及「正面戰場」的工作，甚至不承認主線，仿佛中國傳染病防控體系和行動根本就不存在。在後面討論「吹哨人」的定義，以及模擬如果對李文亮信息傳播不作為會有什麼影響時，我們會再探討這個問題。

三、李文亮不幸因 COVID-19 病故及洶湧輿情的關係

1. 李文亮感染 COVID-19 病故

2020 年 1 月疫情發生後，武漢市中心醫院只允許急診科、呼吸科和 ICU 的醫護佩戴 N95 口罩，其他科室（包括李文亮所在的眼科）則不被允許佩戴口罩。

1 月 8 日，李文亮接診了一位 82 歲急性閉角型青光眼的女性患者，當時李文亮就高度懷疑患者感染了新型肺炎。1 月 10 日，李文亮出現咳嗽發熱等症狀，病情很快加重。1 月 12 日，李文亮開始在呼吸與重症醫學科監護室接受隔離治療。至 1 月 30 日通過核酸檢測確診感染 COVID-19。2020 年 1 月 31 日，李文亮在自己的微博上公佈了公安訓誡及感染 COVID-19 的經過。

李文亮在武漢市中心醫院後湖院區接受治療。他的病情在 2 月 5 日開始惡化，經反覆治療、專家會診、反覆搶救，最終不幸於 2 月 7 日凌晨 3 時左右去世。

2.民眾輿情在李醫生去世後達到高峰

2 月 7 日的中國見證了新的歷史，全國人民為李醫生舉辦了空前的互聯網追悼大會。幾乎所有人都在朋友圈、社交媒體、群組刷屏紀念李文亮，一些從來不發朋友圈的人此時也都加入進來。一時間，不哀悼李文亮甚至被認為立場和人品有問題。

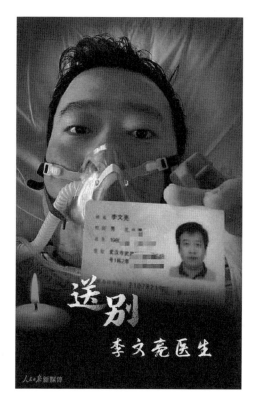

如果說 2019 年 10 月 1 日是民眾對政府支持的最高峰，舉目正能量集聚，2020 年 2 月 7 日那一天則可以說是跌到了低谷，舉目負能量集聚。民眾對李文亮的哀悼之情一直延續到今天。事實上，民眾之所以對李文亮同情追悼，有多方面的情緒，可以進一步拆解。

xiaolwl Ⓥ 📷

2月1日 10:41 来自 iPhone客户端

今天核酸检测结果阳性，尘埃落定，终于确诊了😊 ◎ 武汉·武汉市中心医院

武汉·武汉市中心医院

胜利街26号

❀ 当事人回应了

| ☆ 收藏 | ↗ 201627 | ▭ 845246 | 👍 3006367 |

3. 李文亮的地位被推到空前高度，並帶有很大的象徵意義

筆者以為國內的李文亮輿情主要反映在幾個方面：

1）民眾對當時防疫工作不滿情緒的集中出口

李文亮去世時是中國疫情爆發最嚴重的時候。民眾對國內防疫工作非常不滿，對前景非常擔憂，負能量爆炸。當時輿情焦點每天切換，從衛健委、國家疾控中心、武漢市、湖北省到病毒所、紅十字會到專家學者，民眾每天尋找新的抨擊對象，熱點每 1 至 2 天就會交替更換。把 2 月 12-13 日因為口徑調整（將臨床診斷病例納入確診病例）而單日新增較多排除來看，2 月 5-9 日其實是新增確診的最高峰。這個時點上，民眾情緒處在最低點，處在隨時爆發的邊緣，而李文亮在這個時點上去世，導致當日聚焦了輿情 —— 民眾通過集體哀悼李文亮，表達對逝者的同情，以及對防疫工作的不滿。

兩週內，中國的疫情被控制住。中國民眾也已走出了這個情緒低谷，與我們的政府「和解」。

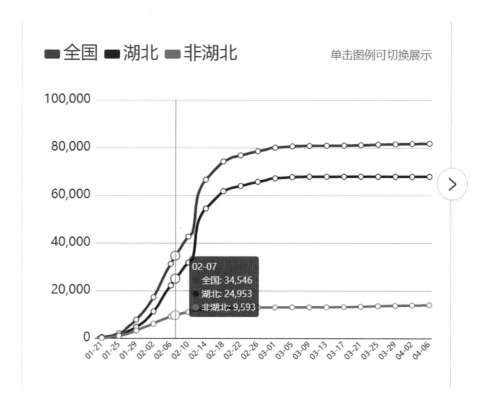

全国 湖北 非湖北 单击图例可切换展示

02-07
全国: 34,546
湖北: 24,953
非湖北: 9,593

2）寄託民眾對所有 COVID-19 逝者的哀悼之情

截至李文亮病故的 2 月 7 日，全國累計死亡 722 人。當日網上集體追悼，紀念的其實也不僅僅是李文亮一個人，包括其他因為感染 COVID-19 去世的人。李文亮只是不幸人群中的一人，而且尚如此年輕。

3）認為李文亮（們）是可以扭轉疫情發展的關鍵人物

這個看法可以在最高法院文章《治理有關新型肺炎的謠言問題，這篇文章說清楚了！》的評價裏直接找到：

　　事實證明，儘管新型冠狀病毒感染的肺炎並不是 SARS，但是信息發佈者發佈的內容，並非完全捏造。如果社會公眾當時聽信了這個「謠言」，並且基於對 SARS 的恐慌而採取了佩戴口罩、嚴格消毒、避免再去野生動物市場等措施，這對我們今天更好地防控新型冠狀病毒感染的肺炎，可能是一件幸事。

這代表了許多民眾的樸素想法，認為如果當時不去禁言，任由消息傳播，人們就聽了李文亮（們）的話，則 COVID-19 疫情有更大機會從一開始就被控制住。

筆者一直認為這一條是不成立的，在下文將進一步探討。

另外，目前疫情在全球爆發，各個國家都倉促應對，因為種種因素不能及時、全面防疫。此時民眾可以看到防疫工作的極度複雜性和不確定性，傳染病傳播趨勢不是一個人或一條信息就能改變的。相比之下中國交出的防疫答卷是相當不錯的。有了比較，民眾更能認可中國政府的防疫努力，並慶倖自己當下活在中國。這時，樸素地認為李文亮（們）能夠改變歷史進程的人更少了。

但更多的人其實並不認為李文亮是可以改變歷史的英雄 —— 他只是一個普通不過的凡人。

4）認為李文亮只是一個凡人，但因為其最平凡的舉動受到不公的待遇

「這世上沒有從天而降的英雄，只有挺身而出的凡人。」持有這種看法的人比較理性和現實，他們並不真的認為李文亮可以逆轉歷史，也不把對李文亮的哀悼和紀念建立在這種假設的基礎上。他們的同情集中在李文亮的遭遇身上。

a. 李文亮的行動其實是大多數人在當時的處境下都會做的

還原 12 月 30 日下午的場景，當李文亮看到醫生同行轉發的信息後，他只是做了一個很普通的動作，就是把這則信息與其他朋友分享，且範圍狹小，僅限於醫生圈。他的目的很單純，就是要警示同行，往後要小心。他沒有更遠大的目的即要把這則消息傳遍全世界（因此他特地叮囑大家不要外傳）。他轉發本身也不是為了表達對疾病防控主線的不滿，或進行某種抗命。他做的就是一個非常簡單、純粹的信息共享行為。另外，李文亮雖然不是傳染病專業大夫，但畢竟是大醫院的醫生，有基礎醫學常識判斷。在那個時點上，他認為他傳播的信息是可靠的。

另外很重要的是，他並不是原始信息的生產者，只是分享者（原始信息的生產者是拍檢測單照片及錄製 CT 視頻的醫生艾芬）。作為分享者，李文亮要面臨的風險其實顯著小於原發者。

筆者相信，把李文亮換成大多數網友，處在當時的場景下，拿到了檢測單和 CT 視頻，大吃一驚，可能會做和李文亮完全一樣的事情：趕緊把信息轉發給

比較小的圈子和團體，試圖警示他們，並告訴他們「不要外傳」。這就是正常人會做的事情。其實這都談不上「挺身而出」，而是「這是我應該做的，不足掛齒」（the least I can do）。

另外，如果有人在 12 月 30 日下午，基於當時的信息（而非事後諸葛亮）告訴李文亮說：「這個信息太敏感了，衛健委已經做了部署，馬上有通報的，如果你轉發這條，很容易傳出去，最後會被衛健委及公安約談、訓誡的。」李文亮如果能夠預知這個結果，還會不會堅持轉發？筆者傾向於認為，李文亮雖然有最好的心，但可能也會有所顧忌，會避免在群裏轉發。說白了，他就是和大家一樣的普通人。

所以，李文亮最讓人同情的其實都不是什麼「挺身而出」，而是 —— 他做的恰恰是我們每個人都會做的事情。一種由善驅動，最符合我們本性、天性的事情。所以我們每個人都能理解他，與他聯繫在一起。

b. 李文亮最平凡的舉動卻遭到了不公待遇 —— 派出所警示和訓誡

筆者認為最刺激公眾的還不是醫院領導談話或衛健委談話，畢竟這些是醫療體系內的活動。結合醫院的信息保密制度和重大公共衛生緊急事件這個特殊語境，要求最容易掌握敏感信息的醫護人員統一口徑，控制信息是有必要的，也是可以理解的。李醫生肯定違反了一些醫院的慣常制度。但醫院最後也沒有對他進行處理，領導還對他做工作，進行開導安慰，畢竟是非常時期。公眾不能接受的是執法體系、國家機器、警察的出動，及整個訓誡流程。

李文亮轉發的信息，結合他獲得的有限信息源，在 12 月 30 日下午這個時點，也不能說是「謠言」。SARS 高置信度檢測陽性的化驗單是真實的，CT 視頻也是真實的。李文亮基於此說「SARS 確診」，在後來也做了適當修正（「確定是冠狀病毒，還在分型」）。所以還原當時，從主觀、客觀角度來講都不能說李文亮在「傳謠」。同時李文亮只是本能的善意驅動，為了保護醫生同行、同學們轉發的信息，做了一件大家都會做的事情。

結果，卻遭到派出所訓誡，稱其行為「嚴重擾亂社會秩序，是一種違法行為」。這極大地印證了人們的恐懼心理：因為一個最普通、最平凡甚至善意驅動的事情，就會被問責、訓誡，並被告知自己違法。這個事情能夠發生在李文亮身上，也就能發生在自己身上。因為李文亮做的事情是大多數人都會做的，所以同

樣的事情也會發生在每一個人身上。這就感同身受，讓每個人覺得自己可能是李文亮，每個人都感覺到威脅和恐懼。

而如果說日常生活中有什麼讓普通人最不愉快的，就是互聯網存在的信息管制。而李文亮傳遞的信息其實是大家都希望看到的。姑且不論這樣的信息傳播是否真的能起到轉變 COVID-19 傳播趨勢的作用，但大家都希望這樣的信息至少能被容忍。

因此，COVID-19 這個可怕的病毒、李文亮為了幫助他人的舉手之勞（只是傳播他認為準確的信息）以及人們日常生活中最抵觸抗拒的信息管制，被結合到一起了。透過哀悼、紀念李文亮，民眾們用集體聲音表達了長久壓抑的深深不滿。哀悼、紀念李文亮，並不因為他是一個可以改變歷史的英雄，而在於他是一個和我們一樣的平凡人。

c. 對李文亮個人的巨大同情 —— 一個希望拯救他人者自己未能拯救自己

引發巨大情緒的絕對不僅僅是李文亮善意傳播信息及被派出所訓誡本身，而是他的不幸結局。

一開始，對公安訓誡「造謠者」的輿情就極為負面，有關部門也據此及時採取了行動消除影響。所以，「8 名傳謠者」和李文亮早在 1 月下旬就被平反了。最高法院 1 月 28 日更撰文《治理有關新型肺炎的謠言問題，這篇文章說清楚了！》解釋這個問題。

而李文亮去世是在 2 月 7 日。這時，民情之所以洶湧，在於對李文亮的巨大同情。他出於善意向外傳播消息，被執法機構訓誡禁言不說，到最後這種傳播還毫無效果，甚至在醫院體系內都沒有影響 —— 武漢中心醫院那時仍禁止大夫佩戴口罩看診。1 月 8 日，未戴口罩的李醫生被一位無症狀感染者感染，在一個月內，從病重發展到病故。

這實在是莫大的諷刺！他嘗試幫助別人改變命運，最終卻連自己的命運都不能把控，並付出了生命。這就引發了公眾無盡的惋惜與同情。這種同情也是其他八名被平反的「傳謠者」所沒有獲得的。

李文亮的病故讓人無盡感慨，感覺到個人的弱小與無助。李文亮傳播消息也許是我們都會做的，被訓誡也是我們可能經歷的，但最終我們都會被平反、正名。不過李文亮是醫生，他要履行醫生的職責，救死扶傷。在這個過程中，他感

染了 COVID-19，最終被奪去年輕的生命（留下妻兒）。而這個結局，又是一般人不會經歷的。

所以，李文亮是平凡的，但又是不平凡的。我們對李醫生不僅僅是尊敬，而是同情、悲傷、感慨。這是一個時代的悲劇，是 2020 年中國抗疫中格外引起人們共鳴的一個悲傷故事。2 月 8 日，武漢市民們自發組織在家中用吹哨和點亮燈光的方式祭奠李文亮，就是這種複雜情緒的表達。

4. 政府順應輿情，及時糾錯，為李文亮平反，並將其納入為體制抗疫的一部份

民情洶湧，政府自然看得十分清楚。政府本身就是社會的一部份。

這次疫情中，政府非常照顧體恤民情。疫情之下，老百姓有很多不滿、情緒，有的合理，有的不盡合理，但都可以理解、應當理解。政府做的就是順應和安撫民意。老百姓對特定官員或機構有強烈看法的，就問責，採取行動，對關鍵人物撤職。凡是老百姓質疑的，都嘗試做出正面回應和處理。

對李文亮醫生，也是盡最大程度順應民情。1 月 28 日（李文亮生前），最高法院就發文認可李文亮的行為；2 月 7 日李文亮去世後，國家監察委成立調查組，就群眾反映的涉及李文亮醫生的有關情況依法開展調查，並於 3 月 19 日發佈《關於群眾反映的涉及李文亮醫生有關情況調查的通報》。4 月 2 日，湖北省將李文亮列為犧牲在新冠肺炎疫情防控一線的首批烈士。

政府的做法是直面問題，承認錯誤，糾正錯誤，消除影響，認可李文亮的行為與意義，並對未來形成新的指引與指導。

政府也努力將李文亮包括到舉國抗疫事業內 ——「李文亮只是一個普通人」，「一名共產黨員」，他是一個由本能善心驅動的公民，是中國抗疫事業中不可或缺的組成部份（as an integrated part of China's overall efforts to tackle COVID-19）。

李文亮和中國廣大哀悼他的人表達的想法都是平常、合理並且是非政治化的，李文亮也絕不是海外反中勢力試圖打造的「反體制英雄」。中國人對李文亮的哀思，如何定義，邊界在哪裏，是中國人可以理解的。但在 2020 年的國際環境下，就是西方所不能理解也不能接受的了。西方理解的李文亮已經成了反體制

符號，是完全政治化的。洶湧的輿情和國內對「吹哨」概念的援引都發揮了重要的作用。

在分析完中國人如何看待李文亮，我們必須再結合西方語境探討一下「吹哨」概念，藉此了解西方如何看待李文亮。

四、「吹哨」概念的中國化與西方的誤讀

為什麼香港反中力量、美國反中政客都會圍繞李文亮大做文章？

其一，當然因為李文亮被認為代表言論自由，很容易代入到西方的公民權利與政治權利概念範疇裏。其二是筆者認為很重要的，就是對「吹哨」這一概念的應用。在西方語境裏，「吹哨」是一種特指，有具體的涵義。而在中國語境裏，「吹哨」是個泛指，有更廣闊的意義。當 COVID-19 還是個本地事件時，中文世界不嚴謹地使用這個詞沒有什麼關係。但當 COVID-19 發展成國際事件時，性質就不同了。中國內地報導也會被香港和西方引用，並按字面去理解、昇華，最終用來抹黑中國。

1. 西方的吹哨（whistleblowing）及吹哨人（whistleblower）概念

1）當事人是一手內幕知情人。當事人通常是相關機構裏（公共機構或民間機構）的僱員，憑藉其在機構內的職務與崗位，能夠掌握一手、確鑿、可靠的重大非公開 / 保密信息，且能夠為自己傳播的信息負責。而他所傳播信息的可靠性也完全依賴他的職務身份。當事人對所掌握的信息需要遵循保密流程，負有保密義務，不能在未授權的情況下將信息發給未授權人士。外傳，即違反制度甚至法律，職員預期將為此承擔懲罰（例如降職、開除等）。吹哨人一般也是保密信息的直接 / 第一責任人。

2）為什麼要「吹哨」：當事人通常發現了某些性質惡劣的行為 —— 例如違反法律或監管政策、濫用權威、嚴重的管理失當、嚴重浪費資金；對公共健康有重大且具體的危害；對公共安全有重大且具體的危害等。當事人認為這些行為違反倫理道德和公共利益，出於道義，需要對外披露。由於當事人負有保密義務，這也使他面臨一定的倫理衝突 —— 即在公共職責、正義、真理之前，是否應該

違反保密義務及職業規守，對外披露保密信息？

3）對外曝光的動機及希望達成的目標：當事人是在明確知悉違規曝光的代價、風險、懲罰措施及後果的前提下，有意識地對外曝光；當事人的行為是為了引起權威機構或公眾關注，藉此改變現狀、糾正錯誤，緩解及消除負面影響等。因為不清楚知悉保密義務、保密制度或因疏忽而洩密的都不屬於「吹哨」。這是「吹哨」和普通信息外泄/傳播的本質區別。

4）對外曝光的對象：當事人違反了保密義務或匯報流程，就是為了實現上述目標（糾正錯誤的現狀），因此要選擇合適對象提供信息。實踐中，有的局限在機構內（但信息披露範圍顯著違反保密要求），但更多的是尋找相關/其他政府部門、執法機構/立法機構、正規媒體、社交媒體及特定平臺（如WikiLeaks）。

5）不得已的措施（whistleblowing as a last resort）──「吹哨」要違反一系列的保密義務與規程，這些保密義務與規程的設置本身肯定是有理有據的，保密也是當事人的責任。所以，突破規程也要有充分的理據。只有窮舉了各種可能性，認為通過體制內、體系內、機構內的常規流程是無法解決問題的，才出此「下策」，通過對外曝光解決問題。由於吹哨人是為了公共利益而違反保密義務及信息管理程序的，因此也可以被視為一種公民抗命（civil disobedience）。吹哨是帶有對抗性質的。由於吹哨肯定涉及保密義務與匯報制度，當事人依規應當受到懲罰。而由於吹哨往往涉及重大公共利益，社會也會酌情給予保護，許多國家和社會因此對吹哨予以適度的法律保護。例如美國有 *Whistleblowing Protection Act*，保護聯邦政府職員的吹哨行為。

綜上，「吹哨」不是普通的信息

Whistleblowing

A "whistleblower" discloses information he or she reasonably believes evidences:

- A violation of any law, rule or regulation
- Gross mismanagement
- A gross waste of funds
- An abuse of authority
- A substantial and specific danger to public health
- A substantial and specific danger to public safety

The Office of Special Counsel (OSC) provides a secure channel through which current and former federal employees and applicants for federal employment may make confidential disclosures. OSC evaluates the disclosures to determine whether there is a substantial likelihood that one of the categories listed above has been disclosed. If such a determination is made, OSC has the authority to require the head of the agency to investigate the matter.

To make a disclosure contact:

U.S. OFFICE OF SPECIAL COUNSEL
1730 M STREET, N.W., SUITE 218
WASHINGTON, DC 20036-4505

PHONE: (202) 254-3640*   TOLL FREE: 1-800-572-2249*
*Hearing and Speech Disabled: Federal Relay Service 1-800-877-8339

WWW.OSC.GOV

Rev. 12/05

傳播、共享，也不是普通的洩密，吹哨是一種公民抗命，一手信息知情人突破保密義務，通過對外披露信息來揭露不公和錯誤，尋求停止及糾正這種錯誤，藉此保護公共利益。消息的二次傳播者不能算作吹哨人。他們只是轉述原始吹哨人提供的信息。跟進報導吹哨行為的新聞媒體更不是吹哨人。這是英文語境對吹哨（whistleblowing）和吹哨人（whistleblower）的理解。這也是筆者每每看到「吹哨」這個字眼後的聯想。

2. 李文亮醫生符不符合狹義「吹哨人」的定義？ ——不符合

我們再來看李文亮醫生的情況：

1）是否符合吹哨人的身份即是一手內幕知情人？否。李文亮醫生是武漢中心醫院的眼科醫生，不是負責傳染病防控的醫生。他的職務身份並不能使他獲得相關信息（例如檢測報告、CT 視頻、流行病學診治及判斷等），同時也不具備做解釋與判斷的專業能力。李文亮不能對所傳播的信息負責。他是一個二手信息傳播者。

2）是否負有保密義務和後果？有一定的連帶保密義務，但責任風險可控。李文亮醫生雖然不是傳染病防控領域的經辦、負責醫務人員，但作為醫院職員，對院內信息肯定是有保密職責的。不能對外傳播病人檢測單也應該屬於基本要求（protocol）。而涉及重大公共衛生安全問題時，信息傳播則更加敏感，任何一個國家和地方都需要對這種信息進行管理。因此醫院領導會找他談話。但李文亮畢竟是二手信息傳播者，不能算保密第一責任人。他面臨的個人風險肯定小於初始信息提供者。此外，李文亮二手傳播並非出於惡意，動機可以理解，傳播的信息在當時時點上也不是假消息，因此可以預期並不會有非常嚴重的後果（責任風險可控）。這和「吹哨」行為有很大的不同。「吹哨」是和所在機構的嚴重對立、對抗行為，後果往往十分嚴重。這也是為什麼吹哨行為比較難得的原因。

3）是否有引發「吹哨」的因素及指向「吹哨」的抗命目的：否。李文亮醫生的動機非常單純。12 月 30 日下午，他看到了一則他認為非常重大的信息，為了及時通報、警示和保護同行，估計沒想太多就轉出去了。李醫生知道疾控主線的存在和正常運作，他的轉發信息不是因為他認為傳染病防控體系出現了什麼問題，需要什麼樣的揭露和整改，要糾正什麼樣的不當行為，要控訴什麼樣的瞞報

或失職，或要扭轉不利的疫情發展局勢。那個時點上，李醫生在判斷了信息相對可靠後，就決定在官方正式通報前，提前警示和保護自己的同行、朋友。李醫生也知道傳染病信息最終會由主線統一發佈。狹義「吹哨」的抗命性、對抗性在李醫生的行為裏均不存在。

4）從信息傳播對象看是否符合「吹哨」：否。李醫生通過私人渠道獲得了信息，但他的目的不是質疑、挑戰武漢的防控舉措與部署，只不是提前警示身邊的朋友。同時，為了明確這一目的，而避免造成更多的責任和麻煩，李醫生特地要求接收者勿將消息進一步外傳。這與狹義的「吹哨」行為完全相反。

5）如果李醫生被提前警示，那他還會不會轉發相關信息？我們做個假設，李醫生在 12 月 30 號下午因為工作忙沒有及時在微信傳播消息。傍晚武漢衛健委就發了通知，且中心醫院在體系內做了傳達，請醫生不要對外傳播消息（尤其是微信群等社交媒體平臺），請統一口徑，聽官方通報，違規者將嚴肅處理。結果會怎麼樣？筆者認為，在這種情勢下，他可能為了避免添麻煩也就不在微信群轉發了（但口頭傳播給其他人還是有可能的）。筆者這麼猜測不是為了貶低李文亮，而是希望藉此說明，李文亮恰恰就是個和大家一樣的普通人，不能只因為他轉發了消息就認定他有格外的勇氣和擔當。這和「吹哨」是不一樣的，吹哨是在清楚知道代價的情況下，為了實現公義而有意違背保密義務，是一種需要勇氣的抗命行為。

綜上可以看出，如果套用西方對「吹哨」的狹義定義，李文亮不能算做一個「吹哨人」。他只是一個信息分享者、二次傳播者。最後要再次強調，我們說李文亮不是「吹哨人」，並非不認可李文亮，並非不尊重李文亮，更非貶低李文亮，而是還原真實，實事求是。

3.「吹哨」概念的泛化：李文亮是中國的「吹哨人」

如前所述，西方理解的「吹哨」是有特殊內涵，是一種為了真理和公共利益挑戰規則、冒天下之大不韙的公民抗命，「吹哨人」可以是一個普通人，但「吹哨」是一種需要巨大勇氣的英雄行為。筆者不知道「吹哨」這個概念是何時正式出現在中國的公共話語裏的。估計經此一役，「吹哨」也會成為一個非常流行的用詞。最初把「吹哨」這個概念應用到李文亮身上的中國媒體人，竊以為對什麼

是「吹哨」都是一知半解，覺得有點接近就使用。另外，這個概念一看就是舶來，遠比爆料、揭秘之類的說法更加新鮮、時髦和高級，尤其是它指代帶有挑戰、抗命性的行為。媒體希望通過使用這樣一個國人並不熟悉的概念，把一個簡單的消息傳播行為進行更進一步的升級、昇華，賦予其更重要的符號意義。這也使得新聞報導評論看上去更有深度和檔次。而「吹哨」這個標籤又完全迎合了國內民眾對信息管制的一貫抵觸，以及抗疫初期對政府應對的不滿和不信任。中國有非常獨特的社會政治文化環境，一個舶來概念可以迅速被賦予新的內涵，適應中國的語境。傳播分享被限制和管制的信息屬於吹哨，新聞媒體報導內幕負面新聞屬於吹哨，分享或道出與主旋律不符、不和諧的事實或觀點也叫吹哨。還要考慮到中國人的含蓄、隱忍和克制，社會對個體的限制與約束，可能使得人們無時不感受到束縛和壓迫，這時，只要說出自己的聲音，對權威構成一點點挑戰或違和——都可以看作是「吹哨」。這就是「吹哨」概念的中國化。人們不知道也不關心「吹哨」在西方為何物，但「吹哨」在中國肯定被賦予了新的涵義與生命。在中國，吹哨的所指更加廣泛，門檻更低。吹哨不需要是激烈的抗命，更不需要是政治的。所以，在中國，李文亮又是「吹哨人」。

4. 西方的誤讀

這種西方概念在中國語境下的本土化就是西方人不容易理解的了。正如西方無法理解「公知」（public intellectual）這個概念在中國居然已經發展成為描述持有特定政治立場和取態的人士一樣。在西方，「吹哨」有具體所指。既然中國把李文亮比作「吹哨人」，那西方自然會根據字面理解去認識李文亮。美國政客對李文亮的表述就是完完全全遵照西方「吹哨」概念去對號入座的。他們認為——李文亮一定是一個負責傳染病防控的一線醫生（掌握權威信息的內幕知情人，符合「吹哨人」的身份特徵），他在一線工作中發現，病毒的危害性很大，且已開始廣泛傳播，同時政府和相關部門仍然存在系統性掩蓋、瞞報和不作為，對公共健康安全已經構成重大威脅（發現了需要「吹哨」的事項），為改變現狀，扭轉疫情的不利發展趨勢（「吹哨」的目的），他不顧個人風險，屢次三番向中國公眾、中國政府乃至全世界警示這個病毒的嚴重性，保護人們的健康與福祉（在明知風險的情況下，向合適的受眾「吹哨」以求達成糾正錯誤的目的）；

而政府出動執法機構對他進行威脅和禁言，使得傳播真相的力量被消滅（在這樣的國度裏當然沒有保護吹哨人的機制），傳染病錯過了防控黃金時間，一舉爆發，不可收拾，並最終波及全球，令全球付出巨大代價（集權體制的成功及「吹哨」抗命的失敗的結果）。李文亮是個「吹哨人」，他是一個勇於對抗中國體制的英雄。雖然他在強大的體制面前失敗了，但他是一名令人尊重的殉道士，應該鼓舞中國人民前行（美國政客說出的感人肺腑的結語）—— 與事實不能偏離更遠，而且讓每一位對祖國有感情的中國人無語。但這就是 2020 年的國際形勢和中美關係現狀。

中國將李文亮描繪為「吹哨人」，那是自找的：這個標籤可以完美、自動地契合到西方妖魔化版本的「中國防疫故事」裏。美國政客不需要更多事實，自己就可以基於對中國的偏見和敵視，把中國防疫故事的想像拼圖拼全。已經先入為主的西方人也再不會有興趣了解李文亮的實際作為。如果我們說李文亮只是做二手信息傳播，給自己的小圈子朋友提個醒，而不是西方描述的吹哨英雄，反中人士是不會相信的。他們甚至會認為任何淡化李文亮英雄行為的說法都是中國政府的造謠。越是淡化李文亮的作用，越說明中國政府造謠和「洗腦」的可怕，越說明紀念李文亮的重要性。

筆者認為，這些邏輯都是一環扣一環的：1）中國媒體人出於各種主客觀原因，不負責任地濫用西方「吹哨」概念；2）這些概念迅速在中國傳播，迅速本土化，被賦予新的意義，用來描述中國的人和事件（李文亮）；3）這些描述和標籤（吹哨人李文亮）重新出口到西方；4）西方繼續按照狹義去對號入座理解這些概念，產生誤讀。但這個概念又完全符合西方對中國體制的想像；5）李文亮最終成為西方歪曲、抹黑、妖魔化中國抗疫故事的最重要素材。當初引用「吹哨」概念的新聞人和評論者肯定是很不嚴謹的，但也不是不能理解，他們估計也想不到自己的選擇會帶來這樣的連鎖反應。

五、中國政府對李文亮的平反能否消解西方的中傷？

筆者認為：毫無作用。無論中國政府如何為李文亮平反，謳歌李文亮事蹟，派調查組進行專項調查，批評懲罰當時負責機構，事後將李文亮追認為烈士，都

不會獲得西方一絲一毫的關注和認可。而且悖論是，中國政府越是順應民情輿論，對李文亮的評價越積極正面，反中勢力就越認為李文亮是英雄，越認為李文亮的偉大，越認為中國政府有巨大責任。他們認為中國政府的一切的跟進行動都是在被推到牆角之下，為了維持統治所做的不得已選擇，即「共產黨在洶湧的批評下，為了維護統治，只得做出讓步」。

在西方對中國的基本敘事裏，中國人民和中國政府只能是對立的（當然這一條並不一定是抹黑中國，因為這就是西方政府與社會的關係），如果外界看不到對立，那麼只有兩種可能性：一是真相被壓抑、遮罩、管制了（只有被限制和遮罩的才是真相；流傳在公共空間裏的不可能是真相）；二是民眾被大規模宣傳洗腦了。在西方的敘事裏，民眾如果能夠由自己的自由意志驅動，那他們就不可能真的、由衷地認可和支持中國政府（支持＝洗腦），獨立、理性、自主的愛國是不可能的。

在筆者眼中，中國政府是中國社會的組成部份。政府與社會是共生的，構成中國的總體。武漢封城時，體制內人士和普通市民一樣，都是抗疫的主體，也都為抗疫付出了代價，政府不是高高在上、脫離老百姓的統治者。李文亮去世當日，筆者看到許多體制內人士與普通老百姓一樣刷屏，表達著一樣的情緒。大家都是公民而已。筆者相信，最高法 1 月 28 日撰文為「傳謠」者平反時，寫作者和普通民眾的心理是一樣的。寫作是由衷的，而不是在政治算計驅動下的違心反應。在李文亮事件上，大多數的公務員們、領導幹部們、廣大體制內人士們和普通市民看法可能並無不同。對李文亮的平反，與其說是政府的讓步，不如說是中國社會在 2020 年抗疫時的一個反思。積極地看，這個案例可能對未來都有指導意義。中國政府與社會的這種複雜的共生關係是西方社會所無法理解的。他們永遠只能通過政府 — 社會二元對立的模式去理解現代政治，因此無法理解中國。這就和美國人的職業經理人和工人都無法理解中國企業一樣（紀錄片《美國工廠》）。當然，如果他們真的理解了中國，只會更加恐懼中國。

六、假如信息自由傳播，李文亮能夠改變疫情進程麼？

聊完了「吹哨」，再聊聊李文亮能不能改變疫情進程的問題。

1. 如果李文亮傳播的信息得到正常流傳，會有什麼後果？

首先，如前面分析的，傳染病防控體系的主線是正常進行的，主線就是收集信息，獲取更多的流行病學信息，增加對傳染病的了解，盡快確定應對措施。這其中，還要同時兼顧信息傳播中的「及時性」和「準確性」，此二者缺一不可。

在 12 月 30 日至 1 月上旬這個時點，無論李文亮是否參與信息傳播，都不會根本改變主線及疫情發展趨勢。李文亮作為中心醫院的醫生，肯定知悉主線的存在，他並非嘗試質疑和糾正主線，傳播信息就是為了提前通知。作為一個個人信息傳播者，他不需要兼顧公共衛生緊急事件信息發佈中要把握的「及時、準確」原則，因為這是公共治理者的責任。如果李文亮傳播的信息沒有受到任何管制和約束，會有什麼後果？筆者推演如下。

1）社會關注。首先，12 月 30 日下午的信息傳播之所以能夠引發公眾關注，和武漢衛健委的兩個內部通知被同時上傳有很大關係。單憑李文亮醫生傳播的檢測報告和 CT 視頻，還未必能夠引起足夠關注。武漢衛健委發佈的內部通知讓人們相信有呼吸道傳染病爆發的風險。

2）公眾行為不會因此而發生變化。僅憑這些信息仍然不足以改變大眾的行為。中國公眾的呼吸道傳染病防控意識本來就比較低。SARS 歷史已經有些久遠，武漢這樣的城市並無 SARS 的經歷。所以，大部份人仍然會按照固有的方式生活，等待政府的正式警示。

3）消息發酵。在 2020 年的互聯網信息生態圈裏，如果消息能夠自由傳播，事情還是會在一到兩日內發酵，期間可能還會有更多的信息傳出。重大危機前政府需要每日更新信息，就是為了防止不可靠的傳言。

4）民眾的疑惑和擔憂進一步加劇，但不會系統性改變行為。更多的人可能會有所恐慌，但大眾不會僅僅因此就系統性地改變行為 —— 而在 COVID-19 疫情爆發之前的世界裏，人們對呼吸道傳染病防控所知甚少，更不知道什麼是大規模社交隔離。其他國家的實踐還說明，即便疫情已經爆發，要想強迫大部份人口進行社會隔離還是很困難的。

5）政府做出正式回應，但並不會提供更多信息。政府這時發現，必須做出正面回應了，需要對社會上流傳的消息進行解釋說明。但政府能出來說什麼呢？肯定和 12 月 31 日之後武漢衛健委每日通報的信息一樣，不會更多。一開始病例

不多;有發熱等症狀;初判病原體是病毒但明確排除 SARS。這些說明都不會在當時系統性改變人們的行為。另外,政府作為信息發佈者,需要兼顧及時性和準確性,在現實中疾控專家對未知流行病的了解是逐步增加的,有一個過程。但一方面要及時對公眾提供信息,避免疫情爆發,另一方面又要避免發佈不準確的信息以造成公眾恐慌。這個平衡點很不容易把握。觀察者容易低估傳播不準確信息或誤報隱含的代價。

6)即便政府更早提出懷疑有人傳人和醫護感染,也不會系統性改變人們的行為。如果武漢衛健委在通報中說得更加謹慎保守,「不能排除病毒有人傳人的情形」,或提早數日公佈有(疑似)醫護感染,是否會改變人們的行為?筆者認為不會改變人們的行為。因為公眾對呼吸道傳染病的認知本來就非常有限,人傳人本身也不稀罕,流感也可以人傳人。不會因為武漢衛健委一公佈有人傳人,武漢人就都不上街了。人們做出什麼樣的反應取決於對新型傳染病嚴重性的判斷。

7)各種社會聚集活動將依舊發生,疫病傳播場景不會自動消除。例如開學、開工,開市等,都不會因為僅僅在社會上有消息傳播或衛健委通報(且假設衛健委明確說懷疑人傳人)就發生系統性變化。除非政府強制,否則各種活動會依舊進行。疫病的傳播場景仍然存在。

8)公眾社交行為不會因為領導人對疾控講話定調就發生系統性變化。回到1月20日的武漢。哪怕出現更多的異地及本地傳播病例,衛生部門提前就公佈了人傳人、醫護感染證據,到領導人發話強調傳染病防控的迫切性及重要性,公眾的行為仍然不會因此而發生系統性變化。當時的武漢,該出門出門,該吃夜宵吃夜宵,該打麻將打麻將,該串門聚會串門聚會。人們正在準備歡度春節。

9)只有在政府採取激進的社會隔離措施之後,人們的行為才可能轉變。激進措施即各種社交隔離措施,包括升級到公共衛生一級響應、全面停學停工停市、全面暫停公共聚集活動、進行大規模的出入旅行限制(封城)等。這些措施除了能夠直接降低疫病傳播風險,還能極大地提高人們的風險意識:政府採取這樣的行動只能說明傳染病極其嚴重,公眾必須打起十二萬分精神防護,這就是「SARS 化」。

10)因此,傳染病防控的關鍵並不在於民間的信息流傳,而取決於防控主線的推進。主線即指官方對傳染病的流行病學認知、信息通報口徑,以及所採取

的具體防控措施。公共衛生決策必須科學、合理、適當，考慮風險與收益的匹配性，不能拍腦袋決策，過激、過度的做法也會有很大的社會經濟成本。而流行病學認知的積累又是需要時間的。

11）只有在1月初就對武漢大規模社會隔離才有可能逆轉疫情。只有在一種情形下，才有可能滿足「早點聽了李文亮的話就會改變疫情發展的趨勢」的假想 —— 即官方、疾控主線採取絕對的風險零容忍態度，在有限的流行病學認識下，只要懷疑這個病有一點接近 SARS 的可能性，就要先按 SARS 處理再說 —— 以迅雷不及掩耳之勢啟動一級響應，採取最強力措施進行人口管控。比方說，在1月15日武漢僅有41例已知確診病例時，就停工停學停市封城。只有這樣，才能最大程度阻止本地傳播，才能防止500萬人出城。顯而易見，這完全違反人類社會的公共衛生治理實踐與常識。沒有任何一個國家或政府可能這樣做。

李文亮的消息傳播不會改變 COVID-19 疫情發展的邏輯與趨勢。絕大部份人並不會根據坊間的消息傳播改變自己的行為，人們需要政府的官方通報及行動。只要政府不統一部署，不提出強制措施，則公眾的行為模式不會發生系統性的變化。

因此，未來提高傳染病應對能力只能落在疾控主線 —— 如何在更短的時間內做出準確響應，而不是支線（鼓勵坊間消息傳播）。

回過頭來看最高法院1月28日的文章《治理有關新型肺炎的謠言問題，這篇文章說清楚了！》中的一句話：

> ……事實證明，儘管新型冠狀病毒感染的肺炎並不是 SARS，但是信息發佈者發佈的內容，並非完全捏造。如果社會公眾當時聽信了這個「謠言」，並且基於對 SARS 的恐慌而採取了佩戴口、嚴格消毒、避免再去野生動物市場等措施，這對我們今天更好地防控新型冠狀病毒感染的肺炎，可能是一件幸事。

這個想法是非常理想化的，頗為天真。現實世界不是這樣推演的。歷史也沒有如果，李文亮發佈的信息即便不受干擾，疫情發展的邏輯也不會改變。當

然，這都是人們在 COVID-19 之前的世界的行為模式。COVID-19 後的世界就不同了。人們有了新鮮出爐的經驗，風險偏好會發生改變。如果再有 SARS 出現的坊間傳說，估計很多人會先戴上口罩再說。所以，COVID-19 是對中國民眾史無前例的公共衛生洗禮，將在相當長一段時間內影響人們的行為。

七、「狼來了」問題 —— 誤報也是有代價的

1. 及時、準確都是突發公共衛生事件信息發佈的重要原則

相關原則在法規裏也有體現。以下引用有關法規來說明：

> 《中華人民共和國傳染病防治法》第三十八條
> 國務院衛生行政部門負責向社會公佈傳染病疫情信息，並可以授權省、自治區、直轄市人民政府衛生行政部門向社會公佈本行政區域的傳染病疫情信息。公佈傳染病疫情信息應當及時、準確。
> 《國家突發公共事件總體應急預案》
> 突發公共事件的信息發佈應當及時、準確、客觀、全面。3.3 發生突發公共事件後，及時準確地向公眾發佈事件信息，是負責任的重要表現。對於公眾了解事件真相，避免誤信謠傳，從而穩定人心，調動公眾積極投身抗災救災，具有重要意義。4.2.1 (7) 信息發佈：突發公共衛生事件發生後，有關部門要按照有關規定作好信息發佈工作，信息發佈要及時主動、準確把握，實事求是，正確引導輿論，注重社會效果。

疫情爆發後，公眾往往會抱怨政府的信息發佈及應對不夠及時，傳染病未在更早的時候被控制。而從李文亮信息傳播的例子看，人們認為信息不準確並沒太大關係，關鍵要能夠「及時」出來。背後原因，是 COVID-19 在事後證明很嚴重。因此，回過頭來看，其一，還好採取了嚴厲措施防控。其二，如果能在更早的時候採取嚴厲措施防控就好了，最好從第一天即按 SARS 處理。但這是一種事後判斷，因為在 12 月末 1 月初我們初面臨這個新型傳染病時，對其了解很有限，尚不知道它的嚴重性。甚至 1 月 22 日政府封城時，對 COVID-19 也缺乏大

數據分析，驅使中國政府採取超強力防控措施的原因是擔心它是 SARS，極力希望避免重演 2003 年 SARS 時的不力應對，且已處在春運前的當口，需立即做出重大決定。這個決策甚至有一定的「賭博」性質。如果 COVID-19 最後被證明是一種較輕的疫病，死亡率非常低，真的只是個「大號流感」，筆者相信輿情的發展就不一樣了，人們會反過來批評政府決策武斷：在沒有充足的流行病學知識作為依據，慎重考慮各種可能性之前，就出臺過於嚴厲的措施，限制了人民出行和日常生活，給社會經濟帶來巨大的代價，讓普通人買單。在那個時候，不太可能會有人說：「如果我們早點聽信李文亮的話，認定它是 SARS 就好了」—— 而是會說：「當時流傳說 SARS 確實有問題，製造了很多不必要的恐慌，這病根本就沒那麼嚴重。」「這是拍腦袋決策啊！」「過猶不及、勞民傷財啊！」

可見，未知的新型傳染病疫情爆發後，病越危險，對公共健康構成的傷害越大，公眾越會側重強調初期信息發佈與傳播的及時性。未知新型傳染病疫情爆發後，這個病越溫和，對公共健康造成的傷害越小，公眾越會側重強調初期信息發佈與傳播的準確性。人們永遠都會在事後做評價，決策者也沒有辦法，只能承擔政策帶來的各種可能後果。

2.「狼來了」問題：「消防體系」與「傳染病防控」

「不及時」的信息傳播毫無疑問會有巨大的成本與代價。但「不準確」的信息傳播也是有巨大社會成本與代價的。但後一種的成本與代價可能更難讓人覺察。筆者舉個生活中的例子補充說明 —— 現代公共建築（如辦公樓）的消防體系。標準辦公樓的消防體系包括：

—— 基礎體系：防火分區（防火牆、窗、門等）、消防器材、設施及疏散通道；

—— 電子體系：煙感探測器、自動滅火、防排煙系統、防火捲簾等；

—— 人力體系：分佈在中控及各樓層、區域的值班人員，監控即時狀況；

—— 管理體系：從日常維護到火情出現時響應的機制、流程等；

—— 外部體系：外部消防機構，在觸發火警後前來救援。

如果把火災簡單比喻為傳染病的話，則消防體系 = 傳染病防控體系，寫字樓裏的人員 = 社會居民。

煙感探測器是現代高層建築消防系統中極重要的一環，在火勢初期階段幫助探測火情，並迅速報警，對於及時阻止火勢蔓延有關鍵作用。煙感報警器主要是探測煙霧，在煙霧濃度達到設定的閾值時，就會發出報警聲，並將信號傳給中控。

我們都有這樣經驗：衛生間的煙感器突然響了，往往是有人抽煙所致。這時，煙霧濃度不夠，不會啟動更高級別的警報響應。樓層安保、物業會迅速注意到並前往甄別、排查。如果並無火源，就是虛驚一場，警報很快消除。這種事情頗為常見。如發現確有火源，就要積極應對了：利用人工或自動噴淋系統及消防器材進行撲滅。大型建築也都設置了防火分區，可以一定程度抑制火勢蔓延，將人員進行安全分隔。總之，樓宇的維護人員會根據具體情況確定響應機制。有一整套流程可以遵循。

但管理者不會做的是：不做具體的甄別排查（認為這浪費時間），也不設置分級、升級響應機制（認為也浪費時間），一旦出現局部警報，就立即建議全樓疏散，並撥打火警，請消防員來救火。

如果這樣，在樓裏辦公的人可能每天都要被疏散到街上，然後每次都發現是虛驚一場。這樣的事情只要重複幾次，人們就會抱怨，認為消防體系誤報太多，不可置信。警報再來，人們就不會疏散，選擇留在座位，「過幾分鐘就沒事了，肯定又是誤報」。

這就是「狼來了」現象。過度頻繁使用最高級別警報其實是一種過度反應。過度反應其實是一種濫用，不但「勞民傷財」，還會透支警報系統的信用，使得人們麻痺、鬆懈，從而使警報體系失效。

因此，對所有災害都需要設立分級體系，必須伴隨災害的升級而相應將應對升級。有效的警報系統是一種非常稀缺的、寶貴的資源，成熟的社會需要保護而不能濫用這個體系。濫用這個體系同樣是有代價的。

3.「事後諸葛亮」看 COVID-19 防控

回到李文亮的消息傳播。如果要改寫歷史，只能讓我們的疾控體系完全放棄信息發佈的準確原則，採取風險「零容忍」態度，「寧可錯報一萬次，不可漏報一次」。一旦出現未知呼吸道傳染病，就要做最壞的假設，並向社會公眾宣

佈：「本市不能排除出現新的疑似未知傳染病，不能排除為新型冠狀病毒同源病毒、某某新型流感，或任何其他新型傳染病，不能排除人傳人，建議市民及企業單位採取嚴格措施防止病毒傳播。」

每次警報，都會搞得市民一片恐慌，到最後，政府再出來「擦屁股」說：「不好意思，又是虛驚一場，其實並沒有出現我們懷疑的傳染病，和上次一樣，我們還是為了保持最大的警惕，善意提醒市民這一風險。」

如此，社會很快就會陷入「狼來了」境地。警報體系很快就會形同虛設。一個採用「寧可錯報一萬次，不可漏報一次」機制的社會，是不具備有意義的傳染病防控體系與能力的。怨聲載道的市民會要求政府重新出臺分級的疫病防控機制。

而就 COVID-19 疫情本身而言，人們之所以認為李文亮傳播消息很重要，也是因為後來發現這個疫病的嚴重性。但實際上，內地疫情發展到 3 月份時，湖北以外地區病死率控制到了 1% 以下。當然也有些人就認為防控有些矯枉過正 ——「這個病其實就是個『大號流感』，武漢病死率高的原因是封城導致的交叉感染及醫療資源擠兌。」

筆者認為，也是基於這個認知，使得新加坡、美國、英國等國一開始都對 COVID-19 不以為然，準備按「大號流感」處理。直到遠超人們預期的病死率從意大利擴散到法國、荷蘭、比利時、英國，瑞典、美國，才讓人們意識到問題的嚴重性。國人現在都慶倖當時「封城」真是封對了。這時，以英美為首，在疫情初期錯誤把 COVID-19「流感化」應對的國家又重新回過頭指責中國，並找到李文亮這個具體源頭做文章。

4. 傳染病防控遠比消防複雜

筆者把傳染病防控與火警作比較，但其實二者又有很大的區別。

1）火雖然可怕，但人類熟悉火，防火基本都是一套方法。但傳染病卻是各自不同的，按嚴重性可分為甲類、乙類和丙類，不同傳染病的病原、傳播途徑、傳播能力不同，防控和治療方法也不同；

2）火能夠傷害一個樓宇裏的人員，但不會在人類身上傳播。一棟寫字樓出現火情，就是要在最短時間裏讓人員疏散，離開這棟樓宇。傳染病不同，可以在

人身上彼此傳播，每一個被傳染的人都會成為「火源」。所以，傳染病防控除了需要知會公眾之外，還要考慮對公眾進行隔離。這個平衡點極難把握。如果時機和口徑把握不好，就會造成恐慌，導致人們擠兌醫療資源，增加交叉感染，或者大規模逃離城市，將病毒帶出（美國就出現紐約人逃離紐約，將病毒擴散到其他城市的問題）。這些都使得傳染病防控體系十分複雜。

2020 年 COVID-19 應對，沒有哪幾個國家做得很好。新加坡第一波控制住，第二波爆發；以色列一開始被中國崇猶者吹捧為「這次防疫裏做得最好的」，結果大爆發；GHSI 指數評選的「13 個對傳染病防控準備最充分的國家」中大多比中國內地及湖北省表現還要差。

而中國是第一個在各種不確定之下，以較弱的醫療基礎設施及公共衛生認知水平下應對這個未知傳染病的，可見難度之大。

八、一點總結及建議

1. 即便當時讓李文亮（們）自由傳播信息，其實也不會改變歷史，不會影響傳染病防控主線及疫情爆發的趨勢。主線是獨立、按照自己邏輯進行的。中國這次做得很不錯，但要在未來進一步提升防控水平，只能在主線上下文章。

2.「當初如果聽了李文亮的話⋯⋯」這種判斷都是不專業的，可以這樣隨便說說，但不可能用來真正指導重大公共衛生緊急事件中的信息發佈。信息發佈必須遵循「及時」和「準確」的基本原則。傳染病防控必須以科學為依據，必須有漸進的分級響應機制，風險零容忍下的拍腦袋決策也是不負責任的；濫用公共響應系統除了短期代價之外，還會有中長期代價。

3. 人們同情李文亮，因為他是個凡人。但筆者以為，人們不一定在說：「李文亮雖然是個凡人，但『小人物也可以拯救地球』，用勇氣和擔當做了一件本可以改變歷史的英雄事蹟」，而是說：「當時李文亮做的其實就是非常普通和自然的事，是我們都會做的，沒什麼了不起的，但他卻因此遭到不公正的待遇」。他的無助才是人們的痛點。

4. 筆者認為在面對重大公共衛生事件時，是需要對信息發佈進行管理的。尤其是醫護人員，他們身份特殊，被認為掌握醫學權威，在對外傳播信息時就要

更加慎重，醫院可以制定規章制度，限制醫護人員隨意對外發佈信息。日前，英國 NHS 剛要求醫護人員不得擅自對社會討論 COVID-19。所以，筆者以為，李文亮傳播信息後醫院和衛生執行部門是可以找李文亮談話的，可以要求他注意信息保密，聽從權威部門統一對社會進行信息發佈。如果李醫生認為這種信息管制有嚴重問題，不符合公共利益，那他仍然可以堅持對外公佈，這時他違反了規章制度，就成了狹義的「吹哨人」。

5. 李醫生傳播信息的初衷是為了保護同行。畢竟醫生是最容易受到傳染病波及的人群。所以，醫院對醫護人員的保護標準也應該更高，他們除了要求醫護人員注意恪守對外信息發佈原則外，還應該提出具體的保護措施。這次疫情初期，武漢衛健委開啟行動調查不明肺炎，但武漢中心醫院仍禁止許多科室醫生佩戴口罩，使得李文亮等醫生被感染，這是不能接受的。筆者比較樂觀地相信，經歷 COVID-19 一疫，醫院的做法會改變，會更加積極地引導醫護人員穿佩戴傳染病防護用具。

6. 另外，對信息發佈的規範應該從源頭著手，管住源頭。而源頭往往就是醫生（例如艾芬醫生），針對醫生，在醫療體系內做好引導工作即可。

7. 要絕對避免使用執法機構、警察去對消息傳播者進行警示和訓誡。在醫療體系內去規範醫護人員的信息發佈即可，不需要動用執法體系，這給當事人及社會的觀感和影響都非常不好。

8. 在發生重大公共衛生緊急事件時，100% 會有各種信息洩露，只要把這個當做必須應對的常態事件就可以，不用將信息洩露視為不可控的洪水猛獸。在聽到政府官方通報之前，絕大多數人口的行為並不會發生系統性改變。衛生部門要做的是及時進行統一的信息發佈，對社會上的流言要做正面回應，向公眾客觀、全面地呈現各種知道與不知道的信息。如果一方面高調進行信息管制（例如派出所出面，訓誡「造謠者」），同時衛生部門又只能提供有限、含糊的信息，給人的觀感就很不好。

9. 李文亮不算西方語境下的「吹哨人」，「吹哨」概念被中國本土化了，賦予了更加寬泛的概念 —— 甚至只要說出不同的聲音都可以算做「吹哨」。

10. 但李文亮被標籤為「吹哨人」後很容易被西方人誤讀，因為「吹哨」這個概念和反體制、對抗、抗命是掛鉤的，能夠完美地契合到西方版本的中國防疫

故事裏，成為反中素材。李文亮不再是在醫生圈內進行小範圍不對外的二手消息傳播的人，而是「第一個發現了 COVID-19 疫病，並屢次三番向國人與世界警示病毒存在，並遭到打壓迫害的醫生」。這種轉化是中國民眾之前想像不到的。中國民眾經歷本次疫情應當更加看到中國所面臨的國際環境的高度複雜性。

11. 李文亮醫生去世兩個多月了，今天的中國民眾應當能夠更加客觀、理性地評估李醫生去年 12 月 30 日的消息傳播行為。今天我們說李醫生不是「吹哨人」，或說李醫生的消息傳播並不能改變歷史，不是要矮化李醫生，也不是不尊重李醫生，而是實事求是，還原現實。把李醫生捧得越高，西方對中國的誤解越大，越不利於中國面臨的國際環境；對李醫生實事求是，才能有助於在國際上講好中國防疫故事。

12. 李醫生是一名共產黨員。我相信，如果告訴他：你的行為會使你在身後變成反中素材，美國政客要用你的名字給制裁中國官員的《國際公共健康安全問責法》命名，你接受麼？我相信李文亮是不會接受的。他肯定不希望看到自己的作用被曲解，不希望看到自己身後被利用，被迫扮演這樣的歷史角色。所以，實事求是，還原現實，也是尊重李文亮及其家人。

18 就方方日記海外出版與 西方新聞人的溝通嘗試

2020/04/18

在《方方日記》的英文版及德文版在海外正式登場之前，國內激烈的輿情本身就先引起了海外的關注 —— 這毫無疑問是幫《方方日記》做了個廣告。不過說實話，西方對中國的興趣很有限，筆者還真的不認為這本書在國外能有多大市場。

大約一週前，筆者見了 *Economist*（《經濟學人》）的一位駐華資深記者 R 先生，我們聊了很多，包括方方問題。他非常關注中國互聯網上針對《方方日記》海外出版的輿情，希望報導這個事件。

R 先生是《經濟學人》最資深的新聞人之一，有近 30 年的從業經驗。他最早在 *Daily Telegraph*，早在 1998-2002 年就在中國工作過。2007 年他加入《經濟學人》，主要寫專欄評論，曾經是經濟學人幾個最知名區域專欄 Charlemagne（關於歐盟）、Bagehot（英國）、Lexington（美國）的主筆，現在負責 Chaguan（中國）。2010 年，他得過路透社的 Reporting Europe 新聞獎。2013-2018 年他擔任華盛頓總編，報導美國，曾多次訪談過 Trump。2018 年，他來到北京擔任中國主編，去年寫了中美關係特稿，在西方政界高層廣泛流傳。

R 先生的履歷很強，即使在《經濟學人》這樣的頂級西方媒體裏，這樣資深的記者應該也很少。和這些報導中國事務的西方媒體人充分溝通是非常重要的，能幫助他們從不同的角度去了解中國。我跟他說，在本世紀初的時候，我還挺愛看《經濟學人》，曾經訂閱過數年，幫助我了解了許多信息。

《經濟學人》是週刊，如果作為時事報導，文章時效性略遜色，因此就

深耕評論，以深度分析見長，但這種分析難免主觀性過濃。我後來逐漸地發現《經濟學人》意識形態導向性太濃，如古典自由主義、自由意志主義（libertarianism）、全球主義（internationalism/globalism）等，尤其這個雜誌非但不避諱主觀性和立場偏向性，還專門以影響、引導讀者的觀點為榮。

伴隨知識和閱歷的積累，《經濟學人》在我心目中的地位不斷下降。我覺得他們最擅長的還是文字本身，屬於寫作風格層面的東西。另外圖表運用也很不錯，用來給大學生學習提高英語寫作能力是不錯的，但在我看來，這個雜誌對文字本身的關注已經超過內容了。但凡是我們比較熟知的一個話題，就會覺得他們的分析還是缺乏深度和準確性。但不管怎麼樣，每週拿起一本雜誌，看看他們對全球事務品頭論足，包括各種尖酸刻薄、帶有調侃性質的英文，還是挺有意思的。我從這個雜誌學到最多的其實不是他們對國際事務的報導，而是他們的價值取態，這種取態在西方非常有代表性。

美國的不少上層精英也愛看《經濟學人》，這本週刊最大的市場應該就是美國。美國人大概認為這個英國出版的古典自由主義週刊在文化上更高級，在國際事務上更「sophisticated」，有點英帝國的遺風。

我同 R 先生說：「你們的雜誌後來我也不太愛看了，太主觀、opinion-forming，內容偏頗。你們關於中國報導其實我很多年沒有看過。我的很多朋友認為你們現在是西方媒體裏最反華、最偏頗者之一。」我同他提到西方媒體的偏見。作為一個資深的嚴肅媒體記者，這個論斷肯定是他非常難以接受的。他認為至少他是在努力地還原真相。

我說，很多偏見是不自知的，比方說種族主義。作為主流自由派，你肯定反對種族主義。BBC 有個紀錄片，說每個人在認知上都是種族主義的，這種偏見不可察覺，是在無意識層面的。我們看待社會問題始終會受制於自己的認知框架（frames of references）。我其實並不懷疑資深記者寫作的誠意，看得出來他是很認真的新聞人，但要做到擺脫成見，摒棄既定假設，虛心地去了解另一個社會，避免主觀論斷，是非常不容易的。

說回到方方事件，我表達的看法是：

1. 中國國家很大，不同人有不同的看法。英國有主張脫歐，也有主張留歐的；美國有一半人憎恨 Trump，還有一半人支持他。人們有不同的觀點非常正

常。方方受到批評也是正常的，她有權利在海外發表，人們也有權利表達自己的看法。

2. 代際因素是非常重要的。對任何一個社會進行政治分析時都要考慮年紀因素。譬如說 Trump 粉絲是老白人，而非 millennials；香港和臺灣政治運動的驅動者都是年輕人，等等。中國社會變化非常快，年輕一代有不同的看法。他們代表中國的未來，必須尊重和了解年輕人的想法。

3. 年輕人比上一代受過更好的教育，對西方更加了解（大城市中產裏，很多人都是海歸）。年輕人經歷了中國改革開放以來的蓬勃發展，他們更加自信、前瞻，為自己的身份感到驕傲，他們不願意再接受過去「西方優越、中國落後」這一套簡單粗暴的二元對立。無論在心態上還是知識上，他們都能夠更加平等地看待西方與中國，對西方與中國進行客觀的比較。他們能夠批評中國，也能夠批評西方，他們不願意接受西方居高臨下的審判。

4. 中國新一代是有反美主義的。但這個反美主義（anti-Americanism）和全球許多其他地方一樣，主要是針對美國政府、美國的外交政策，而不是普通美國人、美國的文化及美國的生活方式，這一點西方要看到。

5. 必須對愛國主義和民族主義有所區分。我是一個愛國者（patriot）。我身邊有許多和我一樣的人。我對國家的看法是有代表性的。

6. 另外，當我論及年輕人的時候，我也不能代表所有年輕人，因為我不了解所有人。我所指的更多是在大都市生活，受過高等教育的年輕人，70 後、80後、90 後……

7. 方方是老一代的人。他們是我們無法改變的、逐漸消逝的一代。他們活在過去，把認知、體驗和價值觀建立在中國制度的對立面上，把西方／美國過度理想化，視為燈塔和歷史發展的終局。他們不能承認中國社會在進步，不能承認中國社會在以與他們設想不一樣的方式發展，無法和社會和解。他們雖然崇尚西方／美國，但又不會說英語，對西方／美國所知非常有限，不足以對西方形成客觀評價。他們也缺乏國際經驗與國際視野。他們對西方是仰視的。這些都是年輕人所不能接受的。

8. 他們過去的經歷一方面限定了（conditioned）他們的思維和想像力，另一方面也塑造了他們的行為。當方方認為只有她的歷史經歷才有發言權，並給對

方貼上標籤時，她就在試圖限制他人的言論自由，她容不得批評，內心是專制的。當她指責對方是「極左」，暗示他們是紅衛兵時，她本人 —— 而非她對面的批評者 —— 正是文化革命的幽靈（specter of the cultural revolution）。她是過去的遺物（remnant of the past）。她的行為是年輕人所不能理解和接受的。

9. 也由於方方只能這樣理解一個政治體／社會內部民眾—政府的衝突，缺乏任何的國際經驗，所以不知道自己的行為會產生什麼影響。中國在國際上完全缺乏聲音，西方對中國充滿偏見，而方方日記又非常符合西方對中國抗疫的妖魔化敘事，因此非常容易被西方關注，並對西方理解中國抗疫故事產生不成比例的影響（disproportional impact），並成為西方「反中產業」（anti-China industry）的組成部份。作為愛國者，我們對此感到失望，但也完全尊重她在海外出版日記的自由和權利。

10. 在中國的抗疫上，西方與中國好比平行世界。西方對中國是妖魔化的，不相信中國的舉措，不相信中國的數字，並找茬批評。在這個問題上，非常有說服力的是中國海外學生的表現。他們千方百計地從美國和英國「逃回」中國，這說明他們對自己政府有十足信心，也說明中國與西方處在完全分離的兩個平行宇宙。

11. 另外，我認為，中西分野的大勢是很不易克服的。方方日記出版被西方誤讀也好，利用也好，都有某種必然性。對此我個人採取的是完全抽離的態度，我的任務就是盡自己所能，為中國的讀者寫作。努力地提供更多的信息、更多的分析、更多的批判思維，為中國讀者賦能。我相信日後一定會有一天，形成一種新的信息不對稱，即中國讀者對西方的理解大於西方對中國的理解。這也說明中國互聯網上關於世界信息的品質。這才是我關心的。

12. R 先生問及中美關係大勢。我的看法是一切都取決於 Trump，而不在於中國，不在於其他國家。如果美國的抗疫形勢非常糟糕，或者經濟不好，那麼Trump 就會將責任推給中國，尤其在選舉季。這就會影響中美關係。（R 先生和我一致的看法是 Trump 只關注他自己，既不關注美國老百姓也不關注中國。）

13. 我花了不少時間跟他解釋西方社會的政府—社會對立模式不適用中國，就和西方企業勞資對立關係不能用來解釋中國和東亞社會的企業一樣。中國政府、社會、個人都是共生的（symbiotic）。政府是社會的一部份。另外，一定要

避免用共產主義的視角去理解中國社會，這只會過度政治化而讓人迷失本質。理解中國最好的方式就是把他看作一個傳統東亞社會。

另外，筆者在聊天中沒有具體講出來的是：方方是過去的產物。以方方為代表的一些人，他們有某種創傷後精神障礙，某種受迫害妄想症，他們被困在過去的陰影裏無法走出，甚至不願意走出。因為歷史創傷給這種文人提供了談資、精神資歷（credential）、特權及優越性。上綱上線貼標籤，在年輕人看來，這才是文化革命遺物。把極「左」帶回的其實是方方本人。只有這一代老去，我們才能擺脫歷史的後遺症，擺脫過去。方方們正符合我在去年香港運動中定義的「self-hating Chinese」（一個援引自 self-hating Jew 的概念，為「恨國黨」這一流行說法提供心理分析及跨文化參考）。

後來《經濟學人》的專欄寫出來了。我看了看，基本和我的預期一樣，該有的偏見和敘事依舊存在。這篇文章簡單介紹了一下方方日記經歷的輿情轉變。一開始被數百萬人追捧。因為方方「少見的坦白」（rare candour），網友們爭先恐後地在被刪帖前複製傳播她書寫的日記，粉絲們高度肯定她對武漢封城時期的紀錄。但是，一個自稱高中生的人寫公開信給方方，批評她的日記寫作。方方正面回應，網友對方方則全力支持。《經濟學人》對方方日記的內容完全是正面的，我理解作者主要依賴 2~3 月份中國網友的正面回饋。

轉振點發生在方方打算在海外出版日記。R 先生記錄了網友們激烈的反應，絕大多數充滿敵意和對抗。網友們指責方方「你不配」，並稱她吃「人血饅頭」。一位武漢醫生批評方方，稱她為中國的敵人提供了武器，得到了 11.8 萬個贊。針對方方的各種「陰謀論」滋生，官媒亦順勢跟進，包括《環球時報》報導有人爆料方方有五棟別墅等。R 先生指出網民對方方與外國出版商合作引起的公憤，「當一個坦誠的中國作者被外國人接納時，所有的動機都令人懷疑」。文章後面引述了一些與我的談話。包括：

1. 方方一代人對西方是過度理想化的；

2. 日記的出版為「反中產業」提供素材；

3. 新一代年輕人中國人更有信心，能夠客觀地比較中國與西方；

4. 中國人看到了美國的系統性缺陷，留學生從英美逃回中國就是他們對祖國政府信心的表現；

5. 西方擁抱方方就在於她批評了政府；

6. 方方的聲音會對西方心目中的中國抗疫故事產生不成比例的影響；

7. 由於中國在世界深感孤獨，缺乏聲音，所以許多人感到失望。

文章最終的基調當然是負面的，結尾是：「目前，主導中國公共話語的是民族自豪及對西方的反感，人們普遍認為西方懷有惡意。如果一個坦誠的同胞幫助西方的話，數百萬網友要求的是減少言論自由。這是專制者的夢想。」

我覺得寫成這樣是完全可以預見的，毫不奇怪。能夠引用中國的聲音已經很不錯了。我去信表達以下觀點：

1. 感謝寫作中包括的不同聲音，雖然我不同意文中許多觀點，尤其是最後一段話，人們要求更少的言論自由，這是不對的。

2. 西方自由派的敘事，專制者利用民族民粹主義網絡支持以維持權威主義統治，這個太方便，太簡單，而且過時了。對於年輕一代中國人來說，這也沒有給予他們真正的道德尊重，認為在中國制度下他們就不可能是自治（autonomous）的道德主體（moral agents）。這樣的敘事不僅貶低他們的認知與道德能力，而且也會貶低他們的道德價值 —— 當我提到這一點時，是嚴格遵循西方的康德自由主義傳統的。

3. 是時候重新審視、重新評估這整個範式了。把現有的偏見放到一邊，看看年輕一代中國人腦子裏真正思考的東西。

4. 在看待這些問題時我是絕對沒有情緒化的，相反，十分抽離。我認為文明的衝擊是更大歷史力量的結果，是個人努力所無法克服的。我的職責就是寫作，在這個重大歷史時點下，為讀者提供更多的信息與批判思維。

5. 在提及中國政府的時候，應當避免使用共產黨的說法，因為用這樣的標籤面向西方讀者時只會引發恐懼、敵意、偏見，或至少是政治獵奇。

R 先生非常友善地跟我介紹了他作為自由派對民族主義的擔心，以及所了解到的方方在網絡上遭遇的暴力。其中，民族主義是最大的痛點。（筆者一再說，西方自由派及知識精英最害怕的就是 nationalism。）

我回信如下：

我了解哲學、政治與歷史，完全能夠理解西方自由派對民族主義有所

懷疑，顯然這是歐洲歷史所致。因此，這就是我去年寫香港運動時使用的主旋律。我寫了本土主義、部落主義、地方主義、民族民粹主義、民族中心主義、排外主義、種族主義及其他形勢的偏見與歧視。我相信許多受過良好教育的中國青年也分享這樣的看法。網絡上出現的狹隘民族主義，許多人也抱有懷疑和不信任的態度。

有數百萬人受過良好教育的中國青年非常主動地支持他們的國家。他們是理智、帶有批判性、獨立的愛國者，而且他們中有許多有海外生活經歷。

他們不是服務體制的工具或螺絲釘。他們也不是阿朗特筆下 banality of evil 的主體。這些敘事都是不合適的。人們很容易可以把他們標籤為「被洗腦的民族主義者」，這對他們是很不尊重的（disrespecting）。我認為這麼做是基於無知和智識上的懶惰（intellectual laziness）。

另外，在評論互聯網世界時必須要謹慎。現代互聯網世界的網絡暴力本身就是一個現象，是一系列複雜心理機制的結果。Jon Ronson 就此寫了一本小書 So You've been Publicly Shamed，分析當代社會的網絡暴力及「正義民主化（democratisation of justice）」問題。使用的案例都是英語世界的。這種暴力與互聯網相關性更大，而不是特定的政治系統和社會。我不知道你是否訪問過連登 —— 香港年輕抗議者使用的主要社交平臺之一，裏面充斥著言語暴力、仇恨及偏見。網頁上使用的語言和表達的價值觀絕對是不可思議的。

去年我寫香港運動時，也留意到互聯網的匿名暴力通過面罩的保護，被傳遞到現實世界。因此，不能簡單地將互聯網暴力及現實生活中的暴力做直接比較。

我認為這種與西方的溝通非常必要，我們對跨文化溝通也必須有耐心。我也相信溝通不是萬能的，但至少可以在個人層面做工作，建立信任和溝通的基礎，慢慢地再形成影響。

當然，當今世界的認知和分析框架都是西方「設定」的。要溝通，就必須了解西方，使用西方熟悉的概念與範式，這是中國不得不接受的「遊戲規則」。但

對待這樣的遊戲規則也不用抵觸或抗拒，它只關涉語言，是我們講中國故事的一種方式。中國故事是完全可以在西方政治話語體系裏得到相對準確的「翻譯」的。

當今世界，中國人用西方的文字和概念講中國故事，比坐等西方人學習掌握中國的文字和概念理解中國故事，要簡單得多、快得多，這必然是國人要努力的方向。

溝通應當做，但文明的衝突是歷史大勢，個人難以克服，看不到具體的成效 —— 例如某西方媒體寫出一篇更加公正的中國報導 —— 也沒有關係。國人最根本還是要做好自身。這也是筆者寫作的目的。

19 從美國人對政府的恐懼到中國特色防疫的常態

2020/05/18

中國經濟全面開工，筆者這幾週也特別繁忙。上週首次離開北京到多個城市出差，看到了常態化防疫下復工復產的中國，多有感觸。這段時間差旅和應酬較多，沒有頻繁更新。抽空寫一些散記，主要是列一些感想。

一、中國的常態化防疫及復工

1. COVID-19 疫情：「這麼近，那麼遠」

防疫現在已經常態化，成為我們生活的一部份 —— 人人佩戴口罩出行，到處都是體溫檢測和健康碼，防疫基礎設施和機制到處存在，但 COVID-19 疫情威脅實際上已經遠離中國本土。在信息時代的今天，時間似乎過得更快，1 月 20 日疫情異地擴散及 22 日武漢封城時的恐慌，春節期間隔離在家每日查看疫情數字時對未來的擔憂，2 月上旬李文亮去世時負能量的集中爆發，都已經是好幾個月之前的事情了。人們雖然仍然在按照防疫時的標準和習慣生活，但認為疫情威脅實際上已經距離自己很遠。所以，COVID-19 是「這麼近，那麼遠」，既熟悉又陌生了。

2. 中國：高度同質化的國家 vs 美國：極端多元化的國家

筆者離開北京，造訪了數個城市，感覺是走到哪裏都非常接近。走訪的各地雖然都不是疫區，但都普遍採取嚴格的防疫措施。居民都佩戴口罩，到處都在檢測體溫，進入重要場所需要出示健康碼，有各種社會隔離政策存在。所能看見

的居民都在積極配合措施。儘管疫情的實際威脅已經距離人們更遠，但大家並沒有放鬆警戒，都在為個人、家庭和社會履行職責，也沒有太多怨言。筆者感歎：從眾志成城抗疫的角度來講，這個國家的國民太強大了。

中國給我最大的印象就是高度同質化。相比之下，美國的社會和族裔構成就太複雜了，從福音派／原教旨基督教，到龐大的非裔美國人和拉丁裔人群、正統猶太人、盎格魯撒克遜都市精英、勤奮守規則的東亞裔，高中以下文憑住在郊區的廣大白人藍領……從左到右，從最極端的白人至上者、愛國主義「小粉紅」到主流白左到無政府主義者，美國社會人口及價值觀之多元化遠遠超出一般中國人的想像。美國複雜的歷史移民構成、族群關係、選舉制度、思想的自由市場競爭機制及個人主義等，在 21 世紀移動互聯網社交媒體的幫助下，使得本來已經高度異質化的社會在加速分裂。

中國的思想界和輿論場近期爭論的方方問題，恰恰說明的是中國的同質化。只有在中國可以就一個非常具體的政治立場和取態的分歧很認真地爭論半天。在美國，針對任何的議題，全國一半的人恐怕完全無法和另一半人對話，如果不是你死我活，至少也是平行世界。不同人生活在不同的泡泡裏，人們避免對話，根本不存在尋找共識的慾望。如果說還能有什麼東西相對一致，那就是最近 Pew 的民調顯示有三分之二的受訪美國人對中國沒有好感。

中國防疫得力，也在於我們國民的同質化。儘管有地域差別、代際差別、城鄉差別，但大部份人的核心價值觀、生活方式、行為方式，特別是在看待個人與家庭／社會／政府關係等問題上是非常相似的。這是一個高度同質化的東亞集體主義／家長主義社會。在國家社會總體防疫要求下，大多數人口能夠守則行事。

大多數西方發達國家都比今日中國複雜（大比例的少數族群、分化的政治取態）。不同群體的看法觀念完全不同，有極大的分歧，很難作為一個整體去管理和約束。社會是離心的，而不是向心的。人們關注的是自己，而把約束自己的政府和社會看作對立面。

如果說有什麼國家地區和中國大陸更相似，那就是日本、韓國、臺灣等東亞社會。出於這個原因，他們的防疫也一定優於西方社會。

3. 常態化防疫能夠幫助中國比較好地預防第二波疫情

鍾南山日前接受 CNN 訪談，提出中國現在不能自滿，要提防第二波疫情。第二波疫情來臨的風險威脅也很大，中國對此並不比其他國家更強。

筆者以為從中國自身的角度來說，我們自己不要掉以輕心，不要過於驕傲，隨時警醒自己不要放鬆是正確的。但如果和其他國家橫向比較，就有些低估中國防疫體系之完善了 —— 中國有極為完整的制度基礎設施及全民上下眾志成城的防疫意識。鍾南山在訪談中也提到了對歐美防疫工作之差感到吃驚，他顯然是高估了歐美，低估了中國。另外筆者認為各種政治制度文化價值因素超出傳染病學者的理解，他們不了解在防疫問題上，政治體制和社會價值的因素比醫學技術本身更大，因為防疫是公共衛生，不是個人醫療。

中國目前常態化的高強度防疫（本文後半段會述及）將保證中國最好地防範第二波疫情。如果中國也面臨第二波風險的話，那其他國家的風險只會更大，而不是更小。

4. 中國人懼怕的是病毒，美國人則生活在對政府和病毒的雙重恐懼之中

雖然已經沒有本地疫情，但全民仍然佩戴口罩，遵守各種防疫措施。這個背後不僅僅是家長主義社會下的服從意識，而是 —— 人們還是很害怕 COVID-19 病毒的。在 5 月份的今天，這種害怕早就不是無理性的恐慌，而是一種無時不在的警覺和謹慎。人們認為最大的威脅不是來自其他，就是來自病毒 SARS-CoV-2。

人們認為各種社會隔離政策、各種基於新科技手段的監控工具（例如健康碼）是對自己和社會起到保護作用的，都是對抗病毒的積極舉措，能夠帶來安全感，而不是提供另一種威脅。

這和西方完全不同。西方社會認為，所有政府以抗疫為名限制人身自由的舉措，包括社會隔離政策、攝像頭等監控手段，都是對個人隱私的侵蝕，會帶來更多的威脅。基於高科技手段的實名綁定、跟蹤城市旅行紀錄、健康碼之類的手段，則會被認為是國家對個人隱私安全的剝奪甚至是對人權的巨大威脅。在美國疫情氾濫，得不到控制，政府還沒有採取什麼有效的監控管理手段時，媒體和評論家已經憂心忡忡，擔心公民的隱私要再一次被剝奪了（上一次是 911 之後以反

恐和國家安全為名）。

很有意思的是，美國完全是一個選舉政府：各級政府行政及立法核心崗位都是選舉而成，且選舉經常進行。民眾對政府官員已經有了最大的影響力，但儘管如此，民眾卻無時無刻不懷疑政府，擔心政府傷害自己。選舉看來並不能帶給民眾真正的安全感。

即便在 COVID-19 疫情的嚴重威脅下，今日全美確診 150 萬人，死亡 9 萬人，很多美國人對政府的恐懼似乎仍然超過對病毒的恐懼。在他們看來，政府才是最大的病毒，這種恐懼無論進行多少選舉都無法消解。即便是他們自己選出的政客要推出這樣的政策，他們也會拒絕，對他們來說，公權力勢必與社會對立，是社會的威脅。

這讓筆者想到，美國的體制完完全全是建築在對政府和公權力的恐懼之上的。COVID-19 疫情讓他們被迫在 SARS-CoV-2 病毒和政府兩個「惡魔」之間「取其輕者」—— 這時，他們寧願選擇病毒。因為對於他們來說，選擇病毒就是選擇自己，免於來自政府的恐懼。這才是生活在深層次恐懼之中的國民。沒有對公權力如此恐懼和抵觸的國民，也不會有這樣的有限政府／小政府社會。這都限定了美國各級政府在防疫抗疫上的選擇和能力。美國的這種思想特徵和大多數歐洲國家不同，也使得美國的防疫抗疫能力勢必劣於歐洲。

筆者認為美國的這種政治邏輯是中國大部份「公知」和「自由左派」不了解且不能理解的。後者基本上是一群「既要又要」的東亞家長主義體制下長大的巨嬰，不知道什麼是拓荒掘金的戰鬥民族。

5.「去全球化」

在各地跑了一圈，能看到外國人很少，仿佛回到某種過往「去全球化」的中國，相信當下在每個國家都有類似的情況。

二、中國在「航空安全」模式下找到了常態化防疫的平衡點

考慮到十七年前 SARS 的經驗，中國政府從一開始就採用最高標準即「航空安全」的方式應對 COVID-19，考慮到 SARS-CoV-2 與 SARS 同源，在對其傳染

病學特徵尚不完全清楚的情況下就以封城的方式強力干預，並在後續推出一整套社會隔離體系進行防疫戰役。

2020 年全球所有應對 COVID-19 的國家都在不知不覺跟隨這個模式，即複製中國的航空安全模式。有部份國家公開挑戰這個模式（包括新加坡、英國、美國等），希望把 COVID-19「流感化」，採取常態化方式應對。後來我們看到，各國平均下來的 COVID-19 確診病例的死亡率大概在 5% 左右，正處在 SARS 和流感中間。這個死亡率顯然不能像流感一樣對待。所以西方國家也只能追隨中國「航空安全」的做法，按最高標準去防疫控疫。這種做法不僅僅會付出社會經濟代價，同時要限制個人人身自由。

但絕大多數西方國家很快發現其政治制度、社會構成、文化與價值觀與中國完全不同，這使得中國這種高強度防疫模式是他們無法效仿的，即便效仿也無法堅持。所以，他們在疫情稍微穩定後，就謀求盡快復工復產，恢復生活。

在個人主義最極端、政治分散度最高的美國，在 COVID-19 疫情根本就沒有得到控制時，社會就開始轉向放棄嚴格防疫的模式 —— 實際上，他們還是希望恢復到熟悉的「流感化」處理。這個選擇當然要付出代價，就是疫情再次爆發、大量感染和死亡，醫療體系還要冒著崩潰的危險。但對這個野蠻生存的社會來說，活下來的人更重要。

這就是西方社會的集體選擇 / 公共選擇，因為他們的社會制度和文化不允許他們像中國一樣防疫。在這個過程中，西方社會也可能會出現反覆，即防疫放開，疫情爆發，防疫再收緊，防疫再放開，其間要付出好多的人命代價。但如果不付出更大人命代價，比如說死亡人數達到總人口的數個百分點甚至更多，則西方社會應對方式不會改變。

1. 中國模式：「SARS 化」/「航空安全」且還能常態化運作

所以，我們看到中國模式實際上是這樣的 ——「SARS 化」、採用「航空安全」模式進行最高標準、最高強度、最嚴苛的舉國體制的抗疫戰役，在 4~6 週之內解決戰鬥，然後復工復產，恢復經濟與社會常態。如果中國不處在一個全球化的社會，沒有境外輸入一說的話，那麼 COVID-19 之戰早已結束。歐美和其他國家的大規模爆發並帶來反向輸入的威脅肯定是超出中國政府預想的。

在這個過程中，中國國民能夠相對步調一致地配合政府 —— 口罩佩戴、出入健康碼、適當的社會隔離限制等防疫機制照舊。儘管我們仍然按照非常高的標準進行抗疫，但社會仍能夠正常運轉，復工復產有序進行，國民和社會基本上能夠適應。所以，中國不但能夠採用，還能夠長期適應高強度防疫措施，把高強度防疫措施常態化的優勢在於，一方面能夠最大程度防疫，保障全體人口的生命健康，另一方面還能復工復產，社會最大程度恢復運轉。

2.西方模式：無法跟隨中國的 SARS 化、航空安全模式，恢復成流感化模式

西方模式（其中，美國是最為「極端」的西方模式）是這樣的，一開始也參考了中國模式，但很快發現此模式在西方完全水土不服。首先西方的複製是不全面、不完整的，只能複製一小部份，比如說封城和強制隔離這種措施在美國根本不可想像。中國的嚴苛政策措施超出了西方制度和價值觀的容忍。而中國防疫政策如果只是複製 20%~50% 的話那等於沒用，疫情還是無法得到控制。這就使得西方社會在鬆散的隔離狀態下在很長一段時間內都無法控制住疫情。尤其是美國，用了兩個月時間都不見效果。這時，西方社會既不能享有快速解決戰鬥的好處，又付出社會經濟代價，還遭到崇尚自由的個體公民的強烈反對，面臨重大政治挑戰。因此只好「半途而廢」，不得不放棄更強有力的防疫方式。

歐洲大陸大多數國家的集權和社會性比美國更強，所以比美國情況要好。美國是西方社會中的一個極端，中國模式在美國是真正水土不服的，完全和美國的基本價值觀相悖。

「流感化」處理、「群體免疫」，其實就是西方制度、文化和國家能力防疫控疫的唯一現實可行的選擇。其導致的結果是西方不得不為疫情付出巨大的人命健康代價。另外，我們 cynical 地說，西方社會可以通過這樣的防疫去消滅自己的老人（解決老齡化問題）和弱勢群體（解決階級問題）。

每個社會其實都和生命體一樣，各個社會都有自己應對疫病的方法。有的社會不防不控，或者無力防控，死掉很多人，最後活下來的人最大限度地群體免疫，這是一種「應對」；有的社會嚴防嚴控，最後死掉的人很少，但活下來的人也沒有免疫，如果出現第二波疫情還會受到傷害，只能長期防疫，並等待疫苗。

在人類歷史長河裏，因為醫學知識、技術、衛生基礎設施、國家能力的限制，大多數社會是沒有選擇的，只能眼巴巴地經歷人口死亡，通過殘忍的肉體淘汰熬過疫情。

筆者一貫認為 2020 年只有中國的防疫才算達到高維度的公共衛生（public health）定義；所有個人層級的治療手段都只能停留在臨床醫學（clinical health / medicine）的維度。

中國的「作業」是抄不了的。在防疫這個問題上，西方的體系看來是不如中國的，這個原因是制度的、社會的、政治的、文化的，深刻而系統。我們不是說中國的制度在方方面面都比西方「優越」，而是說，在應對 COVID-19 疫情這個具體的問題上，中國具有比較明顯的體制優勢。疫情是危也是機。而對於中國來說，在國際環境下，相比一般國家，它呈現的更多是「機」。2020 年疫情之後，中國在全球舞臺上很可能變得更為強大。

20 美國對抗 COVID-19 無力的 12 個原因及疫病的「社會建構」

2020/06/23

一、美國疫情的發展趨勢：發達國家裏的失敗孤例

截至本文撰寫時，美國的 COVID-19 病例 239 萬，單日增加超過 2 萬，病死接近 12.3 萬，病死率 5.1%。同時，美國沒有出現發達國家經歷的 COVID-19 確診病例攀升、達到峰值，逐步下降並最終得到控制的態勢。美國單日確診穩定地保持在 2~3 萬，並且已經持續了將近 3 個月。過去幾日，美國有多個州錄得單日新增病例的最高紀錄。COVID-19 疫情在美國沒有得到控制，還在持續爆發。這就是美國 COVID-19 確診病例達到 239 萬，病死 12 萬的原因。

世人已經可以看清楚，COVID-19 會繼續在美國發展下去。在疫苗出現之前，美國的疫情將無法得到控制。最後的感染人數是千萬級的（可能在數千萬）。美國疫情發展趨勢在發達國家裏應該是一個孤例。

二、美國人似乎仍不把 COVID-19 疫情當回事，以及疫情的「社會建構」

在這個環境下，中國和美國也在發生截然不同的事情。

北京以新發地農貿市場為中心，出現了小規模的本地爆發，一週多以來有上百宗確診病例。北京的反應是：公共衛生響應等級提升至二級，進行軟性的「封城」—— 出城居民需要出示七天有效的核酸檢測；同時北京以外的城市對來自北京的訪客採取了不同的限制或隔離措施；對少數出現疫情的企業進行停工停產（例如百事可樂）；把疫情風險係數定義到街道 / 社區上，而不是對全市全區

一刀切。這些手段遠比 1 月下旬武漢封城時的措施更加靈活和人性化，體現了中國防疫基礎設施、技術手段及體系的升級進化。另外，北京還啟動了對全市常住居民的核酸檢測（以企業和社區為網格單位，帶有自願性地組織進行）。

北京對 COVID-19 疫情嚴陣以待。除此之外，生產生活又大部份正常。社會在防疫和生活生產之間大體上找到了一個比較好的平衡點，並且伴隨經驗積累，對疫情的適應能力還能不但提升。

相比之下，美國每日錄得數萬確診病例，每天都有幾十個州錄得單日確診紀錄。而同時，美國社會中相當比例的人口已經無法再忍耐防疫帶來的經濟社會衝擊，希望回避疫情、「忘掉」疫情，就當什麼事都沒有一樣恢復生活。

6 月 21 日，Trump 在奧克拉荷馬州的 Tulsa County 舉行了一場選舉集會。與此同時，奧克拉荷馬州每日新增病例超過 200，而 Tulsa County 確診病例合計 1,825 例，是全州最多的。在這個時候，Trump 居然跑到這裏舉辦選舉集會。除了美國及其他地方各種示威和暴亂活動之外，這可能是全球疫情爆發以來任何一個國家或地區舉辦的首個大規模集會。

更為不可思議的是，組織者不要求參加集會的人佩戴口罩或保持站位／社交距離。大概集會組織者希望宣導的行為是：不戴口罩，無視病毒、蔑視病毒，不隨大流、不娘娘腔，拿出戰鬥民族的精神的，才是真正的美國人，才配做 Trump 的支持者。而且，Trump 在這個集會上還聲稱美國對 COVID-19 檢測做得太多了。「檢測得多，所以病例多呀。我們應該放慢檢測的速度！」一個被認為是全球科技和經濟最發達的超級大國的民選總統居然能夠說出這樣反智和愚昧的話，一定讓許多不太了解美國的人感到無比吃驚。但你看到的就是美國，即便不是美國的全部，也是美國的一半。美國特殊的選舉體制使得這些人能夠幫助 Trump 登上總統的寶座（幾個搖擺州數十萬中間派選民就可以決定誰能當上美國總統，決定美國的命運）。

中國和美國在對待 COVID-19 上的驚人反差，使得人們不禁要問，咱們討論的真的是同一種病麼？沒有搞錯，咱們討論的確實是同一種疾病：美國的 COVID-19 的病死率目前為 5.1%（中國內地為 5.6%）；美國的 COVID-19 的傳染性和致命性並不比其他國家更低，並不是一個稍微嚴重一點的「流感」，而是一種烈性呼吸道傳染病。

那麼為什麼美國和中國對 COVID-19 的反應似乎完全不同呢？這是因為疾病（illness）也是社會建構的（socially constructed）。

首先，只要是同一種疾病，遇到不同的個體，其成因、症狀、診斷、病理學分析、控制和治療方式都是類似的、可比的。換言之，在醫學層面是一樣的。但在人們心目中的想像可能是不一樣的。通俗地說，我們越覺得它是個「病」，它就越是個「病」；我們越覺得它不是個「病」，它就越不是個「病」。我們越拿它當回事，它就越重要。我們越不把它當回事，它就越能被忽略。疾病的「社會建構」就是一個社會的人們對某個疾病或生理／心理特徵的想像與認知。

如果涉及的是人的心理或行為，則社會建構可能極為主觀。典型的譬如抑鬱症，在古代社會它不會被看成是一個病。在現代社會就會被看成是一種病，會被納入到防治體系內。其他各種精神類的疾病都屬於這個範疇。還有一些心理狀況，譬如同性戀，在古代和傳統社會不但被看成是道德問題，還可能被看成是一種可以治療的病，而在現代社會裏，則只是被視為不同的性取向，背後有複雜的生理基礎。這些都是典型的「社會建構」。

中國和美國對 COVID-19 的社會建構明顯不同。這是筆者從中國疫情爆發初期就反反覆覆強調的。中國對 COVID-19 是「SARS 化」，美國對 COVID-19 是「流感化」。但幾個月過去了，當我們的數據歸攏、趨同，發現 COVID-19 病死率在 5% 左右的時候，情況就不一樣了。很明顯，相比流感，COVID-19 更接近 SARS —— 它的死亡率是 SARS 的一半，卻是流感的 20~50 倍。這個情況下，如果美國仍然要淡化 COVID-19，背後就有更加複雜的原因了。

三、美國對 COVID-19 的社會建構及「無能為力」的原因

美國對 COVID-19 的抗疫不力，深刻反映了美國政治經濟文化社會的特性，是「美國例外論」（American exceptionalism）的一個非常生動的例子。筆者對美國初步分析如下。

1. 政治制度 —— 分權體制
分權體制使得美國的聯邦政府、州政府和地方政府中的任何一個都沒有足

夠的政治授權去解決 COVID-19 問題，因為應對 COVID-19 需把政府變做一個整體，形成絕對的權力，自上而下地推行系統、全方位、大規模、跨地域的社會控制，以全面限制人口流動與活動。美國給聯邦政府劃定了很有限的權力，隔離權都在州政府，因此跨區、封城之類的措施在美國是不可能實現的，甚至沒有人會為此做出嘗試，完全浪費時間。

2. 政治制度 —— 權力分立

行政與司法分立。某一級政府提出的限制人口流動、推行社會隔離的政策可能被司法體系所挑戰甚至推翻。這種情況自疫情以來在美國已經是屢見不鮮。中國人習慣把政府看成一個整體，而美國在每一級政府裏，立法、行政和司法都是分離的，且存在一個極為複雜的垂直 + 平行的體制。既然行政部門的權力很小，也就會避免觸及許可權內難以解決的問題。任何的行動都會吃官司，並被法官推翻。

美國是「法治社會」，法治社會的結果是政府所有的防疫行動都會有人反對，面臨訴訟，最後交由法官裁決。是的，決定防疫措施的是法官和律師，而不是公共衛生專家。美國 236 萬人感染、12 萬人死亡絕對不是偶然，是有深刻背景的。

3. 巨大的種族和階層差異與問題

COVID-19 疫情主要爆發在人口眾多、居住密集的大城市，不成比例地打擊了主要居住在大城市的黑人、拉丁裔和經濟弱勢群體，其中不乏缺乏醫療保險的底層人士。COVID-19 的影響肯定會有階層維度，如果說美國和其他國家有什麼不同的話，就是還有很強的種族維度，黑人和拉丁裔人受到重點打擊。美國社會並不是一個有機的、互助的、團結的整體，只有在發生戰爭，一致對抗外敵時才會團結。在和平年代，在內政問題上，不同階層、種族則在不同的區域追求自己不同的利益，各自為政，社會難以凝聚一體。這次 George Floyd 被跪頸死亡事件引發如此大的暴亂，與黑人受疫情影響較大、經濟情勢困難肯定也是相關的。

4. 美國將個人主義置於最高地位，甚至將其與社會／集體對立起來

美國人相信，個人不僅要從自己的利益和小我出發，還對此賦予頗為崇高的哲學和倫理價值，認為從個人利益出發是偉大、光榮、正確、高尚的，認為只要人人都能追求和捍衛自己的利益，政府和社會去保證每個人都追求自己的利益，那麼社會幾乎「自動」就會變得更加強大。這是美國根深蒂固的價值觀、政治社會意識形態。人民被這種觀念深深「洗腦」，無法跳脫。

5. 美國對政治權利和公民權利（political and civil rights）的片面強調

這一條是西方以外的社會最難以理解的。西方體系裏的政治權利和公民權利都是「消極」權利、「消極」自由（negative freedom），即我要「免於」什麼什麼，政府不能夠對我做什麼什麼。西方社會最宣導的人身自由、言論自由、集會自由、宗教自由等等基本都屬於這一類，都是在制約、限定政府的權利。並且西方社會認為只有這些權利才是最根本的，是人「與生俱來」的，最不可分割的，只有讓個體擁有這些權利，才有可能保證其他的權利和福利（譬如經濟權利、教育權利、醫療權利）。甚至會有人認為完全的政治權利和公民權利是其他權利和福利的充分條件。相比之下，經濟、社會、教育、醫療權利都屬於「積極」權利、「積極」自由，往往都是資源類的，需要對政府賦能才能對個人提供。同樣還有平權類的，要求不同人無論階層和種族可以獲得相似的資源和權利（equity），也是一樣需要社會有資源，政府有干預，對財富和資源的分配進行指導和限制。現代西方思維裏認為這種權利都是第二位的。在西方體系裏的，提及「人權」，其實往往是狹義的，指代的是前面的政治權利和公民權利。

因此，美國人認為政府不能對公民的人身自由進行限制，所以也就很難對人們進行強制隔離，無法限制人口流動；美國人認為政府絕對不能獲得個人的隱私 —— 所以，健康碼、通過實名手機跟蹤行程，建立大數據網絡之類的舉措皆不可能；政府不能限制個人的宗教自由或集會自由。所以我們看到，如果防疫安全和宗教集會自由發生了矛盾，法官會偏好保護後者。

在美國，個人的自由才是最高級的權利，是最根本的「人權」。而防疫和治療屬於醫療領域的，是資源型的，屬低一個層級的「福利」，甚至都不能算是權利，不能用來干擾和破壞最根本的「人權」。

這是一個根本的價值觀和意識形態。網上有人說美國人是「不自由毋寧死」，這種說法確實反映了在極端情況下，「自由」和「生存」之間存在衝突。但放到具體個人、具體情景下，我認為每個人都是理性的，肯定都會選擇生存。但社會大的價值觀導向就是偏重個人的自由權利，忽視個人的福利（特別是集體的福利），在結果上就造成了整個社會「不自由毋寧死」的狀態。

大家可以理解為什麼中國人講十幾億人吃飯，講「生存權」之類的話語西方人是不能接受的。他們的哲學體系認為吃飽飯並不算權利，這樣的生存權是屬於「豬」的。他們認為只要賦予人們政治和公民權利，那麼無論人口多少，是否吃飽飯也根本就不成問題。這是一個根深蒂固的想法。

我們並不能說中國和西方／美國誰就是錯的，只能說，這是兩套全然不同的世界觀。

6.「槍」的文化

拓荒精神、「堅忍不拔的個人主義」（rugged individualism）、「戰鬥的民族」，美國和其他國家不太一樣的地方在於：這是一個完全的移民國家，不滿意「舊世界」生活、追求新生的人來到這片「新大陸」，拓荒生存，創造生活。不同的聚居地、社區、族群為了能夠共處，建立了社會契約，基於一些共享的政治理念，人為地組建了一個國家。美國和其他社會的區別在於，在這裏，是先有個體，先有家庭，先有社區和社群，最後才有政治共同體。而在任何一個其他傳統社會，社群和政治共同體都是同時產生的，都是一個社群能夠回憶的歷史的一部份，而非通過後天契約形成的。所以，美國人／美國社會與政府的關係和其他國家是不同的。美國人首先想到的是依靠自己，而不是依靠政府，相反，政府還可能是對個體、家庭和社區的一種威脅，且政府離本地越遠，個人對政府的影響力越小，政府的威脅也越大 —— 例如聯邦政府的威脅要大於州政府；州政府的威脅又大於地方政府。美國憲法規定公民有持槍械的權利，究其本源，倒不一定真的是為了要發動武裝對抗政府，而是認為槍械是個人賦能、對抗社會和自然的重要武器；必須確保自己能夠擁有這種獨立自主的能力，並且堅決反對政府剝奪自己獨立自主的能力。這種自己動手、自我保衛的想法與新世界的「拓荒精神」高度結合，造就了這樣一個極為野性、好鬥尚武、極度雄性化（masculine）的「戰

鬥的民族」。

7.「聖經」的文化

聖經文化就是虔誠地信奉上帝。美國雖是全球科學最發達的國家，但還有一個特殊之處，就是擁有發達國家裏最「反智」的人口。大概有四分之一的人口信仰福音基督教（Evangelical Christians），他們對科學充滿懷疑，相信上帝造物，不相信進化論，更不相信氣候變化。他們的思想取態用一個詞即可概括，就是「反智」（anti-intellectual）。Trump 和副總統 Pence 對 COVID-19 的所有錯誤描述、錯誤理解，提出或援引的各種令人啼笑皆非的防疫做法（例如不戴口罩）和抗疫方案（例如建議人體注射消毒水），都是典型的反智主義。歐洲大陸看到美國的反智主義，只會覺得這個國家極度的荒誕離奇。英國人看到美國的反智主義會覺得美國除了也說英語之外，完全是個不同的國家，人民是完全不同的「物種」。西方人用一個詞委婉地概括美國的奇葩，叫美國例外主義（American exceptionalism）。美國的反智主義本來就是普及防疫抗疫知識及推廣防疫抗疫實踐的最大屏障，要命的是，美國老百姓利用美國頗為不完美的選舉機制選出了一個集美國反智主義大成的人上臺當總統，在全國範圍領導抗疫，所以美國防疫失敗是註定的。

8. 缺乏共識的多元化社會

美國社會極度分散和多元，其多元化程度遠遠地超過一般的國家與社會。這是一個移民國家，幅員遼闊，人口眾多，有不同的地方、不同的區域、不同的族群、不同的宗教、不同的社區、不同的價值觀念、不同的生活方式，從最傳統的社群（阿米什／摩門教／哈西德猶太人／福音基督教），到千奇百怪的教派（包括邪教），到白人至上主義及極右翼者，到規規矩矩的大城市中上層（upper-middle-class）白人精英，到酗酒、吸毒、家庭生活混亂的繡帶和阿帕拉契山脈的「紅脖子」（redneck）群體，到兢兢業業的少數族裔模範亞裔群體，到龐大且構成十分複雜的拉丁裔群體，到一直活在奴隸制歷史陰影及現實生存危機的黑人，到紐約等大都會的全球化精英（cosmopolitan elite），到生活在加州、佛州、紐約的「嬉皮士」、LGBTQ，到全球最傑出優秀的科學家及硅谷的工程師

及創業者……美國代表了最先進和最傳統／落後的文化，在一個國家之內的多元化和複雜性超出任何一個其他的多民族國家（例如俄羅斯、印度、巴西、中國），其多樣化程度遠遠超出一般國家的理解。其結果就是，這樣一個多樣化、多元化社會，人們幾乎無法就任何問題形成共識和一致意見。COVID-19 防疫需要人口的齊心協力，眾志成城，而如果社會是離散的、分裂的、撕裂的，人們缺乏形成基本共識的認知基礎及溝通管道（且選舉政治在加劇這種分歧），那自然不可能團結一致行動，不可能有效地對抗 COVID-19。

9. 美國政治和媒體在加強而非彌合社會的分裂

美國的政治生態在鼓勵、保護和發揚分歧。美國的政治分權、黨派政治、對政治權利和公民權利的片面追求，結果就是在強化不同社群各自的身份認同和利益，使得社會愈加分裂，愈加難以建立共識。美國媒體的多樣性本身正是美國社會多樣性的一個縮影，只不過在商業化驅動（要登載自己讀者愛看的故事）及現代科技手段支持（將新聞推送給最可能的受眾群體）之下，媒體變成了強化而非彌合社會分歧的平臺和手段，讓不同的人落入並且困在完全不同的認知世界，所以，CNN 和 FOX 的觀眾似乎生活在平行的美國。

10. 缺乏尊老的價值觀，不利對老人特殊保護

COVID-19 最主要傷害的是老人，其他條件相等的情況下，一個社會對老人越尊重，越保護，那麼對 COVID-19 就會越重視。東亞儒家社會有尊老傳統，自然對 COVID-19 的關注度更高。西方沒有這種尊老的傳統，老人只是作為弱勢群體被看待，並不會得到更高的待遇。同時，子女與老人的關係也不如極度講究孝道的中國社會那麼親近，子女成年後就各自生活。這些因素都使得老人難以享受更高級的待遇。而子女如果連自己的父母都不那麼關注，就更不要說去關注那些和自己無關的老年人了。在這樣的社會裏，很難說服中青年群體為了保護老年人而承擔額外的防疫義務、付出額外的防疫代價。

11. 美國的家庭組織方式不利於 COVID-19 防疫

據 2019 年 12 月 Pew Research Center 做的一項統計，美國老人和子女一

起居住的比例低於全球水平。COVID-19 疫情之下，老人和子女住在一起，雖然交叉傳染的隱患會變大，但人們因此對防疫可能也會越重視，因為任何一個家庭成員被感染，都有可能影響到住在家中的老人。相反，如果年輕人普遍不和老人居住，那麼就更有可能對 COVID-19 掉以輕心，因為他們自認為即便得了 COVID-19，也會是輕症，不會有太大的健康風險。美國 60 歲以上人口中有 46% 是夫婦單獨居住（全球為 31%），27% 是單獨居住（全球為 16%），加在一起，就是七成以上的美國老人要麼和老伴一起住，要麼獨居，顯著高於全球水平。這種年輕人和老人分離的家庭組織方式可能使得美國中青年對防疫的重視度更低。

美國老人帶小孩的比例也顯著低於全球水平。這一條主要參考所謂的大家庭比例（大家庭即 extended family，三代以上人居住在一起）。美國 60 歲以上的人只有 6% 住在「大家庭」裏，而全球水平是 38%。全美國各年齡段來看，只有 11% 的人住在大家庭裏（全球是 38%）。美國的大家庭很多應當都是少數族裔（例如黑人、拉丁裔、亞裔）。這個結果是，如果家裏沒有老人幫忙帶小孩，那麼停學對家庭的影響就會更大。父母更不希望看到孩子停學。

美國的單親家庭非常多。美國單親家庭的比例全球最高，有 23% 的青少年（18 歲以下）生活在「單親家庭」裏（單親家庭指只有父母其中一個，且家裏沒有其他長輩），是全球水平（7%）的三倍。單親家庭就更難承受子女停學了，父 / 母的工作也會因此受到影響。

12. 美國中低層「有上頓沒下頓」的「走鋼絲」生活

很多美國人沒有任何儲蓄，過著所謂 paycheck-to-paycheck 的生活 —— 一旦拿不到收入或救濟支票的話，馬上就連飯都吃不上，交通費用都付不起，家裏停電，面臨交不起租金無家可歸的情況。

根據 2006 年 GoBankingRates 的調查，34% 的美國人沒有任何儲蓄；35% 的人的儲蓄不足 1,000 美元。11% 的人有 1000~4,999 美元的儲蓄，4% 的人有 5,000 有到 9,999 美元的儲蓄，而只有 15% 的人儲蓄超過 10,000 美元。另外，家庭儲蓄率即儲蓄佔家庭可支配收入的比例，過去幾年，中國的家庭儲蓄率在 35%~40% 之間，美國的家庭儲蓄率在 6%~8% 之間。

美國儲蓄率低有很多原因，包括消費觀念、消費習慣、家庭關係、物價水

平、生活預期等等。在美國的環境裏，老百姓很難存下錢來。儲蓄不是目的，而是手段，如果有限的儲蓄不能用來承擔大的資本開支（例如支付買房的首付款），那對美國人來說，把錢花掉帶來的幸福感更大。

這個結果是，一旦經濟出現問題 —— 譬如 COVID-19 這種百年不遇的疫情 —— 社會的承壓能力很弱。疫情之下，中國政府財政能力有限，主要通過家庭儲蓄來渡過難關。美國則靠政府臨時派錢救濟。一旦政府和社會的救濟跟不上，很多人的生活就會出現問題。疫情以來，美國有數千萬人失業；相比之下，中國的失業情況肯定也值得關注，但是同樣重要的事實可能是，美國雖然是全球經濟最發達的國家之一，相當比例的中低層人口卻過著「走鋼絲」的生活，非常缺乏經濟抗壓能力，生活可能瞬間墜入窘境，甚至比經濟遠要落後的中國情況更糟。這肯定是與美國經濟發達地位不匹配的，反映的是美國資本主義制度深層次問題。

所以，疫情之下，大量的美國人極度需要工作，維持自己的生活。因此，他們會極為抵觸防疫所需要的社會隔離及相關政策，因為這會極大影響他們的生計。當他們的聲音與政黨政治、利益團體、媒體、政治權利與公民權利的保護、族群政治等因素聯繫到一起後，就會形成對政府防疫措施的巨大反對力量和政治壓力，從而限制了政府的防疫選擇及能力。

13. 其他文化因素 —— 對口罩的抵觸

美國人（特別是白人）認為口罩代表某種不潔、不健康、疾病，是有污點的，在可能的情況都不希望佩戴口罩。另一方面，又認為人與人必須坦誠相見，戴口罩是一種對他人的不尊重，妨礙交流，妨礙雙方建立關係。總而言之，社會不歡迎口罩。但口罩恰恰是防範 COVID-19 最關鍵的道具。美國人對口罩的抵觸，再加上前述堅忍不拔的個人主義、雄性文化、反智主義等，使得推廣口罩比一般社會更加困難。總統帶頭不戴口罩，並以不戴口罩為榮。毫無疑問，這個文化因素削弱了美國抵禦 COVID-19 的整體能力。

四、美國：從重塑對 COVID-19 的社會建構到輸出「美國模式」

綜上我們可以看出，因為其極為獨特的政治經濟文化社會因素，美國恐怕是全球最不擅長對抗 COVID-19 的國家。COVID-19 在美國爆發、失控，恐怕不是偶然現象，而是必然現象。

經過幾個月的有限抗疫努力後，美國人在「潛意識」裏其實已經發現，除非顛覆美國的制度和文化，否則美國是無法控制 COVID-19 的。中國模式的強力防疫是對抗 COVID-19 的有效方法，但在美國完全不可能落地、完全不可能效仿——即便像歐洲這樣更加寬鬆、溫和的版本也不可能。

美國需要掌握對 COVID-19 社會建構和敘事的「主動權」。而「道路自信、理論自信、制度自信、文化自信」的美國，如果想按照自己的方式去建構並應對 COVID-19，唯一辦法就是像鴕鳥一樣把頭埋到沙子裏，按照流感的常態化方式處理 COVID-19。那時的美國每日還將新增數萬確診病例，死亡數百上千人，直到有數千萬人感染，數十上百萬人死亡。但我們可能會發現，在那個時候，美國還活得不錯，跟什麼事都沒有一樣，因為每日的數字積累將讓美國人徹底麻痹，強迫自己對 COVID-19 進行新的社會建構，讓自己相信這真的只是一個超大號流感。當這種社會建構完成之後，COVID-19 也就不重要了。這時老百姓唯一要做的就是等待疫苗。

那個時候，美國人會對疫情之下正常復工復產帶來的經濟復甦沾沾自喜，在經濟賬和人命賬中堅定地選擇經濟賬，並自認為比歐洲更加明智。美國人會認為中國的數字全是捏造的，抑或中國人付出了不可想像的代價（例如權利的讓渡和犧牲）才取得了一點成果。美國人既不羨慕也不認可中國的選擇和結果。

這時的美國也將變成全球公共衛生的威脅。因為這個國家實質處於放棄防疫的狀態，數百上千萬人感染，並向世界各國輸出病毒。到那個時候，如果面臨封關，美國可能還會希望向全球輸出自己對 COVID-19 的社會建構。美國會希望全球都像美國一樣把疫情扔到一邊，不要「大驚小怪」，正常復工復產復學，正常社交，恢復人口流動（尤其是要允許美國人對其他國家的訪問），讓全球恢復轉動，就好像什麼事都沒有一樣。美國要引領全球，率先恢復社會運轉，然後，將疫苗解釋為應對疫情的唯一方法，除此之外不需要做什麼，更不需要付出額外

的代價。

　　這時，美國輸出的不僅僅是病毒和疫情，還有美國版本的 COVID-19 社會建構。美國版本的 COVID-19 社會建構要挑戰的當然就是中國版本的 COVID-19 社會建構，因為中國版本的 COVID-19 社會建構只能用中國的嚴苛方法應對。而這時，美國只能交出全球最低分的答卷，還有什麼比這更讓美國窘迫、惱火和憤怒呢？所以必須挑戰中國的話語、社會建構及模式。

　　2020 年非常有趣。由中國的疫情拉開了序幕，讓我們得以比較中國和美國的制度，加深我們對兩個國家、兩種制度的了解。而美國在防疫上可能已經宣告失敗，實質是放棄作戰。未來，美國社會需要開始重新構建對 COVID-19 的認識，將其輕描淡寫、常態化，並逐漸向全球輸出自己對 COVID-19 新的社會建構和敘事，藉此爭奪對 COVID-19 的定義權、主導權，挑戰中國的建構、敘事和模式。

　　假設真的有這樣的極端情形，中國以外全部是「疫區」，各個國家陸續放棄抗疫，開始常態化和互通，惟中國維持自己的敘事，還得給國門戴上口罩，建築防疫長城。到那時會是什麼樣的一種情形？細思極恐。真的希望「美國例外論」最終得勝 —— 美國對 COVID-19 的社會建構、敘事和模式最終只留在美利堅的土地上。

21 中國模式的更進一步：COVID-19 的歷史分水嶺作用（一）

2021/04/04

今天，讓我們圍繞信息、數字、隱私、治理等問題，探討一下中國模式及未來道路。需要說明，筆者並非從事相關領域工作，主要是結合自己的知識體系與個人經驗，從社會、文化和政治角度進行分析，所以請原諒我會使用一些非科技領域的業餘人士使用的詞彙或概念。

一、2020 年疫情成為人類歷史上的分水嶺事件：中國加速邁進自己的模式

2020 年 COVID-19 疫情有可能是人類歷史上一個非常重要的分水嶺事件，使得中國加速邁進自己非常獨特的道路。這個分水嶺源於，中國充分享受了信息及數字化手段在防疫抗疫中發揮的重要作用。

—— 數據將發展成為一種公共產品（public good），一種公共資源；

—— 中國將在數字／信息化基礎設施、數字化治理的實踐以及大數據、人工智能等信息科技產業的發展方面加速；

—— 中國將加速形成一種與絕大多數其他國家（尤其是以美國為首的西方國家）不同的治理模式。除了政治制度在形式上顯見的不同之外，具體而言，在數據這個領域上，中國在公權力 vs 私權利之間將形成一個完全有別於西方的關係。如果我們把公權力與私權利放在一個天平上，那麼相比於西方，中國將更加向公權力傾斜：我們的社會會預期個人對公共「讓渡」更多的權利，會預期人們將更多的個人隱私「貢獻」、「投資」到社會的「公共數據池」裏。這種對個

人隱私的「讓渡」和「投資」帶來的是一種對應的社會義務及責任（obligation/responsibility）：1）個人被認為有義務及責任向社會「貢獻」自己的部份隱私，形成「公共數據」，而其根本目是提升社會的福祉，同時也能為個人帶來一些好處；2）公共治理者則有義務及責任正確使用這些數據，將其作為提升公共福祉及公民福利的手段。

—— 中國也將加速邁進一條屬於自己的，與其他國家截然不同的道路。中國的模式有沒有可能推廣給其他國家？筆者以為是有可能的。並正如西方國家所擔心的，這種推廣可能由亞非拉等西方世界以外的發展中國家開始。

我們後面再討論上述問題。

先看看數字隱私保護觀念在中國發展演變的過程。筆者會結合自己的個人經驗來說，也歡迎讀者回憶分享。

二、個人的（數字）隱私與公共／公權力的關係：西方制度、文化、模式

當代西方主流政治認知的看法是，公民社會及個人與公權力存在某種對立關係。公權力只要約束不當，就會成為對個人的威脅，影響到個人的權利與福祉。現代西方政治制度的一些核心主題，都是圍繞如何去約束、限制、規範公權力（把權力關進制度的籠子裏）。

—— 譬如，為什麼如此看重選舉制度？西方認為只有有了選舉權，才能保證約束公權力，才能保證讓公權力為自己服務；

—— 權力分立（separation of powers）：讓不同的權力機構獨立開來，彼此制衡，自我約束，如此才能對公權力加以限制；

—— 司法獨立：其中，司法必須獨立，免受干預，成為約束公權力的工具；

—— 媒體自由：給予媒體最大程度的自由，使其能夠自由批評政府，認為如此就能監督公權力；

—— 對個人政治權利及公民權利（political and civil rights）的神聖化：這些權利其實就是西方所說的「人權」。西方的人權其實是「狹義」的，主要圍

繞這些所謂的「消極權利」，如人身、言論、結社、抗議、信仰自由等，認為這些權利與生俱來，不應當受到剝奪。而其中許多的權利（例如言論自由），也主要是針對政府的，一個企業可以限制自己員工的言論，但政府／公權力不能限制公民的言論。這些都是為了對抗公權力，保護個人。

總之，人們是不信任公權力／政府的。西方制度的邏輯首先不是反映民意或尋求營造共識，而是限制公權力。人民最大的「敵人」是政府。

那麼西方人，特別是西方「自由世界」的領袖美國——人民信任自己的政府麼？沒有。所以無論數據再安全，再能防範黑客，美國也不會應用基於實名認證、人臉識別的總統投票手段；也不會有強制使用的防疫健康碼。實際上美國連全國統一的身份證都推不出來。人民並不信任自己選舉出來的政府，這真是一個莫大的矛盾／悖論（paradox）。

按照西方人所理解的，公民與政府／公權力本質「對立」，只有通過西方現行的政治制度才可能消解這種對立，「把權力禁錮在籠子裏」。那如果是不同於西方的體制，譬如「權威主義政權」（authoritarian regime），會如何呢？西方當然認為，這種制度下的公權力是對個人自由極大的威脅。民眾不可能信任政府，不可能願意對政府讓渡自己的權利。我是美國人，我用我們的民主選出了所有各級政府的官員，我姑且都不信任我的政府，不會願意對政府讓渡我的個人數據及數字隱私，那麼何況其他國家？

三、個人的（數字）隱私與公共／公權力的關係：中國的變化發展

美國人的擔心有他們的道理。

除了數字安全（這是技術層面的問題）以外，在任何一個社會，人們能在數字隱私問題上與政府／公權力形成一個比較「順」的關係，是一個非常複雜的過程。

第一階段：制度與文化上的支持，中國的情況如下：
1）人們對政府有一定的信任，願意給予政府機會；
2）人們沒有太多選擇，只能給予政府機會（例如「網絡論壇／BBS 實名

制」）；

3）大多數人比較務實，本來也不會挑戰政府，不覺得自己會遇到太多問題；

4）政府與社會／個體的關係本來也不是對立的，而是「共生」的；

5）企業與政府之間的關係也不是對立的，政府幫助企業，企業支持政府，政府與企業也是「共生」的。而人們一開始也沒有把數據直接提供給政府，而是提供給了企業，但根據政企的共生關係，推導認為企業有可能把數據提供給政府，所以把數據給企業就等於給政府。

第二階段：實踐與磨合，個人 vs 公權力在不斷磨合中，確立了彼此的邊界，建立了信任

1）政府／公權力知道什麼時候用這些數據，什麼時候不用這些數據。具體而言，政府的目的並不是監控公民，而是服務公民（包括打擊犯罪）；

2）公權力在最敏感的問題上 —— 政治言論 —— 尤其要慎用數據，「有所管而有所不管」。經歷反覆實踐，即便參與政治問題，人們也可以比較可靠地確定自己的「安全邊際」：例如內容 —— 可以在技術層面批評政策，但不能挑戰根本的政治秩序或政治底線；範圍 —— 在什麼樣的環境和範圍下可以說什麼尺度的話；懲罰機制 —— 什麼樣的言論會有什麼樣的後果；

3）大部份人會發現，讓渡這些數據不會帶來什麼隱私問題、安全性問題。而實際上在敏感的政治問題上，企業還會提供額外的保護防線（self-censorship）。

第三階段：人們開始放心地讓渡自己的數字隱私

一旦個人在公權力面前確立了自己數字隱私的安全性及安全邊際後，就完成了「從 0 到 1」的跨越式轉變。

1）人們開始更加放心地在各個領域讓渡自己的數字隱私；

2）對數字隱私的要求也由自願性不知不覺地變為理所當然，甚至是強迫性（比如現在做很多事情都要在 APP 上手機認證＋身份證號＋人臉識別）；

3）政府「浮出水面」，直接作為參與主體。最早時，人們對向企業提供數字隱私還會擔心，怕企業將數據提供給政府，帶來某種麻煩。到後來，政府可以

浮出水面，人們不再擔心將數據直接提供給政府。

第四階段：個人和政府加速不斷享受到個人對社會 / 政府讓渡數字隱私帶來的好處，並加速社會在數字基礎設施、數字化治理、數字相關科技產業的發展

1）人們發現自己可以獲得大量的生活便利、提高效率；

2）社會發現給大家「讓渡」數字隱私能夠帶來之前沒有想到的「公共福利」，譬如犯罪率的下降、防疫抗疫等；

3）政府 / 社會發現數字是一項重要的公共資源和公共產品，是一個極好的公共治理及公共服務手段；

4）以上會進一步推動社會及公共治理的數字化，推動相關基礎設施及產業的發展。

四、中國：個人「讓渡」數字隱私的過程

前面幾個階段說得比較抽象，筆者具體一點舉例子，未必都說得準確，因為有一段時間我在國外。個人數字隱私的讓渡是從網絡實名制開始的，然後推進到其他領域，並逐漸成為理所當然。

1. 1990 年代：一個個人體驗

當時網絡還是新生事物。我 90 年代初就用電話撥號上網了。當時可以隨便看各種海外網頁，我就亂看。那是九十年代初，有一天，有公安還是哪個部門的人上門了。

對方：你們家是不是有人上網？

我媽媽：是啊，咋啦？

對方：你們是誰上網啊？

我媽媽：我兒子啊。咋啦？

對方：哦，就是上了一些網頁。我們就了解一些情況。

我媽媽：哦，他小孩子啦，隨便上網看。怎麼了？

對方：那就沒什麼了，我們就是了解一些情況。

這件事發生在 1990 年代中。對方沒有具體問更多情況就走了，但給我留下了一個印象。

2. 1990 年代：習慣性匿名

90 年代中我主要就是上 telnet BBS，後來才有網頁論壇，當時網易 BBS 改版論壇版我們還很不習慣。

當時我所有在網絡論壇上註冊的信息都是匿名的，一個 ID，一個郵寄地址。我提供的所有信息（譬如姓名、生日什麼的）都是胡編亂造的。因為我不相信數字安全 —— 不僅國內，我在海外網站或軟件（例如 ICQ、Hotmail、Yahoo）註冊的所有信息都是瞎編亂造的。同時因為歷史經驗，我也對公權力有警惕，我怕任何實名信息會給我帶來麻煩。我也相信當時的大多數人都和我一樣。

前兩天我修改了一個當年在網頁註冊的使用者信息，我發現我的生日是刻意填錯的。今天我的做法就不一樣了，為了確保我的帳戶安全，我全部換成了真實的信息。

3. 2000 年代初：BBS 實名制

當時印象最深的兩個，一個是網絡「實名制」，時間太久遠，我查了一下是 2002 年；一個是 BBS 的實名制，是 2005 年。其實這個政策在當時就已經醞釀了若干年，在推出時是件很大的事情。筆者當時用水木清華 BBS，很多用戶極度抵觸，覺得這會帶來極大的「不安全」。這種不安全感不是來自數字安全層面的，而是對公權力的擔憂，怕言論自由受到影響。當時的人與今天不同，很難接受實名制。當時人們的這種擔憂是真實的，因為沒有經歷過筆者所說的第二階段的「實踐與磨合」。筆者也相信，這個 BBS 實名制對上網較早的網友而言都是一個比較重要的歷史事件。

4. 2000 年代中：博客實名制

這是在 2006-2008 年期間。筆者當時在美國，經營若干個內容一樣的 blog（水木 BBS、新浪、blogbus）等。我記得當時國內要推出博客實名制，很多人

反對。由於博客在當時的中國互聯網還是個很重要的渠道，韓寒之類的寫手也是博客時代的人，所以社會對博客關注也比較多。由於我當時在國外，對此倒也沒有太多的感覺，更沒有參與到相關的討論裏。

5. 2000 年代中：facebook 海外社交媒體的體驗

我正式用的第一個完全實名制的社交媒體帳戶其實是 facebook。

當時我在哈佛 —— facebook 最早就是從哈佛的社區裏發展開來的。同學們全部都使用 facebook，為了和同學們建立聯繫，我也使用 facebook。那是 2005 年。Facebook 的精髓就是實名。當時我對實名制還是覺得很新鮮的，也有些許不安全感。但由於局限在同學圈內，也覺得問題不大。

當時還有一個 faceren（同學網），也是由北美留學生從哈佛大學發展而來的，模仿 facebook。還有一個校內網（後來的人人網），也是在那段時間創立的。

這些基於校友的小圈子網絡都是實名的。在 2005 年的我還覺得，facebook 這個模式可能就在美國的學生群體可以，但在中國可能不適合，因為人們關注數字隱私，中國人也更擔心公權力會濫用數字隱私，不像美國這樣界定得比較清楚。

有趣的是，中國的網絡實名制與海外實名制社交媒體剛好在約略同一時期出現。也許是海外的實名制社交媒體幫助推廣了中國的網絡實名制？不得而知，這段時期我沒有在國內。

6. 2000 年代末：支付寶 —— 支付對實名制的重大推進

推動全面實名制的一個重要因素可能是基於互聯網及手機（移動互聯網）的支付。

這個時候筆者已經回國了。查一查歷史會知道，支付寶推出手機支付是 2008 年，推出信用卡快捷支付是 2010 年。到 2013 年，支付寶支付用戶已經超過一億。是年，支付寶還推出了餘額寶，一個金融領域的全民現象級事件。

支付對於推廣全面實名制是非常重要的。

1）基於互聯網支付極度方便（尤其是利用智能手機的支付），人們大大地

被這種便利性帶來的好處所吸引；

2）經過若干年時間，人們對網絡實名制有所習慣，發現沒有什麼問題，與公權力有了良好的實踐與磨合體驗；

3）支付涉及個人財務，首先要安全。必須要綁定信用卡，綁定實名。人們為了自己的金融／財務安全，讓渡一定的隱私。這個時候，讓渡隱私完全是出於自私、自我保護的考慮；

4）與買賣商品和政治等「敏感問題」無關，個人更願意通過讓渡個人隱私獲得個人好處。

支付對於改變人們對數字隱私、數字安全的看法有重大的影響。這時的人們已經不再是「讓渡」隱私，而是把「讓渡」視作一種獲得額外安全性的「代價」或「投資」。

7. 2010 年代初：微信支付對實名的加強

如果說 2013 年餘額寶奠定了支付寶的地位的話，那麼 2014-2015 年的「微信紅包」則奠定了微信（支付）的地位。微信的加入使得手機支付成為中國的主要支付形式。支付幫助推動了網絡實名制。

8. 2010 年代中：手機實名制全面推廣

手機實名制經歷了若干年的時間（大概是 2013-2016 年）。到 2016 年末，中國已經基本實現手機實名制。

在美國還沒有全國統一的身份證的時候，中國的手機號已經可以追溯至個人，因此可以視同於身份證號（儘管一個人可以有多個手機）。

手機驗證＋身份證號，已經成為實名身份的保證。大多時候，手機驗證本身就已經具備很高的地位。當然在互聯網金融高度發達的今天也帶來數字安全的隱患。

9. 2010 年代後半期：人臉識別的加入

筆者不太清楚人臉識別普遍介入是從哪一年開始。我自己使用 app 的印象是，先是互聯網金融／理財 app，需要使用人臉識別。後來是用「自如」（分散

式長租公寓）app。人臉識別，眨一眨眼，動動腦袋，有點新鮮。當時覺得，投資、租賃房，這種重大事情，用人臉識別是必要的（不過不知道後臺數據是怎麼統一的）。

然後在一些酒店入住時發現需要使用人臉識別，我最早體驗這個是在杭州。然後發現坐飛機安檢時可以或需要人臉識別。然後出入寫字樓、小區時，物業使用人臉識別已經很普遍。同時發現，我的手機號、身份證號及人臉在越來越多地方的後臺裏已經統一了。

上一次使用人臉識別是在用貝殼的「被窩裝修」app，確定我的裝修業主身份。眨一眨眼，搖一搖頭。此時，我覺得一切都是理所當然了。

10. 2020 年 COVID-19 防疫

出入各種場合不僅僅需要戴口罩，還要出示健康碼。北京管理比其他地方嚴格，不僅要出示健康碼，許多地方出入還要掃碼登記（場所碼）。數字化手段，大概是中國 2020 年防疫抗疫最成功的手段和最重要的心得。

絕大多數其他國家沒有這樣的手段。要麼是沒有這樣的信息 / 數字化基礎設施，要麼是沒有這樣的公眾接受度和服從性。中國則都具備：既有基礎設施，也有公眾接受度和服從性。這也是中國防疫抗疫成功的原因。

我們縱觀全世界，同時兼具此兩項的社會非常之少。中國恐怕是全球獨一無二的。這是中國獨特性（China exceptionalism）的生動寫照。所以中國才能在防疫抗疫之中表現如此出色。其結果將是：

1）個人相信讓渡自己的數字隱私對於自己 / 社會 / 公眾 / 民族 / 國家乃至全人類社會的安全福祉皆會有好處；

2）政府發現數字是提升改善公共治理、維護公共安全與福祉的寶貴手段及資源。

這就是筆者所說的：2020 年 COVID-19 疫情會將中國更進一步推向與西方不同的道路上。二十年前，我們也害怕甚至抵制網絡實名制；今天，我們視生活中無所不在的實名制及個人隱私讓渡為「理所當然」。為何如此演變為？

1）我們大體上相信科技，相信數據安全；

2）通過經歷大量的實踐與磨合，我們已經確立、界定了我們與公權力之間

的關係，我們確信公權力不會濫用我們的數據，作為守法公民我們沒有什麼需要擔心的；

3）我們充分感受到了實名的好處：安全、便利，也沒有什麼代價和損失；

4）只要不違法，實名制對我們完全是利大於弊，是造福於我們的；

5）公民提供數據信息也已經成為社會規範與標準（norm），是一種理所當然，甚至是一種義務；

6）我們甚至認為，如果沒有這些實名保護的話，會隱藏著某些風險，我們會開始擔心或排斥非實名制。

幾年前，我在手機 app 上用人臉識別，可能會覺得有點奇怪，懷疑是否必要，有點彆扭。現在我使用 app，如果系統要求人臉識別，我會積極配合，覺得一切都理所當然：「必須用人臉識別啊，就得這麼操作啊，不這麼做的話會有風險呢。」

這就是潛移默化的影響。我們已經更習慣於這種操作，我們的標準和考量和十幾二十年前已經全然不同。中國人可能不自知：我們正在進入一個與西方全然不同的世界。但這很可能恰恰就是未來的世界。

22 從防疫、反恐到在氣候問題上拯救人類——中國模式的更進一步：COVID-19 的歷史分水嶺作用（二）

2021/04/06

2020 年，中國利用獨特的數字化手段，在防疫抗疫上取得巨大的成功，在全球一枝獨秀。筆者認為，這場疫情將起到「加速裂變」的作用，進一步提升國人對數字化手段的接受度，並進而改變中國社會中個體與社會 / 政府的關係。這將是「中國模式」的更進一步。

如果說實名註冊、人臉識別等數字手段只是在之前讓人們感受到：付出一定的「隱私代價」，可以獲得巨大的生活便利以及安全性（網絡 / 手機支付的安全性），那麼疫情起到了幾個作用。

一、人們更加了解數字化手段及其好處

例如居民日常出行使用的健康碼。異地差旅的人則需要行程碼、查詢核酸檢測結果、查詢疫苗接種紀錄等。人們親眼看到政府如何採用數字化手段去積極有效地管控局部疫情 —— 在這套數字防疫基礎設施體系成型後，中國內地再也沒有出現大規模的本地傳播與爆發；人們也親眼看到了相比於其他國家而言，中國防疫抗疫努力取得的驚人成功。

二、人們更加習慣數字化手段和「隱私讓渡」

　　人們開始意識到自己的行蹤是可以被掌握／按需監控的，沒有任何技術障礙；人們發現到很多地方都要掃碼（迄今北京很多場所還要求掃健康碼登記才能進入，而非簡單出示自己的健康碼）。北京曾經出現過通過網約車傳播病例的事件，之後坐計程車／網約車也要掃碼（目前還在局部執行，雖然沒有那麼嚴格了）。這在一開始是有些不習慣的，但為了防疫抗疫，為了社會和自己及家人的健康，每個人都必須這樣做，都需要為了公共福利讓渡一定的隱私 —— 當然你也可以選擇不這樣做，只不過恐怕你出門就非常不方便了。我們說，消費習慣是可以「養成」的，個人數字隱私的「讓渡」，也是可以習慣的、可以「養成」的。可以說這是一種溫水煮青蛙。正如筆者之前說的，二十年前，人們對網頁論壇實名制都感到抵觸，現在則對各種實名制習以為常 —— 並不只是沒有選擇，而是心理上的適應。

三、人們終於能夠在一個比較短的時間裏將讓渡個人（數字）隱私與獲得公共安全／福利這個因果關係建立起來了

　　過去二十年，中國社會的犯罪率持續下降。2020 年最高人民檢察院工作報告裏，介紹了 1999-2019 年二十年間中國刑事案件變化的趨勢：1999-2019 年，檢察機關起訴的嚴重暴力犯罪從 16.2 萬人降至 6 萬人，年均下降 4.8%；與此同時，在這個變小的基數裏，判處三年以上刑法的佔比由 45.4% 降至 21.3%。犯罪的「結構」與「態勢」發生重大變化：「醉駕」取代盜竊成為刑事追訴第一犯罪；其次，主要的犯罪是擾亂市場秩序、生產銷售偽劣產品、侵犯知識產權等。這些經濟類犯罪刑事追訴的增加不僅代表這樣的經濟犯罪行為增加了（回想一下上個世紀 90 年代，這種銷售偽劣產品、侵犯知識產權的行為會有多少）。這說明我們的社會在進步。核心是，嚴重暴力犯罪 —— 暴力傷害、侵害人身、搶劫、強姦等 —— 重刑率不斷下降：2019 年，嚴重暴力犯罪僅佔全部刑事案件的2.5%。這反映了中國社會治安形勢不斷變好，暴力犯罪離我們越來越遠。

　　筆者雖不掌握詳實具體的數據，但相信，過去五年（2015 年以來），伴隨實

名制的全面推廣及數字基礎設施的全面升級，中國的重罪犯罪率在加速下降。中國正在成為全球最安全的國家。這一點，對於在「溫水煮青蛙」環境裏生活的國人來說恐怕不容易體會，覺得一切理所當然。他們只有出國旅行，遭遇了犯罪，才反過來會覺得中國很安全。反倒是現在來到中國的外國人深有體會 —— 我遇到的每一個人都會感歎中國大城市如何安全，犯罪率如何低（配以許多具體的場景，譬如一個人深夜在城市中心區街頭行走，完全不覺得會有安全問題）。這在西方大都市和大多數亞非拉發展中國家裏都是不可想像的。

對於一個守法公民，可能平時不會去思考犯罪的問題，但如果你換位思考，假設你是一個犯罪者，希望偷竊、搶劫或從事其他暴力行為，你最不希望在哪個國家犯罪？顯然是中國啊。天網恢恢其實是數網恢恢。按中國目前的數字化程度，犯罪者是無處藏身的 —— 你幾秒鐘就會被識別，幾分鐘就可以被抓住。中國的數字基礎設施及數字化治理對犯罪者來說就是噩夢。

數字基礎設施及數字化治理對降低犯罪率起了至關重要的作用。

但如果沒有一個在短期內發生的事件，幫你有效地把因和果串起來，你可能對此沒有感覺。2020 年中國的防疫抗疫就起到了這麼一個作用 —— 人們可以在一個比較短的時間裏很直觀地觀察到，自己「投入」的數據及數字隱私與公共安全、公共福利之間存在因果關係。因為我貢獻了、我投入了，所以大家都安全了。所以，當一個公共場所要求我掃健康碼時，我會毫不猶豫地掏出手機掃碼，因為我認為我的配合行為是對公共福利、公共安全作出的貢獻。

人們看到，這個「讓渡隱私」行為的本質，是把自己有限的隱私以數據化的形式「貢獻」、「投資」給一個公共數據池；這種公共數據最終會由公權力掌握，但公權力本質上是為社會服務的，它會負責將這個數據池轉化成一種造福社會，為人們提供公共安全與福祉的公共產品與工具。社會的每個成員最終都能從中受益。

四、人們越來越能從正向角度看待數字化治理及自己的隱私讓渡

疫情使得人們把讓渡隱私及公共福利之間的「因果聯繫」建立起來了，這時人們會發現，數字化治理果然有道理，確實是有好處。不但能夠防疫，還能防

賊；不但能夠幫助公共衛生，還能幫助公共治安。多多採用這樣的手段，社會不就更安全了麼！

而且，公權力與社會／企業／個人其實已經建立了一個邊界：即前者不會無節制地使用這些數據信息。同時，後者也已相信前者不會濫用這些數據信息。這一條非常重要。這與《1984》描述的萬能的「老大哥」完全不同。老大哥沒事成天盯著你。一有蛛絲馬跡就要抓住你，處理你。你的每一個與體制不符的微小行為都會給你帶來實質的危險。這種集權體制的想像使得人們對公權力＋數字化治理非常恐懼。但實際情況據此相差甚遠：只要你不違法，並沒有人關心你。甚至說，即便你技術上違法了，只要沒有引起關注，只要沒有形成一個案子，也不會有什麼後果。你讓渡的數據隱私不會直接讓你陷入麻煩。這一條非常微妙，也非常重要。數據是一種權力。公權力對此可以有所用，但更重要的是有所不用。在中國，人們相信讓渡數據總體而言是「安全」的，因為公權力「抓大放小」，能夠容忍社會的複雜性及灰色區間，對權力「有所不用」。

一個最典型的例子就是「地下經濟」—— 那些不被官方認可的、處在法律「灰色區間」的經濟行為（各種地下經濟可以對號入座，從夜總會陪酒到線下教育培訓），是否可以採用支付寶／微信支付？這種數據留痕的支付是否會讓自己陷入危險？筆者了解的是，在支付寶／微信支付普及的初期，很多領域還是用現金交易的。但到了後來，人們覺得確實不會有什麼事情，沒人有時間「監控」你、搭理你，只要線下不出問題就不會出問題。在信任感、安全感建立後，線下的地下經濟也數字化，人們大規模使用手機支付。

所以，現在我們很難看到懷揣大量現金的人了。十年前，懷揣大量現金說明他要與地下經濟做交易。在今天，他也會選擇支付寶／微信支付。這背後，是對公權力邊界和底線的把握，也是對公權力的某種信任。西方人可能永遠無法理解這一點。

五、思維的邁進與「新共識」的形成

經疫情一役，國人會認為，讓渡部份的數據隱私看來是必要的；政府認為，收集數據進行數字化治理看來是必要的。雙方在公權力／公域與私域的邊界問題

上達成了某種新的共識。

人們會更加了解數據，更加習慣於數據手段，更加接受讓渡數據隱私，並且意識到讓渡個人隱私能夠為社會及自己帶來好處；公權力／政府也會發現數據是社會治理極為重要的手段，只有掌握更多的數據，才能更好地了解社會、服務社會。把對私域隱私／私域數據的保護與公權力／公域／數字化公共治理看作天平的兩邊，天平更多地倒向了公權力／公域／數字化公共治理一方。（當然了，私域隱私不是無限的，是有邊界的。譬如舉個形象的例子，你入住酒店以及在酒店公共空間內的活動屬於公域；你在酒店房間內的物理活動則屬於私域。也正由於有邊界的存在，所以人們才會願意讓渡隱私。）

筆者以為，這種新的公域私域關係是疫情之後的中國新共識，也是中國既有模式的更進一步。

六、在公共治理、反恐及氣候變化等議題裏新的應用

1. 智慧城市、智慧社區與物業

2016 年初，相關部委曾出文要求打開住宅小區，拆除圍牆，要求「原則上不再建設封閉住宅小區，已建成的住宅小區和單位大院要逐步打開」。這一事件引發了巨大的社會爭議，筆者當時也十分關注。

經過 2020 年的防疫，政府不僅僅發現了數據手段的重要性，還發現社區及資產物業管理在基層／網格化管理中的重要性。防疫抗疫的最後抓手就是物業。所以，有了 2021 年初住建部等十部委聯合發通知支持住宅物業（2021 年 1 月 5 日十部委印發的《關於加強和改進住宅物業管理工作的通知》）。如此強力支持一個行業是非常罕見的，凸顯了物業在政府心目中的重要性。沒有疫情，很可能就不會有這樣的認識。

而物業又是政府推動數字化治理的最大抓手 —— 只要通過數字基礎設施的建設與升級（雲計算、大數據、人工智能、物聯網等新一代信息技術），就可以在第一線掌握各個社區、物理資產、空間、機構、人群的數據，作為公共治理的手段。這就是未來／智慧城市、未來／智慧社區的精髓。

在 2020 年疫情之後，物業加速變為中國城市與社區公共治理的重點。筆者

了解到國內多個城市在大力推動相關的工作，通常都與當地的物業企業合作，由物業企業進行技術投資，抓取數據，提供給政府，政府會予以一定的財政補貼或其他的政策支持。結果是什麼？政府將在未來幾年內掌握絕大多數社區、辦公單位及公共空間的基礎數據，並能夠與其他數據匯合。政府掌握數據的目的是提升治理水平，更好地服務公眾。

當然也製造了一種所謂的 dilemma：政府獲得數據是為了自己（公權力的無限擴大），還是為了社會／公眾？美國人會選擇相信前者（政府為了自己），而許多中國人會選擇相信後者（政府歸根到底還是為了更好地服務社會）。這是中西的差別。美國永遠不會走到中國這一步。

2. 反恐

這是關於新疆問題的。激進化的人士在經過教育、培訓後如何重回社會？如何避免他們再激進化，製造恐怖主義／暴力事件？如何避免他們成為傳播激進化思想的種子？筆者相信政府一定在用很多方式幫助他們適應社會。譬如各種職業及專業技能培訓；後續安排他們去某些行業／企業工作，讓他們發現一個安全穩定的致富路徑。精準扶貧裏積累的各種經驗都可以用過來。

但經濟因素只是一部份的。人畢竟有思想和意識，有價值觀，不能簡單地通過職業和收入來改變，對這些人群肯定得有監控。這時中國的數據基礎設施就可以用上了。到處都對這些人群採用實名認證、人臉識別（及其他可能的生物信息認證，譬如指紋）。設想一下，就和我們在疫情期間每天出入各種場所都要掃健康碼一樣，要求他們不斷地掃碼，以數據形式匯報自己的行程。行程看似基本，但如果覆蓋每一個物理場所和網店的話，就非常有意義了。我們可以知道每一個人／每一群人每天去了什麼地方，待了多少時間，有了數據我們就可以分析出來有什麼樣的規律，這只是最基本的，還有無數其他的數據。

未來對激進人士的管治模式一定是，強迫要求他們放棄更多的（數字）隱私（肯定會大大多於防疫所需的信息），對他們實現數據層面的監控，藉此保障公共安全。如果他們能夠長期合規（長期「綠碼」），估計也會「升級」，不再需要提供那麼多的信息。這還是個人隱私與公權力的關係與邊界問題。在新疆激進分子人群中，這個天平將更多地倒向公權力。

對於這種形式，西方人無法理解，更無法接受，但對於中國人來說並不重要 —— 這就是我們的治理模式。

3.「碳中和」、綠色生活及個人的綠色數據

數字化治理能不能與碳中和的目標結合？

氣候變化所帶來的環境危機才是最大的危機。它比中國和美國的競爭博弈，美國的左右政治「內鬥」及世界其他國家、地區、文化之間的衝突博弈都重要得多。氣候問題才涉及人類的生存問題。一定的家長主義 / 權威主義政治下的數字化治理能不能幫助、促進解決氣候變化問題？

筆者以為，答案是顯而易見的。相比在內鬥中內爆的美國，中國更容易建立一個綠色的國民共識，推動全民為「碳中和」及阻止氣候變化做出努力。數字化基礎設施與手段有可能發揮巨大的作用。每個人的碳排放 / 碳足跡（以及更多的數據，例如水足跡）其實都記錄在每個人吃喝住行上 —— 從購物消費（買什麼東西，以什麼形式配送）、飲食（吃什麼東西，以什麼形式配送）、出行（去哪裏，搭乘什麼工具，住什麼地方），到生活耗能（電、燃氣、水……）。每個人對減少碳排放及碳截存所做的努力也都可以用數據化形式記錄。推動「碳中和」的重要手段可能是數據。以海量化的碳數據去呈現及還原我們的生活，讓我們知道我們對大自然的影響。

到了某一天，氣候變化已經發展到危及人類和自然界延續的地步並被廣泛認識，如果有哪一個國家可能率先推出「碳信用評級」（類似於螞蟻的「芝麻信用」），以數據形式量化評估一個個體對世界的碳影響 —— 這樣的事情只可能發生在中國。數字化治理可能是幫助解決全球終極危機 —— 氣候變化 —— 的關鍵手段。而縱觀全球，誰能提出解決方案？恐怕只有中國 —— 這個團結、集體主義、擁有數據基礎設施及數字化治理制度文化、關注人類命運共同體的國度。

筆者相信，中國會在氣候變化及環境保護問題中成為全球的中流砥柱 —— 這些都將依託中國極為獨特的治理模式。

23 COVID-19：抗疫的回顧與未來

2022/01/20

很久沒有寫了，今天分以下幾個主題，再來聊聊 COVID-19 疫情的問題。

一、對不同抗疫模式的回顧（主要是中美比較）

1. 發達國家的應對方式

兩年前，COVID-19 剛剛開始傳播。中國對武漢／湖北進行封城、封省，到 3 月份基本就控制住疫情了。然後疫情在全球蔓延，一發不可收拾。

這就相當於學生答題考試，中國上來就得了滿分。當時中國人對發達國家的公共衛生體系還是有信心的，認為這些國家都可以經受住考驗，大家共同努力消滅 SARS-CoV-2。這並非沒有先例：SARS、MERS 等嚴重的呼吸道傳染病都在全球範圍內得到控制。

但人們很快發現，中國的模式是不可能複製的。經過一番掙扎後，絕大多數國家都「躺平」了，只能任由病毒肆虐，結果就是大規模的感染與死亡。各主要發達國家的應對方式，實際上是這樣的：

1）疫苗 —— 研發疫苗、推廣疫苗，盡可能讓更大比例的人口接種疫苗，在這部份人裏面提升針對 SARS-CoV-2 的免疫力，降低重症率與死亡率。疫苗是醫療科技能力的體現，可以為公共衛生（public health）做貢獻，但又不簡單等於公共衛生。一個主要的問題是，在一些特別講究個人自由、個人權利的發達國家裏，並非所有人都願意打疫苗，也並非所有人都必須配合打疫苗。譬如美國，打到 60% 基本就到瓶頸了，很難讓更多的人接種；有大約 20% 適合打疫苗的成年人堅決不願打疫苗。這背後問題就複雜了：他們是有價值取態的，就是不願意打。這就好比 Trump 在政治上始終有 40% 的基本盤，民主黨／左翼無法攻破一樣。

2）「自然感染」：大規模人口感染 SARS-CoV-2，社會逐漸實現「群體免疫」。已經死掉的人就不論了，但感染、康復並存活下來的人口，對 SARS-CoV-2 的免疫力肯定是提升的 —— 雖然這些康復者們仍有可能再次感染，甚至還會因為感染而死亡，且病毒仍然可能在流傳中變異；但大方向是，大規模的人染病肯定會加速「群體免疫」，並且病毒也正在朝這個方向「努力」，此效應是「雙向」的（下文會再提到這個概念）。然而，儘管 2020 年英國就在「試探」（flirting with）「群體免疫」這個概念，但應該說這並不是公共衛生政策最初的目標，也不是公共衛生決策者們最初的主動選擇。從各國防疫政策的演變看，它主要還是一個被動選擇，因為在 COVID-19 面前確實沒有別的辦法，沒有國家有複製中國「清零」模式的能力。邯鄲學步的結果是，既做不到清零，又會導致經濟社會癱瘓，兩頭不靠。所以，還不如認清現實，「順其自然」，讓人類（與病毒互動）的自然機制發揮作用。

如果說「自然感染」從一開始就是被動的，沒有辦法之下的作為，那麼在疫苗有效性被證明後，「自然感染」慢慢就變成了公共政策的一部份。雖然大多決策者們不會在公開場合這麼說。

2. 各發達國家應對「模式」的條件與問題

發達國家應對「模式」的主要問題在於：

1）死亡。大規模感染自然會導致大量人群住院，最老弱的人病死，最後導致平均壽命減少。以美國為例，COVID-19 使得美國平均壽命縮短了 1.5~2 歲左右，是二戰以來平均壽命的首次大幅下降（上兩次是 1918 年大流感及二戰）。[1]

---

1 Laura Santhanam, *COVID Helped Cause The Biggest Drop in U.S. Life Expectancy since WWII*, PBS News Hour, Dec 22nd, 2021. https://www.pbs.org/newshour/health/covid-helped-cause-the-biggest-drop-in-u-s-life-expectancy-since-wwii. John Tozzi, *US Life Expectancy in 2020 Drops by 1.5 Years due to Covid-19 Pandemic*, Business Standard, Last Updated at July 21st, 2021. http://wap.business-standard.com/article-amp/current-affairs/covid-19-pandemic-takes-dramatic-toll-on-us-life-expectancy-in-2020-121072100258_1.html.

此外，患病、康復、活下來的人也不一定就能在未來完全免疫，只要病毒還在流傳（甚至有可能往壞的方向變異），以後還有重複感染的可能性，還是可能面臨死亡的。

2）醫療資源擠兌。不僅 COVID-19 患者得不到充分的救助，甚至還會導致一些間接的病痛及死亡。近日，中國輿論非常關注西安孕婦流產事件。實際上，任何一個受到 COVID-19 醫療資源擠兌的社會都會發生同樣的問題，除非醫療資源足夠豐富。中國的「清零」政策本來就是為了避免醫療資源擠兌。

相比中國，西方社會／發達國家更能應對上述兩條，主要有兩個方面的因素。

一是老百姓對政府責任的預期問題。政治權力越分散的地方，民眾對政府的預期越弱。極端例子就是美國 —— 政治權力極度分散：聯邦、州、地方政府，然後還有權力分離，人們很難把抗疫問題歸責到一個政府、一個政客身上；總統的更換也不足以改變公共衛生能力；民眾也不會對政府有巨大的預期，相反，整個政治意識形態是希望限制政府的力量。此外，選舉機制的存在可以透過選舉更換領導人消解人們的不滿（例如通過選舉 Biden 上臺，來表達對 Trump 防疫成績的不滿），而不會使得不滿指向體制本身。

總之，我們比較中國和美國可以看到，政府的權力越分散，一體化的公共衛生及防疫抗疫能力就越弱。所以美國在發達國家裏橫向比較是非常差的。但反過來，人們對政府／政治體制的預期也越低，不滿也越小。

中國的情況剛好和美國相反，中國是全能政府，政府要承擔全部的政治和倫理責任。民眾對政府的預期是沒有邊界的，並且可以隨時變化，今天是這個情況，就這樣要求政府；明天是那個情況，就那樣要求政府。不用講道理，反正政府就是要解決問題，就是要承擔責任。這個責任，是政治上、道義上的責任。所以，美國可以因為 COVID-19 死掉上百萬人，但中國不行。類似的情況在中國出現，會導致嚴重的社會穩定問題，並變成政治問題。

二是個人健康基礎、醫療資源及基礎設施的深度、厚度。個人健康基礎弱的話，個人抵禦 COVID-19 的能力就弱，在所有其他條件都相等的情況下，疫情的死亡率就會更高。醫療資源及基礎設施的深度、厚度、廣度則決定了社會應對疫病的能力。如果有非常強的醫療資源，那可以把公共衛生問題（public health）轉化為個人醫療（personal medicine）問題。傳染病的公共衛生核心是防控；個人醫療則主要是治病。公共衛生防不住，那就治唄，「放開得，來多少，治多少」。

醫療資源如果沒有深度、厚度，是沒有辦法應對疫情的，在擠兌面前，醫療體系很快就會崩潰，會導致更大的醫療代價。中國雖然有少數高能級城市，但就全國水平來看，仍然是發展中國家，與發達國家的差距很大。譬如中國的人均 ICU 床位僅及美國的十分之一。所以，中國現在的策

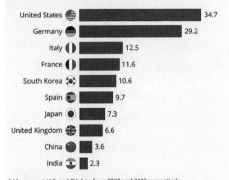

略只能是側重去預防 / 防控，而這其實是傳染病公共衛生的要義。

實際上，按照美國的社會治理模式，即使沒有政府的公共衛生機構、沒有 CDC，醫療體系也是能運轉的，在疫情之下不至崩潰。但即便對美國來說，除了死了 85 萬人外，疫情仍然對醫療資源造成了巨大的損耗。

例如下面這則新聞：*U.S. Faces Crisis of Burned-Out Health Care Workers*（「美國面臨醫療工作者筋疲力盡的危機」，2021 年 11 月）。[1]

…… [S]ince the start of the pandemic with some 60% to 75% of clinicians reporting symptoms of exhaustion, depression, sleep disorders and PTSD, Dzau said, while nurses are equally if not more stressed. About 20% of health care workers have quit during this period, he said, and 4 out of 5 of those who remain say that staff shortages have affected their ability to work safely and to

---

1 David Levine, *U.S. Faces Crisis of Burned-Out Health Care Workers*, U.S. News, Nov. 15th, 2021. https://www.usnews.com/news/health-news/articles/2021-11-15/us-faces-crisis-of-burned-out-health-care-workers.

satisfy patient needs（筆者譯：自疫情以來，60%~75% 的臨床醫生報告有了筋疲力盡、抑鬱症、睡眠失調及創傷後精神緊張性精神障礙等症狀；護士的情況也不遑多讓。疫情期間約有 20% 的醫護人員離職，留下的醫護人員中有 80% 認為人員短缺的狀況已經無法保證安全作業及滿足病患需求。）

再看一條：*More than 3,600 US health workers died in COVID's 1st year*（「COVID 疫情的第一年，美國有超過 3,600 名醫護工作者去世」，2021 年 4 月）。[1] 這是 2020 年的數字，2021 年全年的統計很有可能超過 5,000 名。美國擁有的這樣一個醫療體系，是經過多少年才建成的。但 COVID-19 仍然對美國醫療體系造成了巨大的衝擊，肯定會以直接、間接的形式影響社會大眾對醫療資源的獲取，成為 COVID-19 的附帶損害（collateral damage）。

放到全球看，數字就更加驚人了，據聯合國估計，全球有 18 萬醫護人員死於 COVID-19。[2] 我估計其中很大一部份來自發展中國家。這些國家的醫療資源本來就有限，卻遭到了不成比例的打擊。設想一下，這會帶來多少的附帶損害？如果這發生在中國會怎麼樣？

三是對老人和弱者的態度。筆者週末給小朋友講歷史，講古人類史時提到了尼安德特人。尼安德特人是會照顧自己的老年人／弱者的。當時出土的一具化石，一個人眼眶被打碎，還有一隻手臂粉碎性骨折（可能因為近距離與動物搏鬥）。但他活到了很大的年歲，只有一種可能，就是他得到了社群的照料。這說明，尼安德特人是有社群價值觀的，並不是野蠻人。現代智人的許多原始部落都更尊重長者。長者沒有了牙，年輕後代幫其咀嚼食物，幫助他進食、吞咽。守護長者、弱者，自古就與一個社會的文明程度相關。

只強調（或片面強調）個人的自由和權利，是比較容易達到的，因為這利用了個人的私慾，符合個人的私利。但要強調每個人對社區／社群的責任、義務，

1　Jane Spencer and Christina Jewett, *More than 3,600 US Health Workers Died in COVID's 1st Year*, abc NEWS, April 8th, 2021. https://abcnews.go.com/Health/3600-us-health-workers-died-covids-1st-year/story?id=76944085.

2　*Up to 180,000 Health Workers May Have Died from COVID-19*, UN News, Oct. 21st, 2021. https://news.un.org/en/story/2021/10/1103642.

要個人為社區 / 社群付出與犧牲，要考慮整體的利益，要能夠讓渡自己的私利去照料長者、弱者，卻是不容易的。這需要非常強的社群價值觀 —— 由小到大熏陶而成的價值觀。這就是中國社會的價值觀。我們有尊老傳統，有共同富裕與大同世界的觀念，這都是我們的文化價值的傳承與基因。

有的社會裏，人是自私的、獨立的，各自為戰。這些社會可以有慈善與公益的存在 —— 人們可以選擇去幫助他人，但卻沒有必須履行的義務。反過來，人們也不能要求他人非得幫助自己。最終，每個人還是都得靠自己，沒有任何東西是理所當然的（entitled）。這是野蠻開荒的新世界，這是「自由世界」。（這就是美國。）

中美兩國，哪個世界更可容忍老人的死去？弱者的死去？上百萬人的死去？自然是美國。他們甚至會說，這是上帝的旨意呢。為了「群體免疫」，社會可以甩開這些包袱，「輕裝上陣」。「放棄」上百萬人，是為了讓留下來的人可以繼續前行。

美國是個種族社會。我們再用放大鏡看看，死亡率最高的，當然還是最弱勢的種族 —— 黑人。據美國 CDC 報告，僅在 2020 年上半年，美國黑人男性的預期壽命就下降了 3 歲。「放棄」公共衛生所造成的代價，還是由弱勢的、被歧視的種族群體承擔的。這就是種族主義的美國。然而，也就是在美國，那些被「放棄」的人其實也不一定會抱怨什麼。他們也活在「自己靠自己」的價值體系裏，認為是自己活該。這就是「適者生存」的「自由世界」，這是屬於「戰鬥的

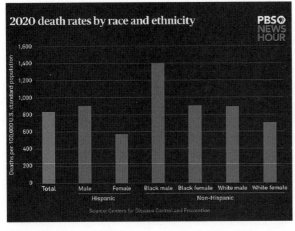

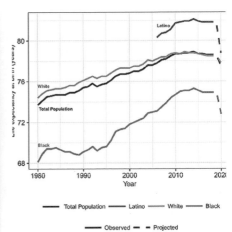

民族」的地方。

人類的許多價值觀其實並不是普世的，而是相對的。我們不好說哪個就是「正確」，哪個就是「錯誤」。這不是簡單的正確和錯誤的問題，不去評判。這是不同的價值觀、不同的社會組織方式的問題。不同的社會會採用不同的方式去應對疫病。最終所採用的方式，一定符合自己的價值與社會組織方式。政治制度也是一樣的。所以，在美國，美國的模式就是正確的。在中國，中國的模式就是正確的。美國不能採取中國的模式，中國也不能採取美國的模式。

只不過，放在 21 世紀 20 年代，在筆者看來，美國就更加「野蠻」了。這是一個人與人之間缺乏關聯、非常自私的社會。物質文明／醫療科技的發達並不能掩蓋價值觀上的缺陷，物質文明／醫療科技的發達也不能彌補這種價值觀上的缺陷（畢竟有 85 萬人去世了）。

3.「踏著屍體」過去，並不能稱之為「文明」和「成功」

其實，全球只有少數國家真正做出了「主動選擇」。所謂主動選擇，即你所採取的公共衛生政策可以積極地改變結果、逆轉趨勢、消除不必要的死亡。

以美國為首的西方其實從來都沒有「主動選擇」的能力，只有被動選擇，即「躺平」、放任發展。他們唯一能依賴的是建築在發達現代醫療科技基礎上的疫苗。而疫苗也增強了人們對「躺平」的決心，弱化了公共衛生的職能：由於接種疫苗也是自願的，所以公共衛生完全變成了個人的選擇：由個人選擇是否打疫苗，並承擔不打疫苗所帶來的個人後果。所以以美國為首的西方其實並不存在什麼「公共衛生模式」，就是自然狀態 + 疫苗。

有人說，美國／西方現在要走出疫情了！中國還在堅持「清零模式」，要落後了。而且不僅如此，實踐證明，西方的模式才是更高明的！

如果不考慮死者的道德價值，不考慮龐大的社會代價，將這些死去的人的價值歸於零，並且將他們的死視為正面價值（為群體免疫做出了卓越貢獻）——如果是按照這樣的價值觀的話，那我們討論公共衛生還有什麼意義？甚至可以說，我們討論醫療技術的進步還有什麼意義？不妨直接看歷史：黑死病在歐亞大陸殺死了 7,500 萬至 2 億人口，並且可能在短短的四年時間裏，消滅了約半數的歐洲人口。那人類不也存活下來了麼？後來不是發展得好好的麼？但我們能說當

時的歐洲取得了巨大的「成功」麼？我們能說當時的歐洲是「文明」的麼？顯然，不能用「成功」與「失敗」，或「文明」與「野蠻」這樣的字眼來形容。從大歷史看，這就是人類根據當時的條件，付出了巨大的代價（死掉上億人），最終克服了疫病。

事實是：哪怕沒有任何公共衛生體系，沒有醫院，沒有應對藥物，沒有疫苗，用最原始的方式，人類也可以「克服」SARS-CoV-2，只不過是通過大量的感染及死亡，最終實現群體免疫而已。這裏的價值假設是：死者都是沒有價值的，他們好像一場「魷魚遊戲」裏的淘汰者，貢獻只在於讓其他的人活下來。過程中，他們也不是做了什麼崇高的自我犧牲，只不過運氣不好被「選中」成為「炮灰」/「分母」而已。

中國的人口是美國的四倍；醫療資源與基礎設施遠遠落後；呼吸道基礎病患者很多；人口老齡化且老年人很多與後代共同居住。如果中國按照美國的「模式」去「防疫」，那麼 COVID-19 造成的死亡人數恐怕就不是 85 萬的四倍（340萬），而是更大的天文數字。大幾百萬人、上千萬人死亡的狀況在經濟層面、社會層面付出的代價不堪設想。那時，每個家庭可能都有老人死亡。（在那樣的情景下，那些現行防疫體制的批評者們，每個人都可能面臨家裏長者受到病毒侵襲去世的風險。那時，他們將站在完全反向的另一個角度，攻擊中國的政府與制度。）

中國特有的防疫模式可能避免了大幾百萬人、上千萬人的死亡，這些努力是沒有價值的麼？難道不是對人類社會、中國社會的巨大貢獻麼？很多國人為了避免這數百萬人、上千萬同胞的死亡付出了代價。這些付出難道是沒有價值、沒有意義的？難道不應該引起尊重麼？

我們這個社會，正因為能夠做出這些付出和犧牲，所以與其他社會不同。這是我們可以成為一個偉大文明的基石。

二、COVID-19 與人類的「共存」──疫苗及 Omicron

1. COVID-19：討論全人口「病死率」意義不大，因為它主要是老年人的殺手

我們先看看 SARS-CoV-2（新冠病毒）的病死率，請特別注意其與流感（flu）的比較。

以下是網上搜索的不同時期的一些圖片數據。

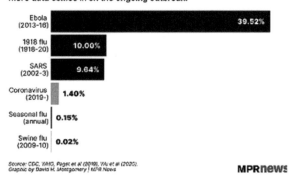

以上是早期的數據，新冠（Coronavirus）病死率在 1.4%；流感病死率（Seasonal flu）在 0.15%。

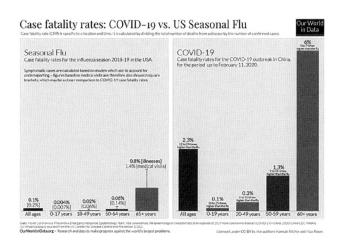

以上也是一個早期的統計，Seasonable flu 病死率在 0.1%，COVID-19 是 2.3%。這裏的口徑是 Case Fatality Rate（公式是病死數除以確診數），比全口徑的「感染者病死率」Infection Fatality Rate 要大，因為確診數可能只是所有感染病例的一部份，統計不全。

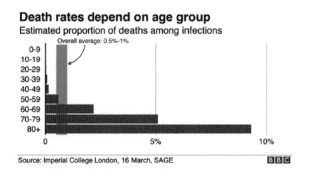

這也是早期的數據，平均病死率 0.5%~1%。但這個圖表指出了重點部份：高病死率主要集中在老年人。

這個時候，再討論總人口的病死率意義就不大了：因為感染者裏面年輕人多了，就會使分母變大，病死率就顯得不那麼高。而年輕人需要工作，參加各種社交，是比較容易染病的，所以肯定會把分母做大。這時再統計全人口的病死率意義就不大了，反而會讓我們低估 COVID-19 的危害性，有明顯的誤導作用。

分年齡看的畫面是這樣的。

先看看最早的數據，來自中國武漢：

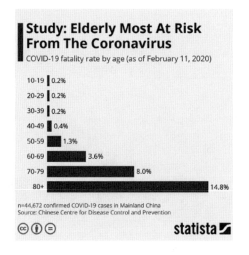

年輕人的病死率很低，為 0.2%，病死率在 60 歲以上人群快速提升，在 80 歲以上人群達到 14.8%。

隨便再看幾個國家。以下是截至 2022 年 1 月 10 日瑞典的數據。

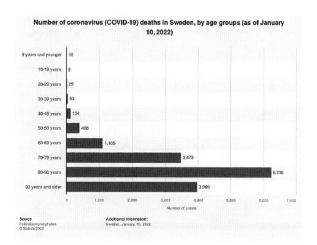

瑞典（2022 年 1 月 10 日）：96% 的死者是 60 歲以上老人，其中 80 歲以上佔到全部死者的 66%。

捷克：約 90% 的死者是 65 歲以上的人群；約 97% 的死者在 55 歲以上；34 歲以下的死者只佔 0.2%。

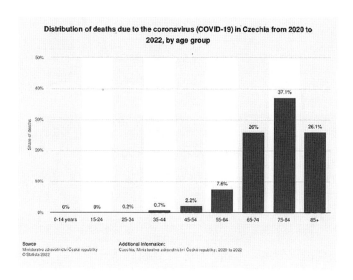

美國截至 2022 年 1 月 12 日的數據：

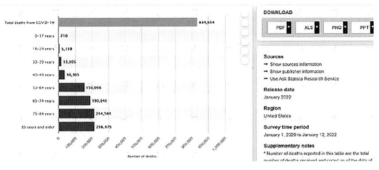

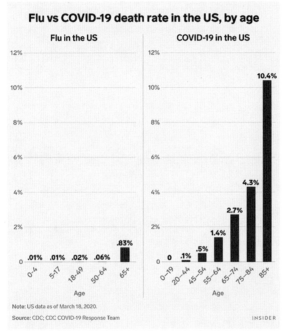

在美國，65 歲以上的死者 62 萬，佔全部死者的 74%；如果將 50 歲以上的死者也統計進來，佔全部死者的 93%。美國 29 歲以下的死者統共不到 6,000人，佔全部死者的 0.7%。

可以看到，各國的數據都一樣，COVID-19 主要傷害的是老年群體。

這與季節性流感有本質不同。季節性流感的病死率平均下來 0.1%~0.2%，老年人的病死率也比年輕人高很多，但還是沒有拉開差距。COVID-19 的畫像完

全不同，對於老年人來說就是殺手，有非常高的病死率。

所以，再簡單比較某兩個國家／社會的 COVID-19 病死率，或者研究 COVID-19 全社會病死率（把年輕人作為基數也統計進來），就沒有意義了。除了醫療基礎條件外，一個國家的病死率完全取決於其人口結構（是否老齡化），有多少感染者是老人，以及老人是否得到細心的照料。由於 COVID-19 是「專門」針對老人的，所以從長期看，一個社會對待 COVID-19 的態度，最後也會反映其對待老人／長者的態度。

人類之所以能區別於一般的動物，在於其能夠彼此照料。這是人類得以生存、繁衍的基石，是人類基因的一部份。所以，每個社會對 COVID-19 都還是嚴陣以待，不會上來就「躺平」。由於其對老年人的巨大危害，因此在人類社會，COVID-19 是一種「社會倫理上／道德上」（socially／morally unacceptable）無法被接受的存在，人們無法接受與這種病毒共存 —— 至少在短期內無法接受，因為這種病毒會從根本上損害人類社會的社會肌理及倫理結構。相比之下，季節性流感（seasonal flu）則是人類社會可以「接受」的，能夠與其共存，除了總體病死率較低外，對老人也不那麼的致命，病毒侵襲之下還有可能存活。

筆者之所以反反覆覆強調這個概念，歸根結底是因為中國文化是更加敬老的，老人與後代的生活、經濟、社會、情感、倫理聯繫更加緊密。我們的價值觀，從一開始就決定了我們處理 COVID-19 的方式會與美國這樣的西方國家不同。

2. 回到 200 年前，COVID-19 根本「不會存在」（socially non-existent）

對於 30 歲以下的人群，COVID-19 沒有什麼危害，大多人是無症狀感染者，正常的生活不會被影響（這裏不考慮所謂的 long COVID 因素，即感染可能帶來的長期副作用 —— 即便沒有臨床症狀）。

然後，我們從大歷史的角度看看人類的平均壽命。

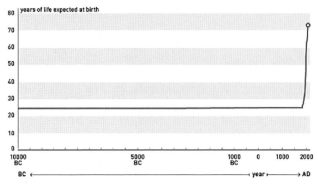

GLOBAL LIFE EXPECTANCY (10,000 BC-TODAY)

Source: Cato Institute, Our World in Data. Life expectancy is believed to have been 20-30 years prior to 1820. Age 25 is selected as an average.

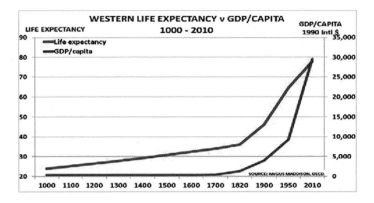

WESTERN LIFE EXPECTANCY v GDP/CAPITA
1000 - 2010

從西元前 1 萬年直到 1820 年左右，人類的平均壽命一直維持在 20~30 歲左右。1820 年是西歐工業革命大發展時期，到這段時期，人類的平均壽命才開始快速增長。

前面講到，30 歲以下對 COVID-19 是無感的。所以，如果放到 1820 年之前，SARS-CoV-2 進入人類社會，不會引起大規模的烈性傳染病。所有人都是無症狀者，患病 — 毫無症狀 — 然後康復，很快就群體免疫了。從社會學的角度看，這個病根本就「不存在」。

只有當大量的老齡群體出現後，SARS-CoV-2 才成為一個致命病毒。其實這和現代社會的各種老年病一樣，包括癌症、冠心病、高血壓，區別只是它是病毒引起的傳染病。還有阿茲海默症。古代可能也有關於健忘症的說法，但長者太少，阿茲海默症在臨床醫學、社會學、醫療倫理上都不成為一個「病」。直到 1901 年，它才被德國精神病學家阿茲海默「發現」。伴隨人類社會不斷老齡化，

阿茲海默症也就成為了一個非常重要的疾病，日益受到關注。

我們再看看前面提到的西元前一萬年。西元前一萬年就是人類發展農業，開始馴養家禽、牲口的時候。農業社會使人類脫離了獵採（hunting-gathering）的生活方式，得以定居下來。雖然個體的健康指數可能有所下降（吃得不好），但從人口的總體角度看，生活更加穩定了，平均壽命延長了。

但還有一個問題是，馴養野生動物、與動物生活在一起，會帶來疾病。流感（flu）病毒主要都是從家禽、豬身上來的。維基百科上說，最早的流感疫情可能發生在西元前 6,000 年；最早關於流感的紀錄在西元前 5 世紀的希臘。這些只是基於歷史的推測。可以猜想，人類與雞、豬等生活在一起時，早就有流感這種病毒了。

我們今天無法判斷「史前」的流感對「老年人」的殺傷力 —— 因為那時都沒有老人。也有可能在西元前一萬年前的時候，第一個動物傳人的流感病毒就很厲害，對中青年危害也很大，由於沒有任何醫療條件，還死了不少人。但那時人類平均年紀畢竟只有十來二十歲，身強力壯，抵禦病毒的能力更強。他們感染了，痊癒了，然後可能復感染，復痊癒。慢慢的，就建立了抗體，實現了所謂的群體免疫。而病毒在傳人之後也在「適者生存」，從一開始猛烈的病毒，逐漸溫和化，與宿主找到了某種共生方式。不像今天，當時的人口流動很少，人口互動很少。要實現廣泛的「群體免疫」需要很長時間，可能就是數千年、上萬年。（有的地方因為自然環境和生活習慣，處理各種野生動物數量種類都比較多的，對於流感的免疫能力可能也更強。所以一直有說法認為東亞人對流感的免疫力強於西方。）這些都是我們不知道，但可以合理估計的。

但是，不管怎麼樣，站在 21 世紀的今天，我們看到的流感是一個病死率約 0.2%、已經被「馴化」的病毒。儘管流感每年還會在全球導致 30 萬~60 萬人死亡，但已經沒有人再想著要「消滅」流感。因為流感已經與人類社會「共存」了，成為「可以被接受」（socially acceptable）的了。

時光推移到 2020-2022 年：突然出現了一個非常猛烈的病毒 SARS-CoV-2，在兩年內奪去了 500 萬人的性命。奪去性命的同時，病毒也在肉體上消滅了宿主。可以推想，如果發生在幾千年前，大家一定都是「無症狀感染者」，被傳染後逐漸建立抗體。病毒也會進入一個漫長的變種與演化期 —— 不斷試圖突破人

類的免疫系統，也許最終找到與人類「共生」的方式，用幾千年的時間。

今天的人類社會與幾千年前有什麼不同？即便傳染病也是全球化的：工業化、城市化帶來的人口密集居住、頻繁的國際人口流動，使得病毒得以在全球範圍內高速傳播。大量的人群被感染，弱者死去，留下來的人建立了一定的免疫能力。在這樣廣泛的人群和宿主樣本裏，病毒也在快速地適應與進化。人類（和 SARS-CoV-2 一起）可能可以「用兩年的時間完成幾千年的事情」。這時，出現了 Omicron（奧米克戎）變種。

3. Omicron 變種：依然嚴重，但危害性可能下降的病毒

Omicron 最早來自非洲南部（南非、博茨瓦納），後傳播至英國等地。因其傳染性顯著強於早先的病毒「版本」，已經成為目前全球主導的變種。美國有九成以上的病例是 Omicron。

Omicron 的出現，使得疫情進入新的階段。看看美國的情況。

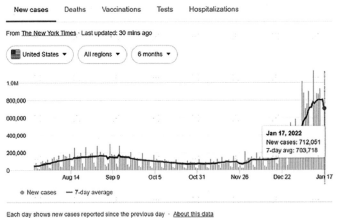

本來美國的疫情基本「控制」住了，處在一個相對「低位」，但在 Omicron 出現後，情況逆轉，過去一週平均日新增確診數增至 70 萬~80 萬，是原來的 4~5 倍。

再看看死亡數。

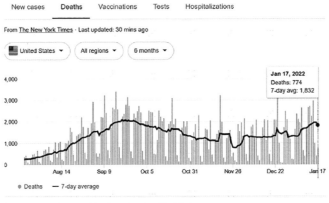

我們發現，雖然美國的確診數因為 Omicron 大大提升，但死亡數還沒有特別顯著的提升，每週還是在 1,000~2,000 之間。有很多的解釋。例如：病亡數可能會有些滯後；疫苗的作用（後面會再討論疫苗的效用）；人們已經感染了好幾次，形成了一定的免疫能力；醫療體系的支持等等。但結合各國目前的情況看來，Omicron 的殺傷力是有所下降的。

再看看住院數及 ICU 數。

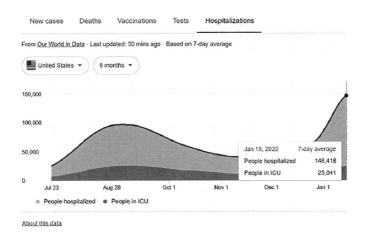

2022 年 1 月份以來，美國七天平均入院人數在 15 萬左右，進入 ICU 病房的人數在 2.5 萬。這較 11~12 月是一個巨大的提升，大概是原來的三倍。這說明 Omicron 雖然有可能殺傷力弱一些，但由於確診基數太大，還是對美國的醫療體系形成了巨大的衝擊。我們可以想見，一方面，美國在努力用強大的基礎醫療

資源抵禦 Omicron 的攻擊；另一方面，這種對醫療資源的擠兌很難不對其他非 COVID-19 患者獲取醫療資源產生擠出影響。

中國呢？中國將竭盡全力避免自己陷入這樣的境地。但是 Omicron 呈現的許多弱化的特徵，使得人們對它抱有了希望。

在上篇提及的「自然感染（導致自然免疫）＋ 疫苗」的模式下，感染及／或接種疫苗的人越多，距離全社會群體免疫的目標也就越近（假設病毒沒有激進的變種，再次突破免疫體系）。而如果 Omicron 的病死率低於其他變種，那麼 Omicron 的廣泛傳播就變成了某種「活體疫苗」。

從美國的案例看，雖然每日的確診病例非常多，重症的不少，死掉的也有一兩千，但基本都是那些沒有打疫苗的人。參見下圖。[1]

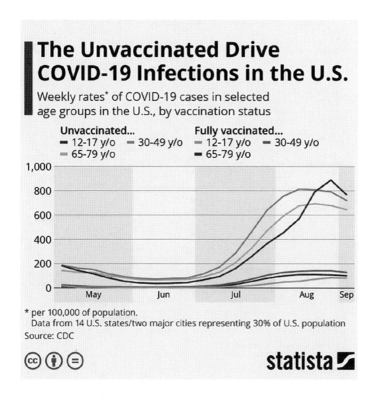

The Unvaccinated Drive COVID-19 Infections in the U.S.

Weekly rates* of COVID-19 cases in selected age groups in the U.S., by vaccination status

Unvaccinated...
- 12-17 y/o - 30-49 y/o
- 65-79 y/o

Fully vaccinated...
- 12-17 y/o - 30-49 y/o
- 65-79 y/o

* per 100,000 of population.
Data from 14 U.S. states/two major cities representing 30% of U.S. population
Source: CDC

statista

1　Katharina Buchholz, *The Unvaccinated Drive COVID-19 Infections in the U.S.*, Nov. 10th, 2021. https://www.statista.com/chart/26159/covid-cases-us-age-group-vaccination-status/.

也就是說，那些死也不打疫苗的人，正在「自然接種」Omicron。這些人會擠佔甚至透支大量的醫療資源（住院、ICU）後死去一批。但痊癒的人，等於也被動建立了某種免疫機制了。對那些迄今死也不打疫苗並因此病故的人，應集體頒發「達爾文獎」（The Darwin Award）。

結合對南非、英國及美國的臨床研究，專家們對 Omicron 正在初步形成一些「共識」。特別是 2022 年 1 月 12 日，CDC 引用了一個針對南加州感染者的臨床研究，為美國媒體廣泛引用。[1] 該研究對比了 5.2 萬 Omicron 感染者及 1.71 萬 Delta 感染者。相較 Delta 而言，Omicron 變種的感染者：

—— 有症狀的住院風險下降 53%，進入 ICU 的風險下降 74%，病死的風險下降 91%；

—— 住院時間縮短了 70%（Omicron 的住院時間中值為 1.5 天，Delta 為 5 天），90% 的病人三天以內就可以離院；

—— 沒有病人需要上人工呼吸機；

—— 早期證據表明，Omicron 比 Delta 的危害性要低，大多患者不需要住院治療（尤其對於打過疫苗的人而言）。

這些和南非、英國圍繞患者研究的結果基本吻合。

此外，有多組研究團體發現，Omicron 的特徵是主要感染上呼吸道 / 喉部的細胞，而非肺部。這解釋了為什麼 Omicron 的傳播性非常強，但是危害性不如 Delta 那麼大。科學家認為，儘管這些研究尚非常初期，但大致指向這個方向。[2]

1　Joseph A. Lewnard, Vennis X. Hong, Manish M. Patel, Rebecca Kahn, Marc Lipsitch and Sara Y. Tartof, *Clinical Outcomes Associated with Omicron (B.1.1.529) Variant and BA.1/BA.1.1 or BA.2 Subvariant Infection in Southern California*, medRxiv, Jan 11th, 2022. https://www.medrxiv.org/content/10.1101/2022.01.11.22269045v1.full.pdf.

2　James Tapper, *New Studies Reinforce Belief that Omicron is Less Likely to Damage Lungs*, Jan 2nd, 2022. https://www.theguardian.com/world/2022/jan/02/new-studies-reinforce-belief-that-omicron-is-less-likely-to-damage-lungs.

Omicron「變」了。如果 Omicron 真的專注影響上呼吸道而非肺的話，那稱這個變種為「肺炎」就不準確了。其實目前中國與國外對 COVID-19 的感覺是不同的，在中國仍普遍稱為「新冠肺炎」，突出其危害性；在國外，至少 COVID-19 這個表述是比較中性的。

不少科學家們應該暗地裏對 Omicron 抱有「希望」，認為疫情有可能因為這個變種而一舉改變：大量的感染，結果就群體免疫了。但大多數科學家們都非常謹慎和保守。他們會說，目前各種研究還都是初步的，有待進一步的工作；不能排除未來出現新的變種；對 long COVID（新冠的長期影響）還要研究等等。另外，公共衛生專家們會指出，因為 Omicron 的傳染性非常強，確診病例基數太大、增長太快，且傳染病本身對長者的危害依然很大，所以仍有可能崩潰醫療體系，必須嚴防。但可以看出，疫情的發展軌跡變化了。也許，在人類高頻互動，病毒高速流動與變異的 21 世紀，SARS-CoV-2 病毒也在加速變種，尋找與人類共生的方式。

一群古代人類坐在篝火旁。這時，一隻溫順的狼過來了。族人們都認識這只狼，它經常在旁邊覓食並棲息在人類棲息地附近。晚上遇有野獸過來，它還會喊兩聲，提醒人類。為了給予獎勵，人類會給它點剩骨頭吃。這支溫順的狼就和人類建立了聯繫。人類把這樣的狼馴養起來，遇有不溫順、不能馴服的狼崽子就

殺掉。久而久之，狼就「進化」成了「狗」，與人類共生──或說，「寄生」在人類社會裏。這就是人類馴化狼的故事。病毒其實也在「進化」，在接近宿主，尋找與宿主更好的共生方式。人類真正「消滅」的病毒只有一種──天花，其他都是「共存」的。流感用了幾千年、上萬年，也許聰明的 SARS-CoV-2 只需要用幾年。

但是前面提及，Omicron 廣泛傳播，住院和病死的絕對數目還是很高，怎麼辦？打疫苗。

4. 疫苗最終一定可以有效防範 SARS-CoV-2 及 Omicron 變種

前面講了，Omicron 本身對個體的危害性是下降的，但對社會的危害性很大。疫苗是個重要手段，但對現有各類疫苗針對 Omicron 的保護程度還有一些爭議。可以先拋開 Omicron 這個具體的變種，看看疫苗對 COVID-19 整體的防禦能力。

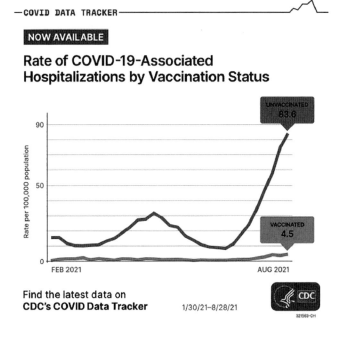

上圖是美國 2021 年 2~8 月的數字，顯示每十萬人住院人數，打過疫苗的為 4.5，沒打過疫苗的為 83.6，相差 18.5 倍。所以住院的基本都是沒打疫苗的。

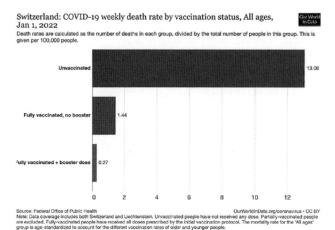

Switzerland: COVID-19 weekly death rate by vaccination status, All ages, Jan 1, 2022

Death rates are calculated as the number of deaths in each group, divided by the total number of people in this group. This is given per 100,000 people.

Source: Federal Office of Public Health

OurWorldInData.org/coronavirus · CC BY

Note: Data coverage includes both Switzerland and Liechtenstein. Unvaccinated people have not received any dose. Partially-vaccinated people are excluded. Fully-vaccinated people have received all doses prescribed by the initial vaccination protocol. The mortality rate for the 'All ages' group is age-standardized to account for the different vaccination rates of older and younger people.

　　上圖是 2022 年 1 月 1 日瑞士的數字。每 10 萬人口徑，沒打疫苗的死亡人數 13.06；打過疫苗，但沒打加強針的為 1.44；打過疫苗且打了加強針的為 0.27。這個數字顯示，打過加強針基本就不會有生命危險了。

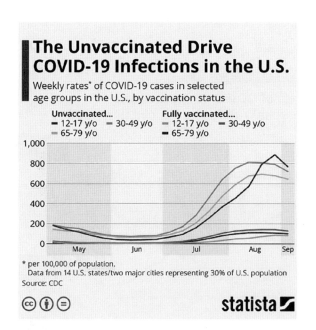

　　再看前面用過的一張圖：美國 2021 年的情況，COVID-19 流行病主要在沒打疫苗的人群裏爆發。

看看加拿大的情況：

The vast majority of Canadian COVID-19 cases, hospitalizations and deaths have been among the unvaccinated

As of Aug. 21, 2021

	Cases	Hospitalizations	Deaths
Unvaccinated	88.1%	84.5%	81.5%
Cases not yet protected	5.1%	7.0%	8.8%
Partially vaccinated	5.3%	7.0%	7.8%
Fully vaccinated	1.5%	1.4%	2.0%

CBC NEWS   Source: Public Health Agency of Canada

截至 2021 年 8 月 21 日，絕大多數的病例、住院及死亡都來自未打疫苗者。充分打了疫苗的人的各項佔比在 1%~2% 之間。

再看看美國的一項數據（下面四張圖），統計自接種疫苗以來（2020 年 12 月），各州打了疫苗與沒打疫苗之間住院及病死的人數及倍數。[1]

---

1 *See the Data on Breakthrough Covid Hospitalizations and Deaths by State*, The New York Times, Aug 10th, 2021. https://www.nytimes.com/interactive/2021/08/10/us/covid-breakthrough-infections-vaccines.html.

	FOR VACCINATED PEOPLE	FOR UNVACCINATED PEOPLE	
HOSPITALIZATION RATE PER 100,000			
STATE ▲			
ME	6	571	91x
MA	15	615	39x
MI	24	693	26x
MN	40	465	11x
MS	17	702	40x
MT	11	472	43x
NE	13	458	35x
NV	35	1,182	33x
NH	5	454	88x
NJ	7	948	126x
NM	22	535	24x
NC	17	816	47x
ND	37	720	19x
OH	8	1,041	135x
OK	16	1,116	70x
OR	21	512	23x
RI	63	468	6x
SC	12	322	26x
SD	30	515	16x
TN	17	613	36x
TX	4	735	185x

How Rates of New Covid-19 Hospital Admissions and Deaths Compare

Among fully vaccinated people and among people who were not fully vaccinated in each state since vaccination began.

Hospitalizations   Deaths

HOSPITALIZATION RATE PER 100,000

STATE ▲	FOR VACCINATED PEOPLE	FOR UNVACCINATED PEOPLE	
AL	9	696	75x higher for unvaccinated people
AK	9	154	17x
AZ	27	1,306	47x
CA	9	647	68x
CO	24	567	22x
DE	7	978	148x
GA	5	735	161x
ID	11	288	25x
IL	20	1,001	48x
IN	9	547	57x
KY	21	893	41x
LA	12	347	28x
ME	6	571	91x

	FOR VACCINATED PEOPLE	FOR UNVACCINATED PEOPLE	
DEATH RATE PER 100,000			
STATE ▲			
	9	37	8x
MN	6	71	11x
MS	4	127	28x
MT	2	42	16x
NE	3	48	16x
NV	6	98	15x
NH	2	37	15x
NJ	2	96	50x
NM	1	37	25x
NC	3	80	24x
ND	8	47	5x
OH	1	76	59x
OK	2	158	68x
OR	3	32	8x
RI	4	98	22x
SC	3	39	13x
SD	6	74	11x
TN	2	105	44x
TX	0.7	61	85x
UT	1	15	12x
VT	3	24	7x
VA	2	41	23x

How Rates of New Covid-19 Hospital Admissions and Deaths Compare

Among fully vaccinated people and among people who were not fully vaccinated in each state since vaccination began.

Hospitalizations   **Deaths**

DEATH RATE PER 100,000

STATE ▲	FOR VACCINATED PEOPLE	FOR UNVACCINATED PEOPLE	
AL	3	124	48x higher for unvaccinated people
AK	1	11	10x
AZ	2	182	73x
CA	1	58	58x
CO	4	37	8x
DE	2	26	14x
GA	1	99	87x
ID	2	30	16x
IL	5	68	11x
IN	4	29	7x
KY	4	85	23x
LA	3	54	19x
ME	3	24	7x
MA	4	87	22x
MI	9	87	8x
MN			

可以看到，每十萬人中，美國各州打了疫苗後病死的人都在個位數，未打疫苗者的住院數及病死數都是打了疫苗的人的幾十倍。

再來這個網頁，非常不錯，因為有多國數據。

How do Death Rates from COVID-19 Differ Between People Who are Vaccinated and Those Who are not?（「打過疫苗和沒打疫苗的人在 COVID-19 的死亡率上有何不同？」）[1]

先看看美國：

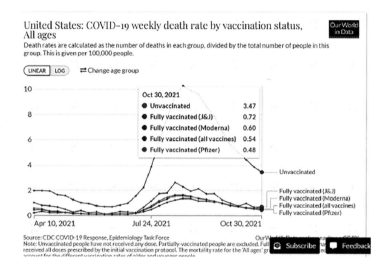

在 2021 年 10 月這個時點，全口徑看，不打疫苗的病死人數是打疫苗者的 7 倍。

1 Edouard Mathieu and Max Roser, *How do Death Rates from COVID-19 Differ Between People Who are Vaccinated and Those Who are not?* Our World in Data, Nov. 23rd, 2021. https://ourworldindata.org/covid-deaths-by-vaccination.

但由於死亡主要發生在老人，所以我們得看老人的數字：

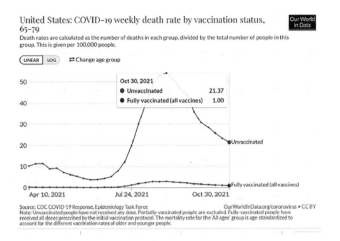

在 2021 年 10 月這個時點，65~79 歲的群體裏，每十萬人中，沒打疫苗的病死人數是打疫苗者的 21 倍。

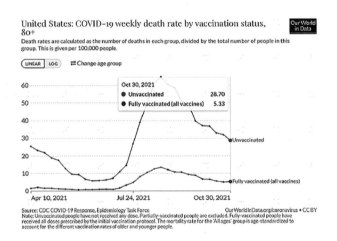

在 2021 年 10 月這個時點，超高齡（80 歲以上）人群裏，疫苗防禦病死的能力有所下降，未打疫苗者的病死率是打疫苗者的 5.4 倍。

看到這裏很多人要提問了：中國的疫苗到底怎麼樣呢？剛好這個網頁有智利的數據，而且很新。之所以有智利的數據，因為智利目前是全球接種疫苗比例最高的國家，1,700 萬的人口，有九成以上接種了疫苗。其中至少四分之三的疫苗是科興疫苗。所以，中國只需要看看自己疫苗在其他國家的防疫表現就可以了。

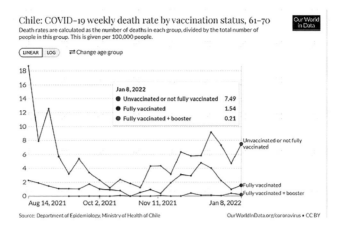

全體人口看，在 2022 年 1 月 8 日這個時點，未打疫苗的病死數是打了疫苗及加強針的 35 倍。

具體分年齡段看看。

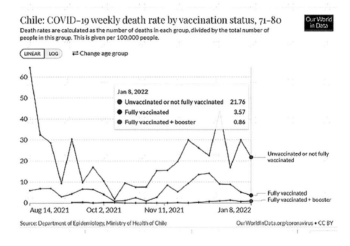

在 71~80 歲這個關鍵群體，在 1 月 8 日這個時點，智利未打疫苗者的病死數是打疫苗及加強針者的 25 倍。

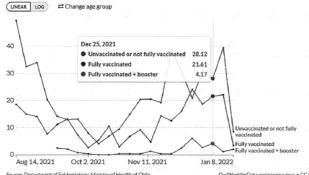

Chile: COVID-19 weekly death rate by vaccination status, 81+

Death rates are calculated as the number of deaths in each group, divided by the total number of people in this group. This is given per 100,000 people.

LINEAR LOG   ⇄ Change age group

Dec 25, 2021
● Unvaccinated or not fully vaccinated   28.12
● Fully vaccinated   21.61
● Fully vaccinated + booster   4.17

Unvaccinated or not fully vaccinated
Fully vaccinated
Fully vaccinated + booster

Aug 14, 2021   Oct 2, 2021   Nov 11, 2021   Jan 8, 2022

Source: Department of Epidemiology, Ministry of Health of Chile   OurWorldInData.org/coronavirus • CC E
Note: The mortality rate for the 'All ages' group is age-standardized to account for the different vaccination rates of older and younger people.

　　這裏每日的數字變化比較大，如果看 2021 年 12 月 25 日，81 歲以上者，未打疫苗者是打疫苗及加強針者病死數的 6.7 倍。

　　讀者們可以往前翻翻，和美國是基本可比的。假設智利數據大多來自科興疫苗的話，說明中國疫苗是站得住的。

　　現在各家都在研究推出針對 Omicron 的加強針，針對 Omicron 這個具體變種的疫苗有效性，我們就不在這裏討論了。筆者認為，各種的疫苗（包括中國、美國和其他各國的），打基礎兩針疫苗再打加強針，並且酌情定期打（例如每年打），是可以對 SARS-CoV-2 建立有效防護的，不致重症及病死。

　　那麼現在 COVID-19 的病死率到底是多少呢？在疫苗的基礎上，是不是可以被社會接受的呢？參考這篇在《英國醫學期刊》（BMJ）上的文章 *Covid-19: Unvaccinated Face 11 Times Risk of Death from Delta Variant, CDC Data Show*。[1] 文章中指出，根據 CDC 的數據，未打疫苗者感染 Delta 變種後的病死風險是接種疫苗者的 11 倍。文章也指出，伴隨接種疫苗者的年紀增長，疫苗有效性會下降。換言之，對於超高齡老人，即便打了疫苗，還是有住院和病死的風險的。

1　Owen Dyer, *Covid-19: Unvaccinated Face 11 Times Risk of Death from Delta Variant, CDC Data Show*, The Bmj, Sep. 16th, 2021. https://www.bmj.com/content/374/bmj.n2282.

前面已經反覆說到，不同年齡段群體的病死率差異非常大，所以 COVID-19 在各國的病死率差異也很大，但大致落在 0.5%~1.5% 之間。而且我們已知，疫苗對超高齡群體的有效性也會下降。那到底如何看待 COVID-19？假設硬要和流感比一比的話，病死率到底多少？

這裏，我們就用拍腦袋的方式算大數。未接種疫苗者的病死率是接種者（假設打了兩劑，並接種了加強針）的十倍，那麼接種者的病死率（拉通所有人群）就由 0.5%~1.5% 下降到 0.05%~0.15%。請注意，這是大數，不科學，就是給個概念。對 80 歲以上人群，即便打了疫苗，COVID-19 仍然是危險的。但 0.05% 到 0.15% 這個絕對比例，應該是低於流感了，已經足夠低，使其「潛在地具備社會可接受性」（potentially socially acceptable），也就是人類有可能容忍與其共存。

是的，我們看美國，現在還有大量的住院病例和 ICU 病例。每天死兩千人。但那些都是不打疫苗的人。（開個玩笑，這些都是爭奪「達爾文獎」的人。）這是他們自己的選擇。

SARS-CoV-2 病毒的轉變（「溫和化」）+ 大規模接種疫苗 + 大規模的自然感染及自然免疫，使得人類社會正在接近「大流行病」的「終局」。

當然了，上述可能性只是謹慎樂觀的推斷，並不能排除出現新的變種。但按照現在的情況，廣泛接種疫苗 + 大規模自然感染後 + 大規模死亡淘汰「弱者」後，人類社會面對 SARS-CoV-2 的總體免疫力肯定是提高了的。這是付出了幾百萬人命的代價才實現的，同時還有無數的經濟與社會代價。

（下面插一段：至於打不打疫苗，在美國居然是個政治/文化問題。參考：*There's A Stark Red-Blue Divide When It Comes To States' Vaccination Rates*）[1] 人口打疫苗比例超過 60% 的基本都是藍州（2020 年大選支持 Biden/ 民主黨的）；打疫苗比例超不過 60% 的基本都是紅州（2020 年大選支持 Trump/ 共和黨的）。

---

1 Domenico Montanaro, *There's A Stark Red-Blue Divide When It Comes To States' Vaccination Rates*, NPR, June 9th, 2021. https://www.npr.org/2021/06/09/1004430257/theres-a-stark-red-blue-divide-when-it-comes-to-states-vaccination-rates.

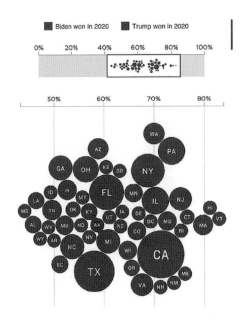

三、中國的下一步

1. 批評中國現行抗疫體制、吹捧美國模式的那些人

現在的人們對國外疫情普遍有很多的誤解，對國內的零容忍／清零政策也比較疲憊，所以聲音非常混雜。

這時的人們是看不到慘痛過程的 —— 即，發達國家其實沒有選擇，像美國這樣的大國，已經死了 85 萬人，付出了巨大的經濟與社會代價，且仍在持續。死的是美國社會的弱勢群體：有色人種、老人、窮人。他們付出了生命代價，為群體免疫鋪路。

中國的人口是美國的四倍，呼吸基礎病嚴重，醫療資源比美國落後，ICU 床位是美國的十分之一，醫療資源且高度集中在一線／高經濟能級城市，老齡化問題更加嚴重（且老年人與下一代住在一起，相互依賴）。如果中國採取美國的模式，那就不是死四倍人的問題了，我覺得是十倍，甚至更多。如果超過十倍，那就是上千萬人了。而這只是直接病死的，還有因為醫療資源擠兌的無數受害者。那時，就不知道有多少流產孕婦和心梗病人了。那將是中國的黑死病，民族的災難。這就不是死人的問題了，是根本的穩定問題。

其實我國民眾心理是很脆弱的，疫情一爆發，醫院一擠兌，無法正常運轉，老百姓馬上就崩潰了，負面情緒將鋪天蓋地而來，繼而所有的不滿都將宣洩在政府身上。（這在 2020 年 2 月份時看得極其清楚。）到那個時候，所有攻擊中國現行嚴苛防疫體制的人，會立即掉頭轉向攻擊中國防疫的不力。

但是因為我們國家有定力，沒有因為輿論的引導而隨意調整政策。所以我們的政策一直延續，國人也一直享受著中國防疫抗疫模式的成功，「舒服慣了」。抱怨和批評現行的機制存在的問題非常容易，但不太可能真的考慮那些潛在的、理論上的可怕代價。中國有很多俗語形容這種狀態：「站著說話不腰疼」「身在福中不知福」「敬酒不吃吃罰酒」「不見棺材不掉淚」。

還有一些是埋在骨子裏的想法，譬如「外國的月亮就是圓的」，美國的東西終歸是比中國好的。有些人從來就不相信中國模式能成，只是因為中國防疫成功，在一段時間裏忍了，但終歸是懷疑的。現在美國留下 85 萬具屍體，印了無數鈔票，「走出來」了，他們就把過去全部一筆勾銷，站在這個靜態的時點上誇讚美國的強大。甚至死人也是光榮的，戰鬥的民族嘛。但如果中國真的採取美國的模式，如果他們自己的親人死了，他們將站在最前線，攻擊中國政府與制度。這種人是不可改變的，也沒有必要改變他們。認清他們的面目就可以了，把他們作為活教材。

2. 針對新的形勢，中國未來防疫政策的可能發展

大家都關心，這疫情啥時是個頭啊？中國啥時放棄國內的清零政策，啥時能放寬出入境隔離要求，打通國際國內循環？中國和國外眼看在進入兩個世界（「一個清陽，一個清陰」），未來怎麼辦？

中國國家大，無論什麼事情，一旦事關十四億人就都是大事，絕不能犯錯。在疫情這個問題上，政府決策會非常謹慎。現行政策會有非常強的延續性，不會輕易調整。一旦調整錯了，就前功盡棄，且沒有回頭路了。只有十二萬分的肯定，才會做出政策調整。

坊間的抱怨，國際上的壓力，甚至單純的經濟考慮，都不會改變中國的政策。筆者無法預測現在的政策何時會系統性調整，也不是公共衛生領域人士，但從邏輯與常理推斷，認為可能需要具備以下幾個條件。

1）科學界／專家對 COVID-19 的發展前景和防疫政策要有廣泛共識。包括國際專家和中國專家。中國專家還要和公共政策制定者一起，考慮中國的特殊國情。科學界如果沒有廣泛共識，還有比較實質的分歧，那麼我們的決策者也很難下決心。

2）WHO（世衛組織）對 COVID-19 嚴重性的定義和指導政策發生改變。中國肯定會遵守國際規則，不會單兵突進，自行改變政策，所以需要 WHO 對 COVID-19 的定性發生變化，例如不再稱其為 pandemic，在重要性上給它降級，認為它的危害性可以管理的，不再給予強烈的指導意見，認為各國可以酌情擬定及／或降低防疫標準，將 COVID-19 其從首要議程上拿掉等等。WHO 也需要取得科學界的共識，短期內恐怕還看不到可能性。

3）中國法規政策層面的調整。目前，《中華人民共和國傳染病防治法》將「新型冠狀病毒感染的肺炎」規定為「乙類傳染病」，並採取「甲類傳染病」的預防、控制措施。按照我國的《傳染病法》，甲類傳染病就是鼠疫、霍亂，是非常嚴重的疾病。新冠肺炎現在處於這個管理級別。這是很大的調整，需要科學界、國際組織／機構都要形成共識。彼時，如果主導的新冠病毒變種主要影響上呼吸道，是否仍稱為「肺炎」都未可知。

4）中國的醫療基礎設施得到一定的充實和發展。中國需要提高各個地方應對傳染病的能力，增加醫療資源的供應（從 ICU 床位到醫護人員），為疫情做好準備。不要小看現在各地時不時因為出現病例而進行的防疫活動，這些活動都是實戰演習，可以幫助各地提升能力。美國各地醫療系統都有針對呼吸道傳染病的演習（主要針對季節性流感），但防疫不是一兩個醫院的事，切割的、離散的政治體系使美國很難在國家層面應對大規模疫情。

5）要能看到世界各國的新增病例、住院和病死數都在減少，疫情在國際範圍消退。這與國際／海外通關有關。今日世界是高度全球化的，任何一國如果還有大規模的疫情，都可能傳播到其他國家，這時，僅對單個國家施行旅行限制也是沒有用處的。作為過渡，有可能開放針對個別國家的「綠色通道」，但這些國家也得有匹配的對外防疫政策才行。考慮到目前很難有哪個國家採取和中國完全一樣的嚴格防疫制度，這種一對一的綠色通道可能不易達成。

6）要看到「弱化」的變種（例如 Omicron）完全成為主導，其他更「厲害」

的變種逐漸消退、消失、也在「內卷」。現在 Omicron 雖是主導，但其他危害性更強的變種也還存在，只不過是被 Omicron 蓋過了風頭而已，其他病毒（例如 Delta）的危害依然是非常大的。目前針對 COVID-19 的防疫政策，不可能馬上蛻變成針對 Omicron 的政策。另外，過往的規律表明，每過幾個月就會出現新的病毒。說不定又出現更厲害的病毒呢？一切未可知，還待觀察。

7）要不斷加強及驗證中國疫苗的有效性 —— 包括應對各種新型變種的有效性。中國大量出口疫苗的國家現在都變成了「試驗田」—— 例如智利。中國可以觀測國產疫苗在這些國家的表現，看其面對各種變種的臨床有效性如何，作為未來調整中國政策的重要參考。

8）要在現有的平臺上，不斷開發針對新變種的疫苗，並定期進行廣泛接種，達到很高的接種率。例如，當下主導的 Omicron，肯定是要針對這個變種開發加強針的。開發出來證明其有效性後，還要廣泛接種，在人口內達到非常高的接種率，形成防禦網。

9）要適度增加新的疫苗品類及平臺：在傳統的減活疫苗以外，還要增加不同的創新疫苗「平臺」，例如 mRNA，以增強應對各種新變種的靈活性。新的疫苗平臺建立後，也要推廣，並形成一定的普及率。

10）試點制：考慮到中國之大，可能要考慮選擇一個地方／省份／區域作為對海外開放的試點地。這個地方要有比較好的醫療基礎設施，有較高的中國本土疫苗接種率（並且是基於有較高防禦把握的基礎疫苗及加強針的接種率），與其他省份／區域設定的暫時性的隔離（即增加一些互通的門檻），比較強的地方治理能力，同時離首都要有一定的距離。可以安排一些機制吸引外國人從該區域入埠。推廣這個試點項目時，已經得有十足的把握。省內／區域內的人需要對防疫有巨大的信心，同時相信試點可以給他們帶來巨大的好處（而不是把他們當成「小白鼠」）。

11）公眾／民情／輿論做好接受的準備。不要看現在有人鼓吹美國／西方的躺平防疫政策好 —— 這些人永遠會批評中國。大部份人是沉默的，對於如何防疫，他們隨大流；但在判斷時，主要會從自身利益出發考慮。如果寬鬆的政策導致了大規模的疫情、住院、死亡，影響到了他們的安全和福祉，他們一樣會反對。但對國家和政府期待也非常之高，希望國家解決問題。很長一段時間，我

們的官方輿論還是強調 COVID-19 的危害性的，所以很多人對 COVID-19 其實是非常恐懼的，這與經歷了大規模感染及死亡而麻痹了的美國／西方完全不同。所以，政策也不能說改就改，之前還得有一些宣傳鋪墊工作，說明調整的合理性。

重大公共政策必須要有延續性。我們不可能在幾週之內，看到一些關於 Omicron 的正面的消息就一舉改變之前的政策。從民眾的角度，也不能聽風就是雨，看到一點變化就希望推翻在很長一段時間帶給自己好處的政策。

考慮到中國十四億人的健康風險、政策的不可逆性（每一小步都是「開弓沒有回頭箭」）、COVID-19 的變化莫測，中國政府根據現實需要調整防疫政策過程肯定比較漫長，而且考慮我們國情的特殊，還會略滯後於其他的國家。一旦決定做出，一發動全身，影響勢必深遠。這樣的重大決策，絕對不能急，要完全想清楚了才能做。因為一步踏錯，就可能改變歷史，改變國運。謂一失足成千古恨。所以，依我看，這個過程有可能經歷數年。並且我認為宜緩不宜急，慢了的好。千萬不要受制於短期壓力，要用大歷史的視角，做可能難但正確的事情。

24 兔卡司 tu-cast：聊聊疫情，尋找正能量，及中國下一步

2022/01/29

疫情的演變與抗疫的疲憊

徐老師：兔主席您好，今天我們想聊聊大家都特別關心的疫情問題，我看您之前寫了不少文章。

兔主席：對。對於疫情，我從一開始就關注，寫了不少文章，前後加起來應該有幾十篇，當然主要還是從社會、政治、歷史、文化的角度去分析的。

徐老師：最近疫情也發生了很多變化。看您最新又寫了一些文章。

兔主席：對。上週末寫了幾篇，也是重新再回味、回顧一下中美制度比較，也特別關注了 Omicron 變種，以及從大歷史的角度看病毒，看待傳染病。對於中國的下一步，也寫了一些個人的看法。

徐老師：是的，最近大家集中討論的也都是 Omicron，還有歐美那邊似乎已經有了「群體免疫」—— 這是包括疫苗加自然感染帶來的效果，還有國產疫苗有效性的問題，中國動態清零政策，以及社會何時開放等等。這些問題都是大家非常關心的，總之，大家都希望能夠趕緊結束疫情。

兔主席：對，其實可以看到，現在的輿論也經常在變，每過一段時間就會有人開始討論這些問題，身邊也會有很多朋友議論：疫情這個事情到底什麼時候完？大家就覺得有很強的疲勞感，疲憊了，畢竟已經兩年多時間了，而且感覺似乎還沒個頭。目前的政策似乎也還要繼續延續，而看目前國外的狀況，比如足球比賽、大型演唱會，大家都不戴口罩了，似乎達到了那種狀態。這些其實會加重目前很多人的憂慮感。對這個問題是需要實事求是去看待的，確實大家都已經堅

持了這麼長時間，是有些累的。所以，用輿論去引導、解釋、幫助人們理解公共政策，變得非常重要。

防控政策應有延續性，中國不能走美國的路

徐老師：兔主席，您覺得現在中國這麼嚴格的抗疫措施，是否還有必要？

兔主席：這個問題可能不太合適由我回答，因為這是一個公共衛生專家、決策者要回答的問題。我們只能從普通人的角度出發，想想我們自己怎麼去看待這個問題。

我覺得，我們現在的很多討論裏面，往往會強調防疫防控政策，在目前這個時點——經過了兩年之後——給我們帶來的一些不便。這些政策導致我們每個人的工作、生活都受到影響，我們會產生一些情緒化的東西。但其實要評判一個公共衛生政策，一個制度，必須要全面、全盤考慮，肯定要考慮（政策／制度）給我們帶來的成果。而一般人又不太會把這個成果納入到我們自己的考量體系裏面。

我們就比較中國和美國。美國現在的情況是，COVID-19 造成了 7,000 多萬人感染，到目前約有 87 萬人死亡。我們想，如果同樣是在中國，採用了美國的制度，沒有我們現在的這套體系，那我們會有多少人感染，會有多少人死亡？這是不堪設想的。中國的人口是美國的 4 倍，而我們的醫療資源相比美國而言，整個的發達水平，還有人均資源，都還是相差非常遠的——比如 ICU 床位，我們可能只有美國的 1/10。所以，第一方面的問題是，如果出現大規模感染的話，我們怎麼去救治這麼多的病人？

第二，還有醫療資源擠兌的問題。像上次西安封城導致的孕婦流產，造成了一個全國性的輿論事件，影響非常大。如果說出現了大規模的感染，全國這麼多醫院要應對感染問題，那會多少孕婦遇到同樣的問題？這是不堪設想的。

中國還有很多其他問題，比方說基礎病問題。我們有呼吸道基礎病的人是比較多的，因為很多人吸菸，空氣品質也不太好，所以我們是個肺癌大國。呼吸道傳染病在我們國家爆發，也會廣泛地影響到很多群體。

最後還有一個問題我覺得很重要的，就是老人問題，因為中國也是一個老

齡化的社會，老年人是跟年輕人共同居住的，我們不像西方一樣，有很多「機構化養老」，（老人）不跟下一代一起住，我們的老人很多是跟下一代生活在一起的。

而 COVID-19 主要打擊老年群體，特別是 70 歲、80 歲以上的長者，患者死亡率是非常高的，所以老年人是一個特別重要的因素，如果疫情在中國爆發，後果不堪設想。我個人覺得可能不簡單是美國 4 倍的概念，死亡人數美國現在是 87 萬，我們可能是 5 倍、8 倍，甚至更大的一個數字，這完全是不能去想像的。

對老人的支持，是我們價值觀的體現

徐老師：對。您提到了老人，我看您在文章中也多次強調了疫情對老人的影響。

兔主席：對。因為 COVID-19 跟很多病，包括一般流感不太一樣：它對老人的傷害特別大。現在我看還有人會比較不同國家 / 地區的 COVID-19 的病死率問題。其實，如果你上網搜搜，會發現討論病死率問題（當然它有很多的口徑）—— 一般來說，都是在疫情早期的時候，大家會去研究使用。甚至到今天，你還很容易能蒐集到最早對湖北 / 武漢，就是中國做的一些統計。到後來就發現，統計得不多了，因為以這樣的方式去討論 COVID-19 的病死率意義不大 —— 它對不同年齡群體人口的差異太大了。

對於 5 歲以下的小孩，可能沒有什麼影響，影響非常小；對於年輕人，20 歲、30 歲的，當然也會有人有重症，但總體、大部份而言，症狀是非常輕的；它主要打擊的還是老人，就是 70 歲、80 歲以上的老人。所以，簡單地比較兩個不同國家的病死率就沒有太大意義，得看染病人群，如果染病人群是以老人為主的話，病死率一定高。所以這跟各個國家的人口結構、老人的居住狀態、老人所能獲得的醫療資源都相關。

我之前寫的東西，也會比較不同國家、不同地方、不同文化的人，他們對待 COVID-19 看法是不太一樣的。你發現中國跟西方就不太一樣，裏面很大一個因素，可能就是人們對老人的態度不一樣，我這裏指的「西方」，是指那些特別「自由化」一些的西方，就像英、美這些國家，包括北歐國家（而可能南歐或者

東歐，更加傳統一點的國家，還好一點）。所以，如果一個社會非常重視老人，對老人賦予非常高的價值 —— 像我們中國，非常講尊老、講孝敬，而西方可能就沒有這樣一個類似的、可比的價值觀 —— 那老人對我們來說肯定更重要。而且老人是我們的生活非常重要的一部份，我們不僅會聽他們對我們的一些教誨、對我們生活的指導，尊重他們的意見，老人可能還要幫我們帶小孩，給我們生活上提供一些幫助，他們跟我們是生活在一起的。

所以，我們這一結構跟西方也不太一樣。任何一個年輕人染病，你可能沒事，你回家以後，傳染給了老人，老人可能就會得病，所以通過家庭傳染，影響到老人，在中國也特別容易出現，跟美國、德國這些地方都不太一樣 —— 他們的老人很多是處在機構化養老（即養老院）裏面的。

因此，我們的社會結構，我們的文化價值，都使得我們不可能像西方那樣 —— 特別是像美國、英國這些國家那樣。他們（的防疫政策）其實就相當於把老人犧牲掉了，社會大步前行，老人被「放棄」掉。

最近我還看到有個人說，這次疫情後，因為咱們中國本來就有老齡化的問題，他就說，西方的人口結構變得更好了 —— 其實指的就是，美國的人口結構（相比中國而言）更有利了。我說，那你還不如直接讓老人安樂死得了，你到了一定年紀就讓老人安樂死，那人口結構不就「改善」了嗎？

之前，我看過一部日本電影，是今村昌平拍的日本的一個故事，拍過好幾次電影，叫《楢山節考》，ならやまぶしこう，講日本有個地方有個習俗，村裏到 70 歲左右的老人，不管他有多健康，為了節省糧食，就都要把老人背到山上（去丟棄）。那個故事裏面講的老人，她就是怕自己的兒子不捨得把她背上山，把自己的門牙都給敲碎了，是這樣的一個悲劇。

這都說明，我們能夠付出這麼大的成本、代價，去保護我們的老人，說明我們是個文明社會。這一條我覺得非常重要。所以，不能用結果驅動，什麼人口結構之類的。我們保護老人，有時候就會付出很多代價，甚至你可以說，從「純西方理性角度」看，還有一些「不理性」，但這就是我們的社會，這就是我們的價值觀。

我們的抗疫政策應有「滯後性」

徐老師：您說的這點，我非常感同身受，我想，即便是對現在抗疫措施有批評、有意見的人，他們也不希望是自己家裏的老人因為得了這個傳染病而死亡。

兔主席：對，我完全同意，誰都不希望它發生在自己身上。等到這個事（家裏的老人病死）發生在他身上，那這些批評目前防疫措施的人馬上會反過來去批評我們的政府防疫不力。我們跟美國完全是相反的，我們的民眾，我們的一般人，對政府的預期非常高，要求「全能政府」，政府要承擔一切的職責，這裏沒有任何的邊界。所以昨天要（政府）保護他，今天病毒好像「變種」了，好像「變輕」了，他馬上要政府 180 度轉變，轉化政策，保證民眾的方便。

我們這個體制就是，民眾始終可以去提各樣的要求，哪怕是不合理的，政府也要去響應、去滿足。這在西方是不可能的，你確實有各種各樣的權利去表達，但沒有人去關注你，沒人理你。

所以，現在這個情況，以我們的政府，我們的體制，我們的文化，我們的社會是不可能承擔大量人口因為疫情而死亡的。這會導致重大的經濟、社會、政治動盪，而且就疫情而言，我們現在的情況和美國、西方不太一樣，（美國）現在死了 80 多萬人了，它的日均死亡人數其實在下降，說白了，許多「該得病」的人都得病了，慢慢就進入群體免疫的狀態，慢慢地改善。（對這個改善）它是付出了慘重代價的，然後量「由多變少」。

（中國）如果現在放開，我們是「由少變多」的，你突然會看到新聞裏面說，開始有幾百人、上千人死亡了，這對我們來說衝擊會非常大 —— 我們根本不能理解、不能容忍這種後果，這就是為什麼我們現在的政策要有一定的滯後性。

「動態清零」是我們全體國人的正能量

徐老師：兔主席，您剛才也講了我們現在這種嚴格的「動態清零」措施的必要性，那麼，從我們個人角度來說，如何去看待現在的抗疫措施，能否從中也挖掘出一些積極意義？

兔主席：對於中國目前的防疫抗疫政策，動態清零的機制，很多人有疲憊

感，這完全可以理解，但我們還是要對這套體系體制 —— 我們每天做的事情，挖掘一些正面的意義，要有一些正能量。所以我講講我自己的看法，有三個方面。

第一，是價值角度。

我們在做的事情，剛剛講到 —— 它不是結果驅動的 —— 它不是為了實現某種人口結構或者經濟結果，而是價值觀驅動的。其實我們每個人都在做很大的「犧牲」—— 當然這些「犧牲」可能只是一些不便而已 —— 我們在放棄一些東西，當然我們的放棄，可能是主動的，也可能是被動的。但我相信，當我們需要保護自己的家人、家族、社區的時候，我們是主動願意配合政府做一些事情的，每個人都在做這樣的一些努力，這是為了共同價值，是為了社會，是為了更大的一個善，是為了社區價值。你付出的努力，保護的可能也不一定就是你自己 —— 比如說你戴了口罩，保護的可能是與你在同一個社區裏的鄰居老人。

這就是說，我們每個人的「犧牲」，都是非常有價值的。正是這些犧牲，使得中國社會跟別的社會不一樣：我們是聯繫在一起、綁定在一起的。這是很大的正能量，而不是負能量。所以我覺得要非常正面地去發現這些價值，去宣講這些價值，我們這一代人，我們的國民，我們為了防疫所做出的努力，我覺得應該被載入歷史。

第二，是從治理角度來講的。

現在，很多城市時不時都會爆發一下。我們發現每個城市，每年都要「輪」上一兩次，地方政府都是如臨大敵，他們都希望不在疫情防控中犯大的錯誤，其實這裏面的壓力是非常大的，就是他們所面臨的政績考核壓力，非常大，不能犯錯誤。一旦出現錯誤的話，對（官員）個人而言、職業而言都會有很大的影響。但不管怎麼樣，我覺得，經過防疫抗疫這兩年來的努力，我們的治理能力會有一個正面的改善。

首先，我們看地方政府。前段，網絡上都在批評西安，說西安做得不太好，其實（西安）也在復盤，肯定會去改善，想想哪個地方做得不好，哪個地方做得好，也會通過社會輿論批評，反思自己，下次再遇到這種情況的話，可能就不那麼弄了，一定會改進。所以，如果「再」爆發一次，可能會跟今天不太一樣，有一個自我學習的過程。

其次，從全國層面來看。就某一個城市（比如說西安）的做法、實踐，在討論過程中，我們就知道了：什麼是「好」的做法，什麼是「不好」的做法，什麼是「好」的實踐，什麼是「不好」的實踐，標準是什麼？「以人民為中心」，那麼政府到底應該去做些什麼事情，不應該做什麼事情？這些討論，都是得益於今天的互聯網輿論場，信息可以交互，大家可以一起討論，這些「反思資源」、「復盤資源」，全國都可以共享。放在過去這是不太可能的，但在今天，成為一種可能。

最後的關鍵在於，可以告訴我們什麼是好的治理，英文叫 good governance，給我們一個標準。這次就是一個大的「演練」，全國一起，大家一塊去討論。

再者，是關於數據應用方面。這次（防疫），我們空前地、全面地使用各種各樣的（數據手段），每天掃碼，各種健康碼、防疫碼、行程卡，全部是基於數據的，對於我們應用數據去改善、加強治理，是一個很大的飛躍和迭代。

所以，中國社會一定會因為這次疫情而變得不一樣 —— 無論是中央政府，還是地方政府，治理能力一定會得到很大的提升。

第三是國民性，整個國民凝聚力的問題。

這次疫情跟 2003 年的 SARS 也不太一樣，2003 年是比較「局部」的一個事件，基本上只是在廣州和北京幾個城市有一些爆發。但大部份城市是沒有體驗的，很多人根本不知道 2003 年的 SARS 是什麼，跟他（似乎）沒什麼關係。但這次就不一樣，所有城市都涉及，是全國性的，全世界性的。人們有了共同的體驗。城市之間還會有互相支持 —— 當時武漢爆發，我們覺得我們「都是武漢人」，我們會非常同情武漢、湖北的遭遇。到現在，還有不同城市，不時會出現這樣的管控情況，比如說有的小區被封了，甚至在城市的層級被封。

其實，大家不斷地在經歷同樣的事情。然後，我們會互相支持，互相同情，互相鼓勵，互相投入資源去幫助對方。這確實給了我們「中國是一個大的共同體」的感覺。

另外，通過這次疫情我們也會發現，我們跟（其他國家）是不一樣的；我們會把中國體制跟其他國家去比較，在防疫問題上，在公共衛生政策領域，我們的能力是遠遠優於其他國家的，這就加強了我們對中國制度、對我們政府的認可，

這就是制度優越性的問題。

所以，這次疫情是一個非常好的「教科書」，它提供了真實的案例，讓我們去真實體會到為什麼中國制度有優越的地方。但一定要去引導，如果不去引導、不去說明、不去解釋的話，對很多人來說這個事情就過去了，現在反而還會被一些負面情緒所干擾。

最後，應該看到，在整個防疫中我們國家在各個方面所體現的能力。我是比較正面的，我認為這個疫情、這個病，一定會過去的，之後，中國會變得更好，人們會更加緊密地聯繫在一起，治理水平會進一步提高。然後，（疫情）會在其他方面、在我們意想不到的方面改變中國，這就是它的效應。

徐老師：好的，謝謝您的分享。

兔主席：謝謝！

25 沒有選擇了，可能只能讓香港嘗試一下不同的防疫模式了

2022/02/08

香港進入了第五波新冠疫情。今天驚聞，日新增確診數量達到 600 多宗，且有 200 多宗無法追溯源頭。這說明，新冠疫情已經在香港出現社區爆發。

筆者許多的香港朋友（多為需往來兩地的「港漂」人士）都在討論香港防疫的「失敗」。兩年來，香港一直痛苦地尋求與內地實現「通關」，但又沒有建立起通關所需的必要制度與基礎設施。說起通關，冥冥之中，香港好像始終面臨某種「宿命」，似乎每每接近人們希冀的「通關」，香港就會爆發新的疫情，使得通關始終無法實現。去年末出現的 Omicron 傳染性極強，使得香港目前已經陷於「破防」。

今天，《人民日報》發了篇文章《「動態清零」是香港抗疫的科學選擇》，主要是從內地經驗對香港提出建議。初衷肯定是好的，但恐怕脫離香港的政治、社會、及公共管理現實了 —— 香港與中國大陸之外的幾乎所有的其他國家與地區一樣，並不具備「動態清零」的能力。

而現在，單日新增六百例、兩百例源頭不可追溯，說明在社區層面，傳染病已經失去控制 —— 香港已經「破防」。並且，依託香港目前的防疫基礎設施，面對 Omicron 這樣具有極強傳播能力的變種，香港有可能已經越過了某種不可逆的「臨界點」，使得再度實現「動態清零」面臨實質障礙。

不過話說回來，說香港處理不好 COVID-19，也不客觀。

一是參照物的問題：要看和誰比。兩年來，香港 COVID-19 累積確診數是 1.5 萬，病死 213 人。在中國大陸看來，這肯定不能算特別「好」的成績，但和其他國家／地區比，就很優秀了。譬如，另一個經常被拿來比較的亞洲／華人國

際大都市新加坡截至目前的確診數近 40 萬，病死接近 900 人。相比之下，香港的表現就算還可以的了。所以首先是參照物的問題。說香港防疫「不好」，其實是不夠好 —— 拿中國內地做參照物。中國地廣人多，各地治理水平不一，也不能都拿來比較。就比較一些城市好了，譬如可以比較一下上海、深圳、廣州等一線城市，防疫政策相對比較靈活，同時應對表現也一直不錯。在這個基礎上去比較，覺得香港還可以做得更好吧？

二是特定政策目標能否達到的問題：即與內地實現「通關」。首先，從經濟角度看，香港高度依賴中國內地經濟 —— 無論是零售、酒店、旅遊、交通等擁有大量小業主及僱傭大量就業人口的基層經濟，還是所謂的基於中環的「精英」經濟（香港之作為離岸金融中心）。再者，從現實角度看，香港有大量因為工作和生活緣故需要在兩地頻繁來往的人口。通關是這些人工作與生活步入正軌、回歸正常的重要前提。最後，香港本來就是中華人民共和國的一部份，中國對香港行使主權。無論怎麼說，香港本來就應該被納入到中國防疫體系中來，而不是站到這個體系之外，跑到歐美／西方／國外的體系裏去。通關，使得香港可以與內地連接，而非與內地隔絕成為「兩個世界」。所以，從能否實現「通關」角度說，只要不能與內地「通關」，香港的防疫政策就不能被認為是成功的。

那麼，為什麼香港就不能實現與內地的「通關」呢？首先需要界定一下，什麼是「通關」。筆者自己的詮釋，「通關」有兩種含義。

第一種偏重形式，指的是「搭建橋樑」和基礎設施，在兩地（內地與香港）之間建立一個互通的機制，使兩地可以免於「國際旅行」進行嚴格的入關隔離政策。此時，只要疫情可控，那麼除了現有的出入境規定外，到香港訪問應該和到其他內地城市訪問一樣，沒有額外的防疫要求。這就要求香港與內地的防疫體系、防疫制度、防疫政策、防疫信息能夠「基本接合」—— 至少在「出入關」的「場景」上能夠實現「連結」。大多時候，我們討論的是這種偏重形式的通關。形式上、技術上的「通關」，不代表兩地人口能夠實現自由流動。

第二種偏重實質，即兩地的人口真的能夠實現比較自由的相互流動。內地現在的政策是，任何一個地方如果出現了疫情，就會被「升級」為「中風險地區」、「高風險地區」，個人到訪過該城市，行程卡上還會帶「星」。然後，依據具體情況不同，個人會受到一些旅行限制。如果一個城市出現了疫情爆發，還可

能被限制出城，或被其他城市限制進入 —— 即所謂的「封城」。要實現實質的「通關」，就要實現「動態清零」。如果一個內地城市的大多地區長期處於中高風險，無法「清零」，那麼居住人口也無法實現和其他地方的自由流動。其實，這個問題也沒有那麼複雜。就算沒有什麼健康碼、行程碼，任何兩個國家與地區也可以實現「通關」—— 比如說，美國和英國「通關」—— 只要雙方的防疫政策基本一致就可以了。比如說，大家可以都「躺平」，都「共存」，不把病當病，任何政策和機制都沒有，那也可以通關，大家是對稱的。實操中，會遵循「孰嚴」政策，即一個政策較松的地方，很難和一個政策較嚴的地方通關。中國內地的防疫政策非常嚴。那麼，本著「孰嚴」的政策，香港要實現與內地「通關」，自然要遵循中國內地的防疫政策進行。除非內地的防控政策出現系統性的降級。

我們看到，香港在兩個目標上都無法達成。

一是沒有能夠搭建與內地的「橋樑」—— 建立健康碼，並實現與內地的互認。其實，現在所說的「橋樑」並不複雜，不一定要有很多的「顆粒度」，只要實現大的「接合」：如果你要到內地訪問（包括探親、工作／經商乃至旅遊），最低限度也要提供基礎的個人信息（含身份信息及住址信息）、核酸檢測結果、疫苗接種紀錄及其他基礎的健康申報信息等。這種健康碼只是用於與內地的「接合」場景，但不一定要在香港本土實現「追蹤」功能 —— 例如，政府可以針對居民申報的住址等信息發不同顏色的碼。但無論如何，它肯定是要以實名認證為前提的 —— 對於香港居民而言，在入關場景裏，應該與回鄉證號綁定。並且，最終應與內地手機綁定（內地手機都是實名認證的）。就這個基礎的連結，香港各界做了大量的近乎無休止的討論，晚至疫情後將近兩年才實現與廣東「粵康碼」的對接，於 2021 年 12 月 10 日才對香港市民開放申請註冊。及至目前，只有那些對赴內地有剛性需求的居民才會申請這種健康碼。對大陸有深刻恐懼和政治迫害幻想症的「黃絲」們，則寧願選擇放棄回大陸，也不會申請健康碼。

在搭建這個基礎「橋樑」的問題上，香港浪費了無數時間。相比之下，澳門早在 2020 年 5 月就推出了這套體系，實現了澳門健康碼與「粵康碼」的互認。同是「一國兩制」，一個小小的健康碼互認，就充分體現了香港與澳門對中國內地政府治理與政治秩序認可的差異。

二是能夠真正實現「動態清零」，即在很長一段時間沒有病例。我們在內地

知道，如果一個城市出現大規模疫情，那就全部變成中／高風險地區，市民很難出城旅行，甚至可能被封城。所以，即便修好了橋，橋也是可以不通車的。要實現實質的自由流動，需要香港像內地一樣完成「動態清零」的目標。

在 COVID-19 面前，完成「動態清零」需要什麼？

筆者以為，核心是數字化基礎設施及數字化治理 —— 利用信息科技，大數據去追蹤疫情。這其中，強制的實名認證手機，以及強制採集關乎公共衛生利益的個人信息（例如旅行／行程信息），是基本的前提。這就是中國「動態清零」的「秘訣」。

很少有國家和地區能夠做到這一點 —— 尤其是那些極度且片面注重個人隱私與權利的國家 —— 他們對個人隱私與權利的保護近乎沒有「邊界」—— 哪怕保護這些個人隱私和權利可能反過來危及公共衛生、危及公共福利、危及大多數人的福祉；哪怕善意地讓渡一點點個人隱私與權利就可以造福全體社會（特別是那些最需要保護的弱勢群體），為全社會構建一個對抗病毒的堅實護城河 —— 他們不希望為其他人讓渡自己的任何權利，不希望讓自己置於任何的風險，哪怕只是 0.001% 的風險。最終，個人還會用維護「人權」與「自由」、「限制公權」等頗為宏大的敘事，美化自己其實非常狹隘、非常自私、非常短視的考慮。

而除了自私之外，還有恐懼 —— 對政府近乎無邊無際的抵觸、懷疑和恐懼。這是源於美國的反政府情緒 —— 無論採用什麼樣的選舉機制，都無法幫助民眾克服對政府根深蒂固的不信任和恐懼，都無法讓人們培養對最廣泛社會成員的認同、熱愛與奉獻精神。這些價值觀，剛好與香港社會的價值觀結合到了一起：

　　—— 現代大都市、工業／後工業資本主義社會所固有的自私與冷漠；

　　—— 對香港特區政府根深蒂固的不信任及懷疑；

　　—— 對西方（特別是英美）模式根深蒂固的崇拜；

　　—— 對中國內地政治政府模式根深蒂固的排斥和嫌棄。

親英美的香港「黃絲」更進一步，想出了無數冠冕堂皇的反對理由。一方面，認為健康碼本身不能作為或替代防疫政策，其不可能窮盡一切傳播場景，不能完美地追蹤，無法對市民形成充足的保護……總之，從各種角度說明，健康碼帶來的好處是有限的。另一方面，說明健康碼帶來了很多的「不公」與限制：

—— 對沒有手機的老人不公（實際上整個防疫體系就是保護老人的）；

　　—— 給予政府「權利」將人群「分級」，給予不同人群差別待遇，構成「歧視」；

　　—— 必須以智能手機為前提，同時防疫 / 健康碼措施（例如檢測）等需要經濟支持，所以是「有錢人的遊戲」；

　　—— 人身自由可能被不當地、過度地限制；

　　—— 個人隱私信息可以被隨意採集。

　　此外，還有不在公開場合言說的觀點：即認為只要一上健康碼，就有個人隱私信息被內地採集的風險，就有被迫害的風險。這種妄想是無邊的，也不需要理性：從提取 DNA，到囚禁，到活體器官採集…… 要看到，香港確實是一個對中國內地政府有無邊恐懼的社會 —— 再不靠譜、再弱智的陰謀論，都會被視為是高明的、獨立的「真知灼見」。

　　他們的策略師，在雞蛋裏挑骨頭，努力說明健康碼並非「完美」—— 不能單靠它來解決所有的防疫問題；然後，再無邊地誇大其壞處，誇大其代價，散佈恐懼、行銷恐懼，以此說明健康碼得不償失。他們的策略是把健康碼問題「泛政治化」。筆者以為，就這個問題，可以做一個非常簡單的政治民調，最終我們一定會發現，香港民眾對健康碼的接受程度與政治取態會高度相關 —— 黃營會反對健康碼及配套政策，藍營則會歡迎健康碼及配套政策。這和美國社會的兩極撕裂何其相似。

　　但也可以看出，在香港推出一個建立在手機實名認證及信息採集及大數據基礎上的數字化防疫體系，獲得社會的廣泛支持並強制執行，基本上是沒有可能性的。既然香港「不願意」，也就不可能比照大陸去建立數字化防疫體系，不可能再對個人採取家長主義的強制措施。最終，「動態清零」也是不可能實現的。這一點，香港其實並不特殊 —— 縱觀全球，恐怕只有中國大陸有能力實現「動態清零」，成功應對 Delta 到 Omicron 這樣的升級變種。亦如筆者之前文章所指出的：中國政府及中國民眾在 2020 年疫情的早期其實也沒有料到，中國防疫的成功，是其他國家和地區根本無法複製的。

　　目前來看，全世界對抗新冠病毒的模式只有兩種，一種是中國模式，一種是「其他」模式。

中國模式就是持續進行「動態清零」。「動態清零」需要強大的政治意志、政治決斷、政治動員，需要廣大民眾的配合與支持，更需要強大的數字化治理能力。中國「動態清零」的成功，可以讓人們重新審視並加深對中國模式、中國政治、中國治理的理解。其他國家不能複製中國模式，正說明了中國模式的獨特性（Chinese exceptionalism）。

那麼「其他國家的模式」是什麼呢？就是打疫苗＋自然感染，一部份人打疫苗，另一部份人通過自然感染形成抗體。（當然，兩者會有交集，即打了疫苗的人也可能被病毒「突破」，還會被感染，但這樣也可以進一步加強抗體。）當打疫苗的及自然感染的人達到了一定的比例，社會就會漸入「群體免疫」。如筆者之前所說，並非所有國家都希望主動採取這種模式的 —— 因為這種模式會導致大量病例、較高的死亡人數及一定的醫療資源擠兌，代價巨大。對大多數國家來說，這不是一個他們願意做出的選擇，只是無奈之舉 —— 他們都沒有中國模式與中國治理能力，不可能實現「動態清零」。稍加掙扎之後，只能選擇「與病毒共存」的「躺平」模式。「躺平」，是一個各國不得不被動接受的結果。

再看香港。香港和中國大陸以外的其他國家與地區一樣，缺乏必要的政治、社會及文化基礎，不可能像中國大陸一樣採用多重的政策及技術手段實現「動態清零」。

同時還要看到，香港的精英本身又是崇尚英美／西方的，本能地就會在英美／西方尋求「答案」。這裏需要提及，香港由一個龐大的精英群體 —— 所謂的 deep state —— 所統治與治理。他們中的很多人，在骨子裏並不認可中國內地的管理模式，對於中央政府提供的政治模式與政治秩序是抵觸與抗拒的。他們也沒有足夠的政治意願、動力、能力及信心去將內地的相關政策推廣落實到香港社會。而在這些精英看來，最好的模式肯定也不在中國 —— 他們認為「中國模式」一定會存在這樣和那樣的問題，不可能是最「先進」的，一定會有重大缺陷，包括技術缺陷以及倫理缺陷。在內心深處，他們始終會參照、比較英美模式 —— 那始終是更優越、更高級、更文明的方式。他們並認為，作為高等華人，要率先引入西方的高等模式；香港的「出路」、香港最終所依賴的，並不是與內地的通關，而是獲得英美所主導的國際社會的認可。

礙於中央政府的期望，以及香港基層民眾現實利益考慮（非常依賴與大陸

的日常經濟往來），香港精英和 deep state 在表面上只能努力維護「通關」的目標。但他們只是「機會主義」的：走一步看一步，能通則通，不能通也沒有辦法。他們絕不敢在公開說要放棄和內地「通關」，但在內心深處卻認為，「動態清零」做不到，所需要的制度政策在香港無法推行，一切都不靠譜，只是無奈之舉。為了擺脫干係，為了「甩鍋」，林鄭月娥甚至可以公開地說，她不是「動態清零」的「始作俑者」，以此劃清她與「動態清零」政策的界限，以此表明她的「無奈」。

他們更不敢說出的是內心深處的看法：針對 COVID-19 的「答案」，其實是比照西方進行「躺平」——用疫苗 + 自然感染，最終實現與病毒的群體免疫「共存」。只要效仿美國、英國，採取「躺平」策略，很快就和這些西方國家「一體」了，很快就可以和西方通關了、循環了。彼時，香港的精英們也就可以造訪國外了，國外精英也就可以造訪香港了。香港作為中國最熟悉、最了解、最能融於西方的成員（「高等華人」的身份使然），可以率先中國與西方世界融為一體，成為中國的「表率」，同時也與中國大陸區分開來（「我們是與世界接軌的，我們不是他們」）。一開始，精英們當然不能這麼說。但伴隨疫情常態化，特別當發展到 2021 年的下半年，出現了 Omicron，以英美為首的大多發達國家都公開選擇「疫苗 + 自然感染」的「躺平」模式後，「躺平」變得常態化了，可以被社會接受了。

輿論環境一直在發生變化。中國的抗疫模式似乎突然變成了某種「負債」（liability），英美和發達國家的經歷突然就變成了「成績」。同時，人們還在謳歌這些英美國家對個人權利與自由的「保護」（同時閉口不談這些國家為此所付出的巨大生命代價及社會代價）。這種看法當然會削弱香港的抗疫鬥志。而且，不特在香港，這種看法在中國內地也有一定的影響。它其實是在軟化人們的意志，動搖人們對中國大陸「動態清零」成績的認知，動搖人們對「動態清零」的堅持，甚至給潛伏已久的中國體制 / 模式質疑者與攻擊者提供了機會。

對於香港的統治精英來說，其實他們知道，香港從一開始就不具備「動態清零」的能力：香港沒有這樣的政治、社會、文化基礎。之前，之所以能夠「清零」，一定程度還要歸因於「運氣」。但同時，香港也沒有參照內地去發展與健全相關的基礎設施。為了實現「通關」這個不能否定的目標，官員們只能機會

主義地「走一步、看一步」，希望疫情漸漸消退，「自然」地實現這一目標，不需要在「中國模式」與「其他模式」之間做艱難的「二選一」。其實，香港精英老早就想做出選擇了 —— 就是選擇英美主導的「其他模式」。具有極強傳染性的 Omicron 的出現，對他們來說是一個「天賜良機」，讓他們可以找到最好的理由，就勢臥倒、「躺平」，

其實，筆者一直認為，抗疫模式並不能簡單地用「優」「劣」來做比較 —— 不同的模式，其實是不同的人類社會應對病毒的不同做法；不同的模式，其實是不同國家與地區政治制度、治理模式、社會價值的「大考答案」。每個社會都有不同的政治體制、治理方式、社會基礎、民意基礎、價值觀、文化傳統及對應的政治政策目標。每個社會的防疫抗疫模式，一定都是構建在各自基礎之上的，一定都是為了追求符合各自價值觀的特定目標的，絕無可能偏離這些基礎，也不能偏離這些目標。香港的選擇，正反映了香港社會的政治、社會、文化、價值。這是一個被英美社會全面影響、全面主導、活在英美價值觀之下的華人社會。話又說回來，在 COVID-19 面前，無論是「中國模式」，還是「美國模式」，最終都是能夠找到「走出去」的方法的 —— 無非是付出多大的社會代價，而不同社會衡量價值的標準又是不一樣的。

但什麼樣的模式是「最不好」的呢？「最不好」的模式，就是在「動態清零」和「躺平」之間進行左右搖擺，兩頭都不靠，左也不是，右也不是 —— 這就是香港目前的狀況，一種最惡劣的境地，一種最尷尬的狀態 —— 它既沒有能力完成「動態清零」，又不敢真的奉行與病毒「共存」的「躺倒」策略。結果就是現在這種「兩頭都不沾、兩頭都不靠」的「不死不活」狀態：既不能與中國內地大循環，也不能與歐美／西方大循環；既付出了嘗試動態清零所帶來的代價（例如對社交場所場景進行管控），又沒有享受到真正實現動態清零所帶來的好處（包括人口自由流動與通關）。這種境地是最慘的，屬於最壞的情形。

中國和以美國為首的西方在經歷大的政治文明撕裂與分野。香港，正處在這種大撕裂、大分野之間，找不到自我，不知該依附何方。唯一確定的是，它始終質疑、懷疑中國大陸的政治制度與秩序，而對西方抱有幻想，認為極樂世界在西方。

最後，筆者講講下一步可能的演進：

1. 香港的 COVID-19 疫情完全失控，每日確診上千，甚至數千，逐漸達到新加坡的水平。

2. 香港本來就沒有數據追蹤的基礎設施及能力，因此做「流調」、找個案的源頭及擴散軌跡在技術上都不可能，不可追溯的案例將高速增長。

3. 香港報告北京，稱疫情目前已經無法防控，真的沒有辦法了。

4. 中央畢竟不可能改變香港根本的公共治理框架與模式，不可能直接介入香港的抗疫，最多只有在香港醫療資源極度緊張、不得不進行求援時，提供一些物資及人力支持。

5. 中央也會看到，這歸根結底是香港「自己」的事 —— 參照西方「躺平」，可能是香港政府和民眾「無聲」的、默默的選擇。

6. 中央會看到，如果「動態清零」沒有所需的技術基礎設施和民意基礎的話，北京也不宜管得太多；對港府下達目標，責其在形式和目標上不放棄「動態清零」，其實是港府不可能完成的任務，港府也會以各種形式的「陽奉陰違」，使得政策無法落地（「我不是始作俑者」）。最後，香港落在「不生不死」的境地，引來怨聲載道。如果香港「動態清零」根本就不可能，那麼北京還不如與港府保持一點「距離」。

7. 不多久，香港政府會對中央政府說，你看，我們真的盡力了，但現在真的沒辦法控制了，沒有選擇了。你們就讓我們「躺平」吧。

8. 北京也沒有選擇，只能讓香港放棄「動態清零」。

9. 香港疫情大爆發後，即便兩地建立了健康碼互認，「通關」也是遙遙無期的。實現實質通關，大概率只有等到中國內地系統性改變防疫政策之後了。

《人民日報》發表文章主張《「動態清零」是香港抗疫的科學選擇》。筆者結合現實情況，認為動態清零是香港無法做到的政策選擇，因此看法有所不同。建議北京不妨「後退」一步，由香港自己去解決問題（除非香港向北京申請醫療資源援助）。這樣，無非出現兩種情況。

第一種情況：病毒大規模蔓延，造成了大量的確診，甚至一定數量的病死。目前，香港仍有 100 多萬名市民未接種第一針疫苗，70 歲或以上長者的接種率較低，而 COVID-19 主要打擊的就是 70 歲以上的長者。如果疫情爆發，居於老人院及政府公屋的老人們將面臨很大的健康風險。如果香港在沒有選擇之下被迫

「躺平」，並因此遭受了巨大的代價，那恰恰證明內地「動態清零」政策的正確性，恰恰可以消解人們在新形勢（Omicron）下對「動態清零」政策的懷疑，堅定信心。過程中，內地可以根據香港的需求隨時提供醫療援助，以最小化過程中香港市民付出的健康代價。

第二種情況：病毒大規模蔓延，造成了大量的確診，但病死率很低。同時，香港的醫療資源不致被過度擠兌而引發其他問題。這說明香港在公共衛生破防後，還能夠憑藉醫院醫療體系應對 COVID-19。對於內地來說，並不能證明「動態清零」政策有問題，而正說明：病毒確實變種了，確實變得更加溫和了，如果有很強的疫苗體系及醫院體系做支撐，還是可以抵禦得住的 —— 當然香港是一個發達經濟體，其案例並不可以自動引申、適用於中國內地所有城市。但無論如何，如果大陸在未來要遵循國際實踐，為放開「動態清零」做好準備，那香港不失為一個可以借鑒的「試點」。亦如筆者分析的，要全面放鬆目前的 COVID-19 疫情防控體系，中國比較有可能尋求試點機制。我們要找那個「小白鼠」。心系歐美的香港，似乎自願要成為那個小白鼠。

所以，與其動員、要求香港「動態清零」，不妨換一種「眼光」看待問題 —— 相信香港不是一個「小孩子」，它可以為自己的選擇擔負責任。如此，就讓它為自己的命運做選擇，並承擔後果吧。但是，開弓沒有回頭箭。「躺平」的香港，要與內地通關，真的就只能等到內地系統性調整 COVID-19 防疫政策之日了。不過，香港也許真的可以為中國大陸疫情防控的下一步打開思路呢？若如此，那香港也算是以自己的方式，對中國的 COVID-19 疫情防控做出歷史貢獻了。

26 兔卡司 tu-cast：從香港疫情到中國內地獨特的抗疫模式

2022/02/10

香港抗疫體系的複雜性

徐老師：兔老師您好。大家現在都關注到香港最近出現了疫情爆發。近兩週，香港新增了幾千案例，這幾天每日確診都上千了，情況看上去很嚴重。所以，想在《兔卡司》節目裏跟您聊一聊對香港抗疫情況的看法。

兔主席：好呀！不過我平時並不住在香港，只能提供一些框架大一點的分析，可能沒有那麼多的顆粒度。

徐老師：謝謝。您在文章中分析了一下香港的抗疫體制。我們看到，香港特區政府反覆在強調要「動態清零」，這裏我比較關注的是：第一，從內地的角度看，香港防疫抗疫不能算是特別成功 —— 當然了它比絕大多數其他國家和地區做得要好，但和內地是有差距的。其次，它的體制和內地到底是一個什麼關係？

兔主席：有些不在香港的人可能依稀覺得，或者以為，香港的防疫是處在中國大的體系裏的。其實不是這樣，香港就是一個獨立的體系，沒有被納入到中國內地的這套防控防禦體系裏。

徐老師：也就是「一國兩制」，對吧，在「防疫」上，也是「一國兩制」。對吧。

兔主席：對的，在防疫上也是「一國兩制」。香港的抗疫其實在一套相對來說比較獨立的系統裏運行，在按照他自己的治理體系、治理邏輯、治理框架、治理傳統以及治理能力去運行的，而不是脫離和超越這套體系。

徐老師：那麼「動態清零」呢？

兔主席：「動態清零」其實是咱們內地的說法，一旦出現疫情，就要採取各種措施，直到沒有新的確診病例為止，才算完成階段性目標。所謂「動態」，就是指不是一次性清零，而是不斷地去清零。這是一個持續性的活動。所以，確診病例等於零的時候，那是正常狀態，確診病例如果大於零，那就是非正常狀態。

徐老師：那就需要去清零了。確實，我們都認為一個城市沒有新增確診病例，才算是正常的情形。

兔主席：但你看其他國家和地區極少有能夠做到「動態清零」的，始終是在和病毒作鬥爭，最後被打敗。特別是在 Omicron 變種出現後，之前抵抗能力再強的社會基本也會「破防」。

徐老師：對呀，Omicron 的傳染性太強了。

兔主席：是的，太強了。

徐老師：感覺「動態清零」現在就是一種「能力炫耀」了。

兔主席：那當然了，一般的國家、地區和社會對這個是想都不敢想的。所以，「動態清零」是香港在參照內地的防疫模式與防疫邏輯設定的基本的公共政策目標。這其實是從疫情之初就一路沿襲下來的。

徐老師：對，我們還記得最早的 COVID-19 版本比後來發展出來的 Omicron 要嚴重很多。

兔主席：是的，但是其實也沒有再結合變種做調整，因為變種會不斷地出來，你不可能來一個新的變種就調整對 COVID-19 的整體防疫邏輯。

「動態清零」不僅僅是一個公共衛生政策，也是一個政治表態

兔主席：香港現在還是希望動態清零的，不管他做得如何，至少特區政府對外表述的官方政策還是這樣的。當然現在形勢變化很快，再過幾天怎麼發展也不一定。我們就說現在，當下這個時點，它還是想動態清零。所以它的邏輯還是尋求清零，一旦發現新增病例，就要改變防疫政策，比如說找到病源啦，進行必要的檢測啦，進行社區隔離啦，並且根據實際情況，限制公眾聚集活動，增加社交距離等等，想方設法把傳播給控制住，把疫情給控制住，最後等到沒有新增病例了，就安全了。

徐老師：從表面上看，那是不是和內地做的差不多呀。

兔主席：在表面，在形式上，有很多做法是類似的。但真正的內核和基礎設施是不同的。我們一會兒再說這個問題。但不管怎麼樣，其實大多國家和地區在疫情初期也都採取類似的政策的，只不過後來都「躺平」了。

徐老師：是的，基本上所有國家都躺平了，中國大陸成了一個例外情形，成了一枝獨秀。

兔主席：沒錯，而且這是中國自己也想不到的。現在我們一照鏡子，發現我們其實已經迭代到一種高維模式了。這兩天很多香港的朋友，特別是港漂，都在抱怨說香港政府不行，其實現在大家可能有必要停一秒鐘，稍微想一想，到底為什麼中國大陸行，為什麼別的地方就不行，這個差異到底在哪裏。

徐老師：這個問題值得好好研究。要不我們還是先回到「動態清零」的問題。其實我們上一期節目講到，兩年多了，內地對「動態清零」政策也是有疲憊感的，特別現在好像全世界都躺平了。那麼從香港的角度，肯定也會有不同的聲音和意見，很多香港人深受西方特別是英美影響。那從香港政府的角度講，為什麼要堅持「動態清零」。

兔主席：香港堅持「動態清零」目標 —— 至少在官方表述上呈現出來的政策目標 —— 我的理解，是有多重考慮的。第一，當然還是從防疫抗疫本身的角度出發的，它主觀上肯定不希望出現大規模的爆發，不希望出現醫療資源的擠兌，不希望有很多的病死，這是肯定的。但要強調的是，這一條是從疫情初期就沿襲到現在的，儘管現在有了弱化的變種 Omicron，但它還沒有改變。

徐老師：這和內地是一樣的。

兔主席：對。然後還有第二條，伴隨時間的推移，病毒自身的演變，國際環境的變化，這後一條的重要性其實也越來越高了。

徐老師：是什麼呢？

兔主席：就是和內地「通關」呀。因為內地對 COVID-19 是「零容忍」，是「動態清零」的。我們說，任何兩個地方要「通關」，都要遵循「執嚴」的原則，就是哪一方的防疫政策嚴，你就得就哪一方。所以，要和內地通關，香港必須持續進行「動態清零」。香港只有證明自己，能夠構建一個以預防為主的公共衛生體系，對 COVID-19 建立了非常強的護城河，真正做到了持續的、動態的「清

零」，並在相當時間內可以保持一個「零新增」的狀態，才有可能跟中國內地實現所謂的「通關」。

徐老師：對的，是這樣的。

兔主席：另外還有就是，畢竟香港是在中華人民共和國主權治下的，雖然是一國兩制，但是是在我們主權治下的，我們對香港是擁有實質形式主權的。你說一個國家，就公共衛生還可以有兩種截然不同的目標，遵循截然不同的原則，一邊「動態清零」，一邊「躺平」、「共存」，這可能麼？或者至少說，這合適麼？不合適吧？

徐老師：對，確實不合適。

兔主席：所以，不管香港政府裏面有沒有不同的討論，可能會有不同的意見，不管他們做得如何，做不做得到，但他們還是要遵循「動態清零」政策的。這其實不僅僅是一個公共衛生政策了，也是一個政治表態。

徐老師：所以，「動態清零」與「與內地通關」是相關的，而通關本身就是一個公共政策目標，對吧。

兔主席：沒錯，「通關」本身就是一個政策目標，中央和港府都希望達成這個目標，然後反過來再影響到香港的防疫政策。

為什麼香港遲遲不能實現通關？

徐老師：那我們可以理解了，如果不斷有新增病例，確實就沒有辦法「通關」了。但老是不能通關肯定不是辦法。香港好像被隔離在祖國之外了。

兔主席：對，這肯定是大家都不希望看到的。但剛剛說到了，在防疫這個問題上，香港的公共衛生及治理的內核、底層、基礎設施、根本邏輯與框架，和內地是不一樣的，內地可以動用的很多資源和措施香港是沒有的。內地的省份 —— 特別是那些鄰近的深圳、大灣區，整個廣東省，這些最容易被香港影響到的地方，他們也擔心香港的防疫體系到底行不行，到底能不能讓人放心。如果通關了有什麼閃失，真的把疫情傳播過來，那地方政府也是要擔責的。

徐老師：現在防疫是最大的政治，超過其他一切。

兔主席：從這個角度講，地方上其實也沒有動力在不成熟的條件下非要完成

什麼通關。

徐老師：是的。如果我是地方官員，我肯定會擔心香港是否準備好了。如果疫情爆發，我就麻煩了。

兔主席：不僅僅地方，中央政府層面肯定也會這樣考慮。所以呢，是既希望幫助香港，通過通關支持它的經濟，但又總有點不放心。不過內地很難從底層邏輯去看香港的防疫體系，因為對香港不夠理解，也可能沒那麼深入地去關心。那香港表現好和不好，就只能看一些表面的數據。那麼你覺得如果是你，你會看什麼數據？

徐老師：那肯定是看他們有沒有新的病例呀。

兔主席：對呀，肯定就是看有沒有新的病例。你不斷地出現新的病例，內地就會害怕，就覺得你沒準備好，覺得你不靠譜，就很難通關。因為內地在防疫上實在太強大了，所以香港始終處於一種要證明自己的狀態。

徐老師：要證明自己真的能夠實現「動態清零」。

兔主席：沒錯。所以為了保證沒有疫情爆發，沒有新增病例，香港形式和內地一樣，就是外防輸入，內防擴散，對外也嚴防境外輸入，對那些疫情嚴重的國家，包括歐美國家，都嚴格限制，什麼航班限制啦、旅行限制啦，入境隔離啦，都在做。所以香港和國際社會也不通關，也不是循環的，和大陸是一樣的。

徐老師：那香港就變成了和內地不循環，和國際也不循壞，變成了香港自己一個城市的循壞。

兔主席：對，這是極其痛苦的。你想想，中國內地這麼大，就算不出國，內循壞也有很大的空間，比如說節假日出去旅遊，祖國大地隨便你去。但是你說香港怎麼辦。

徐老師：明白了，這也進一步說明了「動態清零」和「與內地通關」之間的關係。

兔主席：對這個事已經討論很久很久了，從一開始討論到現在，一直在研究啥時候通關。

徐老師：香港與內地的通關真是一大痛點問題。很多要在兩地往來的人，無論是工作、探親，都需要兩地往來。特別是港漂，他們很多家庭的老人還在內地，很長時間不能探親了，真是麻煩。那順著這個話題，要不要再說說通關對香

港的影響。

兔主席：有幾方面的影響。首先是政治方面的影響。因為你畢竟是一個國家嘛，然後你說在一個國家裏，內地和香港長期隔離，人口不能流動，被隔絕在兩個世界裏，這肯定不行。無論經濟賬怎麼算，其他的賬怎麼算，你要算政治賬的話，那香港和內地的通關肯定是必要的。這個是不容討論的。你不能說最後香港和西方世界通關了，和英國通關了，和美國通關了，和歐洲通關了，和全世界通關了，但就是不和祖國通關，這肯定是不合適的。這是一個政治問題。

徐老師：對，從這個角度看，這個問題其實沒有什麼可討論的。

兔主席：然後就是經濟方面的影響。我這裏講的就是一些比較直觀、常識層面的東西。

徐老師：好的，就簡單聊聊。

兔主席：香港的經濟活動其實可以分成幾個大類，有一類是完全的、純粹的本地經濟，主要就是圍繞本地人的各種服務業，從買菜做飯到美容理髮到看牙看電影。這個我們就不講了。主要講影響更大的，就是主要依託香港本土以外的經濟。

徐老師：明白。

兔主席：一類就是與外地訪客有關的，包括內地的、國際的，包括觀光的，也包括商務的、探親的。香港的整個零售業，購物買東西，餐飲，還有旅遊業、酒店、主題公園等等以及支持旅遊業的交通運輸物流等等，都是依託外來訪客的。這是香港基層經濟很大的一部份。我說的基層經濟，就是指的香港一般老百姓參與的行業。

徐老師：應該有很大一部份比例的人口在這些行業裏工作。

兔主席：他們就是普羅大眾。我們知道香港當年和內地開放「自由行」後，每年都有很多內地人到香港旅行，有商務，有探親，有旅行，有純粹的購物，啥都有。甚至一定程度上導致香港當時有點人滿為患啊，還導致本地居民的不滿，但從 2019 年黑暴運動開始，下半年內地遊客就不去香港了，覺得那裏不安全，而且對香港還有一些反感情緒。內地遊客數量的斷崖式下降，對香港基層經濟的打擊就很大了。然後就是兩年的疫情，誰能想到這是兩年的疫情啊，而且還沒完。

徐老師：這就不僅僅是雪上加霜了，那就是冰川時代了。

兔主席：對。基層經濟受到非常大的打擊，很多中小企業商家都難以為繼，生意做不下去了。

徐老師：太苦了。

兔主席：就在前不久，幾週前吧，我看一個節目，就講香港一個大巴公司的老闆，他大巴生意就是做遊客生意的嘛，接旅遊團，說兩年多了，不通關，沒有遊客，也沒有生意，公司再也撐不下去了。然後他打開銀行帳單展示給節目組看，餘額就是 10 萬港元。

徐老師：那也就撐個把月吧。

兔主席：然後他說，這個生意，轉型也沒法轉。開大巴的，怎麼轉型，總不能開個大巴去送外賣，對吧。沒法弄，說著說著就哭起來了。

徐老師：太苦了。

兔主席：他最後說，就是政府的不作為，政府不能解決問題。這些基層經濟，這些基層的民生問題，歸根結底是政府的無能。

徐老師：所以，通關真的是香港政府保護香港基層經濟要擔負的重要職責。

兔主席：我聽有的人拿香港和新加坡比較。說新加坡就躺平了。香港不一樣啊，香港不僅僅是中國的一部份，而且它的經濟也高度依賴中國內地。所以你要保護香港的基層經濟，就必須和內地通關。你要和內地通關，就必須在公共衛生政策上追隨內地。你是沒有選擇的。其實和 2019 年黑暴運動一樣。你政治上對抗，搞這些運動，不承認、不接受內地的政治秩序，還搞暴力行動，那內地人就用腳投票，就不來了呀，那你的基層經濟肯定會受到影響。所以你必須在政治上歸順內地，這是很現實的問題。所以你看，2019 年搞運動，還有現在這個防疫的事，其實是非常相似的，就是說，歸根結底他們都是政治問題。在政治、政策上能不能追隨、匹配內地。如果不追隨的話，就會承擔代價。

徐老師：但最後，永遠是普通老百姓買單。

兔主席：對，永遠是代表大部份就業人口的這些普通老百姓買單。

徐老師：香港是金融中心，那金融怎麼樣呢？

兔主席：金融就是所謂的精英經濟了，高門檻、高收入。你得有比較高的教育背景才能進入這個行業。香港就是一個離岸金融中心，有各種各樣從事與金

融相關的職業人士，包括投資銀行、商業銀行，一級市場、二級市場，買方、賣方。各種各樣五花八門的金融機構、投資機構。另外還有與金融相關的衍生產業，比如做審計的、做律師的、做評級的、做資產評估的、做各種諮詢的，圍繞金融產業構建的各種各樣的輔助性專業機構。另外，因為香港是金融中心，有很多上市公司在那邊設點，所以上市公司也會創造一些工作崗位，但所有的這些工作機會都是留給那些受過比較好的高等教育的專業人士。

徐老師：就是所謂的精英。

兔主席：對，就是所謂的精英，在中環等核心區工作的少數群體。

然後呢，香港是一個離岸金融中心，什麼叫離岸金融中心，就是一個離岸的交易場所，不在中國內地，也不在歐洲或美國，就在香港，大家在這裏，用港元和外匯投資和買賣證券。買賣的是什麼證券呢？主要都是中國內地的業務和資產。中國內地業務和資產的價值，本質上看什麼呢？肯定還是看這些底層資產本身表現的好壞，所以它是和中國內地經濟的表現掛鉤的。另外當然和國際宏觀經濟也掛鉤。比如說其他國家經濟表現不好，中國經濟表現好，那它的價值就更高了，因為大家都願意買中國資產。或者美國人印錢，流動性氾濫，那證券的價值也可能上升，這些和香港本身的基本面沒有關係。

而且這種工作很大程度上是可以用遠程辦公去解決的，開各種視頻會啦、電話會啦、線上辦公，都可以解決。而且我們現在看歐美的情況，疫情對改變人們的工作習慣影響很大的，很多人都習慣了遠程辦公，如果你有固定現場辦公需求，那招人都會難很多。

徐老師：那用人單位得放寬辦公條件了。這也是一種內卷。

兔主席：反正金融行業就是這樣，至少在疫情這兩年，內地企業到香港照樣上市。投行、律所、投資機構，監管審核，這些工種都不受影響。聯交所上市排長龍，審都審不過來。整個金融產業，金融相關的產業，都賺了很多錢。這就是實際情況。

徐老師：聽上去這是冰火兩重天啊。

兔主席：對呀，絕對是冰火兩重天。所以美國說疫情後的復甦是帶有剪刀差的，就是指搞金融的越來越富，其實所有可以通過遠程辦公實現的白領工作都不受影響。這個和搞基層服務業的人口拉開的距離就更大了。

徐老師：那疫情會加劇香港的不平等。

兔主席：這是絕對的。我沒有任何數據，也敢這麼斷言，COVID-19 疫情對香港不同經濟階層的影響是不同的。基本上就是精英經濟不受影響，甚至還賺了不少錢，而基層經濟大受打擊。疫情一定會進一步擴大香港的貧富差距，一定會進一步加劇長久積累的經濟與社會不平等，加劇所有那些所謂的深層次的社會矛盾。

徐老師：這麼看，特區政府在推動通關問題的責任更大了。

兔主席：對，而且不是一個簡單的公共衛生責任的問題。而是政治責任，經濟責任、社會責任、道義責任，多重責任。

徐老師：不知道特區政府能不能認識到這些責任。

兔主席：嗯。

為什麼說香港不具備「動態清零」的制度基礎和社會基礎

徐老師：通關就需要「動態清零」。那咱們再次回到「動態清零」的問題。我們看到這兩天香港疫情確實非常嚴重，單日確診病例都破千了。聯想到您之前的文章說，香港不具備「動態清零」的制度基礎和社會基礎，應該怎麼理解這一點呢？再比如，具體點說，這次疫情您覺得可以清零麼？

兔主席：我這裏要特別說明，我說香港不具備「動態清零」的制度基礎和社會基礎，不是指在某一次疫情事件爆發裏，它能不能把新增病例縮減到零，這就是單純的「清零」。我不是這個意思。我說的重點是「動態」，就是它能不能長期地、持續地、始終地維持「清零」政策，它必須是一個經常性的政策。而且，這個「維持」得是一種比較可以持續的「維持」—— 就是說它要把維護成本降到最低，社會可以在比較長的時間裏擔負這個成本。成天封城，搞大規模隔離這種，就屬於「硬清零」，是笨辦法。

徐老師：什麼叫做笨辦法呢？

兔主席：就是比較原始的「清零」辦法，沒有任何數據化、信息化治理手段下進行的「清零」。

徐老師：那是不是就是疫情最初的情況，比如武漢、湖北那個時候。

兔主席：對呀，就是那個時候。那個時候沒有什麼健康碼、追蹤，甚至連大規模的檢測都沒有。那時就是比較原始的辦法。停工、停學、停市，所有人都不出門，全部回家，全部隔離。社交距離縮減到最小，沒有任何聚集活動，沒有任何社交活動。全部靜止，全部凍結。那你看武漢，還有湖北，也就一個多月，對吧，從1月中下旬，到3月份，差不多就控制住了，就沒有新增了。那就是「清零」了。你說要「硬清零」，咱們就討論純技術問題，就是每日上千確診，已經是比較大規模的擴散了，那香港也不是不能做到清零，就是全體回家，全社會凍結。花一個月兩個月，也能清零。

徐老師：這樣成本很大。

兔主席：對，成本太大了。經濟運行受到很大的影響。這種「硬清零」肯定是不可持續的。幾方面的因素。第一，你這次好不容易清完零，下次又來，又弄出幾十例，過兩天又上百了，幾百了，你怎麼辦，是不是又得大規模停擺，全體回家？這樣對經濟社會的傷害是很大的，這來來回回折騰，沒有任何一個社會受得了。而且我們剛剛說了，基層經濟已經很苦了。

徐老師：這麼搞的話確實不可持續，基層經濟真的就完蛋了。

兔主席：第二條，社會是會疲憊的。社會疲憊了，你的動員能力就下降了。像在西方，已經搞疲了，經濟一塌糊塗，你要再動員，老百姓就出來示威了，他們就不幹了。一開始病毒特別厲害，大家出於恐懼，可能還會配合，現在呢，病毒還在變種，而且還在弱化，對大部份年齡群體的傷害已經在減少了，而且又有了疫苗的保護，很多人都打了疫苗，那你就更加難要求全體社會參與「硬清零」了。

徐老師：這可能是除了中國大陸以外世界各地遇到的難題。

兔主席：沒錯。所以呢，除了中國大陸以外恐怕全世界的經驗都是，大規模的、頻繁的隔離、封禁是不可持續的。你搞一個月、兩個月可以，但搞一個季度，搞兩個季度，一年，兩年，那就不行了。人們都發現這是不可能持續的，經濟是受不了的。所以大家採用的方式就是打疫苗，實現一定的接種率，然後就放開了。很多國家其實沒有強制接種，放開的話，自然感染上來了，確診數就上去了，那麼那些沒打疫苗的人就會得病，特別是老人，他們就開始擠兌醫療資源，開始出現病死。像美國，它的接種率就是60%多，也就是有一億多人沒打

疫苗，確診、住院、病死的都是這些不打疫苗的人。但不管怎麼樣，這種方法，就是疫苗＋自然感染的方法，就是幾乎所有社會應對 COVID-19 的辦法。這個辦法一定會有醫療資源的擠兌，一定會死人，但是沒有辦法。

徐老師：對，都是沒有選擇的選擇。

兔主席：所以，中國大陸是一個非常特殊、非常例外的存在：它可以用相對比較低的經濟代價和社會成本去維持一個「動態清零」的狀態。請注意，不是說我們的「動態清零」就沒有代價，而且城市之間可能差距很大，比如北上廣深就比較好，有的城市就差一些。

徐老師：比如西安就受到很多批評。

兔主席：但從全國整體來看，咱們說十四億人，這麼多身份和城市，它的代價總體來是比較低的，是在可承受的範圍內的，是可控的，是可持續的。而你再看它換來的好處，那就是沒有大規模的感染，沒有大規模的醫療資源擠兌，沒有大量的病死。你想想這個好處。

徐老師：這不僅是對中國社會帶來的好處，而且是對人類社會做出的貢獻。那您覺得為什麼我們能夠做到這種相對比較低成本的「動態清零」呢？

兔主席：我們每個人每天都在經歷防疫抗疫，都有一些經驗，我就從一個普通觀察者的角度來說說我的體會。我覺得我們做到的最核心的一點，就是在任何一個地方，在疫情一爆發的最初期，也就是剛剛出現個把病例，在「星星之火可以燎原」之前，就把它控制住了。

徐老師：只要在最初期的時候把它控制住，就可以避免後面所有的麻煩。

兔主席：對，比如大規模的封禁和隔離，大量的資源擠兌，減少了大規模管控產生的代價。你看現在的香港，一旦社區規模性爆發，一旦失控，所有資源就開始集中擠兌，從核酸檢測這種最基本的資源，到門診資源、住院資源，到買菜，到物流、政府公共服務，甚至到回內地。

徐老師：連回內地也要擠兌。

兔主席：對呀，回內地得預約隔離酒店，對吧。反正一切資源，都開始擠兌。這就進入一種崩塌狀態。我們前面老說上海治理得怎麼怎麼好，西安怎麼怎麼差⋯⋯

徐老師：香港比西安可能都不如。

兔主席：這個大家可以拭目以待。

所以呢，必須在最初的時點控制疫情。一出現確診病人，就追蹤確認它的行程軌跡，找到他所有的密接者，而且我們說的是時空交錯、時空交集者，然後採取隔離措施。這些措施肯定會對密接者很不方便，但它是可以做到比較精準的打擊的，鎖定要害人群，避免發生更大的擴散。

徐老師：這裏面的核心能力是什麼？

兔主席：這裏面最核心的能力，其實是建立在移動互聯網、信息科技、大數據等技術手段基礎上的信息收集能力。這個不僅僅是一個硬件或軟件能力的問題，還有幾個前提。

徐老師：什麼前提呢？

兔主席：第一，智能手機和移動互聯網要有廣泛的普及和滲透，如果在以前，智能手機和移動互聯網還沒有完全普及的時候，這肯定是做不到的。

徐老師：但現在普及率已經非常高了，大多數人都有手機了。

兔主席：對，而且其實也不需要所有人都有，比如老人和小孩，不一定要有，但大多數人有就可以了，就能保證一定的信息密度，就可以幫助我們收集和追蹤必要的信息了。這是第一。第二是實名化。

徐老師：那就要一個手機號對應一個身份證，對應一個人。

兔主席：對，完全一一對應，而且這不是自願的，是強制的，你必須實名化，沒有選擇。

徐老師：這在什麼時候實現的？

兔主席：這個歷史其實很短，手機實名制用了幾年的時間，大概是 2013-2016 年左右，到了 2016 年末，中國基本已經實現手機 100% 實名率了。不要小看這一條，全面的強制實名就是一種中國特色。第三，是政府為了公共利益、公共安全，可以獲得一定的個人信息，並且可以加以處理和分析。這相當於說你要對政府授權，或者對公眾和社會讓渡你的一些隱私。其實也不是授權，因為這也不是自願的，這是必須進行的，你沒有選擇。

徐老師：其實防疫所要的信息很簡單，就是你的行動軌跡。

兔主席：對，比如說你去了某個商場。但不是說打開軟件看你在商場裏買了什麼東西。找到了你的行動軌跡，才能找到與你時空交集的人，才能對他們採

取必要的防疫措施（以及包括把疫苗核酸檢測等信息統一整合到實名認證的手機程序裏面）。在絕大多數國家，特別是西方國家（英美等國），極度強調個人的隱私保護，認為這是一種非常核心的人權和自由，他們要限制公權力，不讓政府獲得這種信息。那麼政府如果不能獲得這種信息，當然也就無法將它用於公共利益了。

沒錯。在這方面，香港和西方是一樣的，特別是那些精英階層，他們和西方的基礎觀念是一樣的。認為個人隱私非常重要，認為這是某種核心的、不可讓渡的權利。其實很多時候，說的都是漂亮話。

徐老師：說得很好聽。

兔主席：其實哪有那麼複雜，要麼就是自私，每個人都是一些自己的非常個人的、自私的考慮；要麼就是無知，比如針對特區政府和大陸政府各種各樣的恐懼和想像，各種妖魔化。最後再把這種情緒「昇華」了，扯到什麼人權、自由的問題上。

徐老師：把問題完全政治化了。

兔主席：完全是政治化的。另外這些香港精英還特別在意西方的看法，當然西方確實也盯著香港這些精英。如果香港政府可以強制獲取這些信息，那香港就和西方徹底脫軌了，哎，香港就變成和中國大陸一樣了，就沒有國際競爭力了，哎，再說得更嚴重一點，就沒有一國兩制了，這些我就不展開說了。

徐老師：看來歸根結底還是政治問題。

兔主席：所有這些問題，你覺得是公共衛生問題，其實都是政治問題。所以林政月娥和特區政府是絕對不敢提搞什麼追蹤功能的。這太敏感了。那沒有信息大數據的支持，他們怎麼查病例的源頭？怎麼去查密接？

徐老師：怎麼查？

兔主席：打電話去查呀，就問你，去過哪裏，通過你告訴他的，還原你的行程軌跡。

徐老師：那怎麼可能保證信息的完整和準確呢？

兔主席：保證不了呀。所以他們查不出源頭呀，所以精準打擊是不可能的，只能採取非常「笨」的辦法，比如封樓，一棟一棟地封。然後還有無數的漏網之魚，就是封也解決不了問題。

徐老師：老百姓太慘了。

兔主席：那絕對是怨聲載道。現在菜價飛漲，老百姓去搶購，各種資源都出現擠兌了。

徐老師：我大概能理解您說的意思了，就是香港沒有這套最底層的，基於信息化、大數據的基礎設施，或者說政策手段。所以他們也沒有辦法在疫情爆發的初期就實現精準控制。

兔主席：沒錯。

徐老師：那您覺得香港能不能引進大陸的這套體系呢？

兔主席：我剛剛已經說了，我認為現在是引進不了的。其實呢，任何一個社會防疫抗疫的體制，都是這個社會主導的政治文化、意識形態、政治經濟模式、法律框架、社會價值、社會結構和社會組織形式所決定的。它是不能脫離這些東西的。香港現在還沒有做好準備去接受大陸這套體系，還差得遠。而且它的精英還看不上你這套體系，他們始終認為歐美才是先進和文明的。

徐老師：就是崇洋媚外唄。

兔主席：香港是一個後殖民社會，內地的文化沒有滲透進去，這不是一天兩天能夠改變的。

徐老師：所以您說香港沒有「動態清零」的社會基礎。

兔主席：對的。而且通過這次，可以讓他們感受一下，到底什麼是人權。是生命權重要，還是人權重要，你人權保住了，生命權沒有了，討論人權有啥意義？

徐老師：他們受歐美影響太大。

兔主席：對呀，完全被歐美主導。

另外就是，防疫這個東西，得是全社會參與的，全民參與，由上到下，萬眾一心，眾志成城。它不可能是一些個人的、自私自利的，所謂理性行為的疊加。它是一個集體行動，它是一個全社會的努力，所謂的 societal effort。所以我老說社會結構的問題，英文就是 social fabric, social structure 這些。對我們這些生活在大陸的人來說，很多東西你覺得是理所當然的。

徐老師：你習以為常的話可能就沒有感覺了。

兔主席：而對那些長期生活在香港的人來說，大陸的社會結構、社會組織

方面的很多東西他們其實也不了解。我就舉個例子，你說我們防疫，它是全社會防疫，360度的、立體的、社會性的努力，從多個角度、多個維度，聯合發生作用。比方說我們的所有單位，就是我們工作或學習的地方，這些都是防疫責任主體。

徐老師：對，各個單位也都是防疫的責任人。

兔主席：比如說最典型的就是政府單位，公務員，政府體系，然後是廣大的央企、地方國企，各種事業單位，這些都是責任主體。防疫也是他們內部的 KPI 之一，比如疫情地區出行限制，誰審批誰負責，這是要落實到這些工作單位去的。它就要去管理自己的僱員。

徐老師：出差、出行這些東西，很多企業在內部也要審批。還有就是聚會活動，比如大型會議、年會這些，這些企業、機構也會配合防疫。

兔主席：對，疫情來了，活動就不搞了，很自覺的。還有就是推動你打疫苗。不僅僅社區層面有人推動，你的單位就會推動。

徐老師：確實是多個方向的努力。反正出了問題都要有人負責的。

兔主席：沒錯，而我為什麼先說政府體系，公有部門、國企，因為這是國家直接有抓手的，最後通過黨的體系來落實。這就完全是中國特色，其他地方沒有的。別的國家和地區根本不理解我們的體制。除了這些公有部門、國企以外，一般的企業其實也是責任主體。

徐老師：對，所以用人單位是疫情管控非常重要的組成部份。

兔主席：然後就是，社區層面，工作單位、學習單位有人管，你住的地方也有人管。

徐老師：那就是居委會，還有住宅物業也可以管你。

兔主席：這些都是基層的、網格化的社區管理。我們國家治理的真正的毛細血管。平時它也負責監管你的（註：作為基層治理組織，街道也可以及時掌握通過一體化大數據獲得的信息，並對管轄範圍內的居民採取防疫所需的行動）。比如你健康碼彈窗了，你就找街道，它給你解決問題。但前面說了，你的小區被封了，它也要給你提供公共服務的。政府也要管你的。我們剛剛說到，香港那些居民樓被封，封了怎麼辦？誰給他們送菜？物流配送體系，基本的保障，基本的福利，誰來給他們提供？在中國內地，出了問題找誰，你很清楚，政府是全能的，

要為一切負責。

徐老師：在其他地方，真的就麻煩了。

兔主席：出去了，你才知道中國全能政府的強大。這裏說到政府，現在防疫是最大的政治。哪個地方防疫出現問題，官員肯定要問責的。你看全球有幾個地方的官員政客是要為防疫問責的？它如果都不問責的話，怎麼可能把全部資源投入到防疫上面去呢？

徐老師：確實，不去比較，就不知道中國模式的獨特性。

兔主席：到最後，什麼都不行了，還有一套黨的體系。關鍵時刻，你把黨旗一拉，讓各個單位體系的黨組織上，就有強大的動員能力，就能辦成很多事情。這些都是別的國家和地區沒有的，是非常中國特色的資源。

徐老師：您說的這些，我們平時確實不會想到。中國模式真的太特殊了。

兔主席：所以我們抗疫真的是眾志成城，全民努力，每一個細小的環節都是。包括前面講的信息採集，對吧，西方人打死也不願意做的。那我們做的是什麼？我們做的，就是每個人都要放棄一些自己的權利，放棄一點利益，讓渡一點隱私，把這些資源最後匯聚成池，每個人都投入一點點，放棄一點點，最後做到的是什麼？就是為社會做貢獻，為一個更大的公共利益做貢獻，滿足公共需求，維護公共安全。因為個人能夠給予，利他，所以我們作為一個整體，能夠得到更多。這就是中國模式的偉大之處。

徐老師：聽完您講的，覺得我們與眾不同，也對我們更有信心了。

「躺平」比「和內地通關」更容易，這是香港的現實

徐老師：再問您最後一個問題。香港現在這個情況，該怎麼辦呢？中央政府能夠出手幫助麼？

兔主席：前面講了，內地的這套體系，是一個全過程的 360 度的體系，它學不來的。北京對香港的問題肯定很著急，我們這些觀察者都很著急，但怎麼辦呢？你不可能接管香港、把你整套治理體系帶到香港吧。我們剛剛講了這麼多「中國特色」的東西，它是一個整體，一個體系，是不能拆散的。你如果要接管整個香港的治理體系，還有人說這個就不符合「一國兩制」了，對吧。這其中確

實存在一個邊界的問題。這是一個非常現實的問題。

徐老師：所以北京想幫也幫不了。

兔主席：對，比 2019 年黑暴運動還難。因為這是涉及到基層治理的問題，是全社會的問題。我們不能取代特區政府，我們不能取代香港所有的社會界別，所有的企事業單位。我們也不可能主導、強制所有的香港居民讓他們去做一些事情。這是辦不到的。

徐老師：那現在中央能夠提供什麼樣的支持呢？

兔主席：如果特區政府提出要求，比如要資源，甚至要人，那我覺得內地肯定會馳援的，建方艙醫院，提供醫護人員，幫它補上這些資源短板。你看香港現在連核酸檢測的能力都跟不上。

徐老師：那特區政府會提出要求麼？

兔主席：我不知道。按理說應該有這樣的討論吧。我覺得至少北京也會問香港，你們是否需要支持？但我對特區政府是比較擔心的。從 2019 年黑暴運動開始就是。我覺得它如果沒有立即採取大規模的求援行動，希望逆轉形勢，那麼就很危險了。

徐老師：怎麼說？

兔主席：就是朝著「躺平」的方向去了啊。如果再拖一拖，疫情徹底失控，那就只能「躺平」了。

徐老師：然後呢？

兔主席：然後就是更大規模的感染啊。你看韓國、日本、新加坡的情況。等到大規模感染，已經不可逆的時候，它也就只能放棄「動態清零」了。這時內地也沒有辦法了。

徐老師：那通關怎麼辦呢？

兔主席：那它也就只能放棄通關的政策目標了呀。它可能會就勢把目標調整轉向和歐美及其他國家通關，參加所謂的國際大循環。說實話，對於香港的治理邏輯和治理能力來說，「躺平」，然後和其他國家做通關循環，比和大陸通關循環要容易。其實從一開始就是這樣，只是沒有人能點破而已。

徐老師：內地官方媒體還在呼籲香港「動態清零」。

兔主席：對，這是我們的邏輯。這個初心是好的，但是香港確實沒有必要的

底層治理能力和社會組織基礎，特區政府現在也缺乏足夠的政治意志、決斷力、魄力，也沒有足夠的全民動員能力。所以這個事情很難。願望很美好，現實很殘酷。

徐老師：聽完真的很沉重。最後，您對港漂群體有什麼建議麼？

兔主席：港漂群體對不能「通關」，以及內地不能直接提供支援，是很痛苦的。都可以理解。我覺得大家要現實面對自己所處的香港社會的實際情況，也要了解為什麼中國大陸能夠做到「動態清零」，真的是很不容易的。其實不是香港的問題，中國大陸以外其他任何一個國家和地區恐怕都做不到，所以抱怨也沒有用。有的時候，有的東西，還不如早點把它點破算了。丟掉幻想，面對現實，採取比較務實的方法去應對現實情況。港漂群體很多還是比較年輕的，所以Omicron的影響應該還是可控的，特別是如果你打了疫苗，應該能應對過去。所以就是做好防護，做好充分的物資準備，每個人都要努力保護自己。

祝福香港，眾志成城

徐老師：好的，謝謝兔老師。希望香港同胞們多保重，大家一起平安渡過這段疫情！

兔主席：對，希望大家都能做好個人防護和保護。抗疫其實是挺複雜的一個問題。中國內地用的這套模式，我們已經習以為常了 —— 覺得別的地方是可以複製、可以效仿的。但有很多因素決定了它是其他地方所不能複製的，我們習慣了以後反而就沒有感覺了。如果沒有這套完整體系，就不能像內地一樣做到動態清零。所以這其實是一個「中國特殊」「中國例外」的情形。

所以我覺得還是從現實角度去看這個問題，包括香港要找現實可行的應對方法。如果香港真出現問題，內地肯定是會全力支持的，無論是政府還是個人，包括醫護人員、設備、資源，肯定都會的。所以我們還是會祝福，希望香港能很好地應對這次疫情。大家都要做好個人的保護和防護，謝謝各位。

徐老師：謝謝大家。

27 香港戰疫的目標、決策樹，及 deep-state 和黃營思維

2022/02/13

一、香港目前的疫情

昨天（2022 年 2 月 12 日），香港新增 1,510 例 COVID-19 確診病例，達疫情以來新高。而由於香港的檢測能力已經達到瓶頸，速度又跟不上，對病人又非應收盡收、應治盡治，所以，這個數字並不能反映實際情況。實際傳播情況應該比我們看到的數字要嚴重。香港衛生官員亦表示已經放棄了一對一追蹤個案源頭。所以，香港在第五波 COVID-19 疫情下「破防」，防止社區爆發的初期遏制策略已告失敗。

二、香港現階段抗疫的主要任務 —— 由預防轉為應對

從疫情爆發的程度看，香港已經比較接近 2020 年初的武漢與湖北。當下，防疫的主要目標應該是應對：通過大力檢測、隔離、應收盡收等措施，減少疫情進一步擴散，讓新增病例逐漸平緩下來；同時，醫療體系全力開動，救助盡可能多的病人，減少 COVID-19 帶來的直接及間接代價。

三、香港應對這波疫情的有利條件

相比於 2020 年初的武漢，香港有不少有利條件：

1. 居民已經有了一定的疫苗接種基礎（大概 65% 左右）；

2. 人類對 COVID-19 已經比較了解，醫護知識已經比較豐富，前面的彎路不用走了；

3. 香港經歷過 SARS，大眾對呼吸道疾病有一定的了解，在個體防護上比較有經驗；

4. Omicron 變種本身是相對「弱化」的；

5. 香港有不錯的初始醫療基礎（人均可享受的資源及能力等）；

6. 香港已經有了一定的檢測和應對能力，起始基礎較好（雖然還不足以應對 Omicron）；

7. 中國內地應對 COVID-19 的資源及經驗都很豐富，可以為香港提供所需的人力及物資援助。

四、香港相較當時武漢／湖北的不利條件

1. 人口密度很大。遠遠高出一般城市，且居住空間狹小密佈，工作場所十分密集，傳播風險特別大。在同等情況下，呼吸道疾病在香港病毒的基本傳染數（R0）更高。

2. 長者。不少長者住在老人院，居住密度比較高，社區爆發風險大。

3. 公立醫療資源也有限。從全社會看，醫療基礎不錯。但如果扣除了只有精英和富裕階層才能使用的私家醫院，只看公立醫院，資源還是非常緊張的。如疫情爆發，醫療資源被擠兌，很快會破防。

4. 獲得內地資源的便利性問題。在「一國兩制」下，香港與內地再怎麼打通，也還是隔了一道「牆」，出入境都有限制，這使得香港在獲得內地的資源支持方面，可能並不及武漢／湖北那樣直接和方便。

5. 香港始終面臨境外輸入的風險。這和武漢／湖北是本質不同的。武漢／湖北實施「封城」一個重要任務，是防止疫情輸出至中國其他城市。但當時病毒從武漢／湖北反向倒灌的風險不大。這和現在香港的處境不同：除了在本輪疫情之中，未來還將長期面臨境外輸入的風險。

6. 香港政府是「小政府」。香港不像內地，政府具有各種所需的資源，並具備全面的社會動員能力，可以把由上到下所有社會單位（包括公立與私營）及個

體成員都統領及調度起來，香港政府缺乏這樣的執行能力。

7. 缺乏基層組織。武漢／湖北有滲透到最基層、「毛細血管」層面的政府組織 —— 例如街道／居委會等，不僅可以落實抗疫政策，還可以對居民提供必要的支持。基層組織非常重要，缺乏這種基層組織，香港很難像內地一樣，在基層落實嚴苛的防疫政策，例如封樓封區封不住（總不可能都安排警察執法），同時也沒有人給居民提供物質資源。

8. 缺乏黨的體系。內地有滲透、貫穿至所有社會部門與組織的基層黨組織及黨員群體。遇到關鍵時刻，即可以被動員起來，在基層一線發揮作用，這也是香港沒有的。

9. 缺乏信息與數字基礎設施。雖然在 2020 年武漢／湖北抗疫初期，中國內地還沒有形成一整套基於信息化、大數據技術手段及社區網格化管理的防疫解決方案，但基礎設施已經存在：居民手機都完成實名認證，大多連通智能手機及移動互聯網，政府已經可以通過這套體系與居民連通，做必要的追蹤，並提供公共服務。香港沒有這種基礎。

10.「撕裂之城」裏的居民心態。香港存在幾方面的問題：1）個人主義盛行，人們更多地考慮個體利益，而非公共利益，尤其在中青年群體裏；2）有相當一部份居民與特區政府／公共部門是對立關係，甚至是衝突關係的，不僅不認可政府的政策，而且可能根本就不服從。這和內地完全不同；3）人口本身嚴重「撕裂」，根據政治意識形態，劃分為藍、黃兩大陣營。他們對任何公共政策的看法都可以因為政治取態而產生截然相反的意見。這使得構建共識非常困難。同時，不同陣營之間彼此缺乏認同，很難團結起來、眾志成城，這都使得這個城市的居民非常難被管制。

11. 地方本位主義及缺乏「全國一盤棋」的考慮。武漢／湖北的戰疫，絕對不僅僅是武漢／湖北自己的問題，還會危及全國，所以是中央自上而下統籌領導，而不可能交由武漢／湖北自己酌情執行。這和香港是不一樣的。香港考慮更多的是自己的處境和利益。中央可以提總體要求，但在具體制定政策、落地執行時還是靠香港自己。很容易想見，由地方自主決策的話，將只會考慮地方的本位利益。這時很有可能精緻利己，做各種「減法」，而不會為了大局，而施行更加嚴苛的政策。舉個例子，現在香港每日還有名額可以到內地，還在向內地輸入人

口（儘管內地對香港有隔離措施）。但香港可能主動要求「封城」，主動提出不讓人員到內地麼？恰恰相反，香港可能還希望爭取讓更多的人前往內地。從防疫角度講，這和內地利益是相悖的。我們切換到武漢／湖北，就會發現這是不可想像的，疫情爆發後，武漢／湖北還明確要求要向其他省份城市輸出人口，這可能麼？這一條，可以在所有方面和領域有所體現。

12. 香港處在境外的信息宇宙裏，為西方輿論所主導。香港居民多使用Youtube、Facebook 之類的境外社交媒體，通過境外媒體取得資訊。很多人根本不使用內地的社交媒體，不相信內地的資訊，也不和內地人互通。這樣，無論中央還是香港，對本地居民都缺乏輿論引導能力。如果人們天天都在看歐美國家的「共存」經驗，看到反華輿論對中國大陸的批評，那請問他們怎麼能接受「動態清零」呢？這些因素，使得政府動員起來更加困難。

諸如此類，可見香港防疫挑戰之大。

以上筆者側重寫的是政治、社會、文化層面的東西。公共衛生及醫學領域的專業人士可以在相關領域做更多更專業的比較分析。

五、香港疫情的可能發展

香港疫情如何發展尚不可知，但有學者悲觀估計，最終會有六成香港人感染，數月後，死亡人數可能達上千乃至數千人。比照新加坡、東京、首爾的例子，考慮到香港老年人不少，疫苗接種率又比較低，在這樣大的一個城市裏，真的發生病死數千這樣的悲劇，也並非不可能。

再看看這幾個東亞國際大都市的案例，人們會發現，香港「破防」其實是很「正常」的。它畢竟不是中國內地，沒有這套防疫解決方案及基礎設施。但是香港迄今確診尚不及 2 萬，病死僅 200 餘人，成績已經算是非常好的了。同時也要看到，為了防疫，香港對外都不通關，只是靠一個城市自己內循環，如此的經濟社會代價很大，長期恐難以維繫。

六、要區分界定香港防疫抗疫的短期、中期及長期目標

筆者這幾天也看了各種報導及討論，覺得現在的思路非常混亂。現在的首要目標，其實是區分及界定香港防疫抗疫的短期、中期及長期目標。

1. 短期目標 —— 救死扶傷，應對和緩解目前已經爆發、失控的第五波 COVID-19 疫情；

2. 中期目標 —— 討論香港到底應該採用什麼樣的方式應對疫情。例如，如果要動態清零，那麼到底如何「動態清零」？如何在成本可控的情況下，進行可持續的「動態清零」？

3. 長期目標 —— 香港底層的治理體系究竟是否與內地融合，如何與內地融合，何時與內地融合？

這些目標不是一回事，不能混為一談。越是中期和長期的目標，越觸及核心，也越涉關香港的根本政治與制度。

七、香港防疫抗疫的短期目標 —— 應對第五波疫情

昨天，香港政務司司長李家超和多名官員，在深圳與港澳辦、國家衛健委、國家疾控局、廣東省政府、深圳市政府及內地專家進行會談，研究抗疫對策。

我們看看特區政府提出的五項協助請求：

1. 由內地專家協助進行病理排查和分析工作；

2. 提升檢測能力；

3. 協助建設檢疫和隔離設施；

4. 提供快速抗原測試套裝；

5. 提供病床、抗疫設施家具、口罩、保護裝備等供應。

中央和內地有關單位都表示會積極配合，其中特別指出了要充分保障香港鮮活食物、蔬菜和必需品的供應。

顯然，這裏討論的都是迫在眉睫的短期目標 —— 如何應對第五波疫情。

—— 減少疫情的進一步擴散，使其能夠逐漸平緩下來；

——醫療體系全力開動，幫助盡可能更多的患者，減少病死；

—— 應對、緩解 COVID-19 爆發後帶來的其他問題。例如老百姓的生活問題（食品供應），以及醫療資源擠兌導致的其他衛生問題。

請注意，這裏討論的都是眼前的問題，而不是中長期如何維持「動態清零」政策的問題。在具體討論中，甚至都不一定會觸及「清零」這個具體的目標。所以，在這個場景下，當特區政府說要堅持「動態清零」的目標時，他們說的其實是要應對好本輪疫情。

八、中國防疫體系的優勢特徵總結

到底如何進行「可持續」的「動態清零」？它和硬清零有什麼區別？筆者嘗試對此進行解釋。

2020 年初，武漢／湖北用了兩個月左右的時間，控制住了疫情，實現了清零。這套做法，其實就是停工、停學，凍結社交活動，「大家都回家」；對疫病則採取中央化的統一管理，密接、疑似患者或確診患者都需要進入隔離、觀察及醫治體系，不允許他們在社區自由活動。其實，不需要使用更加現代的技術手段（例如大數據及數字化治理），也可以實現「硬清零」。但後來我們也發現，絕大多數國家與地區一來根本就做不到「硬清零」，二來也「吃不消」持續「硬清零」帶來的後果 —— 一有疫情爆發，就大規模的隔離與封城，是不可持續的。中國內地所做的，是構建了一套非常科學的防疫解決方案。大規模的檢測能力及執行能力當然很重要，但最核心的能力：

1. 是科技應用 —— 對關鍵的大數據進行追蹤、採集、整合、處理與分析，並以此指引防疫行動；

2. 將這套數字化治理能力與中國執政黨與政府主導的自上而下、貫穿全社會、立體化、網格化的管理體制貫穿與打通。

最終，形成一套由科技驅動的、政府主導的、全社會參與的 360 度的防疫方案，並在全國範圍內貫徹實踐。並且這套體系得到不斷地發展與完善，已經十分成熟。

這套系統性的解決方案，是一套真正的預防體系。是其他國家與地區所沒

有的，既很難獨立發展出來，也很難去複製／模仿。

這套防疫體系有如下的優勢與特點：

1. 能夠在疫情發展初期就將其控制住。救火的最好時機就是火災爆發最初的時候，撲滅火苗，也要精準打擊火苗的根部。防疫是一樣的道理：這套體系使得我們可以在全國範圍內，確保 COVID-19 疫情在發展初期階段即被有效控制住 —— 哪怕是面對 Delta、Omicron 這些傳染性極高的變種。如果總在疫情出現規模爆發後再反過來遏制，就是「硬清零」了，硬清零的代價是很高的，難以維繫。這也是其他國家和地區放棄動態清零的原因。

2. 足夠安全穩定，能夠實現中國大陸 14 億人的「大循環」。雖然還有「外防輸入」，使得中國大陸對外「不通關」，但這套體系至少可以讓中國內地 14 億人口實現大範圍循環。大循環使得經濟與社會可以正常運行，最小化了嚴苛防疫帶來的經濟與社會代價。

這裏要稍微提一下，香港有些人認為，利用檢測社區污水等比較傳統的辦法，香港在很長的時段裏也做到了「動態清零」，且有的清零時段長達七八個月，遠超其他國家和地區。他們認為，這就不能說香港沒有能力「動態清零」，相反，還希望挖掘和發揚某種香港「獨特」的「清零模式」。

誠然，對香港之前取得的成就是要肯定的，從我們與新加坡、東京、首爾的比較裏已經可以看出。但香港的防疫能力，和內地的能力，顯然還不是一個段位：為了外防輸入，香港對中國內地及世界其他地方均不「通關」，實際上就是在一個 700 萬人的城市裏內循環。這一上來就使得防疫工作簡單了很多，但取而代之的是巨大的經濟代價，並且這種經濟代價將主要由基層經濟承擔，使得社會已經非常嚴重的貧富差距進一步加劇。

同時，這套體系，放在沒有智能手機和移動互聯網的二十年前，防一防 SARS 是不錯的，但在今天的技術進步看來，已經是比較原始的辦法了。它肯定是有用的，但只能作為一種補充手段，不能完全依靠它。實踐已經證明，在強大的 Omicron 面前，這種方法不堪一擊。

相比之下，中國內地做到了在幾十個省份、14 億人口範圍內的大循環，並且這是真正的大循環：我們不是把 14 億人再切割成每個都只像香港一樣，只有 700 萬人口的 200 個單位，再為了防止擴散，要求這 200 個單位都「互不通

關」，只能分別各自循環。不是這樣的。我們所有城市都是互通的，而且內地已經做到足夠的精細化，即使 2,000 萬人口的高能級大都市的一個區出現確診，變成中高風險（「帶星」），也不會硬性限制居民出訪其他城市（只要提供核酸檢測即可）。並且，這套體系十分安全穩定，足以應對 Omicron。

這和香港所理解的那種「動態清零」根本就不在一個層次。如果說中國內地這套體系是大學生或研究生水平的話，那香港的體系只能算小學生。

3. 這是一套比較純粹的、真正的公共衛生預防體系。針對流行病，公共衛生（public health）最核心的理念是「預防」。中國這套體系，就是純粹的預防。它純粹到什麼地步？純粹到，即便我們的醫療救護資源非常匱乏，極易破防（當然了，口罩、防疫服、檢測設備等物資基礎設施還是得有的），甚至我們連疫苗都沒有，全民接種率為 0 —— 即使這樣，這套體系也可以很好地幫助我們遏制 COVID-19。翻譯一下，中國這套預防體系強大的程度，不僅可以補位，甚至一定程度「取代」個人醫療了。

—— 人類社會 1.0 版的戰疫，沒有任何的醫院和疫苗，人類最終也可以戰勝 COVID-19，無非就是死很多人。這就是黑死病時的歐洲。

—— 人類社會 2.0 版的戰疫，只有醫院，但是沒有任何其他公共衛生措施與頂層制度，最終也可以戰勝 COVID-19，無非死的人多點，但是比 1.0 版死的人要少；

—— 人類社會 3.0 版的戰疫，有醫院，同時還有了疫苗。疫苗就是公共衛生的一部份，可以通過疫苗，加速群體免疫。有了醫院 + 疫苗，比 2.0 版死的人也要少。發達國家和地區現在處在 3.0 版；

—— 人類社會 4.0 版的戰疫，依靠數字化治理，可以一定程度擺脫對醫院和疫苗的依賴，依然可以遏制 COVID-19。這是高維的人類社會；

我們設想，自然世界以後不斷發展，人類開始面臨抗生素不再管用的超級細菌，能夠傳播可怕的傳染病，這時靠什麼？只能靠 4.0 版的戰疫；

4. 收益巨大，但維護成本及代價是最小化的、可以接受的，尤其當我們按 14 億中國人的人均收益與成本來看這套體系的話。所以，這套體系是科學的，是可持續的，能夠在很長時間內運行。另外，還要看到，這套體系不僅僅造福中國，還在造福全球 —— 因為中國是全球的製造業中心。中國成功做到「動態清

零」，使得社會正常運轉，保護了全球的供應鏈，造福了全球人口。如果按照全球人口平均下來，那中國「動態清零」所創造的收益就更加遠遠大於成本了。如果一個外星人從外太空超脫地觀察地球人類，他可能會得出這個結論。

九、香港的中期目標：防疫模式的「決策樹」

香港現在其實面臨一個「決策樹」。筆者剛剛畫了個圖，以求視覺呈現。

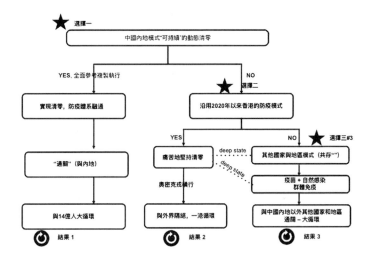

選擇一：是否搞「可持續」的「動態清零」？

很多討論都是無謂的。決策要做的真正選擇，其實是研究中國內地的模式，然後考慮香港能否複製中國內地的模式。

—— 如果能夠很大程度地複製內地模式，那就可以做到「可持續的動態清零」；

—— 如果做不到，那就無法實現「可持續的動態清零」。

我們再總結一下，中國內地防疫模式的幾個要素：

一是科技應用及信息／數據基礎 —— 對關鍵的個人數據進行採集、追蹤、整合、處理與分析，並以此指導科學的防疫行動；

二是「大政府」「全政治」：擁有一個強大的、自上而下的、貫穿全社會各個部門的、滲透到基層的、能夠將社會網格化管理的、具有強大執行能力的政府

體系；

　　三是將上面兩條完全融合、拉通，形成一個貫穿全社會、立體化、網格化、精準且高效率的數字化治理體系。當然了，還得有民眾的充分配合，這也是社會基礎、文化基礎。

　　公共決策者們可以對照看看，上述條件，有沒有可能在香港貫徹落實。要做的事情其實也沒那麼複雜，你就列一個大表，列出各種要素，在上面勾項、消項。中國內地哪條治理手段、工具、能力、基礎，是你具備的，或者可以推行的，你就打個勾。沒有的話，你就打個叉，或跳過。（這個事情不僅香港可以做，全世界任何一個國家和地區都可以做。）

　　如果你覺得能做（Yes），那你就可以做到「可持續」/「低成本」的「動態清零」。這樣，外防輸入，內防擴散，做得好了，保證了一段時間的「清零」後，兩邊機制再融合打通，就能實現可持續、穩定的「通關」了。

　　最終，香港就能實現「結果①——與 14 億人的大循環」。

　　對結果①的評價：

　　——公共衛生：結果最好，因為死亡人數及醫療資源擠兌最少；

　　——經濟：結果最好，因為香港基層經濟非常依賴內地；

　　——政治：政治上有利於中國大陸，因此藍營支持，黃營反對。

　　如果你研究了半天，發現中國內地大部份的資源和能力你都不具備，你也沒有大陸這套一體化的政治、政策、社會、文化基礎，那你恐怕是沒有辦法複製中國內地的模式的。而如果不複製中國內地這套模式，那恐怕也做不到低成本、「可持續」的「動態清零」。

　　這時，香港實際上進入的是「選擇二」——沿用 2020 年以來香港的防疫模式，即「香港特色」的「動態清零」。

　　如果還要堅持（Yes）這種模式，那就是繼續「痛苦的堅持清零」。但我們都知道，這套體系在 Omicron 面前其實已經破防。

　　這樣下去，只能導致「結果②，與外界隔絕，一港循環」。

　　對結果②的評價：

　　——公共衛生：不如結果①，因為死亡人數及醫療資源擠兌更嚴重。第五波疫情已經很清楚；

—— 經濟：最糟糕，因為香港「兩頭都不靠」，與外界隔絕，經濟代價都會為基層民眾承擔；

　　—— 政治：也「兩頭都不靠」，無論藍營、黃營還是中間派，都不希望看到這種結果。且各方還可能把矛頭和不滿指向特區政府和北京。

　　如果敢公開、明確的放棄「★選擇二」，那就是進入了「★選擇三 —— 其他國家與地區的模式（共存）」。這個模式就是用「疫苗 + 自然感染」的方式，逐漸實現「群體免疫」。最終，到一定時候，可以實現「結果③，與中國內地以外的其他國家與地區通關、大循環」。

　　對結果③的評價：

　　—— 公共衛生：最糟糕，死亡人數及醫療資源擠兌是最嚴重的，這就是歐美的情況；

　　—— 經濟：遠不如結果①，但至少優於結果②，至少還能有一些其他國家地區的訪客；

　　—— 政治：政治上不利於香港接近中國內地，相反，是推向西方。藍營會反對，黃營會支持。

　　無論是結果①還是結果③，都只會造成香港社會的進一步撕裂（這其實也和歐美國家內部的分裂一樣）。

　　不過，還要看看，實際上到底有沒有「★選擇二」？其實可能已經沒有「★選擇二」了。在現在這個時點上，還在堅持「★選擇二」的，可能只是在表面上維持一種讓北京覺得政治正確的姿態而已。

　　他們現在關心的其實是那兩根虛線：這就是「打左燈，往右拐」，表面措辭上還是堅持「選擇二」，甚至表現得信心滿滿，其實只是不公開放棄（No）而已。他們認為，按照現有的狀態，自然而然地就會進入「選擇三」。最終，他們有機會實現結果③。

　　平心而論，在 Omicron 出現前，不少人還是希望用「香港特色」的「動態清零」實現結果①，與內地通關的。但在 Omicron 出現、各國進一步「躺平」之後，很多人就轉向結果③了。尤其是 deep state。這個導向，與藍營的訴求不符，但與黃營的訴求符合。

十、回到選擇一：香港到底能不能複製中國內地的模式？

為了讓問題簡單點，咱們就從那幾個要素裏最核心的一條開始：個人信息數據的追蹤、採集和分析。香港能不能做到？

全民的手機強制實名認證；全面推行健康碼，並視情況按要求強制掃碼；政府要有能力追蹤、採集個人的行程信息（及其他必要的信息）；核酸檢測、疫苗等衛生信息要全部數字化；所有的信息全部與政府的防疫體系拉通；防疫措施要強力執行，拒不執行則要承擔刑事責任。執法部門（如警察）要視情況參與到過程中，確保執法。香港能不能做到？

筆者的判斷是：香港現階段是做不到的，沒有這個政治、社會、文化條件。

—— 黃營會堅決反對。而且，這個議題會把他們整個都動員起來。而且，這個問題本質就是政治化的，但他們可以將問題包裝成技術問題，打著技術旗號進行大規模的政治動員，這才是最危險的；

—— 香港的政治政府體系也不會支持。他們一不會主動提出，二無力執行與推行（根本就沒有強制執行能力），三內心也不認可（deep state）；

—— 中央／北京很難直接干預。北京固然可以問香港政府：你們能不能考慮考慮搞搞這個啊？但也就是問問，或者強調這是個方向，「願意大力支持」。但在目前體制下，北京不可能越過特區政府強力推行。另外，這個議題非常敏感，如果這個事要弄成，從一開始，就不應該由北京出面去推動。即便北京只是表示支持，也會被 deep state 稱為北京才是「始作俑者」，在政治上給你徹底撇開關係。

——國際反華勢力也會反對。這個議題會把國際勢力全都牽扯進來。

中央和香港政府及建制派政治家其實應該坐下來把這個問題講透。中央可以提各種問題，也可以提要求。香港政府及建制派政治家的責任是，把問題交代清楚。香港現在面臨的問題到底是什麼？到底什麼事情能做，什麼事情不能做？什麼能推，什麼推不了？核心瓶頸在哪裏？考慮是什麼？把這些複雜的環境交代清楚。大家信息對稱了，拉通了，才能談下一步。中央／內地可以再看看有什麼選擇，究竟什麼是符合香港目前情況及利益的比較務實的做法。

現在的問題是，內地未必深入了解香港社會與政治的複雜情況 —— 特別是

那些公共衛生領域的專家，他們不是研究香港政治和社會的，可能並不了解問題的盤根錯節和複雜性。他們可能會提出一些內地司空見慣，但脫離香港實際情況的防疫手段與建議。而香港方面，如果只是含糊其辭，不把問題點破，口頭上說「堅持動態清零」，還給內地形成一種香港有決心、有信心做到「動態清零」的印象，那就是香港政府和政客的問題了。這個，往小了說，是缺乏政治判斷、政治魄力、政治行動力、政治能力；往大了說，則是缺乏政治責任，是不負責任、不真誠。

現在這個問題就是房間裏的大象。如果人們在這個議題上繞過不去，始終不願意觸碰核心，那只會陷入閉環。這個過程會加大香港社會的撕裂，產生不可低估的政治代價。

十一、如果「共存」的代價很大，香港黃營會不會感激內地馳援、認可內地的模式？

如果有的人問，無論主動被動，假如香港真的走了「選擇三」，付出了巨大的代價，出現了大規模的醫療資源擠兌甚至一定的病死（甚至數千人），並且過程中，內地還全力以赴，為香港提供了慷慨的資源支持，那麼香港的黃營會不會感激中國內地的支持？會不會復盤比較、反思，開始更加認可中國內地模式？

對此，筆者的判斷如下：

第一，他們不會對內地有一絲一毫的感激和支持。相反，極其反感內地派醫護人員赴港，認為內地派醫護人員是對香港「強大醫療體系」的某種「侮辱」（面子上過不去）。認為內地醫護人員來了就有不走的「危險」；認為內地現在所想的一切都是「一石雙鳥」，即以疫情為由，南下輸出力量，旨在「接管香港」「赤化香港」「消滅『一國兩制』」。他們認為內地的援助都是出於此種政治「居心」的，所以沒有必要對內地有任何的感激。他們也認為自己是高等華人，理應得到內地的巴結與優待，同時，由於從內地引入這種資源十分「危險」，他們寧可不要；

第二，也不會認可內地的模式。就算死了很多人，「踏著屍體」走過來，他們也認為這是「文明社會」（即歐美日等國家）的「正常」做法，而中國大陸的

做法才是「不正常」的，是「背離世界潮流」的。一旦「踏著屍體」走了過來，實現了與歐美的互通，他們立即會忘掉疫情帶來的巨大代價，認為自己已經成功回到「文明主流」，再次印證了香港模式和香港人的優越性。此外，他們還會認為中國內地仍然處在中世紀般的原始、落後、野蠻、隔離與禁錮。

這就是這些人的看法。放任他們選擇西方模式，也只會讓他們的人心距離中國大陸更遠。

十二、香港的遠期目標：到底能不能與內地的體制融合？

這可能更多是留給中央／北京／內地去思考的長遠政治問題了。

通過這次疫情，會發現香港社會的治理模式、邏輯與中國內地差距很大，並且由政府到民間，對於內地的政治模式、政治秩序、政治制度還有很大的不信任和抵觸。

那以後怎麼辦？如何改變香港社會？到底是否現在就要改變香港社會？在2047 年之前還可以做什麼？這個問題也留給大家一同思考。

28 科幻小品四則：中國 vs 美國、大篩子、元宇宙

2022/02/14

本篇是由現實發展到「科幻」的小品。

一、分割成不同群體、彼此不理解、不認可的人類群體

在中國內地生活的人，早就習慣了中國的防疫體制，認為「動態清零」這些都是「理所當然」的，是「正常」的，也是「應該」的。人們可以遏制 SARS-CoV-2 病毒呀，為什麼要和它「共存」呢？

遏制 SARS-CoV-2 病毒，或與 SARS-CoV-2 病毒相持、「共存」，到底哪個「正常」，哪個「非正常」？身處大陸，我們是「當局者迷」了，似乎已經沒有「感覺」了。我們真誠地相信全球其他國家和地區可以效仿我們的模式，甚至在疫苗及醫院體系的支持下，不排除做得更好。如果他們複製不了，我們就會覺得他們有什麼問題，例如，是不是政府無能？政黨政治導致的？還是其他的什麼原因？反正，不能遏制 COVID-19，要死掉幾萬人、幾十萬人與之共存，那就是「不正常」的，是錯的。

然而，全球確實沒有其他國家和地區能夠做到中國內地所做到的，也不能照搬中國的模式 —— 哪怕就是抄來一點，也抄不來全部。而如果抄不來全部，也就無法做到中國所做到的。歸根結底，還是因為中國的防疫是一個非常複雜的體系，它依託的是中國的政治制度、社會組織架構、歷史文化、價值及文明傳統。這些東西，是不能照搬的。

身處中國，要看到中國模式的獨特性其實也不容易。得要從歷史、政治、

社會、文化角度去看問題，得要有一些國際視野、國際經驗及大歷史視角。

美國則看不懂中國和其他國家。他們認為美國的制度和價值就是唯一優越、唯一正確的。其他國家和社會如果遵循不同的制度和模式，就是野蠻的、落後的、錯誤的、不正常的，「非蠢即壞」，應該在美國的指導之下被糾正；如果他們執迷不悟，甚至還敢挑戰美國，就要遭到訓誡和懲罰。

這是相互不能理解的人類社會。

中國人會納悶，「哎，為什麼那些發達國家的醫療這麼發達，可就是控制不住疫情呢？」西方人則納悶：「哎，中國為什麼就能控制住疫情呢？」對中國不友好的、持有偏見的西方人還會認為：

——中國的話可不能信呀，他們肯定在隱瞞數字啊！

而如果發現中國真的沒有隱瞞數字，真的防住了 COVID-19，他們就會轉而說：

——中國的防疫一定有巨大的隱性成本和代價。代價遠遠大於收益，只是他們沒有告訴你！

而如果發現，無論算經濟賬、算社會賬，還是算公共衛生賬，中國的防疫體系都是收益大於成本的，甚至還會有利於其他國家和地區。那麼，為了否定中國的成就，他們就只能開始訴諸意識形態了：

——不能光看某些特定的結果！中國這套體系是損害了「核心價值」的呀！它損害了「人權」和「自由」。「為自由，毋寧死」呀！所以，這套體系即便能救個把人，也是不道德的呀。它帶來的是更大的惡！甚至把罪惡平庸化！這種模式確切的可比案例應該是猶太人大屠殺（Holocaust）！看似救人，其實是在殺人！（插問：可是他們沒有殺人呀？）……即便沒有在殺人，那留下來的人也和死了一樣！

還有一批人是「精神西方人」「精神美國人」。他們認為，只有西方／美國的做法才可能是正確的。因為西方／美國「選擇」與病毒共存，所以他們認為，尋求與病毒「共存」才是「正確」的做法。一切企圖遏制病毒的想法只能是愚昧的、錯誤的。他們真的認為，生活在「動態清零」的防控體系下的人，有如生活在中世紀的禁錮和囚牢裏，是野蠻與落後的。

這裏並非指所有的美國人／西方人——因為美國／西方不是一塊鐵板。但

偏見是廣泛存在的：一個人的意識形態越是屬於「右」的體系，就越不能理解和認同中國。

二、外星人視角（也可能是造物主視角）

人類社會是被政治分割的。為了克服各種偏見，大概需要引入「外星人視角」。所謂外星人視角，就是拋開一切預設的、從屬於特定地球人類社會的價值觀，從某種「第三方」的角度看待人類社會的行為及選擇。

這就是動物園視角（zoo hypothesis）。外星人在暗中觀察我們，看我們的進化、演化。觀察我們，也是觀察他們自己，觀察宇宙，並根據我們的行為演化，決定他們的應對策略。

當然，也可能是「造物主視角」。造物者躲在暗中，觀察我們的行動。

也可能我們就活在別人創造的虛擬實境（或元宇宙）之中。

好吧，假設現在我們已經變成了外星人。我們正在外太空，觀察地球人類，動態觀察其歷史及演變。我們看到，在 2020-2022 年的這個時點，地球人類社會出現了 COVID-19。作為外星人，我們的任務只是觀察地球上的生物而已。我們把注意力放在智慧生命（intelligent life）上。但我們也會考慮其他生物。譬如我們會從病毒的角度看問題。

以下是一些外星人觀看地球「動物園」裏的小故事。

故事一：

中國例外（Chinese exceptionalism）

我們發現，這一波的 SARS-CoV-2 病毒確實很厲害呢，一下就征服了全人類社會。人類社會應變也是空前的搞笑，在最短時間裏就研發出了疫苗，而且是好多版本的疫苗。人類社會是分割的，不同的人類社會還競爭選擇不同的疫苗，弄出了疫苗民族主義（vaccine nationalism）這樣的概念。

SARS-CoV-2 也不甘示弱，積極變種，謀求在最短的時間內與人類實現某種共存。這個目標看來馬上就要實現，它也是人類歷史上的新紀錄。

咦，不對。我們發現，人類社會裏面，有一個很大的政治體，除了早期爆發外，始終就沒有什麼病毒。這很奇怪啊。這個地方很「不正常」啊。它好像有某種超凡的能力，居然把 SARS-CoV-2/COVID-19 給遏制住了，成為了病毒不能染指之地！這個地方怎麼這麼特殊啊！這個地方的版圖是公雞形狀的，叫做中國…… 相比其他的人類社會，中國真是一個特立獨行、近乎奇幻的存在了！這個地方居然還很大！有近千萬平方公里，14 億人口，聽說還是全球第二大的經濟體。

這麼大的一個地方，卻特立獨行，獨善其身，但又沒有影響到別的人類社會 —— 這會是個什麼地方呢？為什麼它能特立獨行？為什麼只有它？為什麼別人不能複製它、不去複製它？要好好研究一下它的歷史，看看它與其他人類社會究竟有什麼不同。

故事二：

SARS-CoV-2 的噩夢

外星人坐在一起討論。

甲：哎，你看看，地球上的人類，如果他們只有一個國家 —— 中國，那麼 SARS-CoV-2/COVID-19 就完蛋了。

乙：是的。它會被徹底打趴，無法在人類社會裏傳播了。

甲：哪裏有什麼共存！

乙：那會變成完全不切實際的想法。

甲：所以，SARS-CoV-2/COVID-19 還能存在，就是因為還有其他的、「競爭」的人類社會。

乙：是的。SARS-CoV-2/COVID-19 的發展機會，就是在中國之外。

甲：它現在只能希望在中國以外的人類社會裏不斷進化、變種，最後有一天能夠「殺」回中國，征服那 14 億人……

乙：這可是人類五分之一的人口！

甲：Omicron 變種就是 SARS-CoV-2 最新的嘗試吧。

乙：是的，它們已經在攻破防線了，聽說已經征服了中國南端的一個大城

市 —— 香港。

甲：它會因此而征服整個中國麼？

乙：我原來也這麼認為。但是發現香港是中國之內一個相對特殊的獨立存在。它和中國大多數其他地方（他們管它叫「中國內地」）的制度並不一樣。所以，我理解的中國 14 億人遏制了病毒，其實不包含香港。

甲：那說明，他們一個政治體裏有兩種制度？

乙：是的，他們管這個安排叫「一國兩制」。

甲：非常有意思。這可能是解釋人類社會為什麼能夠或為什麼不能夠戰勝 SARS-CoV-2/COVID-19 的關鍵！要好好研究。

乙：這正是我們研究的重點。

甲：有什麼有趣的發現麼？

乙：我們找到了幾篇地球人的帖子，好像有點意思：

《COVID-19：抗疫的回顧與未來》

《兔卡司 tu-cast 聊聊疫情，尋找正能量，及中國下一步》

《中國模式的更進一步：COVID-19 的歷史分水嶺作用（一）》

《從防疫、反恐到在氣候問題上拯救人類 —— 中國模式的更進一步：COVID-19 的歷史分水嶺作用（二）》

《兔卡司 tu-cast：從香港疫情到中國內地獨特的抗疫模式》

甲：有這樣的東西！早就應該在元宇宙裏共享一下。

故事三：

地球人之間的奇怪競爭、外星人的觀察及宇宙邏輯

在 2.047 光年外的太空船上……

長官：「關於 COVID-19 的研究進展如何了？」

研究員：「報告長官：SARS-CoV-2/COVID-19 真的非常強大。總共有 4 億人被感染，病死已經接近 600 萬人。」

長官：「你上次提到一個大屠殺，一個種族滅絕，說是死了 600 萬人。」

研究員：「是的，猶太人大屠殺（Holocaust），死了 600 萬人。那是人類社

會的自相殘殺，是他們歷史上一個重大的分水嶺的歷史事件。」

長官：「COVID-19 讓 600 萬人死亡，那是個很大的歷史事件，會記入他們的史冊的。」

研究員：「是的，而且它征服了幾乎所有的人類社會，每個地方都死了很多人。這真是人類社會的災難。」

長官：「幾乎所有的人類社會……什麼意思？有例外麼？」

研究員：「是的，長官。我們發現，有一個地球人類社會徹底打敗了 SARS-CoV-2/COVID-19。它有 14 億人口，幅員遼闊。它的名字叫中國。」

長官：「哦？很有意思。這樣說來，它就是 SARS-CoV-2/COVID-19 的剋星呀。」

研究員：「是的，長官。SARS-CoV-2/COVID-19 在中國這個人類社會裏，那是一點機會也沒有。」

長官：「這很有意思。它是怎麼實現的？」

研究員：「並不複雜，長官。他們有一定的信息科技、數據科技，能夠追蹤和分析個人的行蹤，對感染病毒的人進行隔離。他們的政府非常強大，能夠滲透到基層。在這樣重大的問題上，他們有很強的家長主義和權威主義。」

長官：「這不奇怪啊。這不和我們的社會一樣麼？」

研究員：「完全一樣，長官。」

長官：「這是高端智慧生命的共性。那麼，如果這樣的話，其他的地球人類社會也會複製中國的模式吧。這樣，人類很快應該就可以打敗 SARS-CoV-2/COVID-19 了。」

研究員：「按照您的推演，理論上是這樣的。」

長官：「那我們還要觀察 SARS-CoV-2/COVID-19 麼？這個跟蹤課題是不是可以結束了。關於人類社會，我們還有很多要研究的。」

研究員：「長官，我不建議這麼做。」

長官：「為什麼？人類社會不是已經發現了克服 SARS-CoV-2/COVID-19 的秘訣了麼？」

研究員：「長官，我們發現，所有的人類社會，要麼是不認同中國的做法，要麼不理解中國的做法，要麼不相信中國的做法。他們都已經放棄了對 SARS-

CoV-2/COVID-19 的抵抗。

長官：「有這樣的事？真是奇怪啊。你剛剛說了，中國佔到人類社會人口的20%。」

研究員：「是的。」

長官：「可是80%的人卻不相信……」

研究員：「……或者不願意效仿。」

長官：「奇怪的人類社會。難道他們的成員不是還在因為 SARS-CoV-2/COVID-19 而死麼？」

研究員：「是的，長官。但這也不妨礙他們提出各種奇怪的理由挑戰中國、否定中國。」

長官：「哦？這可奇怪了。人類社會是分裂的，他們不能聯合起來對抗共同的敵人。可是為什麼人類社會會這樣分裂呢？這明明不利於他們的生存與發展啊？」

研究員：「長官，地球人類社會確實很奇怪。我們還在研究。但我們猜想，有這樣一種可能，就是人類社會也是進化發展出來的。在歷史上，可能他們就是不斷的分裂、不斷的多樣化、不斷地多元化，以作某種自我保護，對沖過度同質化帶來的風險。從進化的角度來說，這也有道理。也許這就是他們之所以能夠在地球繁衍昌盛的原因。」

長官：「那這個問題就很複雜了，因為分裂、爭吵可能在短期不利，但在長期看，是有利於他們的進化和生存的。」

研究員：「報告長官，是的！甚至戰爭，也是很重要的，人類社會需要這種衝突和博弈，幫助他們不斷發展。」

長官：「我們的物種也經歷過這樣的階段。那是幾百萬年前了。」

研究員：「人類現在還分成不同的語言和種族，相信不同的超自然事務──『宗教』。很多人類群體不僅不能相互溝通，還彼此不信任，甚至仇恨與歧視。」

長官：「要進一步進化，克服『大篩子』（the Great Filter），人類必須克服這一點。」

研究員：「是的。」

長官：「看來人類社會是沒法聯合起來對抗 SARS-CoV-2/COVID-19 的。」

研究員：「是的，長官，我認為不行。在這件事上，他們註定還會是分裂的。」

長官：「有意思。不管怎麼樣，要研究一下他們的歷史。為什麼他們分裂，為什麼他們還在分裂？要把時間軸拉長，看兩千年吧。不對，還不夠，要看五萬年，要看看他們的發展。」

研究員：「長官，人類文明太短。我們只能看有記載的歷史，要麼先從五千年開始。結合對古跡的研究，可以拓展到 1 萬年。」

長官：「這是一個非常幼稚的文明，非常低等的智慧生物。我們要關心的關鍵問題是，他們到底有沒有可能突破『大篩子』。我們浪費了太多時間，觀察那些所謂的『智慧生命』。他們都因為毫無意義的分裂而很快毀滅。絕大多數的文明註定要毀滅。他們從來就不可能成為宇宙裏有意義的、留下來的智慧文明。在我們研究的過程中，始終要考慮這一點。要回到我們觀察研究的初心。」

研究員：「長官說得對。但我們現在確實還不能判斷地球人類到底有沒有潛力超越『大篩子』。他們的文明是很有可能會被毀滅的。根據我們的模型，如果按照現在這樣發展下去，他們將被地球的氣候變化所毀滅。所有的模型清楚地說明了這一點。人類社會的科學家們也發現了這一點。但可笑的是，人類社會還在為此進行沒完沒了的爭吵。」

長官：「氣候變化⋯⋯ 這是老課題了。宇宙裏的許多智慧文明都因此被毀滅。我們見得多了。愚蠢而可悲。也正是因為有了『大篩子』，所以這些所謂的智慧文明從來沒有被關注過。他們相當於從來沒有存在過。」

研究員：「是的。除了氣候變化這個自然問題外，人類社會還面臨許多其他的問題，比如說槍械、毒品、有組織犯罪、恐怖主義，還有無端發起的戰爭。光是核武器，就可以消滅他們所有人。」

長官：「都是愚蠢的議題。果然，人類是愚蠢的。」

研究員：「是的。但人類社會也是有希望的。我們之所以開始特別關注中國，正是因為他們的模式可以幫助地球人類解決這些問題，從 COVID-19 開始，直到穿越『大篩子』。」

長官：「如果他們處在『大篩子』之前，並且註定不會超越『大篩子』，那

他們不需要浪費我們的時間。『自我毀滅』才是宇宙的邏輯，宇宙的秩序。如果不是碰巧的話，我們根本就不會觀察到什麼地球人類！但我跟你們說，要在工作中找到價值：正因為奇特的機緣巧合，才讓我們發現並開始觀察這些『文明』，才讓我們一窺宇宙的奧妙，才讓我們洞察宇宙的邏輯。所以不要小看這些文明，總是能學到東西的。」

研究員：「說得是，長官。」

長官：「一定要做好分析。如果他們可以穿越『大篩子』，那我們馬上就要判斷他們是一個善意文明，還是一個敵意的、進攻性的文明。如果他們是善意文明，我們將幫助他們；如果他們是敵意文明、進攻性文明，那我們必須在第一時間毀滅他們！」

研究員：「是的，長官，這一直都在我們的觀察分析框架裏。我們認為，如果地球人類文明是由中國主導的，那將會是一個善意的文明，可以與我們共存。」

長官：「好的，這很難得。但還有其他值得關注的地球人類社會和文明麼？」

研究員：「報告長官，有的 —— 美利堅合眾國（United States）。其實他們才是地球現在最有能力，最有影響力的國家。但是，他們的行動讓我們十分不安：他們到處輸出矛盾，製造衝突，用零和博弈的方式解決問題。這是最糟糕的宇宙文明。

長官：「他們會是宇宙的威脅。」

研究員：「是的。不過我們認為，如果美國得勝 —— 如果美國戰勝、壓制了其他的地球人類社會，並處於支配地位，那麼人類社會就無法渡過『大篩子』。氣候變化就足以毀滅他們。我傾向於認為，現階段我們不需要採取任何行動！」

長官：「好！繼續觀察。宇宙的邏輯與秩序，就是要毀滅那些零和博弈、粗俗、野蠻的流氓文明。你們要認真觀察，把情況及時報告給我！」

故事四：

元宇宙

在 2.047 光年外的太空船上 Molly ……

長官：「大家好。抱歉，我今天遲到了。」

研究員：「沒關係，長官，今天還是休息日呢。」

長官：「哦，是的，可我也得參加和主持今天的臨時會議啊。大家都到了麼？」

研究員：「都到了，您一來，會議就可以開始了。」

長官：「好的，謝謝。說實話，做這份工作不容易。我已經在這個崗位 4,200 年歲了（依照人類社會習慣轉化過來的時間單位）。接載到 Molly 的系統上，真的會讓我很疲勞。很抱歉今天跟你們說這些。」

研究員：「沒有關係，長官，我也在這裏工作了 1,200 年歲了。」

長官：「都已經這麼長時間了！回想起來，我的肉身年齡只有 148 年歲。我懷念我的身體，但真的不記得了。元宇宙已經取代了我的所有記憶。我覺得不是真實的我。」

研究員：「在您的世代裏，148 年歲是非常長壽的。您享受了這麼多年的肉身，那是同代要羨慕的。」

長官：「別提了，你的時間肯定比我長多了。」

研究員：「不不不，我遭遇了一個事故。結果 83 年歲就到元宇宙來了。」

長官：「啊。不好意思。我的意思是，肉身真是一種奢侈了，我很懷念過去。」

研究員：「是的。自從『第六次大災難』後，有肉身的人屈指可數了。但元宇宙也可以讓我們活得很好呀，有誰在乎肉身呢。我和我的孩子們都在元宇宙，我們現在可以利用元宇宙，主導宇宙。」

長官：「但還是不一樣的。我喜歡肉身的感覺。沒有了生物基礎，我總感受不到力量。」

研究員：「到我那一代人，人人都巴不得肉身消滅，盡快進入元宇宙呢。我的孩子很小的時候就有這個想法，你很難改變年輕人的主意。」

長官：「真的，那是年輕人的想法。他們都沒有好好經歷過肉身，看不到肉身的價值。我們的文明完全依託元宇宙。我還是擔心沒有生物基礎可能給我們帶來的影響。」

研究員：「但是，沒有元宇宙，我們可能也不能穿越『大篩子』，在『第四次大災難』後就被毀滅了。不管怎麼樣，元宇宙不也十分有趣麼。一切都可以實現。」

長官：「是的。但我還是更喜歡生物的感覺。也許我太老了。也許我進入的時間太晚了吧。我可能真的不適合元宇宙。我的奶奶，她就不在了。她剛好是元宇宙時代之前的世代。」

研究員：「真的抱歉，聽您提到這個。」

長官：「沒有關係。我覺得，人總是應該要死的，要有一個離開這個世界的方式。如果我不死，我永遠不離開，那後代怎麼辦呢？我永遠會在資歷和經驗上蓋過他們。那他們怎麼發展呢？」

研究員：「您的經驗更豐富，積累的信息更多，您總會是後代的指導。我們的文明需要您。」

長官：「也許是吧。有一天我會在元宇宙裏共享我所有的記憶與信息。這樣，後代就可以取代我了。我希望離開這個工作場所，給後代機會。」

研究員：「您分析、處理和詮釋信息的能力是沒有人可以取代的。元宇宙的分享還僅限於信息素材。說到分析和處理，還得依靠不同人的經驗。您是不能被取代的！」

長官：「科技在不斷進步，其實，我們已經可以把我們分析處理信息的框架和能力與別人共享了。我希望這是政府的強制行為。不同人不應該有差異。所有的能力被充分共享和均等化，才能給後代機會。我們這些老人家才能退出歷史舞臺。」

研究員：「是的長官，在未來世界裏，大概就沒有老和年輕的差別了。但如果一切都平等，連每個人的思考與分析能力都一樣，那確實均等了，但個體存在還有什麼意義呢⋯⋯」

長官：「好了，說說正題。我們觀察的地球有什麼進展麼？」

研究員：「有的，長官。我們關注許多的地球人類文明，正在朝元宇宙邁

進。其中一個特別值得我們關注，就是中國。」

長官：「是那個在對抗 COVID-19 上面格外有效的文明麼？」

研究員：「是的。」

長官：「他們做了什麼？我猜想，和 SARS-CoV-2/COVID-19 也有點關係吧。」

研究員：「當然。我們發現了他們應對 SARS-CoV-2/COVID-19 的秘訣。」

長官：「是什麼？」

研究員：「他們採用了類似於體外晶片的東西來共享信息。」

長官：「體外晶片？沒有被植入到生物體內的？」

研究員：「是的，沒有被植入到生物體。實際上也不是強制執行的，只不過他們非常依賴它，所以人人都會隨身攜帶。」

長官：「是個體外設備。」

研究員：「是的，他們稱之為『智能手機』，隨身攜帶，有獨立於生物體以外的供電系統，有獨立的晶片，獨立的作業系統，與物主身體也沒有生物連結。」

長官：「普及率高麼？」

研究員：「普及率非常高，並且他們可以綁定與主人相關的許多信息。而這種綁定，就是中國成功經驗所在。」

長官：「有意思。我對歷史很熟悉。所以，這和 4,400 年前我們的體外晶片是類似的？」

研究員：「我只在歷史書上讀到過那一段。我認為完全正確 —— 任何的科技和存在方式的改變，都是從微小的改進開端的。只不過，我們的體外晶片是強制攜帶，他們的『智能手機』則是自主選擇攜帶的。」

長官：「自主選擇攜帶，又有這樣高的普及率，說明手機能夠提供非常好的內容和便利。」

研究員：「是的。它提供大量的便利和娛樂，現在也是中國對抗 SARS-CoV-2/COVID-19 病毒的利器。人們在訪問公共場所時，必須攜帶智能手機做必要的登記。這樣，人們的行程信息可以被採集，政府會相應的開展防疫措施。」

長官：「這個病毒一邊傷害，卻也在一邊改變人類社會。」

研究員：「是的，任何事情都有其兩面性。」

長官：「這和我們星球上元宇宙的發端是一樣的。最初，也只是體外晶片，並非強制，再後來……」

研究員：「再後來如何？」

長官：「為了降低犯罪率，我們都希望將體外晶片變成強制要求。我們發動了一場全民公投。」

研究員：「結果呢？」

長官：「高票通過！我們支持將體外晶片作為強制。我們之所以支持，也是認為：這是負責任的表現。」

研究員：「這是歷史性的。它讓我們的文明邁進了一步。」

長官：「當然。之後，我所有的行程信息都對政府公開了。還有許多其他的信息，包括我們一切的行程和活動。但那只是開端，現在，它不僅僅是強制執行，還發展成為體內晶片，成為不受限制的平臺。」

研究員：「我們每個人身上都有一部。」

長官：「從一出生開始……」

研究員：「大家可以在元宇宙裏存檔及分享所有信息。」

長官：「一切她想要獲得的信息，但更重要的是存檔。今天，我們可以重溫所有的記憶，我們可以選擇聯絡、分享，我們可以做到不會遺忘。我們也不需要再學習和記憶知識點了，學習能力和學力也是可以輸入的。這時，真的做到人人平等了。我們每個人都可以在元宇宙裏享受我們的生活了。」

研究員：「甚至繁衍後代。」

長官：「是的，但如果在元宇宙裏，就只能創造『脫離肉身』的後代。我不是喜歡那種方式。我始終希望有肉身的後代。」

研究員：「最後一次『大災難』後，這樣的情況已經成為極少數人的特權了。我們大家都活在元宇宙裏。連繁殖、繁衍也是基於元宇宙的。」

長官：「我還是懷念年輕時有肉身的日子。現在許多在元宇宙裏誕生的人永遠無法體察那種生物的快感。」

研究員：「我也慶倖生在有肉身的世代。」

長官：「年紀也讓人尷尬。我不希望和比我年輕幾百、幾千年歲的女孩談

話。我覺得這奇怪極了。」

研究員:「是的,長官。但年齡是社會建構的。在我們的世界裏,其實已經沒有了年齡的概念。」

長官:「這是一個空前平等的社會。我也希望共享我的經驗和體驗,讓社會更加平等。」

研究員:「是的。這是宇宙高維文明的特徵。」

長官:「我確認一下,中國的『體外晶片』,做到實名認證了麼?綁定每一個生物個體。聽著,這非常重要!」

研究員:「是的,是實名的,綁定每一個個體。這一條特別重要麼?」

長官:「這一條是一切的前提。看來你沒有想過這個問題。高維的文明裏,虛擬是大於現實的,生物體是最脆弱的,沒有辦法得到保證。我們的繁衍依靠的是虛擬世界。」

研究員:「所以,要給虛擬世界提供一些現實維度,對麼?」

長官:「是的,它必須和現實有聯繫。因此,每一個元宇宙裏的身份存在,都必須可以追溯到一個具體的生物肉身。每一個元宇宙裏新生的身份,也必須與既有的身份建立綁定與聯繫,而不能憑空建造。」

研究員:「每新生一個身份,都必須在整個體系內註冊,得到認證。」

長官:「是的,你不能憑空建造身份。這是我們與現實世界維持聯繫的唯一手段。特別你想想,所有這個世界裏死去的肉身都會進入元宇宙,再加上新創建的身份,有現實肉身的是絕對的少數派,是稀有物種!」

研究員:「這是一個肉身生死匯聚的世界。」

長官:「是的。從生物學角度,這更像一個死者和虛擬者的世界。虛擬遠遠大於現實。」

研究員:「我可以理解了,實名身份非常重要。」

長官:「當元宇宙已經超過物理世界的時候,我們面臨的最大困境就是和現實世界建立有意義的聯繫。所以,只有通過實名認證,你才能與物理世界建立真正的聯繫,你才能為元宇宙建立某種可以依託的秩序。也只有這樣,你才能尊重元宇宙裏的所有主體,保護所有主體的權利,保護他們之間的平等,並且追求正義。也只有這樣,你才能擺脫虛擬,統領物理世界。」

研究員：「地球人類裏的另外一個文明體 —— 美國 —— 也在發展元宇宙，」

長官：「他們在應對 COVID-19 疫情裏的表現很糟糕。」

研究員：「是的。這是一個極度重視個人自由與權利的社會 —— 因為他們過度注重個人的自由、權利和隱私，甚至會把這些與公共利益甚至人類利益對立起來。所以，他們的元宇宙只會是個虛擬世界。」

長官：「我聽說了美國的情況。我們不是討論過了麼？他們可能妨礙人類穿越『大篩子』。這最終只是一個低維文明。」

研究員：「看來，有生物基礎的實名認證是一切的分水嶺。」

長官：「是的。必須與現實物理世界建立很強的綁定，對虛擬世界，更要形成約束與管制。」

研究員：「否則，就變成了單純的遊戲世界了。」

長官：「那只是元宇宙裏的元宇宙，是一個虛擬世界的衍生品。虛擬裏面的虛擬。這樣世界的目的，純粹只供脫離現實世界，只是一種用於娛樂的麻醉劑或毒品。」

研究員：「它不能解決一個文明生存發展的問題。」

長官：「但作為麻醉劑或毒品，可以用來掩蓋現實世界裏的矛盾。」

研究員：「看來，片面強調個人的權利和自由，不能幫助文明渡過難關。正如地球遇到的氣候變化問題。」

長官：「這是顯而易見的。只有放棄、讓渡個人的權利與隱私，把所有的能力與資源匯聚到一起，才可能應對大的宇宙災難事件，才可能幫助一個文明渡過『大篩子』。這才是智慧生命在宇宙裏生存發展的法則。特別是，在由虛擬主導的元宇宙裏，要幫助一個智慧文明應對未來，更加需要把所有成員的思想、資源、經驗、知識、體驗匯聚到一個共同的主體。」

研究員：「那麼，如果一個文明的根本價值觀落在個人的權利、個人的私利，個人的精緻的『小我』與理性，那它就很難向前發展。至少說，無法突破宇宙災難性事件。」

長官：「這是低維生物。就像你觀察到的，低維生物往往都會吃自己的同類（cannibalism），因為他們維度低，看不到彼此之間的聯繫。」

研究員：「看來，在高維的宇宙文明裏，集體和個人是一體的，至少說界限

很模糊了。」

長官：「是這樣的。所謂的集體，就是元宇宙的共同意識。它是從個人的知識、經驗、意志、體驗、情感匯聚成池的產物。它就是多世代的個體的加總。這個時候，個人就是集體，集體就是個人，兩者融為一體，不分彼此。把個人和集體對立的文明，一定是低維文明。」

研究員：「看來，美國文明主導的話，地球人類無法渡過『大篩子』。」

長官：「是的，所以不用在他們身上花時間，還是主要研究中國吧。」

研究員：「好的，長官。他們提供了許多解決地球人類面臨的公共問題的方案呢。」

長官：「要好好研究他們。他們可能就是我們的過去。這裏，我也只是分享一點經驗體會而已。研究宇宙裏的這些生命和文明，其實可以幫助我們更好地認識自我。而這不正是我們研究他們的目的所在麼？另外，我也希望我們的元宇宙更加開放，可以讓我們自主共享更多的信息。越是開放融合的社會，就越是強大。」

研究員：「謝謝長官。」

長官：「那今天的會議到此為止。再會！」

29 疫情：先清退這波，再談逐步放開

2022/03/16

中國內地這一波疫情由外部輸入引發，迄今已有大概 15,000 病例，在吉林、山東、上海、廣東、河北等多省市爆發，一些城市處於「准封城」或「類封城」狀態，跨區域旅行很多受到限制，對各行各業的人們生活都有影響。2020 年初，中國經過幾個月的時間平復疫情，2021 年基本克服了疫情的影響。到 2022 年的現在，疫情已經兩年了，人們對大規模的防疫行動已經呈現明顯的疲態，不知道何時這一切才能終結。今年還提出增長率 5.5% 的要求，疫情因素的加入也使得經濟面臨更大的不確定性。這還要配合新發展模式、新政治經濟範式下許多行業的重組。許多人都是很焦慮的。特別是，外國所呈現的「一切恢復正常」「走出疫情」的那種態勢，更讓國人焦慮 —— 我們未來的路如何？

中國人是既要又要的矛盾體。一方面，中國社會對大規模病死是沒有準備的：沒有心理準備、社會準備、經濟準備、政治準備。香港這一波疫情是對我們的一個「提醒」：這一波目前確診人數約 75 萬（實際上染病人數則可能是百萬級甚至數百萬級別的），死亡人數 4,355 人（早已超過武漢的 3,800 多人），全港已經出現「棺材荒」。

我們算一算「大數」，僅僅做一個匡算。自 2021 年 12 月 31 日到本文寫作時，香港病死 4,355 人的話，就是大概每個月去世 1,700 人。香港人口 700 萬，中國內地人口 14 億，是香港的 200 倍。簡單匡算，假設所有地方的醫療條件與香港一樣，防疫的客觀基礎也一樣（例如老人疫苗接種率類似），並簡單假設全國同時密集爆發，則 1,700*200= 每個月死亡 34 萬人，兩個半月就是 85 萬人。中國能夠承受這個死亡人數麼？

再看美國。截至目前，美國官方公佈的感染數是 7,950 萬，累積病死 96 萬

人。比照美國的醫療基礎，尚且要死近 100 萬人，中國的人口數量是美國的四倍，那掐指一算，即便我們和美國的醫療水平一樣，也得死 400 萬人。如果我們承認全國範圍的基礎條件弱於美國（正如我們的人均 GDP 也僅是美國的四分之一），那中國可能死亡 1,000 萬人，甚至更多。中國能夠承受這個病亡人數麼？顯然是不行的。一旦出現大規模疫情及病死，中國社會就會崩潰，造成巨大的經濟、社會及政治不穩定。

現在，很少人會去考慮這種可能性，因為似乎已經「理所當然」了，難以想像。人們也很難直觀「感受」到 400 萬人、1000 萬人的生命得到保護的那種「收穫」「好處」「福利」。在坐享疫情防控帶來的保護及好處之餘，只會嫌公車停運麻煩、核酸檢測麻煩、差旅出行麻煩、不能出國等等。

大規模疫情爆發，真的出現了病死，那就是我們身邊的家人出現病死。每個人不僅都有感染的朋友，而且還有死去的親人朋友。那時對經濟社會的影響會是巨大的：無數的人染病，或者因為照顧染病的家人而無法正常工作。你再無法到醫院去看病，因為人滿為患。你會發現日常生活大受影響，圍繞你生活的各行各業都有人受到影響。譬如，你可能突然發現快遞收不到了，因為管你的小區的外賣小哥家裏有人重病甚至去世，他要回老家照顧或辦理後事。這只是一個小的例子，並不是說你始終收不到快遞，而是說，這樣的衝擊、死亡會成為生活的一部份。中國作為全球製造業、供應鏈、產業鏈的基礎地位也會受到打擊。我們能不能與病毒「共存」呢？可以，請先付出數百萬、上千萬人死亡的代價，踏著屍體，「涅槃重生」。

這個根本就不是一個選擇。到那個時候，不僅僅是社會問題，政治穩定都會受到影響。那些在朋友圈上抱怨疫情防控政策的人，都會成為體制的批評者。經歷了 2020 年 2~3 月中國輿情的人，應該知道這種全社會性的負能量有多可怕。所以其實中國在初始道路上是沒有選擇的。我們的路線是正確的，符合中國國情的。

現在的問題只在於：下一步怎麼辦？是的，全世界都為 COVID-19 付出了代價，每個國家都死了很多人，都是付出了生命的代價，才走到這一步的。中國之前確實表現得很好，但我們也總不能永久這樣下去吧？這也是世衛組織思考的問題。何時 COVID 從「pandemic」（大流行病／瘟疫）降格為「endemic」（流

行病），如何降格防疫管控的指導建議，讓社會回復常態。對這個問題是有答案的，筆者之前寫過，需要滿足若干條件。

第一，我們（中國）要獨立地、從科學上確立：

1. Omicron 是一個弱化的變種，致死率、危害性是減弱的。

2. Omicron 是一個在進化生物學裏「優勝」的變種，「統一」了天下，不太可能再出現一個強化的變種取代它。

3. 對於大多數人來說，Omicron 甚至是一種「活體疫苗」——特別對於已經打了疫苗的人來說——它有利於推動所謂的「群體免疫」。

4. 沒有壓倒性的證據說明其對廣大人口會產生重大的後遺症（即所謂的 Long COVID），且這種後遺症會轉化成為巨大的人口、生理、健康、社會成本——尤其是那些打了疫苗後仍被感染的無症狀感染者或輕症患者。這裏，是無法回避權衡分析的（a cost-benefit, utilitarian analysis）。

第二，國際國內科學界、公共衛生決策群體對上述看法要形成大致共識——並不是說每個人都要同意，只要主流看法符合即可。

第三，我們要確立目前完成大規模接種的國產滅活疫苗對 Omicron 的保護性（主要為重症，包括住院及病死）。這方面，有關部門已經可以收集到大量信息，包括我國在海外廣泛出口疫苗的地區，及在香港特別行政區。今年 2 月 10 日，港大有個報告，說明科興三針對重症的保護率為 80%，病死為 90%。[1] 這是一個參考。在對疫苗建立了充分的信心後，我們就可以向前邁進。

第四，世界各國加地區的確診數及病死數不斷降低——伴隨各國在「疫苗＋自然感染」作用下，陸續進入「群體免疫」，感染數是一定會下降的。中國防疫管控政策如果要向前邁進，一定需要選擇這樣的時機。

第五，世衛組織表達出意向，打算對 COVID-19 的防疫管控指導寬鬆化。根據中國政府負責任的做事風格，應當也會與 WHO 充分溝通。

第六，涉關 14 億人的大事，而且開弓沒有回頭箭，從中央到地方的有關部

1　HKUmed Updates on Modelling the Fifth Wave of COVID-19 in Hong Kong, Feb. 10th, 2022. https://sph.hku.hk/en/News-And-Events/Press-Releases/2022/TBC.

門，公共衛生專家及醫學專家，要進行必要的研討，論證是否存在任何沒有想到的議題、短板，或其他考慮不周的地方。需要反覆再三論證，反覆斟酌，不能掛一漏萬。

第七，綜合多個考量角度，基本能夠確立：調整防疫模式所獲的綜合「收益」顯著大於其「成本」。不同防疫模式優劣比較的天平發生實質改變，朝「寬鬆」模式的一端偏移。

第八，要做足宣傳、教育、輿論方面的準備。中國的國民，說容易管理，也容易管理；說不容易管理，也不容易管理，因為他們「既要又要」，既希望享受放開的好處，但又擔心疫情／疫病的成本和影響。而這是一個把發燒都看得很嚴重、動不動就要跑醫院的社會，對呼吸道傳染病是缺乏充分準備的。而中國在最初就把新冠等同於肺炎（或 SARS），使得大多公眾對 COVID-19 仍然十分恐懼。除此之外，人們對目前的政策也不理解，以為不敢放開就說明疫苗無效。所以，要向國民做好宣傳教育，是需要大量的準備與工作的。

第九，中國改變現有防疫模式，絕對不可能是一步到位的，一定是個有序、逐步的過程，能收能放，可進可退，留有充分餘地。這就是筆者之前說的極具中國特色的「試點模式」—— 在一地打開，成功後在異地複製，最後全國打開。香港的第五波疫情，以及內地這一波爆發（兩者有很大的關聯性），實際上又給中國進一步調整防疫模式提供了寶貴的經驗及「演練」的機會，補充了之前可能存在的一些盲點或考慮不周的地方。未來，有可能如何推進試點放開呢？

第一，中國內地應當處在一個疫情基本被控制，大致「清零」（當然不一定是絕對清零）的狀態。其實，這就是今年以來香港第五波疫情爆發之前中國內地的狀態。處在這個狀態，首先要復歸這個狀態，才能邁向下一步。所以中央會下定決心，提出比較嚴格的防疫政策，用一到兩個月的時間在全國（內地）範圍內把疫情控制住。這是一切的前提。

第二，選擇一個合適的省份或地區進行試點。這個地方的先天條件：

1. 具有一定數量的人口，比如至少是千萬級。

2. 人口結構有一定的代表性。

3. 離內地的政治、經濟中心有一定的地理距離。

4. 不屬於邊陲／邊境少數民族地區（政治敏感）。

5. 如有一定的天然物理隔離最好,因此,理論上應該避免選擇內陸中心省份或地方。

6. 作為試點放開後,可以獲得比較多的經濟及社會收益(外向型經濟)。

大家可以看到,這和我們選擇經濟特區的標準差不多,要參考自然資源稟賦。

第三,要有充分的防疫基礎。

1. 全社會三針疫苗接種率達到較高水平(門檻可以具體設立)。

2. 重點人群(如老人)三針疫苗接種率達到絕對高水平,例如 90%、95%、98%,等等。

3. 要有一定的醫療基礎設施及資源作為前提基礎,從社區醫療站、醫院、醫護人員,到病床及 ICU、醫療設備、藥品等。

4. 提前建立好一定容量的方艙醫院。

5. 有統一的援助電話熱線,提供統一的醫療指導與建議,避免擠兌線下資源。

6. 要有充分的 COVID-19 相關教育宣傳。

—— 要建立並能依賴居民自檢能力,自己購買抗原及核酸檢測工具並自行測試;

—— 看到 Omicron-COVID-19 並不簡單等於「肺炎」(新冠的認知概念「去肺炎化」);

—— 要建立普遍意識,確診後居家自愈,輕症不上醫院,避免擠兌醫療資源;

—— 對如何自愈要有廣泛的宣傳教育;

—— 基層治理 / 網格化管理,對社區 / 街道 / 居住區物業人員提供必要的培訓 —— 他們將成為後續提供支援的重要力量 —— 只不過,這一次他們也要有觀念上的轉變。

7. 建立摸底了解實際感染及致病情況的機制,例如定期做人口抗原測試,做大規模的調研、考察、訪談,了解病毒的實際影響。

第四,地方工作需由中央牽頭 / 參與。

目前機制下,防疫、抗疫是地方官員的頭等大政治任務。工作做得不好,

是要丟烏紗帽的，所以如果主動選擇的話，地方可能不願參加試點。因此：

1. 由中央指定地方試點，和當年搞經濟特區一樣。這個得自上而下、全國一盤棋考慮，至少在一開始，不能依賴地方自主申請。

2. 中央工作組到地方牽頭協調工作，承擔地方所不能或不願承擔的政治責任。這樣，地方／基層有了政治保證，才能放棄顧慮，全力配合；中央有更大的政治權能／授權，可以幫助協調地方不能協調的事項及資源；當地人的體驗也會更好。人感受到，這既代表了中央政府和全國人民給予他們的信任、責任，是一種為歷史銘記的壯舉，也讓他們有安全感和溫暖感（不是什麼「小白鼠」），甚至認為自己享受到了某種先行一步的特權和好處。

3. 由中央安排對地方提供必要的財政支持。

第五，對當地的「溫馨安排」。

1. 試點要「事前通知」。這個政策一定要做好充足的事前準備、鋪墊，到了宣佈的時候，也要提前告訴地方，比如說，提前兩個月，這樣，可以讓當地人做一些選擇安排，不願意參與的人可以用腳投票，離開當地。

2. 給當地人適當的補貼或激勵，從個人到機構、企業，譬如醫療上的、稅收上的，甚至直接的財務刺激／物質補償。總之，可以讓他們有一些獲得感。畢竟他們是付出了代價的 —— 至少和國內其他地方通行／通航不再方便。

第六，要有充分的援助機制。

在最初，就建立好對試點省份／地區的援助機制，包括醫護人員、醫療設備、藥品等，以及增建方艙醫院的能力等，提前部署。

第七，與其他省份建立好隔離機制。

1. 試點省份，一旦打開，與其他國家就不需要有嚴苛的隔離限制了，或者說只留有非常寬鬆的隔離限制，這可以比照新加坡之類的地方。

2. 但反過來，試點省份與中國內地其他地方，就需要建立隔離機制了。凡從試點省份進入內地省份，需要做隔離。這可能是當地人要承擔的最大成本。對於試點省份，國家可以考慮補貼旅行人員的隔離成本。經濟賬是小事，最要算的是政治賬。

3. 要為試點省份建立一套數據化的通行卡，並更新現有的行程卡／各地健康碼，可以識別、記錄、追蹤試點省份的人員。這裏，宣傳教育非常重要：不能對

試點省份人員有任何歧視。

第八，逐步打開＋熔斷機制＋試點省份連成一片。

這是一個循序漸進的過程。

1. 先讓試點省份運行一段時間，如果疫情嚴重，無法對抗，則立即「熔斷」，重新封城／省，退回重來。

2. 試點省份與內地其他省份／地區的人員通航需要遵循內地對待境外人員的隔離標準。

3. 如果試點省份向內地其他地區輸入了確診病例，則需採取必要的熔斷措施（標準和方式可以具體確定）。這裏，一定要參考香港的經驗。

4. 如果發現試點省份能夠比較成功地應對 COVID-19，那麼就可以擴大試點省份。具體，可以由中央自上而下安排，也可以由各地自主申請，但無論如何，參與試點的省份應該滿足中央擬定的必要的防疫軟硬件指標。

5. 試點省份之間可以連成一片，放寬或放棄隔離要求。

6. 星星之火，可以燎原。試點省份點點相連，連成一片，有朝一日就可以遍及全國。當過半數的中國省份加入試點後，「新循環」就形成了。剩餘的省份將爭相提升防疫軟硬體指標，參與「新循環」。

7. 過程中，只要有任何不可控的負面因素，就做「收縮」。最壞情況就是「恢復原狀」。這就是「可放可收」。

中國希望完成的，是通過幾年時間，最終安然渡過 COVID-19，付出的是全球人類社會裏最低的病死人數。這將是一個歷史性的勝利。筆者以為，也只有中國有可能成就這樣的勝利，得益於中國特色的制度與模式。它不僅僅對 COVID-19 有經驗總結，還將對人類未來對抗病毒及（超級）病菌的及其他重大國際問題都有啟示。

上面描寫的試點放開機制，何時可以推行呢？還是回到第一個前提，先「動態清零」，在中國內地大多省份城市「復歸原狀」，然後再談逐步改變模式。以筆者對中國體制的理解，今年還是一個清零和準備的階段，可能需要等到明年。

以上是筆者自己猜想的，基於中國國情及制度邏輯推理的下一步演進可能。拋磚引玉，僅供參考。

30 撕裂人類的魔幻病毒

2022/04/20

按：此篇系列增加了一些歷史維度視角來看待疫情，寫在上海疫情之際。

本文希望探討的是：如果你是 COVID-19 病毒，希望與人類社會實現「共存」，為了達到目的，你打算「策略性」地先進入一個比較容易擊破的社會，再逐個擊破，那麼，你會「選擇」一個什麼樣的社會？它有什麼樣的制度與文化？你覺得最難「攻破」的又是一個什麼樣的社會？

鮮有一種病毒能像 COVID-19（尤其是它的 Omicron 變種）一樣，在人類社會中造成如此大的分歧與矛盾。不同的人對這個病毒的一切似乎都有著不同的看法，也願意選擇相信不同的說法 —— 從它的危險性、防控應對，到防控所應當付出的「合理的」經濟、社會代價等。

在大多數國家裏，人們對 COVID-19 的看法與分歧會沿著西方政治光譜的「左」與「右」呈現某些「規律」—— 例如，左翼政治更加關注社會平等及保護弱勢群體，因此傾向於採用強力手段防控 COVID-19；右翼政治更加關注個人權利與自由，通常會反對嚴格的防疫政策。

COVID-19 病毒具有超強的傳染能力，並且能夠「精準打擊特定人群」。大多數的人類社會最初都試圖阻隔其傳播，減少其公共衛生危害，但伴隨防疫持久化，並且 COVID-19 不斷分裂，越來越難對付，人們也陷入了更大的分裂。最終，全球不同國家、地區、社會，結合自己的社會、文化價值、政治、制度能力等等，也都遵循了不同的防疫政策手段和路徑。

堅持「精準防控」及「動態清零」的中國大陸，儘管政策未變，但討論從未消止過，恰恰相反，伴隨病毒本身的演變，也在更加激烈地進行著。到了 2022

年 4 月的這個時候，圍繞 COVID-19，大概只有一條判斷是所有人都可以認同的 —— 那就是，這真是一個讓人類「撕裂」的病毒。

為什麼 COVID-19 如此讓人們撕裂呢？因為這個病毒與大多數其他的病毒（例如呼吸道傳染病裏的流感或 SARS）不同：COVID-19 專注於打擊老人及基礎病患者。這使得普通感染者個人所面臨的健康風險與公共衛生風險存在極大的不對等。

本文假設讀者已對 COVID-19（Omicron）有了一定的了解，不再有針對性地列舉基礎事實與數據了，主要是再引入一些常見的社會科學概念來解釋現象。

第一個概念：負面外部性（negative externality）

通俗地說，就是一個人從事了某種行為，從中可以得到某些收益與好處，同時，沒有因自己獲得的收益與好處承擔足夠的成本或代價，而且還會因為自己的行為，對其他人造成負面影響，讓其他人承擔代價。最終，其他人乃至全體社會可能都需要為這個人的行為擔負額外的成本。

舉個易理解的例子：二手菸問題。一個人抽菸，付出的只是菸錢，享受了吸菸的快感，當然自己也會承擔一些健康代價。但旁邊被動吸二手菸的人，卻也要承擔健康風險和代價。抽菸的人並不需要為吸二手菸的人的健康代價買單。各種類型的污染也是典型的，包括個人使用化石燃料所導致的空氣污染，以及溫室氣體排放導致的氣候變化風險等，會對整個人類社會甚至大自然產生負面的影響。

這裏的核心在於，個人在從事有負面外部性的行為的時候，並不會為外溢的負面影響承擔足夠的代價。從他的個人層面看，收益大於成本的；而從社會的角度看，卻是成本大於收益。成本與收益的不匹配，就會造成「扭曲」的激勵機制，使得這個人有動力繼續從事這樣的行為。

理論上，如果能夠把所有的外溢成本都量化、「定價」，讓個人去擔負，那是可以約束其行為的。但在現實世界裏，大部份行為的負面外部性都很難被量化，很難以貨幣的形式定價，更難要求個人去承擔。負面外部性，是人類社會生活的組成部份。長期來看，如果處理不好氣候變化之類的典型負面外部性問題，有可能導致人類的滅亡。

概念上，除了「負面外部性」之外，還有「正面外部性」（positive externalities），即一個人從事了某種行為，獲得了收益與好處，除此之外，行為還會溢出一些正面的影響，惠及到其他人，讓更多的人獲得好處。比較典型的如教育：一個人提升自己的教育和德性水平，不僅僅會對自己好，還會有利於家人，有利於集體，有利於全社會，給更多的人帶來好處。所有人，都會享受這個人提升教育和德性水平所帶來的好處。這就是正面外部性。

「外部性」的概念也經常被用於公共衛生領域。例如：

—— 疫苗接種：正面外部性。個人的疫苗接種有助於推進針對一個病毒的群體免疫，打的人越多，社會針對這個病毒的免疫體系就越牢固。所以，疫苗接種是有「正面外部性」的。

—— 濫用抗生素：負面外部性。個人在過度使用或不正確使用抗生素的時候，會增加細菌對抗生素的耐藥性，最終可能催生新的耐藥機制，促成能夠抵禦抗生素的超級細菌，降低全社會對細菌感染的應對能力。這是對公共衛生的巨大威脅。

現在，讓我們看看 COVID-19 的案例。

在沒有嚴格防疫機制的約束及保護下（即所謂的「躺平」或「共存」模式裏），一個年輕人自由活動，但未做嚴格的自我保護（例如未佩戴口罩，未勤洗手等），結果不慎感染了 COVID-19 病毒。而因為能夠自由地行動，他是獲得了一些便利和好處的，例如可以參加各種活動，不用太操心惦記戴口罩的事等等。由於他年輕，感染之後也沒有什麼特別的症狀，很快就自我康復，最終沒有代價。但過程中，他卻將病毒直接或間接傳染給了許多其他人。這些人裏面，有些是年紀較大的，有些是有基礎病。他們中有的嚴重至住院，費了很大勁才康復，過程中影響了工作，耽誤了重大社交活動（例如沒能參加一場婚禮），甚至自己還落下一點後遺症（long COVID）。同時，因為本地疫情爆發，在局部地方（例如本地診所或醫院）還一時造成了一定的醫療資源緊張和擠兌，醫院和醫護疲於應對 —— 使得一些非 Covid 的病人也沒能得到及時的診斷與治療。這些人因 Covid 或非 Covid 導致的健康傷害，對經濟、社會、生活的損失，都屬於「負面外部性」。當負面外部性足夠大的時候，這位年輕人自己也可能直接或間接的受到影響。

由於 COVID-19 主要打擊老人及基礎病患者的特性，一般個體感染者面臨的健康風險與公共衛生風險之間存在著極大的不對等，也就使得 SARS-CoV-2 是一個具有極大的負面外部性的病毒。

負面外部性，可以從幾個維度考慮。（請注意，以下所說的「嚴格防疫」，指的是嚴格意義的精準防控，在疫情初期即阻隔病毒傳播，實現動態清零，而不是導致大規模的靜態管理或「封城」—— 也即 2020 年以來中國大多數城市大多數時段實現的效果）。

1. 基礎健康條件：不同身體條件的個人之間存在的巨大差異。排除年紀的影響，在同一年齡段裏，COVID-19 的危害主要指向身體基礎情況差、免疫力弱的特殊人群。對於身體基礎條件比較好的人群來說，COVID-19 是可以「對付」的，與其「共存」大抵也沒有關係。但對身體弱、有基礎病的人來說，COVID-19 會帶來極大風險，甚至有可能致命。身體條件好的人感染了 COVID-19，如傳播至身體條件差的人，導致後者患病，就是一種巨大的負面外部性。因此，這兩個群體對 COVID-19 的看法會相差極遠：在其他條件相等的情況下，有基礎病的人更願意看到政府堅持嚴格防疫；而身體條件好的人對嚴格防疫的訴求相對會更低，甚至可能接受乃至宣導「共存」。

2. 年齡：不同年齡段之間的巨大差異。COVID-19 的危險性主要指向老人 —— 從武漢時期的病毒，到現在的 Omicron 變種，在針對老人這一條上基本是無差別的。這與流感就有比較大的不同，流感對不同年齡段的打擊相對來說更加「均勻」。所以，年輕人是不那麼怕傳染的，年輕人到處活動，感染了疫病，可能挺一挺就過去了，但如果傳播給老人，致其重症，甚至死亡，或持久影響健康，那就構成了巨大的負面外部性。在其他條件相等的情況下，老人更願意看到政府堅持嚴格防疫，而能夠接受甚至宣導「共存」的，更有可能是年輕人。也由於 COVID-19 的這種「老年病」特性，一個社會對防疫的態度也會受其對長者所賦予的價值影響。

3. 收入與階層：不同收入 / 階層之間的巨大差異。受過更好教育、有更好的衛生條件，享有更好醫療資源的人群，即便染病，估計也可安然渡過。但那些達不到一定收入條件，缺乏很好的教育及衛生條件，無法享有最好的醫療資源的人，可能因為感染 COVID-19 面臨更大的健康風險。這在階層分化的美國極為明

顯：因 COVID-19 及過世的多為少數族裔及經濟弱勢群體。因此，在其他條件相等的情況下，願意接受甚至宣導「共存」的，更有可能是收入水平更高、能夠獲得較好醫療資源的富足者。此外，這些富足階層人士的工作、生活、學習、消費、娛樂與海外也有更多的聯繫，他們有更加強烈的國際通行需求，出於自身經驗、利益、訴求的考慮，更有可能樂見放開。

4. 行業與工種：不同工作類型人口之間的差異。在疫情出現時，在辦公室工作的白領多可通過遠程辦公的方式一定程度的解決短期工作需要。這既減少了感染的概率，也不致影響工作及收入。然而，對於藍領 —— 特別是從事有社會面接觸（如服務業）的藍領就不同了：他們的工作性質就是每天都要接觸人群，感染的概率大大上升。又由於他們收入條件及獲得醫療資源的限制（這與上一條「收入與階層」的機制是一樣的），他們成為更加弱勢、更加不利的群體。因此，其他條件相等下（特別是排除年齡因素），社會上能夠接受甚至宣導「共存」的，更有可能是辦公室工作的白領、金領。而藍領們礙於生計，有可能也會希望放開。勞動人民為了工作與生計是願意冒險的。但一旦真的放開了，健康風險與代價會不成比例地落在藍領身上。而高收入的白領自由生活，感染了 COVID-19，傳播給了藍領，就會構成對後者的負面外部性。

5. 區域：不同地區之間的差別。中國的現狀是：不同地區的經濟發展水平及基礎設施條件有很大差別。超一線大城市（如中國內地的北上廣深）的經濟更加發達，居民平均收入更高，自助能力強，同時衛生條件及醫療基礎設施更健全，公共服務能力更強，因此，「耐受」COVID-19 的能力也越強。這和相對落後地區有極大的差別，甚至可能是天壤之別。這也使得，在其他條件相對的情況下，社會上願意接受甚至宣導「共存」的，更有可能來自於經濟發達地區 —— 特別是超一線城市。經濟發達城市爆發了 COVID-19，哪怕全民感染率很高，都有可能扛過去；但對於經濟和資源落後地區，可能就不能簡單地用「負面外部性」這樣缺乏溫度的概念去形容 —— 傳染病可能會帶來巨大的公共衛生災害以及不可估量的次生災害。

6. 時間問題（temporal）。這裏，可以具體分為短期、中期與長期的時間差異：

—— 短期時間差異：第一個因素是年齡。社區爆發後，生龍活虎、可四處

活動的年輕人往往是一個社會最先被感染的人群，因為身體條件好，他們一下子就扛過去了，覺得 COVID-19 的危害不大。而最先感染的人群往往會從自身經驗出發，但看不到病毒在其他感染人群裏可能產生的影響，就開始接受甚至宣導「共存」，影響著社會輿論。如果社會輿論因為年輕人而改變，真的接受了「共存」，那麼會逐漸感受到老年人群體感染的影響。在中國，很大一部份老人居住在鄉村，影響一定是滯後的。而農村的醫療條件也更落後。最終，他們會成為年輕人疫病感染及防疫輿論轉變的負面外部效應的承受者。社會也會為此付出公共衛生代價。第二個因素是疫苗。打了兩針或三針疫苗的人自覺比較安全，沒有問題，在其他條件相等的情況下，更有可能鼓勵、宣導放開。但疫苗也有時間問題：第二針與第三針之間需隔半年，接種加強針也不能一蹴而就。另外，我們沒有要求強制打疫苗，還主要是依靠動員。但實際情況是，打完疫苗的人很難有耐心會「等待」未打全程或第三針加強針的人群（往往又是老人）去完成疫苗接種 —— 如果有選擇的話，他們可以接受在大規模人群完成接種三針即行「放開」。如果真的「放開」了，那打過疫苗的人即便被感染，也不會重症或死亡，但傳染給未打疫苗的人，就會給後者帶來巨大的健康風險（或導致巨大的「負面外部性」）了。

　　—— 中期時間差異：中期時間差異是 COVID-19 放開帶來的常態化的醫療資源擠兌及後遺症問題（long COVID）。大多數人類的生活都建立在自己的現實經驗與判斷基礎上，因此會有「短視」，理性會有所謂的「局限」或「邊界」。現實情況是，人們很難去考慮中長期的問題（譬如五年到十年以後的問題）。大多數人都會根據短期經驗及現實利益訴求，主張先放開，享受與自己相關的看得見摸得著的好處，但會回避考慮尚難確定的中長期後果。這裏，政府也會在人心中扮演一個重要的角色：人們往往會把重大公共問題的決策歸責於政府：「從我個人角度來說，我當然是希望放開。但放和不放，最終是你政府決定的，你們要從公眾利益和長遠出發考慮，不可能把責任推到我們老百姓的身上。」——把責任委以政府後，人們就可以「理直氣壯」地主張自己的訴求了。但由於 COVID-19 的特殊性（快速演變；能夠不斷重複感染；每次病症可能並不輕；有一些其他的後遺症因素即 long COVID），放開後的中長期成本可能遠大於預想。現實情況也是：大多數被動選擇「共存」的國家，都處在被 COVID-19（Omicron）

加劇擠兌醫療資源的窘境（尤其是全民公立醫療的國家）。

　　——　長期時間差異（代際 /intergenerational）：COVID-19 可能是個對人類社會影響深遠的傳染病，long COVID 的影響可能並不止於這幾年，甚至不止於這一代人，而會影響下一代人、下幾代人。那怎麼辦呢？人類是短視的，通常都不會考慮自己超過五至十年的問題，何論下一代？活在當下的人會為了自己的利益，選擇與 COVID-19（Omicron）「共存」。結果，一定是人們選擇放任它自由發展，但不會考慮其長期影響。這裏，美 / 西方體系選舉政治的邏輯，往往是鼓勵、挖掘人們短期的、現實的、小我的需求。連氣候變化這樣的重大問題都可以視而不見，何論存在許多未知的 COVID-19？

　　7. 資本：始終鼓勵放開。在西方市場經濟的倫理體系裏，資本（應當）是自由流動的、「無國界」的、無邊界的。這也是「全球化」「市場化」的核心價值。資本似乎不需要追尋倫理，而只需要角逐利潤。似乎專注於角逐利潤，他們就可以曲線實現公共價值了。這都是謊言。現在，大多數國際資本也在鼓吹社會責任相關的理念（ESG），但其適用範圍很有限，完全局限在西方主流左翼倫理體系裏，只是在政治與道德正確的大時代裏為資本做的一點政治與倫理增信。現實世界裏，對所進入的任何一個社區，資本對地方是沒有情感聯繫的。而針對COVID-19 的問題，正如現在的西方主流政治一般，全球資本在 ESG 這個話語體系裏，對 COVID 是「中性」的，沒有什麼倫理指導。而只要把利潤作為目標，那麼資本是很難完全支持我國所主張的防疫理念。如果動態清零做得好，他們是歡迎的，希望把生產基地和供應鏈留在中國；如果動態清零出了問題，某一兩個城市出了問題（譬如上海），他們就會考慮將生產基地轉至其他國家。資本不講倫理，回避價值，他們真的只是現實地逐利而已。在 Omicron 之前的時代，他們樂於留在更加安全的中國；在 Omicron 的時代，他們懷疑病毒能否被控制住，會考慮將工廠轉移 —— 儘管這會對工人和社區們產生巨大的負面作用。但資本（特別是國際資本）不會關心這些問題，他們與社區沒有價值與情感聯繫。如果能夠做選擇的話，他們只會希望根據病毒的特性及對應的疫情管控政策，找到一個生產成本最低的地方。資本講利益，不講倫理（或「非理性因素」「非市場化」因素）。但當資本的聲音足夠大，影響足夠廣，就可能影響公共政策。這時，一國 / 一地政府完全有可能根據資本的訴求而調整改變自己的防疫政策與哲

學。例如，為了留住資本，穩住開工與就業，只能選擇與病毒「共存」的模式。老弱群體的犧牲，是為經濟做貢獻，那是沒有辦法的事情（「負面外部性」）。我們也可以看到，在西方選舉政治體制下，基於大多數人的投票來確定政策，最終結果很有可能犧牲掉弱勢群體轉而支持資本。人們會發現，上述人群，往往又是全球人類（含中國）網絡「輿論圈」裏願意接受或宣導「共存」之主流：

——大多屬於年輕人，反正是 70 歲以下，20~50 歲區間內居多；

——大多居於超一線城市或高能級城市，可以獲得較好的醫療資源；

——受過較好的教育（本科以上），有一定的衛生 / 醫療知識；

——多為白領 / 腦力工作者，疫情時可以居家 / 遠程辦公；

——收入屬於上層中產、富足階層（upper middle class）；

——疫苗接種率一般較高；

——與國際及依賴更高；

——有系統性的表達能力（例如輸出文字、語言及其他形式的內容）。

這個群體，恰恰就是抵禦 COVID-19 能力最強的群體。在「共存」模式下，他們即便不幸感染了 COVID-19，大抵也可以順利康復。但如果他們把傳染給社會裏的其他人群，就可能導致很嚴重的後果了。他們是會帶來負面外部性的人群。對經濟社會生活有更大的權力和主導，對防疫公共輿論及話語有更大的影響力，對防疫政策的制定與執行能夠產生不成比例（disproportional）作用的人，恰恰是最能防範、抵禦 COVID-19 病毒的自然人。這裏個人健康風險與公共衛生風險之間的不對等，是不是有點問題？這裏存在的系統性的「負面外部性」因素，是不是有點可怕？這個情況，在全世界各國家與地區都是一樣的，其中當然也包括中國。COVID-19，就是利用這一條特性，逐個地撕裂人類社會中的群體。

前面引用了「外部性」的概念來描述 COVID-19（Omicron）病毒的特徵：個人面對的健康風險與整體的公共衛生風險之間是存在著極大不對等的，低風險人群的行為有巨大的「負面外部性」，會對他人健康及整體公共衛生安全產生負面影響。

有人問，如果說一個人打針對某種病毒的疫苗會有利於社會整體免疫能力的提升，屬於正面外部性（positive externality）的話，那低風險人群感染 COVID-19，無論打疫苗也好，自然感染也好，不都會有利於社會整體免疫麼，

是不是也會帶來正面外部性？

必須要指出，狹義的「群體免疫」這個概念對 COVID-19 恐怕是不適用的，狹義的群體免疫指的是防止感染，而 COVID-19（特別是變種）非常強大，可以不斷「破防」，使得一個人即便打過疫苗、得過病，仍可以重複感染，並進一步傳染給他人。

筆者的總結：在低傳播率（即低 r0）、低破防率時，個人打疫苗或自然感染都會增加「群體免疫」，個人行為有正面外部性；但是在高傳播率（高 r0），高破防率時則相反：打疫苗或自然感染的人還會一再感染並到處傳播，個人行為會導致負面外部性。這也是 COVID-19 的可怕之處。

第二個社科概念：道德風險（moral hazard）

「道德風險」指的是，當一個主體不需要為其行為所製造的風險擔負責任並承擔代價的時候，那麼，為了某些便利和好處，他可能更加願意增加自己的風險敞口。

最常見的是保險業。一個人買了保險，知道往後保險公司會幫助擔負大部份的費用（例如財產損失、醫療費用，等等），那他只要稍微道德「不自律」一點，改變自己的行為，讓自己更加大膽，出了問題，造成的是保險公司的損失。

另外一種典型的情況是「大到不能倒」（too big to fail or too important to fail），一個公司如果自己已經大到一定的程度，自認為足可劫持政府、行業、公眾 / 納稅人，出了問題政府和納稅人會來買單，那企業高管的行為會更加激進，更願意通過提升風險偏好（risk appetite）或風險容忍度來獲得收益。這也是典型的道德風險。

回到 COVID-19（Omicron）。那些自我評估在病毒面前面臨較低個人健康風險的個人或群體（「得了也沒什麼事情」，「大概率是輕症」，「最多在家自愈就可以了」），有可能為了自己的生活與工作便利及需要而提升風險敞口 —— 例如出行、聚會、不戴口罩等。而其所創造的風險（負面外部性）的成本代價，是由其他人群 —— 特別是弱勢群體 —— 承擔的。

—— 高收入 / 富裕階層的人認為自己得病了可以挺過去，而願意提升風險

偏好；

　　——年輕人認為自己得病了也可以挺過去，而願意提升風險偏好；

　　——可遠程辦公的白領／腦力工作者認為即便發生疫情，自己的工作也可以維繫，同時因為居家，不需要再承受更多的感染風險，而願意提升風險偏好；

　　——打過疫苗的人認為自己已經獲得了保護，雖然還會被傳染，但不會發展到重症或病死，所以願意提升風險偏好；

　　——居住在超一線城市／高能級城市的人認為自己城市的醫療條件及基礎設施足夠好，即便疫情爆發，也不致發生大規模的重症或病死，而且醫療資源能夠一定程度上應對擠兌，因此願意提升風險偏好⋯⋯

　　低風險人群有動力更加「放縱」自己，選擇「躺平」、「共存」的態度，並能夠獲得直接的便利及好處。但他們會因此提升整個社會的公共衛生風險，並且這些風險會不成比例地轉移到高風險人群，由高風險人群承擔。低風險人群的這種行為，就是典型的「道德風險」。

　　但如果 COVID-19 疫情在一個社會裏發展到一定程度，尤其是在高風險人群（老弱病及未打疫苗群體）裏集中爆發後，最終會擠兌醫療資源（尤其在那些擁有免費公立醫療的社會裏）。這時，低風險人群會「搬起石頭砸自己的腳」，最終直接或間接地承擔公共衛生代價。

第三個社科概念：搭便車問題（the free-rider problem）

　　「搭便車」的基本含義就是自己不付出成本，但準備好坐享他人之利。這個問題經常會發生公共產品上。舉個與公共衛生相關的典型例子：疫苗接種。有一些人是不願意接種疫苗的，能等則等，能不打則不打。他們往往還藏著一個私心，即如果有了足夠多的人打了疫苗（例如 85% 的人口），那社會就能夠實現群體免疫了，病毒很難再傳播。那這時自己打不打也就無所謂了，別人都打了，公共防疫體系建立好了（而且每個人都可以自動享有這個成果），自己卻沒打疫苗，「坐享其成」，那就是「搭了個便車」。顯而易見，如果每個人都抱有這種態度，都不去打疫苗，都希望「搭便車」，那一個社會就永遠無法實現疫苗接種的目標。

對 COVID-19，人們的心態是類似的 —— 請注意，這一條和「清零」或「共存」無關。無論在哪一個社會，無論採取了什麼模式，大多人都不會希望社會有大的疫情，都不希望看到許多重症和病死，都不希望看到醫療資源被擠兌，也都不希望影響到自己，這一條想法，應該是全人類社會共享的。

但 COVID-19 的特性就是低風險人群與高風險的健康安全極不對稱，個人健康安全與公共衛生健康也極不對等，這就使得人們可能希望「搭便車」。「搭便車」具體指的是，個人享有全社會執行的 COVID-19 防疫體系帶來的諸多好處（這裏，既可以適用於「清零」，也可以適用於「共存」模式），但同時自己卻沒有或不願意按照防疫體系的指導或要求，付出相應的代價或努力 —— 例如嚴格遵守社交隔離規則、個人衛生習慣、防疫指導及政策等等。

「搭便車」的畫面是這樣的：

—— 我肯定希望大多數人都能遵守防疫的規定，減少社交距離，減少聚會、減少出行。只要大多數人都遵守規定，疫情是不會擴散的。今天這次小型聚會活動違反了政府的社交隔離規定，但它是私下舉行的，活動對我來說也很重要，我還是參加吧。

—— 我希望大多數人都遵循政府的指導，在室內佩戴口罩。但今天出門我忘了戴口罩了，懶得回家拿了，就這麼著吧。大多人戴了就好了，也不一定有人管。我估計我也應該沒事。反正只要大部份人遵守規則，我們的社會應該不會被我今天這個特殊情況所影響。我明天再戴就好了。

—— 陽性要去方艙醫院去隔離？我支持這個政策，要應收盡收，這樣才能把社會面的疫情控制住。絕大多數人都應該去隔離。上週我鄰居陽了，他們去方艙隔離了，我就支持。但今天我陽了，我的情況比較特殊，我就一個年輕人，我一點症狀沒有。我覺得我這種情況可以特殊處理，居家隔離啊。我肯定能自愈！

對公共期待一套標準，對自己另一套標準，自己的標準一般要更低，給自己特殊處理。這，就構成了搭便車。也可以看出，在其他條件相等的情況下，COVID-19 低風險人群自認為先天保護強，相比高風險人群而言，更有可能希望搭便車。

顯而易見，如果每個人都是個人主義，都自私行事，都抱有「搭便車」的幻想，那這個社會很難建立公共衛生秩序。在這個問題上，社區感、集體主義、傳

統主義、家長主義傳統比較重的社會的表現一定會比自由散漫、個人理性主義驅動的社會（例如英美國家）要好。

在本篇中，我們引用社科概念，發現了 COVID-19 會帶來的許多經典問題。從負面外部性、道德風險到搭便車，這些問題都會導致所謂的「市場失靈」，公共問題無法解決。因為大多數的人類個體都是短視的、小我／利己的、現時的。他們考慮的是自己眼前的、看得到的、可預測的收益與成本。他們的行為也被稱為是合乎「理性」的（rational）。

許多人也會考慮道德／倫理因素，但問題是，每個人的價值觀和道德水平都不同，與家庭／社區／社會的關係也不同，要讓所有人都對自己的行為嚴加約束，要讓所有人都時刻充分考慮公共利益，都成為利他主義的「聖人」，是脫離現實的。在世俗且信息繁雜、觀念多元的現代社會裏，人們很難形成整齊劃一的道德判斷。退一萬步，即便大家的觀點相同，也未必就能夠約束自己的行為，真的有「道德自律」，按照道德行事。所謂「道德風險」、「搭便車」等概念，來源就是個體的利己及短視。

此外，還要看到，每個人所能掌握的信息與知識都是有限的，人們只能根據有限的信息，結合切身的需要行事。他們往往沒有能力也不願意做全域的判斷。也因為如此，使得人類的「理性有局限性」（bounded rationality）。最終，每個人都出於利己、短視的考慮，再把個人的決定加總起來，還是短視的決定。這就會導致所謂的「市場失靈」，使得公共問題無法獲得解決。

COVID-19 對人類社會是「分而治之」，把大部份的人群（都是低風險人群）變成了自己的傳播工具。這時，老弱病等高風險人群變成了保護低風險人群自由所帶來的「附帶損害」（collateral damage）。COVID-19 的進化邏輯是通過不斷的自我調整，無限「靠近」人類：極大增加傳播能力，使得人類防不勝防；盡量弱化對低風險人群的傷害，使得大部份人對病毒的態度開始趨向中性或無感。只不過，現階段 Omicron 對老弱病的危害依然很大，並有可能因此使得一些社會的醫療資源被擠兌。所以，人類還在努力對抗 COVID-19 —— 尤其是那些社會集體價值觀念很強、對長者非常尊重的社會。但無論如何，COVID-19 的進化結果，確實進一步加大了人類個人健康風險與公共衛生風險不對等的問題，也使得病毒從內部撕裂人類社會的能力更強了。

從生物學的角度講，主張「人不可能勝天」、接受「躺平」或「共存」的人，實際上其實已經成為 COVID-19 病毒在人類社會裏的「代理人」（agents）：他們在代表 COVID-19「發聲」，呼籲人類社會接納 COVID-19。而人類社會接納 COVID-19 的結果，自然是大規模的傳染，以及以老弱病的重症與死亡為附帶代價。

從這個角度來講，一方面是 COVID-19 在適應人類；一方面，也是 COVID-19 病毒在「馴化」（domesticate）人類。這和人類從狼群後代裏培養出狗是一樣的：把最兇猛、難以馴服的消滅，把溫順的留下來。一代一代的，改變他們的基因。最後，「狼」（狗）就與人共存了。這就是 COVID-19 在做的事情。2020 年以來，在幾乎所有的人類社會，COVID-19 都實現了這個「目標」，除了一個「孤島」──中國大陸。

這裏，我們再探討一下這種重大公共問題裏的「市場失靈」問題。

我們發現，但凡存在巨大負面外部性、道德風險、搭便車的公共問題，往往都會出現所謂的「市場失靈」（market failure）的問題，即人們各自為政，無法聯合起來，而僅憑藉「看不見的手」，通過市場自身力量去應對，最終無法解決問題。破局就是引入強有力的公共力量，自上而下進行強有力的管理。

相比氣候變化而言，COVID-19 只是一個微不足道的小事件了。COVID-19 確實會導致數百萬人的死亡，但氣候變化會是危及人類存在的「滅絕性問題」。氣候變化一樣會造成人類社會的撕裂，但它比病毒還危險，因為病毒有很強的即期效果，人們能夠看見社會成員的重症和死亡，能夠感受到醫療資源擠兌帶來的問題，而氣候變化似乎是一個距離我們很遙遠的「灰犀牛」，以「溫水煮青蛙」的效應發生作用。

但無論 COVID-19 與氣候變化表面上存在什麼差異，要克服理性個人決策所帶來的「局限」，就需要自上而下的、一體化的、有權威的力量的介入，幫助參與制定規則、設定邊界、進行倫理與輿論引導，同時還要讓違反規則的人付出代價（包括承擔經濟代價，或接受行政處罰，可根據問題性質和嚴重程度的不同而有所差異）。

COVID-19「勢如破竹」的原因，就是能夠在低風險及高風險人群之間製造巨大的不對等及不對稱，在人類社會內部製造分歧、矛盾、撕裂。而今日的

Omicron 更具有超高的傳播力，將人類社會破防的「閾值」變得非常低：大多數國家或社會只要有一地被 COVID-19 破防，即「滿盤皆輸」，不可逆地進入全國範圍的被迫「共存」狀態。

阻斷 COVID-19 的核心在於人們能夠眾志成城地團結起來，打破 COVID-19 的撕裂效應。否則，就只能被 COVID-19 擊破，付出巨大的人命及經濟社會代價，被動與其「共存」。不同的人類社會由於組織形式、文化價值、政治制度的不同，對 COVID-19 的應對也會有很大的差異。在其他條件相等的情況下：

——個人主義 vs 集體主義：越是強調或歌頌個人主義，對個人的權利越是無條件保護的社會，越難以團結起來應對 COVID-19，同時，人們通常會用個人的權利、自由、隱私等好聽的政治價值來昇華、美化自己利己或自私的訴求。這其實是為「負面外部性」提供合法依據，把個人的權利與公共利益對立了起來。反過來，一個社會社區價值（communal）越強，集體主義越強，個人越能夠為集體和公共利益進行自我約束，犧牲個人的權利、便利、利益（無論是主動還是被動），也就越能夠團結起來應對 COVID-19。此時，個人的利益一定是整體利益的一部份。

——社會結構之社會單位：社會單位構成越小，例如越是核心家庭化、人與人不相識的「原子化」的社會，也就越分裂 / 離散，聚合人們就越難，團結起來應對 COVID-19 也越難。相反，傳統的大家庭、大家族、大社區型的社會會更團結，人們彼此能夠共享身份認同與目標，應對 COVID-19 會更團結。

——社會結構之多樣性：一個社會族群 / 種族、階層、宗教、文化、政治價值、輿論等方面越「異質化」的社會，團結起來應對 COVID-19 就越難，而越是「同質化」的社會，由於人們更容易團結起來，應對 COVID-19 也就越有力。

——對老弱病的態度：一個社會越是對老弱病賦予價值，越是願意保護老弱病，應對 COVID-19 的意志就越強，應對也會越有力。有的社會（例如中國）不僅僅視老人為弱者（the vulnerable），而且因為敬老、孝順的傳統，對老人（seniority）特別尊重，賦予特別的倫理地位。相比僅僅把老人作為需要保護的弱者而言，尊重老人的社會團結起來應對 COVID-19 的意願肯定也越強。筆者以為，對老弱病的整體態度，是決定一個人類社會文明程度的重要指標。

——依靠經濟內循環的能力：一個社會，越能夠自給自足、把關鍵資源的

供給和需求都掌握在自己手裏，可以一定程度上限制跨境人口流動的（進行「內循環」），就越能夠團結起來應對 COVID-19。相反，一個社會，如果非常「外向型」——例如高度依賴旅遊業等需要人口流動的全球化經濟，那就可能因為外部輸入而導致本國堅持的防疫政策前功盡棄。這裏要看到的現實情況是，第一，全球化時代的人類社會很依賴人口自由流動，一國獨善其身很難；第二，不同國家防疫制度與能力千差萬別，而且一國的成功未必能夠在其他國複製。長期來看，只要全球化的假設依然成立，那麼任何一個國家的公共衛生政策都需要向全球聚攏——當然它需要根據病毒變異的情況及公共衛生及經濟社會政治成本來評估聚攏的節奏。

——政治集中度：一個國家或社會的政治權力越分散、越離散、去中心化（例如聯邦制），將全國不同地方民眾團結起來應對 COVID-19 就越難。政治權力越是集中，則團結應對的能力就會越強。

——政治政策的形成：一個國家或社會政治政策形成，越是傾向於挖掘、鼓勵及迎合大多數普通人的短期考量與訴求，則越難將人們團結起來應對 COVID-19（特別是 Omicron）——因為 COVID-19 的特性就是在低風險人群與高風險人群，以及個人健康與公共衛生之間將不對等與不對稱「最大化」的。COVID-19 低風險人群在人口裏是佔壓倒性絕大多數的，如果簡單迎合多數人（低風險人群）的訴求，那麼在政治的驅動下，出臺不利於少數人（高風險人群）利益的政策只是時間問題。

筆者想說的例子，其實就是西方的政黨選舉政治（liberal democracy）。在現實世界裏，政黨選舉政治最終就是挖掘、發現、鼓勵、引導個人視角、個人利益、個人訴求的。政治家迎合的多，引導的少。選舉政治家的任期也比較短，政治政策的形成因此會呈現短期化和民粹化特性——尤其在當代社會，移動互聯網、社交媒體、資本及商業的介入使得信息和輿論高度去中心化。如果把公共衛生政策交由投票選舉進行，那會得出什麼結果？那麼佔人口大多數的個人健康低風險人群是有可能傾向於放開的，但不惜犧牲高風險人群的福祉與利益。這種犧牲，是絕對意義的：可能構成後者的經濟崩潰及死亡。我們再舉個一個極端的例子，就是讓全體人口對選擇「清零」還是「躺平」進行公投。低風險人口是佔大多數的，除非他們對佔少數的高風險人口擁有巨大的情懷、同理心、賦予巨大

的倫理價值，並且能夠冷靜評估「共存」所帶來的全部後果，否則很有可能選擇「躺平」。這種選擇，與所謂的「多數人暴政」無異。

COVID-19（Omicron）的可怕及魔幻之處在於，它就是要利用人類社會不同成員及群體之間的分歧與矛盾，將人類社會整體擊破。要應對 COVID-19，只有強大的政治能力及意志，以及全民眾志成城和團結。而這恰恰是西方選舉政治所不具備的。

西方選舉政治在現實世界裏運行的內核是：挖掘、發現、鼓勵、弘揚、迎合個人的利益、個人的視角、個人的訴求、個人的感受，並不惜為了選舉目標，尋找、誇大並利用群體之間的矛盾與分歧，為的是將這些矛盾與分歧轉化為能夠服務選舉政治目標的政治動能。階層分裂、族群分裂、共識分裂、巨大的公共衛生代價，都可以是選舉政治的陪葬品。

尤其重要的一條是：選舉政治自帶「嵌入的」（embedded）免責機制，能夠吸收和化解政治不滿：選民如果認為一個政客或政黨的公共政策不好，可以通過選舉將其更替。這樣一來，錯誤的決策都可以由選下去的政客「背」走，人們對政治體制本身依然充滿信心；另一方面，選民也會被制度賦能，始終擁有道德優越感和「主人翁感」（ownership），認為自己始終可以通過選舉不斷地「糾錯」，改變先前錯誤的決策（「我上次選了 Trump，確實選得不對。我看錯人了，當然這也怪華盛頓政客。這次我認真考慮後，選了 Biden」）。

大家可以看到問題所在：選舉迎合的始終是短期的個人利益、視角、訴求，將這些利益與訴求進行「加總」，然後製造短期的結果。未來一段時間內不奏效，再用新的選舉替換。選舉政治只是不斷地週期性的循環短期化的政治決策而已。這時，不僅從長計議，制定當下人所不理解、不認可的長期主義政策是不可能的，甚至錯與對也不那麼重要了。一些選民在看到了選舉政治背後的實質後，就會淡出政治。

而對抗 COVID-19 需要什麼？需要全盤考慮全體人的利益 —— 特別是捍衛少數弱者們的利益；要有足夠的政治擔當及執行力，能夠系統地阻隔低風險人群／地區將病毒轉移到高風險人群／地區；要有堅毅與定力，不能朝令夕改，做「仰臥起坐」；要始終以長期主義價值觀為指導。

西方選舉政治，如果都是個人導向、民粹化、短期化的，只是將個體民眾

的選擇和偏好進行「加總」，那是難以解決重大公共衛生問題的。其結果，就是將公共衛生問題（public health）轉化為醫療問題（personal medicine）。這樣的體制，一方面不利於保護 COVID-19「專注」傷害的弱者，另一方面也會給社會帶來巨大的代價，例如較大的人命代價（「超額死亡」「踏著屍體而來」），最終實現被動「共存」並宣傳「慘勝」。在善於「分而治之」、製造撕裂的 COVID-19 面前，人類社會遭遇的是政治版本的「市場失靈」—— 幾乎所有的人類社會都被打敗了（除了「孤島」中國大陸）。

但人類作為一個整體面臨的最大危險並不是 COVID-19，而是全球變暖 / 氣候變化等重大公共問題。這不是「共存」問題，而是滅絕性問題。

所幸的是，氣候變化與 COVID-19 有一個本質不同，COVID-19 是傳染病，其特點是：大多數人團結和遵守規則也不足夠，只要有少部份人不團結，就可以破壞全局；而氣候變化則只要求大多數國家能夠聯合行動就可以，只要負責任的國家足夠多，就可以影響全域，哪怕個別國家不行動。在這裏，中國也可以成為表率：即便有不負責任的西方國家在國內選舉政治下放棄承諾（例如美國當政的 Trump 退群巴黎氣候協議），也不會影響中國對氣候變化的承諾。中國依然可以利用舉國體制完成自己的承諾，並正向引導其他國家。在這一條上，至少氣候變化比 COVID-19 要「好」一點。

最後，前文提到了「負面外部性」（negative externality）的概念，政治也是有負面外部性的。

很簡單：中國可以解決自己 COVID-19 的問題 —— 如果沒有國外的無止境的擴散和輸入，我們在 2020 年上半年就「消滅」了 COVID-19 了。在相當長一段時間，中國內地沒有大規模的爆發，利用「精準防控」將「動態清零」做得很好，經濟社會生活正常運行。

但 COVID-19 在國外的不斷傳播及變種最終催生了傳播力極強的 Omicron。前面提到，大多數國家因為沒有相應的政治制度及治理手段，做不到「精準防控」下的「動態清零」，老早「躺平」。但選舉政治有個「好處」，即消解政治對抗與壓力。所以一眾西方國家，抗疫雖然不成功，付出了巨大的公共衛生及經濟社會代價，但沒有因此遭遇政治問題，反而在「踏著屍體走過來」之後，覺得自己的表現還行。記憶力非常短暫的當代世界裏，不少「低風險人群們」似乎已

經忘掉了疫情的影響。

　　但如果當病毒由這些國家傳播入中國，造成爆發甚至失控的局面，結果就不一樣了。我們的政府是 360 度責任的全能政府，雖然權力大，但職責也大，這是相對應的。我們的民眾「既要又要」：既希望有正常的經濟社會生活，又不希望看到因疫情導致大規模病死及醫療資源的擠兌（同樣也會帶來超額死亡及附加代價）。如果因為疫情爆發導致公共衛生後果，將會使得我們的制度遭受巨大的政治壓力。

　　這就是國際政治層面的負面外部性：一個國家推行某種防疫體系，自己雖然遭遇了比較大的公共衛生危機，但沒有遇到什麼真正的國內政治壓力；然後，病毒從本國傳導到其他國家，卻可以破壞其他國家的公共衛生體系，為後者造成巨大的政治壓力。這就是：在同一公共問題下，各國所面臨的政治及公共責任風險的巨大不對等。

　　中國正在走出並一定會走出一條極具自身特色的道路，在許多的治理手段和模式上，現在已經可以看出明顯的「中國特殊性」（Chinese exceptionalism）。COVID-19 疫情防控就是這樣一個例子。但在百年不遇之大變局下，我們也會發現，在許多的問題上，中國追求「獨善其身」並不容易，我們還會面臨越來越多複雜的國際挑戰。

　　本篇寫在進入 COVID-19 疫情的第三年，也是一切已由 Omicron 主導、更加複雜與艱難的第三年。希望通過這些概念的引入，鼓勵人們從更多的歷史視角去理解病毒與人類社會的關係。

31 Omicron 為中國帶來的挑戰 —— 若干因素與悖論分析

2022/04/29

本文寫在 2022 年 4 月下旬北京疫情的初期。希望這波輸入疫情能夠得到有效的控制。

Omicron 之前的 COVID-19 世界

首先，再不厭其煩地提一下我國目前的防疫政策 ——「動態清零」。對此政策，很多人簡單理解為「清零」——但對其核心要旨理解得並不準確和全面。

中共中央政治局常務委員會在 2022 年 3 月 17 日召開會議討論疫情防控工作。總書記指出：

> 統籌好疫情防控和經濟社會發展，採取更加有效措施，努力用最小的代價實現最大的防控效果，最大限度減少疫情對經濟社會發展的影響。

這裏明確指出了，疫情防控和經濟社會發展不能是對立的關係，要減少疫情防控對經濟社會發展的不利影響。

我們不斷分析過一個簡單的道理，即大規模、長時間的隔離防控（所謂「封城」），搞一兩次可能還可以，搞多了，一定會對經濟社會及人的心理產生巨大負面影響，沒有一個國家／地區／社會能受得了。中國大陸以外地區大多最終選擇「躺平」（早在 Omicron 出現之前就已躺平），並非政府不願防控 COVID-19，也不是看不見 COVID-19 會造成醫療資源擠兌、病死及一些更加長期的經濟社會

及公共健康負面效應，但如果手頭的工具只有依賴單純大規模的社交隔離及封控手段進行「硬清」的話，經濟社會成本太高，肯定不可持續。

疫情以來，中國內地之所以沒有「躺平」，還可以堅持「動態清零」，就是因為中國掌握了許多獨特的核心能力 —— 數字化的公共治理，360度網格化立體化的管理體系，全面的社會組織及動員能力，集體主義、家長主義、敬老等傳統社會價值的協同作用…… 這些能力，使得中國能夠以相對最小化的代價防控疫情，平衡疫情防控與經濟社會發展的關係，在全球疫情爆發下，甚至使疫情防控成為保障經濟社會發展的基礎。中國這套能力所依託的制度、社會、文化的組合，是中國獨有的，其他國家和地區無法複製。

在探討疫情防控政策時，人們總願意訴諸倫理敘事，例如：人的生命的價值是不能用金錢和物質來簡單評估和衡量的；保障最廣大人民的生命安全才是真正的以人為本，以人民為中心，是真正指向公共利益的；尊老扶弱，保護弱勢群體，也是人類社會文明性的表現，等等。這些價值觀符合人們的道德直覺，相信很少人會加以反對。但在現實世界裏，人們又是「理性」和「務實」的，對一項公共政策長期合理性與合法性的評估，不可能不考量經濟社會效益。

簡單說來，大多數人會認為：疫情防控的「收益」（包括公共健康、倫理、社會收益等等）應當顯著大於其對經濟社會發展帶來的負面影響（「成本」）。如果疫情防控體制的成本過高，經濟社會發展承擔的代價過大，人們就會認為疫情防控體系「得不償失」，喪失了合理性與合法性，寧願轉而求其次，看看能不能換得經濟社會的保障與發展。（這就是其他國家地區選擇對 COVID-19「躺平」/「共存」的原因。）如果疫情防控體制的成本是總體可控的，經濟社會發展良好，那麼人們會認為疫情防控體制是合理的、可取的，哪怕短期會產生一些不便或代價，社會作為一個整體也應該承擔。這也是把疫情防控與經濟社會發展統籌、平衡好的重要性。它最終關乎的是疫情防控體系的合理性乃至合法性問題。

Omicron 之後的 COVID-19 世界

首先要指出，早在 Omicron 變種出現之前，絕大多數國家已經「躺平」了。另外，不要忘記，Omicron 就是在這些國家裏「發展」出來的。未來，病毒廣泛

傳播之下，必定還會不斷出現新的變種。

在 Omicron 出現之前，有些地方尚能堅持過去「清零」政策（典型如中國香港）。但在 Omicron 出現之後，在中國大陸以外，所謂「清零」與「共存」之爭已實質終結：幾乎所有的社會都不得不選擇與 Omicron「共存」。

今年，Omicron 大量傳至中國內地，給中國的防疫體系帶來了空前的衝擊。Omicron 的特徵是傳播力極強，傳播速度極快，傳播範圍極廣。呼吸道傳染病防控與消防一樣：我們需要在火災爆發的最初期即採取措施，撲滅火種。一旦火勢蔓延，就會造成巨大損失。由於 Omicron 傳播力非常強，能夠迅速突破我們精心構建的防疫體系，導致爆發，甚至不可收拾，疫情局勢失控的「臨界值」也就變得特別的低：只要在最初若干天的窗口時間裏未能採取有效措施阻斷病毒的傳播，導致了社區的爆發，甚至出現了跨區的擴散，積累了一定數量的感染者，就會使得後來「動態清零」的成本很高，對經濟社會發展影響很大。治理者也因此而陷入很大的被動。所有人都不得不承認的是，Omicron 構成了對中國內地 COVID-19 防疫體系的巨大挑戰與衝擊，甚至有可能衝擊中國一直以來處理得比較好的疫情防控與經濟社會發展間的平衡關係。

許多因素會發生作用，負面影響人們對我國防疫體系的積極性。這裏，還可以對相關因素再做一些分析、分解。

1. Omicron 病毒自身特性所帶來的社會撕裂。Omicron 在個人健康與公共衛生安全之間是存在著極大的不對稱性及不對等性。這個特性接著會帶來「負面外部性」「道德風險」「搭便車」等經典問題，導致人群及社會的撕裂，社會動員及治理的失效。

2. 矛和盾的關係：對付 Omicron，如果不升級我們的防疫體系，則疫情防控的經濟社會代價肯定會提升。Omicron 好比是「矛」，它本身是 SARS-CoV-2 的「迭代發展」，我們的防疫體系好比是「盾」，如果還按照對付 Omicron 之前變種的老辦法去應付，一定會被矛傷及，承擔更高的經濟社會代價。要對付矛，就得有升級的盾。這一條應該是很清楚的。

3. 防疫代價是真實的、自己的，收益卻是理論上的、公共的。多人都可以直觀感受，並參與承擔疫情防控所帶來的成本，但卻無法直觀體會疫情防控帶來的收益（沒有「獲得感」）。人們覺得，代價都是真實的，例如企業商家的生

意受到影響；個人出行與生活遇到的不方便；學生不得不居家上網課，以及疫情管控、封控階段帶來的諸多限制，等等。而這些，往往又與人們的現實利益與經濟社會發展有關。而此時，疫情防控帶來的收益 —— 防止病死、防治醫療資源擠兌等，卻只限於「理論」和「數字」—— 我們說，中國的疫情防控在過去兩年（pre-Omicron 時代）避免了數十萬、上百萬人甚至更多人的病死，在未來（post-Omicron）也可以避免數十萬甚至上百萬人的死亡，但這些都是推演的數字。大多人認為這些數字與己無關。單憑理論推演，很難打動普通人。（但反過來說，如果沒有這套防疫體系，出現了大規模的病死，並且死亡來到了自己的身邊，人們就不會這麼認為了。）

4. 大規模的封控清零可能會消耗甚至透支防疫抗疫意志。個別城市被 Omicron 突破，疫情爆發越過了臨界值，而為了保有全國一盤棋，不得不進入大規模的封控狀態，並且一旦疫情越過臨界值，鬥爭就非一兩週可以解決，需要相當的時間、定力、全民配合。過程中，一定會影響許多人的生活生計，影響經濟社會的發展。為了顧全大局，「硬清」是沒有辦法的事。但這樣的舉措肯定是有代價的，過程中肯定難免出現許多問題，最終使得人們疲憊不堪，進而透支防疫抗疫意志與熱情，降低對防疫體系的支持度。應該說，一個地方如果是意外破防，搞個一兩次的「硬清」，人們應該能夠接受，但如果反覆、持續、頻繁地進行 —— 比方說，經過十幾週（甚至更長）的時間完成「清零」，如果很快又再陷入長時間的大規模封控，人們就很難承受了。這時，人們就會認為經濟社會發展代價變得大於疫情防控收益。這其實也是大多國家在 Omicron 之前就被動放棄對抗、選擇「共存」的原因。

5. 悖論之：疫情在一地爆發，如果最後發現後果並沒有那麼嚴重（即病死率很低），反而會消磨人們的意志。首先，病死率不高，本身的原因就是防疫抗疫體系的有效性：疫苗是有效的，並且得病者也得到了及時的救助和治療。按說，應該是誇獎防疫體系才對。但大多數人的觀感可能是：「這說明這個病並沒有什麼可怕的，就是大號流感麼」；「我打了疫苗，不是很安全麼」。這時人們的關注和敘事會轉變為：「比病毒更可怕的是對病毒的恐懼」；「不怕得病，就怕去方艙」。另外會集中關注防疫抗疫中出現的各種問題、導致的各種問題。例如，人們不太可能關注「躺平」「共存」後可能導致的醫療資源擠兌及超額病死 ——

因為那些都是理論上的，並沒有真實發生，人們只會關注因為疫情防控而未能得到及時就診所產生的醫療問題，將不滿轉化為對防疫體系本身的批評。總之，疫情爆發後，前期預防工作（疫苗接種）和對患者的救助治療工作做得越好，疫情的公共衛生影響越小，人們反而越會認為疫情防控的收益要小於經濟社會發展的代價，越會認為防疫體系的好處並不那麼明顯，對防疫體系的支持度反而會下降。這是個經典悖論。

6. 地方「層層加碼」問題會增加疫情防控的經濟社會成本。目前，各地看到了 Omicron 的可怕：疫情防控的閾值很低，一旦破防，再回過頭來管控，成本就不可控了。所以，必須在源頭上避免破防，不致使自己陷入更大的被動。這時，各地方的第一反應是：對原有的疫情防控系統（「盾」）進行加碼，嚴加應對，甚至這種加碼還有相互比較、學習、「內卷」的成分。請注意，這個「加碼」，只是「加碼」而已，更加的嚴格、嚴厲、嚴苛，但並非技術與體系上的迭代發展。各地會認為，與其在後來再補救，不如在早期就加碼（網友語：早封封一週，晚封封三月）。確實，在防疫體系與邏輯不變的基礎上，這樣做，可以最小化 Omicron 疫情防控所產生的經濟社會代價。但也要承認，從全社會來看，疫情防控的成本確實提高了，與經濟社會發展的平衡關係受到了影響。這有可能弱化人們對疫情防控體系合理性的認定。

7. 悖論之：疫苗接種的不斷推廣，反而又可能懈怠人們的防疫意志。要在未來逐步放開，我們就要確保大比例的人口（特別是老人）完成了三針疫苗的接種。悖論在於，在完成疫苗接種後，人們就認為自己「安全」了，防疫抗疫的鬥志與積極性會下降，反而會成為 Omicron 的「代理人」，加入到製造「負面外部性」「道德風險」及「搭便車」的行列裏，弱化全社會聯控聯防的機制。

8. 悖論之：開展對 Omicron 的科學教育，反而有可能懈怠人們的防疫意志。中國的防疫體系要求全國一盤棋，各地聯防聯控，全社會機構與民眾眾志成城，共同參與。對病毒的重視是很重要的。而要重視一個病毒，首先就要看到它的危害性，不僅僅是對社會的危害性，也有對個人、對個人家庭的危害性。說白了，要團結人民一起防疫抗疫，對病毒沒有一點點的恐懼與擔心，人們是很難被團結起來的。這裏出現了一個悖論，未來要逐步放開（例如採取地方試點的方式），對人們開展更多的教育是一個前提，例如 Omicron 已經「上呼吸道化」，

不同於初代版本的「肺炎」；輕症（包括一定程度的發燒）在未來就需要居家觀察了，不能到醫院擠兌醫療資源，等等。可以想見，未來真的要放開，就要做系統的準備工作，讓人們在醫學上和心理上更加了解並「接受」Omicron，但一旦廣泛宣傳，人們的防疫意志就會發生懈怠，防疫體系也會因此軟化、弱化。在一些教育水平較高、信息發達的城市，其實已經出現這樣的情況，使民眾配合「動態清零」的難度更高

9. 國外的影響。這兩天，Fauci 宣佈美國已經走出了 COVID-19 疫情（out of the pandemic phase）。大多人並不會關注美國因 COVID-19 已經死掉一百萬人，以及大量的超額死亡 —— 畢竟對一個中國人來說，那死掉的一百萬美國人和自己是無關的，就是一個數字，很難找到情感聯繫。人們只會關注美國「走出來」的現狀，那裏看似已經恢復正常生活。並且，希望「共存」「放開」的人們還會選擇性地吸收信息，希望證明這些國家已經全然無事。當越來越多「踏著屍體走過來」的國家處在這種看似無事的狀態，並進入彼此的大循環，就可能會動搖和懈怠部份國人的防疫抗疫的意志（「人們已經沒事了，我們還這樣」），將他們推到「動態清零」政策的另一面。另外，國外與中國的經濟合作也是一個重要因素，在中國從事直接投資或與中國開展貿易的外國企業也會評估中國的疫情防控政策：對於商業合作是利大於弊，還是弊大於利。之前，肯定是利大於弊的，中國疫情之後的迅速復甦，使得供應鏈被穩定在中國。但如果 Omicron 使得中國疫情防控體系不斷加碼，管控的頻度、密度、廣度不斷增加，使得防疫成本開始高於其他國家，那麼就有可能影響外國企業的評估，考慮將供應鏈逐步移出中國。這無疑會加大疫情防控對經濟社會發展的負面影響，並進而動搖一些人對防疫的鬥志與決心。

10. 悖論之：退出計劃。不少觀察者說：中國對 COVID-19 好像沒有一個「退出計劃」（exit plan）。所謂「退出計劃」，就是如何在中國內地全域結束動態清零，與世界各地實現疫情之前的通航、循環與融合。這其實就是所謂的「終局」。終局可以有很多版本。比方說，中國可以研發出一種打敗 Omicron 的無敵疫苗，真的實現「群體免疫」，然後全面放開，這是一種終局。抑或，中國達到了某種準備條件，開始有信心地逐步放開，從局部地方到全境。這也是一種終局。總之，這個終局，一定是中國與世界其他地方的自由通航。目前的情況是，

民眾不清楚「退出計劃」是什麼，例如，會不會放開？何時放開？如何放開？什麼條件？等等，都不清楚。對未來的不清晰，會引發人們的焦慮。但悖論是：一旦正式宣佈了「退出計劃」（結束全域動態清零的路圖），其產生的效果，可能並不是在奧運會馬拉松比賽裏跑進體育場衝刺最後的 400 米，而是有如決堤，導致人們對防疫體系迅速懈怠，這樣就很難組織起來完成最後的衝刺。所以，「退出計劃」太晚說不好，但太早說也不妥。

11. 掌握輿論 / 輿情話語權的人往往是制度與政策的批評者。這些人往往受過較好的教育，能夠獲取國內外的多樣信息，居於超一線高能級城市，有不錯的收入（居於社會中上層至上層），能夠獲得較好的醫療資源，接種過疫苗，自認為自己和家人不會受到 COVID-19 的影響，比普羅大眾（中國的中位數人群）更加善於寫作或表達，在工作單位、同事及同學圈、線上線下的「朋友圈」裏有一定的影響力，以及有一定的國際聯繫與交往需求。並且不特如此，他們可能對體制與政策有自己的看法，願意擇場合表達不同的意見及情緒，並在一些重點問題（例如 COVID-19 防疫）上聚合起來。這部份人的意見是很重要的，需要被聆聽，但他們對輿論和輿情也是有很大的話語權的，甚至是超比例的話語權。因為他們既能說，也願意說。請注意，這裏所指的輿論、輿情，並不是官方媒體的若干文章或報導就能主導的，也不限於互聯網平臺，而是指的廣義的公共空間：包括線上、線下，公開、半公開及私密朋友圈及團體裏的表達、交流與討論。批評者是可以發出聲音的，而且聲音很大，能夠影響和帶動輿論，形成對防疫政策的批評力量。

實事求是地說，Omicron 之後的 COVID-19 疫情時代裏，中國的防疫體系遇到了兩年多以來最新也是最大的挑戰與考驗。一個體系能否持續下去，核心是要把握好、平衡好、統籌好疫情防控與經濟社會發展的關係。如果全國放開的條件暫不成熟，在未來一段時期內還需要堅持「動態清零」，那麼就需要總結全國最佳實踐，對現有的防疫體系做有針對性的優化、升級、迭代，使其能夠大部消解 Omicron 所帶來的防疫成本升級問題。

最重要的是，要千方百計地避免高能級城市再出現長時間的全域靜態管理 —— 既要在最早的時候發現疫情，切斷病毒傳播鏈條，避免社區爆發，避免出現大規模管控甚至封城的被動情況；又要做到最小化對經濟社會的影響。這就

真正地要在瓷器店裏抓老鼠了。需要的是真正的精準防控能力。既要有理念，也要有科技賦能，還要有管理手段和動員能力，對治理是個大考。

最終，只要大多人的樸素看法是，疫情防控體系的成本／代價可控，對經濟社會發展的影響有限，那就能夠堅持下去。這個「堅持」，指的是大多數人都能積極投身進來，而不是消極配合。但同時，中國也不能浪費時間，必須為未來的政策演進與迭代做好準備。

32

防控體系的重要迭代（一）：第九版防控方案學習

2022/07/03

　　週末抽時間看了看 2022 年 6 月 28 日公佈的《新型冠狀病毒肺炎防控方案》（第九版），並對照著上一版（第八版）比較了一下，以瞭解防疫政策及體系的最新變化，發現很有收穫。

　　先放一個概念出現頻次比較表，讀者可先睹為快。有些東西一目了然。下文會有一些分析。

概念出現次數 @tuzhuxi			
	第八版	第九版	
	2021.9	**2022.6**	**%**
核酸檢測	168	353	210.1%
居家	48	133	277.1 %
社區	72	112	155.6%
方艙	0	29	—
閉環	6	29	483.3%
2 小時內	0	12	—
及時	90	148	164.4%
快速	4	14	350.0%
聯防聯控	16	30	187.5%
統籌	3	21	700.0%
協同	2	8	400.0%
協查	0	36	—
精准	10	18	180.0%
全員	3	28	933..3%
監測	171	191	111.7%

概念出現次數 @tuzhuxi			
	第八版	第九版	
	2021.9	2022.6	%
物品	63	109	173.0%
轉運	75	147	196.0%
隔離	175	367	209.7%
管控	24	74	308.3%
信息	114	178	156.1%
流調	5	91	1820.0%
風險	72	312	433.3%
風險區	2	126	6300.0%
交叉感染	2	13	650.0%
常態	6	14	233.3%
排查	11	33	300.0%
篩查	9	26	288.9%
專班	2	24	1200.0%
工作組	1	22	2200.0%
抗原	0	19	—
疫苗	35	37	105.7%

現在先看看國家衛健委頒佈前幾版的時間：

2020 年 1 月中旬，發佈《新型冠狀病毒感染的肺炎防控方案）》；

2020 年 1 月 22 日，發佈《新型冠狀病毒感染的肺炎防控方案（第二版）》；

2020 年 1 月 28 日，發佈《新型冠狀病毒感染的肺炎防控方案（第三版）》；

2020 年 2 月 6 日，發佈《新型冠狀病毒肺炎防控方案（第四版）》；

2020 年 2 月 21 日，發佈《新型冠狀病毒肺炎防控方案（第五版）》；

2020 年 3 月 7 日，發佈《新型冠狀病毒肺炎防控方案（第六版）》；

2020 年 9 月 11 日，發佈《新型冠狀病毒肺炎防控方案（第七版）》；

2021 年 5 月 11 日，發佈《新型冠狀病毒肺炎防控方案（第八版）》。

此外，在《防控方案》（第九版）之前，今年 3 月份還有一個《新型冠狀病毒肺炎診療方案（試行第九版）》，裏面的內容也反映到了《防控方案》（第九版）裏。

第九版的頒佈距第八版已一年多；更新的速度慢了，但新版本能夠反映病毒

變異的特徵、新的科學發現及實踐、一段時間以來各地積累的經驗等,並更能契合現階段中央對常態化疫情防控提出的要求,包括精準防控、最小化經濟社會代價等。

一、《第九版》較《第八版》更新和修改的內容

以下,將對照《第八版》閱讀《第九版》的發現記錄一下,供讀者參考。

1. 總體要求:增加了「堅持科學精準防控」「進一步加強源頭管控」「提高監測預警靈敏性」「以最短時間、最低代價將疫情控制在最小範圍」「最大限度統籌疫情防控和經濟社會發展」等表述,核心是強調精準防控,平衡好疫情防控和經濟社會的關係。這體現了今年 3 月 17 日政治局常務會議的精神。

2. 流行病學特徵:主要介紹 Omicron 變種。在《第九版》中,圍繞新冠病毒,主要描述的是 Omicron 的情況,明確說明 Omicron 具有潛伏期短、傳染性強、致病力減弱的特徵。(「目前,奧密克戎變異株已成為我國境外輸入和本土疫情的優勢流行株,現有研究提示,奧密克戎變異株平均潛伏期縮短,多為 2~4 天,傳播能力更強,傳播速度更快,感染劑量更低,致病力減弱,具有更強的免疫逃逸能力,現有疫苗對預防該變異株所致的重症和死亡仍有效。」)

3. 疫苗接種:擴大接種範圍。《第八版》裏,只強調要做好重點人群裏 18 週歲以上人群的接種;《第九版》裏,將範圍大大擴大,鼓勵 3 歲以上「應接盡接」,18 歲以上進行加強接種;並提出要重點提高 60 歲及以上老年人群等重症高風險人群的全程接種率和加強免疫接種率。但疫苗接種還是「堅持知情、同意、自願原則」,沒有推動強制接種。

4. 公共衛生管理體系進基層:要求在在村(居)委會建立公共衛生委員會。

5. 確診病例及無症狀感染者的發現報告:

強調總的原則是「逢陽必報、逢陽即報」;

對初篩陽性人員,要求「出具檢測結果後 2 小時內進行初篩陽性報告」(這是為了判定陽性人員為「確診」還是「無症狀感染者」。《第八版》無此 2 小時的時間要求);

「確診者」轉運至定點醫療機構或方艙醫院治療,「無症狀感染者」轉運至方

艙醫院進行隔離醫學觀察」。這裏區分了定點醫療機構及方艙醫院，無症狀感染者去方艙。（《第八版》的表述都是「定點醫療機構」。）

6. 附件中新增了《新冠肺炎核酸檢測初篩陽性人員管理指南》，對於單管初篩陽性、混管初篩陽性怎麼處理都有明確規定。

7. 聚集性疫情：調整定義，一週內 2 例即觸發。《第九版》規定，一個星期內，在同一學校、居民小區、工廠、自然村、醫療機構發現 2 例就算聚集性疫情；在《第八版》裏，14 天內 5 例及以上才算。這是適應 Omicron 傳播力超強的特徵。

8. 多管道監測預警：強調信息共享。「信息共享」是《第九版》的關鍵字，也是為了適應 Omicron 傳播快的特徵，如果不加強信息匯總，防控機制是反應不過來的。因此，《第九版》增加了表述：「地方聯防聯控機制加強部門間信息共享，匯總多管道監測信息，開展綜合分析和風險研判，提出風險評估結果和預警響應建議，及時向社會發佈疫情信息和健康風險提示。」

9. 醫療機構就診人員檢測：增加了抗原檢測手段。延續《第八版》要求，對所有來看病的發熱或可疑患者及其陪護都要開展新冠核酸檢測，《第九版》的區別是可以增加適用抗原檢測（「不具備核酸檢測能力的基層醫療衛生機構，可對上述人員進行抗原檢測」）。這應是結合一線實踐的產物，為醫療機構提供了較大的靈活性。

10. 增加對風險職業人群的精準防控。

第一類是涉外或與醫療相關的。

—— 擴大了人群範圍：《第八版》還規定了特定的涉外部門，譬如進口食品冷鏈監管人員之類的；《第九版》簡化了，將所有「與入境人員、物品、環境直接接觸的人員」都劃為風險職業人群；

—— 大大增加核酸檢測頻度：《第八版》要求對這些人群每週一檢；《第九版》則要求每天一檢。

第二類是人員聚集或流動性強的從業人員。

—— 擴大了人群範圍：《第九版》增加了酒店、商場超市、裝修裝卸等行業；

—— 大大增加核酸檢測頻度。《第八版》要求對這些人群「每週抽樣檢

測」;《第九版》則要求每週全員兩檢。

11. 重點機構和場所人員檢測,要求只要轄區內發現 1 例就要全員檢測,後續每天還要抽樣 20%。這些機構和場所包括幼稚園、學校、養老、醫院、車間、工地等。《第八版》裏,只要求對這些人群進行每日健康監測,顯然標準不足以應付 Omicron。

12. 增加了對集中隔離場所和醫療機構定期進行環境核酸監測的具體要求。(《第八版》只是一句帶過。)

13. 進口物品及環境監測,強調「進口」概念。《第八版》說的是「物品及環境監測」,《第九版》增加了「進口」兩字,說明主要還是輸入風險。

14. 疫情處置:強調聯防聯控的機制建立與啟動。《第八版》說疫情出現後如何分區分級管控,《第九版》表述則為要在疫情發生後「激活」指揮體系(表明之前已經建立好了),要「迅速完成常態和應急機制轉換」(常態和應急都是確立好的機制,應急也不是臨時機制,都提前準備好,可以根據疫情隨時互轉),另外,要「以地(市)為單位成立前線指揮中心,省、市、縣聯防聯控機制協同聯動,扁平化運行,統籌調度資源」。

15. 對確診病例的處理。轉運目的地增加了方艙醫院:《第八版》和《第九版》都規定,確診後兩小時內要轉運確診者,《第九版》規定要送到「定點醫療機構或方艙醫院」;《第八版》沒有方艙醫院這個選項;治癒出院後,縮短為只進行 7 天居家健康監測。(《第八版》要求出院後繼續 14 天醫學隔離觀察。)

16. 對疑似病例的處理:排查手段大大簡化。只要單人單間隔離(未規定地點),連續兩次核酸檢測陰性(兩次間隔 24 小時)即可排查。(《第八版》則要求必須到定點醫療機構去排查,除了連續兩次檢測陰性外,還要求「且發病 7 天后新冠病毒特異性抗體 IgM 和 IgG 仍為陰性」方可排除疑似病例診斷。)

17. 對無症狀感染者的處理,《第九版》與《第八版》差異非常大。

《第九版》的無症狀感染者:

到方艙醫院隔離 7 天;

考慮 Ct 值的核酸檢測。在最後兩天進行鼻咽拭子核酸檢測,如「兩次核酸檢測 N 基因和 ORF 基因 Ct 值均 ≥ 35」(即雖然結果呈陽性,但判定沒有傳染風險),或檢測結果為陰性,即可解除隔離。如不符合,則繼續在方艙醫院隔離至

符合條件止方可出艙；

　　—— 期間不需強制進行其他檢查：感染者如無特殊情況並不需要做其他檢查；

　　隔離結束後進行 7 天居家健康觀測。所以，無症狀感染者最快「7+7」就可以出這個閉環體系。

　　《第八版》裏的無症狀感染者：

　　「在定點醫療機構進行集中隔離醫學觀察 14 天」；

　　核酸檢測結果必須連續陰性：連續兩次檢測為陰性方可離開（不會考慮 Ct 值≥35 的情景）；

　　隔離期間要做檢查，「應當做血常規、CT 影像學檢查和抗體檢測」。

　　解除隔離後，「應當繼續進行 14 天的居家醫學觀察並於第 2 週和第 4 週到定點醫療機構隨訪複診」。

　　在《第八版》裏，感染者最快「14+14」才能出閉環週期，要做一堆檢查，而且第 2、4 週後還要到醫療機構複診。顯然，這不僅對於感染者來說很麻煩，而且也很耗費醫療資源。

　　18. 對出院／艙後「復陽」者的處理，《第九版》有專節，《第八版》則未涉及。《第九版》裏，出院／艙後，即使陽性，只要沒有症狀，核酸檢測 Ct 值≥35，就不用管理。但如果 Ct 值＜35，就要綜合判斷傳播風險，根據對傳播風險的判斷確定管理方案 —— 例如確定密接者，但《第九版》規定，對這種情形也不需要確定「密接的密接」。如果有症狀的，例如發熱、咳嗽或 CT 出現肺部影像的，就要送到定點醫療機構。在這種情況下，如果核酸檢測 Ct 值≥35，仍然不需要對密接者進行跟蹤管理；如果 Ct 值＜35，有傳播風險的，就要判斷密接，但仍然「無需判定密接的密接」。

　　所以，對待既往患者與對待初篩陽性患者是完全不同的。這一部份內容所涉及的防疫實踐，大概已與常人理解或想像的對新冠病人／陽性的處理偏離很遠了。

　　19. 流調：快、快、快，《第九版》大大增加了時間要求。《第八版》裏，只要求「盡可能在 24 小時內完成病例和無症狀感染者的個案調查」；《第九版》裏，已明確要求「陽性人員覆核確認後 2 小時內到達現場，4 小時內完成個案核

心信息調查，24 小時內完成初步流行病學調查報告」，這與《第八版》不在一個標準和水平了，說明過去一年我們的流調能力大大提升。

20. 流調：規定了疫情大爆發時的應對情景。「當疫情進一步發展，病例數明顯增多，出現社區持續傳播，傳播鏈難以理清，且社區已劃定為中高風險區實行封管控措施管理，流調重點調整為掌握病例的基本信息、發病時間、首次核酸檢測陽性時間等，用於密切接觸者追蹤和疫情發展態勢分析。」這意味著，如果出現大的爆發，就不能按精準防控那樣去做精細的流調了，沒有這樣的人力和資源，同時社區雖然出現傳播，但已被管控，流調意義不大。此時，流調的目的需要改為社區數據監測。

此外，如果疫情得到有效控制、進入了收尾階段，對於新發的感染者又要恢復到精準流調。估計這些都是汲取本輪上海疫情經驗的成果。

21. 對密接及風險人員的判定與管理：強調精準判定，給予一定的靈活性。

先回顧《第八版》的嚴格要求：

根據流調判定「密接」及「密接的密接」，在 12 小時內全部轉運到集中隔離場所；

密接者「14+7」：先 14 天集中隔離觀察（14 天 4 檢）；解除隔離後 7 天居家健康監測（7 天 2 檢），密接者最快的話「14+7」出閉環管理；

密接的密接：7 天集中隔離觀察（7 天 3 檢），如「上線」（密接者）有陽線，則密接的密接轉為按密接處理（14 天）。所以，密接的密接最快也要 7 天出閉環管理。

再看看《第九版》，核心是管控時間大大縮短。

密接者，「7+3」（7 天集中隔離醫學觀察 +3 天居家健康監測），7 天 5 檢 +3 天 1 檢，密接者最快「7+3」即 10 天就可以出閉環管理。另規定，如果疫情規模大，隔離資源不足的，可以變通採取「5+5」（前 5 天 4 檢 + 後 5 天 2 檢），最快也是 10 天出閉環管理；

密接的密接：7 天居家隔離醫學觀察（7 天 3 檢），與《第八版》的區別主要在為由集中隔離改為居家隔離；

另外，與病例有空間交錯的暴露人員不一定都屬於「密接」或「密接的密接」，需要根據感染風險判定。

22. 新增了風險區域劃定及防控方案。《第九版》新增了相關小節，界定了何為高、中、低風險區。高風險區原則上以居住小區（村）為單元劃定，變為高風險區後，居民享受「足不出戶、上門服務」；連續 7 天無新增案例即可降為中風險區；中風險區連續 3 天無案例即降為低風險區。此外，明確說明「中高風險區所在縣（市、區、旗）的其他地區為低風險區」，並要求低風險區人員離開所在城市也應持 48 小時核酸檢測陰性證明。在《第九版》裏，更專門制定了附件 6《新冠肺炎疫情風險區劃定及管控方案》。

這套機制出來，行程卡上的星號意義就不大了，因為星號沒有所謂的顆粒度，非常容易造成一刀切。在新機制下，所有流動人口本來也應該有 48 小時核酸，並且可以用健康碼取代健康信息。

23. 新增了「風險人員協查管控」部份，這部份與異地旅行高度相關。

要求疫情發生地／流出地一旦發現感染者、密接、密接的密接及中高風險區域人員流出後，就要在 2 小時內向流入地發出協查單；協查方收到信息後要快速排查，對每個人員落實到位，並在 24 小時內回饋給疫情發生地。這裏，主要發起責任在疫情發生地／流出地。但文件也要求非疫情發生地主動排查中高風險區域流入人員。

對不同風險區旅居史人員的處理措施進行了明確規定。1）有 7 天高風險區旅居史的人，採取 7 天集中隔離，7 天 5 檢；2）有 7 天中風險地區旅居史的人員，採取 7 天居家隔離，7 天 3 檢；3）有低風險旅居史的人，進行健康監測，3 天 2 檢。這一版確立了統一規則，可以防止各地層層加碼。

24. 新增了對區域核酸檢測的規定。大意是根據疫情情況，快速、高效、有序地組織區域性檢測，確保各環節流暢，不致延誤防疫戰機，同時還要避免檢測導致的交叉感染。區域檢測能力不足時，可以用抗原檢測作補充。具體內容，《第九版》新增加了附件 7《新冠肺炎疫情不同場景下區域核酸檢測策略》。

25. 「人員轉運」：提高了轉運速度。要求對確診和無症狀感染者「立即轉至定點醫療機構和方艙醫院」；對密接則在 8 小時內將密接送到集中隔離場（《第八版》為 12 小時），強調要做好車輛的組織調度，尤其要「堅決杜絕將感染者與密切接觸者共同轉運」。

26. 隔離管理：

明確要以地市為單位，按照 60 間 / 萬人口去儲備集中隔離房間（大城市、省會城市、口岸城市還要酌情增加），並對隔離場所的組織、安排及物理條件等提出了要求。

—— 居家健康監測：由於居家健康檢測是新一版防疫體系裏非常重要的組成部份，《第八版》的附件《新冠肺炎疫情隔離醫學觀察指南》也升級為《第九版》的《新冠肺炎疫情隔離醫學觀察和居家健康監測指南》，增加了居家健康監測部份的篇幅。主要圍繞社區服務提出了具體要求，增加了登記造冊、監測信息收集、核酸檢測、環境清潔與垃圾處理等具體內容。

27. 新增加了內容「溯源調查」，要求針對來源不明的病例，圍繞人、物、環境，迅速展開溯源調查，關注病毒基因變異情況，同時注意保留證據。

28. 疫情信息發佈：要求速度更快。疫情發生後，當地聯防聯控機制應於 5 小時內發佈疫情、風險區域等相關信息。相比之下，《第八版》未作時間安排，只要求「及時」。新版也是為了適應 Omicron 傳播快的特徵。

29. 入境人員管控改為「7+3」（7 天集中隔離醫學觀察 +3 天居家健康監測），同時進行 7 天 5 檢 + 3 天 1 檢。《第八版》原則要求入境人員進行 14 天隔離醫學觀察；近期各地有鬆動，這一版「7+3」較各地實踐都更寬鬆。這個政策有望大大增加中國內地與境外的人口流動。

30. 入境物品食品管控：細化了對進口冷鏈食品的管理，例如檢測發現陽性物品後的處理規定（包括封存、消毒、信息共享、物品處置）等，以及要求對接觸物品的陽性人員要求進行連續兩次核酸，高頻接觸人員 7 天居家健康監測，等等。上一版沒有這些細化規定。

31. 增加了涉及境外入境人員、物品的「高風險崗位從業人員」的小節，要求對他們加強管理（包括落實居住閉環管理），脫崗後還要進行 7 天集中或居家觀察（「X+7」模式）等。

32. 增加了「口岸城市疫情防控」的小節。要求口岸城市健全疫情防控機制，強調「人物同查、人物共防」，防範境外人員或物品通過口岸輸入疫情。這部份涉及涉外作業人員及口岸的內容，都被補全增加到了附件 13《新冠肺炎境外輸入疫情防控要點》中。

33. 重點環節的防控：明確了對「重點人群」的定義，並要求對其閉環管理。

「高暴露風險的志願者、社區工作人員、警察、保安等職業人群」等，要求對這些人群落實閉環管理。

34. 重點環節的防控：對重點機構的防控，增加了針對企事業單位的表述。「大型企業和機關事業單位等可採取彈性工作制；重大建設專案施工企業可採取封閉管理，減少非關鍵崗位工作人員數量等措施。」

35. 重點環節的防控：核心是常態化防控。《第九版》將附件《重點場所、重點機構和重點人群新冠肺炎疫情防控技術指南》在上一版的基礎上總體升級，增加了很多內容。尤其是，上一版結構上是按低、中、高風險區來確定防控措施的；這一版不再區分，都改為「常態化疫情防控要求」，要求統一嚴格落實，然後才提出了本土疫情爆發之後進一步的防控要求。常態化防控是核心。

36. 組織保障部份，《第九版》增加了一些新的表述。

「指揮體系」部份，要求「加強聯防聯控機制建設」、「成立轉運隔離、社區防控、核酸檢測、流調溯源、區域協查、口岸防控等專班」、增加了「提級指揮」的說法、強調要「信息共享」；

「信息支撐」部份，增加了收集「隔離點管理」相關信息；

「能力建設」部份，增加了「轉運車輛」。

以上是正文部份，很多具體內容體現在後面的十四個附件裏。而除了對上一版附件內容做了更新外，第九版增加了《新冠肺炎核酸檢測初篩陽性人員管理指南》《新冠肺炎疫情風險區劃定及管控方案》《新冠肺炎疫情不同場景下區域核酸檢測策略》三個附件，在上文也有所提及。

關於《第九版》微觀與宏觀的「take away」請見下篇。

33 防控體系的重要迭代（二）：微觀與宏觀的小結與心得

2022/07/04

二、針對《第九版》調整的一些小結（take aways）：

1. 微觀的：

再引用一下關鍵概念的出現頻次表。

概念出現次數 @tuzhuxi		
第八版	第九版	
2021.9	2022.6	%
核酸檢測 168	353	210.1%
居家 48	133	277.1 %
社區 72	112	155.6%
方艙 0	29	—
閉環 6	29	483.3%
2 小時內 0	12	—
及時 90	148	164.4%
快速 4	14	350.0%
聯防聯控 16	30	187.5%
統籌 3	21	700.0%
協同 2	8	400.0%
協查 0	36	—
精准 10	18	180.0%
全員 3	28	933..3%
監測 171	191	111.7%
物品 63	109	173.0%

概念出現次數 @tuzhuxi			
	第八版	第九版	
	2021.9	**2022.6**	**%**
轉運	75	147	196.0%
隔離	175	367	209.7%
管控	24	74	308.3%
信息	114	178	156.1%
流調	5	91	1820.0%
風險	72	312	433.3%
風險區	2	126	6300.0%
交叉感染	2	13	650.0%
常態	6	14	233.3%
排查	11	33	300.0%
篩查	9	26	288.9%
專班	2	24	1200.0%
工作組	1	22	2200.0%
抗原	0	19	—
疫苗	35	37	105.7%

1)「快」：《第九版》裏，從病例及密接人員的轉運、流調、信息的發佈到核酸頻率等，無處不體現一個「快」字，以適應 Omicron 傳播力強的特徵；這裏可以從「2 小時內」「及時」「快速」等字眼的增加看到；

2)「精準」：《第九版》非常專注於對有風險暴露的重點人群、機構、場所的防控，制定了更加細化的方案和指導。這就是通過對重點人群加強防疫管控，保護更廣大的人民群眾；

3)「嚴」：《第九版》提出了更加科學、系統、符合 Omicron 管控要求，可以從「隔離」「轉運」「管控」「閉環」等字眼的出現頻度看出。同樣的，只有對於感染人群／風險人群加強管控，才能保護更廣大的人民群眾；

4)「短」：隔離／檢測觀察時間縮短、「7 天化」。雖然《第九版》對感染者、密接、入境及關鍵人物仍然管理嚴格，要求集中隔離，但已經系統性消除了 14 天這個概念，把「7 天／一週」變為最基礎的隔離及監測週期。因此，一方面雖然「嚴」，但另一方面又減少了代價和投入，兩者應該能取得較好的平衡，是個最合理的結果；

5）方艙是核心基礎設施：《第八版》裏沒有方艙的概念（出現 0 次），新冠的集中隔離和治療地都用「定點醫療機構」。在實操裏，這可能會導致正常醫療資源被擠佔的問題，特別當疫情大規模爆發時，所以必須依賴方艙。《第九版》裏系統引入了方艙醫院的概念（出現 29 次），並對未來建設（以地市為單位，60 間 / 萬人）提出了要求。方艙是防疫體系裏的核心基礎設施；

6）「自住居所」是重要的隔離場所。《第八版》還大量依賴集中隔離場所（而且很多實際上是所謂的定點醫療機構），居家只出現 48 次；《第九版》則開始高度依賴「居家健康檢測」，概念出現了 133 次。分散式的自住居所取代集中隔離，也可以減少對醫療資源（包括方艙）的佔用；

7）核酸檢測是整個防疫體系裏單一最重要的基礎設施。精準防控要求抓住源頭，從一開始就發現並撲滅病毒傳播。這一切都依賴核酸檢測能力。在《第八版》裏，核酸檢測出現 168 次；在《第九版》裏，核酸檢測出現 353 次，是原來的兩倍；

8）核酸檢測裏，引入了 Ct 值的概念，作為應對 / 處理 / 管控等措施的基礎，使得管控措施更加科學導向，符合實際情況；

9）增加了抗原檢測作為篩查的補充手段。在《第八版》裏，抗原檢測出現了 0 次；在《第九版》裏，抗原檢測出現了 19 次，被全面納入防疫體系（今年 3 月，國家衛健委就頒佈了《新冠病毒抗原檢測應用方案》，抗原檢測在上海疫情期間得到廣泛應用）。雖然抗原不會作為最終的診斷 / 確診依據，但對核酸檢測資源與能力不足的地方是個重要補充；

10）減少了其他一些醫療資源佔用問題：例如《第八版》規定無症狀感染者隔離期間應當做血常規、CT 影像學檢查和抗體檢測等。這些都會佔用醫療資源，《第九版》就都簡化了。這應當和上海疫情經驗也相關。

11）注重社區支持，開展社區建設。社區基層治理與支持也是一項基礎設施。居家監測、信息收集及重點人群的追蹤等，風險區劃定後的管控與服務、無不需要社區支援。社區能力強大了，也可以減少人們對醫療機構的資源依賴與擠兌；

12）注重「物」：許多感染事件都是從物 / 貨品中來的，《第九版》因此也非常注重對物的防控，強調人物同查、人物同防；

13）特別注重外防輸入：現在疫情都是通過不同管道由境外輸入的，精準防控，如果要從源頭上做文章，就要在一開始嚴防輸入。因此《第九版》對涉外人員、物品、場景及口岸等都做了更加細緻的規定；

14）注重更加統一、透明的標準（例如風險區的劃定）、聯防聯控機制的建立、統籌的指揮體系、多管道信息數據收集與共享等。可參考「協同」「協查」「統籌」「專班」「工作組」「聯防聯控」等字眼出現的頻率；

15）考慮了疫情出現一定程度的爆發後的情形／場景／挑戰（依託上海等地提供的經驗）；

16）對病毒變異風險沒有掉以輕心。雖然整個防疫方案是針對 Omicron 的，但也非常關注病毒的變異。主要體現在病毒基因變異檢測、溯源調查等部份；

17）關於疫苗接種問題。這一條比較比較重要，分開討論。如果說《第九版》有什麼問題的話，就是在疫苗方面沒有什麼進展。從方案全文可以看出，這套體系依賴的核心能力及基礎設施就是核酸檢測、方艙、聯防聯控、社區支持等，而不是疫苗。因此我們看到，在《第九版》裏，「疫苗」出現的次數和上一版差不多。在多達十四個附件裏，也沒有專門針對疫苗的。雖然《第九版》較上一版是有突破的，明確提出了對 3 歲以上「應接盡接」，並強調要重點加強對 60 歲以上老人的全程接種及加強接種，但特別強調「知情、同意、自願」等原則，止於要求強制接種。目前在實操裏，我們也感受不到政府在大力推動疫苗接種。這和中國大陸以外大多國家地區就存在差異了：大多地方沒有中國內地的防疫機制和基礎設施，在 Omicron 面前是沒有選擇的，只能被動「共存」，所以也就高度依賴疫苗保護。所以，很多國家實踐的就是強制接種，或者接近於強制接種的「類」強制接種，把重點都放在提高重點人群（例如 60 歲以上老人）的接種率，以此減少公共衛生代價。

疫苗和核酸都是防疫的公衛手段，但屬於兩種思路，疫苗的思路是「得了也不怕」；核酸／動態清零的思路是「首先就不要得」。兩種思路其實都會佔用公共資源。在疫苗模式裏，如果病毒實現了免疫逃逸，不防感染，那麼人群還會復感染，並周而復始地佔用甚至擠兑醫療資源，導致公共健康乃至社會生產力的下降；核酸模式裏，核酸檢測、方艙建設、閉環管理等機制也會大量佔用公共資

源。目前《第九版》裏，還是側重核酸檢測，將核酸作為最為核心的防疫基礎設施與能力。

但要看到，中國最需要保護的老年人群體接種率還是比較低的，例如 80 歲以上人群，三針接種率 30%，二針 60%，保護程度遠遠不夠，亟需加大接種率。

關於疫苗，有種觀點是認為只要病毒能逃逸，疫苗不防感染就用處不大。但實際上，對疫苗效用的評價還是應該以防止發病作為標準。像天花、麻疹、脊髓灰質炎等呼吸道傳播的疾病的潛伏期也都在 10 天左右，在潛伏期內是可以檢測到病毒的，因此，這幾種疾病的疫苗也都以防止發病作為評價目標，並不包括無症狀感染者（其實這個概念是這次新冠疫情後出現，過去稱為「隱性感染」或「潛伏期感染」）。

而目前各種數據及實證研究均表明，不論接種現有的哪種疫苗，都可以預防重症與死亡（這其實也是由 SARS-CoV-2 病毒本身的特性所決定的），滿足了上述「防止發病」的評價標準，所以，我們只要把老年人的接種率打上去，後續病毒再怎麼變化發展，也就都有了調整和應對的基礎。

按現在的規定，完成加強針全程接種需要 7 個月，即使能把第二和第三針的距離縮短（例如從 6 個月縮短到 3 個月），也得 4 個月時間。加強針接種對老年人極為重要，是與時間賽跑。

所以，方案如果能夠「既要又要」就好了：一手抓核酸能力建設，一手推動疫苗接種，這樣，短、中、長期就都能照顧。要特別避免兩個實踐產生衝突，影響疫苗接種的進度。譬如現在很多地方（包括筆者到過的北京、深圳、廣州的核心社區）的核酸檢測點都明確要求 48 小時內接種過疫苗的人不得前來測試核酸。這樣，就會把基於核酸的常態化防疫與基於疫苗的防疫對立起來了。兩種實踐會產生衝突。這可能是決策者要考慮的問題。

下一步，希望國家能夠加速推動針對疫苗接種的指導／指南，加強正面宣傳與引導，拿出切實方案鼓勵及鼓動重點人群接種。

2. 宏觀的：

1)《第九版》完全是針對 Omicron 變種的（但並不適合早期的變種）。雖然從純粹科學的、理論的角度來說，尚不能排除有更加危險的變種出現，但我們

的公共衛生決策者與專家應該認為，這種可能性和風險是可控的；Omicron 是絕對的優勢和主導病毒變種，雖然還在變異，但很難被取代。相比之下，病毒自身進一步弱化，以及我們免疫力進一步增強的可能性反而更大，需要圍繞這個現實制定政策。

2）《第九版》是與時俱進的，最新的科學經驗和實踐都反映進來了。上海等超大城市前段的疫情也提供了重要經驗，已經充分反映到了《第九版》裏。現在回頭看，一切都更清晰了；上海不是什麼放棄「動態清零」的試點，其防疫戰所積累的重要經驗、教訓和心得等，成了現階段常態化精準防控的重要借鑒。此外，這也說明，我們之前經歷的一切，都是有價值、有貢獻的：人們在防疫裏的努力、付出、貢獻並沒有被「浪費」掉，而是化作了寶貴的經驗和實踐，對全國人民新階段的防疫提供了指引。

3）新實踐的確立是一個系統性的工程，一推出，就要在全國各地的 14 億人裏落地，所以不容有疏忽，工作不能一蹴而就，必須有個過程。Omicron 去年末就出現了，早在去年末、今年初，就有英國、南非、美國的科學家發表論文稱 Omicron 致病力減弱。但我們能夠憑藉這些論文就改變兩年確立的防疫體系麼？不能。我們肯定要做大量的實證工作，形成中國自己的、獨立的科學判斷，積累一定的實踐經驗，逐漸地調整我們的防疫體系。另外，中國是「全國一盤棋」，14 億人無小事，重大公共政策的制定，一定要考慮到全國最短板、最落後、最脆弱的地區和人群，而不能以大城市為標準。同時，形式主義和官僚主義也是基層治理面臨的實際情況，要考慮到政策落地後在地方上變形走樣。這些都要系統性地通盤考慮。但無論如何，現在看來，整個決策轉變是很快的，也就半年時間。有一些人（特別是能夠讀取外文資料的居於超能級城市的中青年精英）似不太能理解這個基本的邏輯，認為 Omicron 來了，我們馬上就需要刻不容緩地全盤調整政策，如果滯後了，就說明我們的決策甚至體制有問題。這種看法是幼稚的，是對中國國情、公共政策決策的不瞭解。現在回過頭看，一切都應該更加清楚了。

4）《第九版》下來，給各地「層層加碼」的空間少了。經常需要跨地旅行的人對層層加碼應該很有體會。一是自己出行會直接受到各種影響（行程卡帶星、中高低風險區旅居史處理的判定、變碼 / 彈窗等），二是間接管控，例如幼稚園 /

學校對共同居住人出行的嚴苛要求（通常來自教委體系），一出行就要求小朋友停止線下學習，變相抑制人們合理出行。這種「層層加碼」都是背離中央精神的，但必須有國家衛健委給出明確的指導、規範，才能為人們對抗「層層加碼」提供政策依據。因此，國家衛健委給出的規定越細，指導／指南越明確，標準越清晰，量化基礎與指標越多，人們也就更能有依據、更容易判斷到底哪個地方進行了不合理的「層層加碼」。期待《第九版》能夠盡快在各地落地推行，發揮積極作用。

　　5）牢牢把握著防疫政策制定的主動權：在防疫問題上，中央政府考慮的是全體中國人民的福祉，不對少數／特定的地方、團體或人群負責，更不對外國政府或輿論負責。現在回過頭看，疫情防控政策的發展軌跡非常清晰。今年 3 月 17 日政治局常務會議提出提高精準防控水平，「統籌好疫情防控和經濟社會發展」，「用最小的代價實現最大的防控效果，最大限度減少疫情對經濟社會發展的影響」。5 月 5 日，正值上海疫情攻堅保衛時刻，輿論有很多不同聲音，不少人意志動搖，政治局常務會議又提出「堅決同一切歪曲、懷疑、否定我國防疫方針政策的言行作鬥爭」。5 月末 6 月初，上海（及北京）的疫情都得到控制，針對 Omicron 的防疫戰取得階段性勝利。6 月末，國家衛健委頒佈了呼應 3 月份政治局常務會議精神、科學導向、充分調研、與時俱進的《防控方案》。一切都在掌控之中。筆者的建議還是，一定要相信中央政府。中央政府的目的，就是用若干年時間（從 2020 年開始算），摸索出一條獨特的道路，以全球人類社會最小的公共衛生代價穿越 COVID-19 疫情。

　　6）防疫體系極具中國特色，他國幾乎不可能複製。我們的防疫政策在原有基礎上不斷吸收先進經驗，不斷迭代發展，形成了一套獨特的中國特色的防疫體系。但是這套防疫方案拿到其他國家，能夠執行麼？恐怕是不能的 —— 其落地執行完全依賴中國獨特的政治、經濟、社會、文化結構與發展基礎。從這個角度說，中國經驗對他國是有參考意義的，這個參考意義是純粹從科學及公共衛生角度說的；及中國經驗對他國又缺乏實踐參考意義，因為其他國家沒有中國的政治社會文化條件（而這些問題又是科學家和公共衛生專家不能回答的）。所以，中國經驗，是既有意義，又沒有意義（at the same time being relevant and irrelevant）。但從大歷史角度看，中國模式在人類社會之存在，可以幫助我們回答更多深層次的問題。

責任編輯　　　林　晃　葉昊洋

書籍設計　　　吳冠曼

書　　名　　「中國之路」與平行世界：COVID-19疫情時代的中國視角觀察

著　　者　　兔主席

出　　版　　三聯書店（香港）有限公司

　　　　　　香港北角英皇道 499 號北角工業大廈 20 樓

　　　　　　Joint Publishing (H.K.) Co., Ltd.

　　　　　　20/F., North Point Industrial Building,

　　　　　　499 King's Road, North Point, Hong Kong

香港發行　　香港聯合書刊物流有限公司

　　　　　　香港新界荃灣德士古道 220-248 號 16 樓

印　　刷　　美雅印刷製本有限公司

　　　　　　香港九龍觀塘榮業街 6 號 4 樓 A 室

版　　次　　2022 年 10 月香港第一版第一次印刷

規　　格　　16 開（170×240 mm）368 面

國際書號　　ISBN 978-962-04-5056-3

　　　　　　© 2022 Joint Publishing (H.K.) Co., Ltd.

　　　　　　Published & Printed in Hong Kong